D1876053

ELŻBIETA ETTINGER

Rosa Luxemburg

EIN LEBEN

Aus dem Amerikanischen
von Barbara Bortfeldt

VERLAG J. H. W. DIETZ NACHF.

Die im Original polnischen Quellen sowie die im Anhang beigegebenen Briefe an Rosa Luxemburg wurden für diese Ausgabe neu bzw. erstmals ins Deutsche übertragen. Autorin und Verlag bedanken sich an dieser Stelle für die überaus sorgfältige Arbeit der Übersetzer Dr. Jürgen Hensel und Ryszard Turczyn (beide Warszawa).

CIP-Titelaufnahme der Deutschen Bibliothek
Ettinger, Elżbieta:
Rosa Luxemburg: ein Leben / Elżbieta Ettinger. Aus d. Amerikan. von Barbara Bortfeldt. – Bonn : Dietz, 1990
Einheitssacht.: Rosa Luxemburg <dt.>

ISBN 3-8012-0148-1

Titel der amerikanischen Originalausgabe:
„Rosa Luxemburg. A Life"
Beacon Press, Boston, Mass. 1987
© 1986 by Elżbieta Ettinger

Copyright für die deutsche Ausgabe © 1990 by
Verlag J.H.W. Dietz Nachf. GmbH Bonn
In der Raste 2, D-5300 Bonn 1
Lektorat: Martin Rethmeier
Umschlag: Manfred Waller (Rosa Luxemburg 1899)
Gesamtherstellung: Clausen & Bosse, Leck
Alle Rechte vorbehalten
Printed in Germany 1990

Meinen Eltern
Regina und Emmanuel Ettinger

Inhalt

Deutschland

Anhang

Vorwort

In den letzten zwanzig Jahren ist das Interesse an Rosa Luxemburg auf seltsame Weise wiedererwacht, und mit ihm lebten alte und neue Kontroversen auf. Im April 1983 veröffentlichte das Nachrichtenmagazin *Der Spiegel* einige der neuentdeckten Briefe Rosa Luxemburgs an Paul Levi, ihren letzten Gefährten und Mitbegründer der Kommunistischen Partei Deutschlands; Anfang der siebziger Jahre brach in der westdeutschen Öffentlichkeit Streit um die Herausgabe einer Luxemburg-Briefmarke aus – entrüstet über die Ehre, die der „Ausländerin" zuteil wurde, verbrannten ein paar Leute die Marke; in den sechziger Jahren benannten Kölner Studenten ihre Universität nach Rosa Luxemburg, während die deutsche Bundesregierung erklärte, Luxemburgs Ermordung im Jahre 1919 habe dem Kriegsrecht entsprochen, obwohl es damals keine Anklage und keinen Prozeß gegeben hat. Die zweibändige Biographie Rosa Luxemburgs von J. P. Nettl, die 1966 in England erschien, war die erste umfassende Darstellung ihres Lebens, die nach 1940 geschrieben wurde, und die Briefe Rosa Luxemburgs an ihre Freunde und Mitarbeiter sind in Deutschland, Frankreich, Polen, Japan und anderen Ländern veröffentlicht worden. Sammlungen ihrer Aufsätze, Streitschriften und Reden sind in so unterschiedlichen Ländern wie den USA und Sri Lanka herausgekommen, und Marxisten wie Nicht-Marxisten beschäftigen sich ganz neu mit ihren Theorien.

In ihrem Geburtsland Polen trägt nur eine Glühbirnenfabrik ihren Namen. Die Handvoll Studenten, die Interesse für sie zeigen, haben es schwer beim Sichten des widersprüchlichen Materials. Einige polnische Experten vertreten die Auffassung, Rosa Luxemburg, der Jüdin, habe die Sensibilität für die Bedürfnisse und Kultur Polens gefehlt; andere sagen, durch ihre Herkunft sei sie nicht weniger Polin gewesen. Rosa Luxemburg, die zu den größten sozialistischen Denkern zählt, wartet noch immer auf einen Biographen im eigenen Lande.

Es ist symptomatisch, daß Rosa Luxemburg in Polen Jüdin und in Deutschland, ihrer Wahlheimat, Ausländerin ist. Daß sie in vielen Publikationen als „deutsche Revolutionärin" bezeichnet wird – ungeachtet ihrer prominenten Rolle im polnischen Sozialismus –, dürfte wohl nicht nur auf Ignoranz hindeuten, es ist auch ein Zeichen für die allgemeine Verwirrung, die um sie herrscht.

Rosa Luxemburg, in der sozialistischen Bewegung weltweit bekannt, hat doch ihr Leben lang nicht den Ruhm beanspruchen können, der so manchen ihrer Zeitgenossen zuteil geworden ist. Ihr Name blieb zu Lebzeiten weit hinter dem Ruf zurück, den Theoretiker wie August Bebel, Karl Kautsky und Eduard Bernstein in Deutschland, Jean Jaurés in Frankreich und Georgij Plechanow in Rußland genossen. Heute hingegen sind diese Namen fast nur noch den Experten bekannt, während der ihre zunehmend Interesse weckt. Warum? In einer zerrissenen Welt zweier Supermächte, die beide die Sehnsucht der Menschheit nach sozialer Gerechtigkeit nicht erfüllt haben, ist Rosa Luxemburg für viele zum Symbol des noch unerreichten Traums geworden.

Im übrigen gibt es einen eindeutig politischen Grund dafür, daß Rosa Luxemburg in den dreißiger Jahren aus dem Blickfeld verschwand und daß sie nun wiederkommt. 1931 rügte Stalin, Rosa Luxemburg habe den Marx'schen Revolutionsbegriff zur „Karikatur" gemacht. Dieses Verdikt kam dem Ausschluß Rosa Luxemburgs aus dem Kanon der marxistischen Ideologie in Ost und West gleich. Stalins Tod und die anschließende Neubewertung des Luxemburg'schen Sozialismusbegriffs brachten ihre Werke ins öffentliche Bewußtsein zurück.

Neben der bekannten Revolutionärin gibt es allerdings noch eine andere Rosa Luxemburg, einen weithin unbekannten Menschen, dreifach stigmatisiert: als Frau, als Jüdin und als Krüppel. Diese Biographie soll vor allem den Menschen Rosa Luxemburg porträtieren. Wenn wir von ihren Träumen erfahren und von ihren Kämpfen, wird sie zu unserer Zeitgenossin – zu einer Frau, die fest daran glaubte, daß man persönliches Glück erreichen kann, ohne auf öffentliches Leben zu verzichten, und deren Kampf um ein privates und ein öffentliches Leben hart, beharrlich und nicht immer erfolgreich war.

Das private Leben Rosa Luxemburgs ist aus sehr unterschiedlichen Gründen wenig beachtet worden. Ihre Freunde respektierten ihr starkes Bedürfnis nach Privatheit; ihre Genossen waren allein an ihrer öffentlichen Tätigkeit interessiert; fortwirkende viktorianische Tabus, politische Opportunität, erzwungene oder selbstauferlegte Zensur, auch die Unzugänglichkeit von Quellen (manche in Privathand) haben zu dem Bild der eindimensionalen Frau beigetragen, das die Welt kennt.

In mancher Hinsicht war Rosa Luxemburg repräsentativ für ihre Generation, in anderen Dingen war sie eine Ausnahmeerscheinung. Ihr leidenschaftlicher Wunsch nach einem Kind, einem liebenden Mann, einer eigenen Familie, während sie gleichzeitig führend in der internationalen sozialistischen Bewegung stand, war ungewöhnlich. Männer hatten Frauen, die für sie sorgten, für ihre Kinder, ihren Haushalt, ihr Geld, und die ihnen bei ihrer Arbeit halfen. Frauen opferten oft ihr Privatleben für die Sache. Nicht so Rosa Luxemburg. Sie glaubte nicht, daß Frauen notwendigerweise diese Wahl treffen müßten, sie fand, Frauen könnten und müßten beides haben.

Die Vorstellung von einem „lebenswerten Leben", wie sie es nannte, bestimmte Rosa Luxemburgs Schicksal. Liebe und Arbeit, untrennbar, machten ein erfülltes Leben aus. Sie war siebenundvierzig Jahre alt, von Krankheit und Haft gezeichnet, als sie in einem Brief schrieb: „Mir war (oder ist? . . .) auch die Liebe an sich stets wichtiger und heiliger als der Gegenstand, der zu ihr anregt. Und zwar deshalb, weil sie erlaubt, die Welt als ein schimmerndes Märchen zu sehen, weil sie aus dem Menschen das Edelste und Schönste herauslockt, weil sie das Gewöhnlichste und Geringste erhebt und in Brillanten faßt und weil sie ermöglicht, im Rausch, in Ekstase zu leben . . ."[1] Ihre Arbeit war der Kampf um soziale Gerechtigkeit. Unterdrückung stärkte diesen Kampf, und sie setzte ihn in der besten Tradition ihrer Vorläufer fort, bewahrte sich dabei immer ihre intellektuelle Unabhängigkeit, andere Gesinnungen achtend, jede irdische Autorität in Frage stellend.

Sie lebte und liebte, war überschwenglich glücklich und unendlich unglücklich, aber immer war sie lebendig. Widerstreitende Gefühle zerrissen sie, einmal war sie entschlossen, die Bürde ihres jüdischen Ursprungs abzuschütteln, ein andermal war sie voller Zweifel und Schuldgefühle. Sie wollte gut sein zu ihren Eltern, aber deren rührende Liebe und Bewunderung störten und irritierten sie. Sie wollte gut sein zu ihren Liebhabern, aber sie war besitzergreifend und eifersüchtig. Sie wollte die Revolution, aber sie verabscheute Blutvergießen. Doch sie erduldete die Widersprüche ihres Wesens und ihrer Anschauungen tapfer. Ihr Geist schweifte weit über die Gegenwart hinaus, während ihre persönlichen Bedürfnisse und Ansichten der Tradition verhaftet blieben. Sie war eine Frau von ungestümer Leidenschaft, was ihr privates wie ihr politisches Leben schwierig machte. Dennoch verlor sie in keinem der beiden Bereiche jemals die Hoffnung. Sie führte ihren einsamen Kampf weiter, entschlossen, auf ihre eigene Art zu leben und ihre Träume und Ideen zu verwirklichen.

Rosa Luxemburg, 1870 in einer bürgerlichen Familie geboren, wurde in Warschau erzogen und ausgebildet. Es ist eine Binsenweisheit, daß polnische Juden sich besonders zum Sozialismus hingezogen fühlten, es wird jedoch häufig übersehen, daß der polnische Sozialismus ein Sozialismus mit einem Hauch von Romantik war. Romantische Dichter, allen voran Adam Mickiewicz, verhießen den unterdrückten Völkern Erlösung, auch den Juden, der am meisten verachteten Minderheit. Um der Unterdrückung zu entkommen und inspiriert von Mickiewicz ging Rosa mit neunzehn Jahren in die Schweiz. Dort lernte sie den russischen Revolutionär Leo Jogiches kennen, die große Liebe ihres Lebens; mit ihm lebte sie fünfzehn Jahre lang in einer Ehe ohne Trauschein zusammen. Gemeinsam gründeten beide die erste Polnische Marxistische Arbeiterpartei, die Sozialdemokratie des Königreichs Polen und Litauen. Im Jahre 1897 promovierte Rosa an der Universität Zürich zum Doktor der Rechte und der politischen Wissenschaften, und im Jahr darauf ging sie nach Deutschland. Sie wurde zu einem der führenden Köpfe in der deutschen Sozialdemokratischen Partei und in der Zweiten Internationale. 1919 in Berlin wurde sie ermordet.

Der Verlust der Souveränität – Polen wurde bei den Teilungen von 1772, 1793 und 1795 zwischen Rußland, Preußen und Österreich aufgeteilt –

ließ die Polen mit vernichteten Träumen von Macht und Ruhm und mit einem Gefühl der Ohnmacht zurück, aus dem leicht ein fanatischer Nationalismus auflodern konnte. Rosa, die widerwillige Jüdin und schwärmerische Jüngerin Adam Mickiewiczs, sollte bald den Nationalismus als größtes Übel betrachten. Mickiewicz beflügelte sie auch in ihrem Glauben an die Weisheit und den untrüglichen Instinkt der einfachen Menschen, der Arbeiter. Dieser Glaube, der später zur Theorie der spontanen Revolution ausgearbeitet wurde, hat sich mit den revolutionären Bewegungen 1956 in Polen und Ungarn, 1968 in der Tschechoslowakei und 1980 wieder in Polen als richtig erwiesen. Noch so viele Waffen irgendwo auf der Welt könnten, so meinte sie, nach Gerechtigkeit dürstende, nach Brot hungernde Menschen nicht davon abhalten, sich gegen jene zu erheben, die sie moralisch korrumpierten und wirtschaftlich ausbeuteten.

Das Bild von Rosa Luxemburg, der strammen Revolutionärin, die für „die Sache“ lebte und starb, ist nicht nur einseitig, sondern auch verzerrt. Die Frau, die sichtbar wird in den Briefen ihrer Familie aus Warschau und in ihren Briefen an die Männer, die sie liebte – Leo Jogiches, Konstantin Zetkin und Paul Levi –, ist ein Mensch aus Fleisch und Blut mit Stärken und Schwächen, Triumphen und Alpträumen. Sie war klug und mutig und doch geschüttelt von Zweifeln, Unsicherheit und Enttäuschungen, wie sie unvermeidlich sind im Leben einer Frau, die ihrer Zeit voraus ist.

Zwar kann man Rosa Luxemburgs ökonomische und politische Schriften unabhängig von ihrem Leben als Mensch analysieren, unmöglich aber kann man ihr persönliches Leben darstellen und dabei ihr Werk außer Acht lassen. Dieses Buch ist allerdings kein Versuch einer umfassenden Analyse ihrer Schriften; solche Analysen sind leicht zugänglich, am einfachsten in J. P. Nettls *Rosa Luxemburg* (Köln 1967). Es war auch nicht beabsichtigt, eine endgültige Biographie zu schreiben. So etwas wie eine „endgültige Biographie“ gibt es gar nicht. Eine Biographie ist immer eine Auswahl, und deshalb ist ein Biograph immer „voreingenommen“. Dieses Buch ist also ein Porträt ohne Glas und ohne Rahmen.

Elżbieta Ettinger

Polen

1 *Zamość: Die Geburtsstadt* 1870–1873

Es ist durchaus vorstellbar, daß gewisse Besonderheiten von Zamość, wo Rosa Luxemburg geboren wurde, sich in ihr Leben verwoben haben. Eine Stadt von beunruhigendem Charme, benachteiligt durch die geographische Lage, aufstrebend von Anbeginn, aber gebeutelt von politischen Wechselwinden, versuchte Zamość Ost mit West zu verbinden und scheiterte. Eine stolze Stadt, die sich nicht unterkriegen ließ. Und die in der Not kühn war und mutig.

Zamość in der Mitte zwischen zwei großen Industriestandorten, Lublin und Lwów, wurde im sechzehnten Jahrhundert zum bedeutenden internationalen Handelszentrum am Transportweg und am Kreuzweg verschiedener Kulturen. Armenier, Türken, Griechen, Perser und Juden, Deutsche, Schotten und Engländer, alle genossen Vorzugsbehandlung und fanden die Stadt sehr angenehm. Die örtliche Aristokratie entwickelte Sinn für Bildung und Luxus. Die Zamoyski-Akademie, 1595 gegründet, bereicherte das kulturelle Leben der Stadt weiter.

Die blutige Invasion der Schweden, die Polen im siebzehnten Jahrhundert überrannten, ließ die solide befestigte Stadt unbeschädigt zurück, allerdings war es mit deren Wohlstand vorbei. Sie war kein sicherer Hort mehr, Seuchen suchten sie heim und Feuersbrünste, sie quoll über von Flüchtlingen, und so wurde sie nach und nach von den Fremden verlassen.

Im achtzehnten Jahrhundert hörte das souveräne Polen auf zu existieren; es wurde in drei aufeinanderfolgenden Teilungen – 1772, 1793 und 1795 – zwischen Rußland, Preußen und Österreich aufgeteilt. Bei der ersten Teilung fiel Zamość in die Hand Österreichs, und die Schließung der berühmten Akademie nahm der Stadt 1784 endgültig den Glanz. Als 1815 das russisch beherrschte Königreich Polen entstand, wurde Zamość, nun in russischer Hand, zum militärischen Vorposten. (Der Zar führte den Titel König von Polen; daher „Königreich". Warschau war Hauptstadt des Königreichs Polen.) Nur wenige der anmutigen Renaissancegebäude entgingen der Umgestaltung. Das Rathaus und die Franziskanerkirche wurden in Kasernen verwandelt, die Burg in ein Militärhospital. Immerhin, nicht alles Ererbte ging ganz verloren. Zamość blieb ein kulturelles Zentrum für Polen und Juden (von den 6222 Einwohnern Mitte des neunzehnten Jahrhunderts waren ein Drittel Juden), und Handel und Gewerbe blühten.

Daß Zamość zu einem bedeutenden kulturellen und wirtschaftlichen Zentrum der Juden herangewachsen war, verdankte es Jan Zamoyski, dem Großkanzler der Krone, der im Jahre 1588 sephardischen Juden ein Niederlassungsprivileg eingeräumt hatte. Magnetisch zog die Stadt Ärzte, Apotheker, internationale Kaufleute und hochqualifizierte Handwerker an, die keine wirtschaftliche Bedrohung für die Einheimischen darstellten. Doch in den Nachwehen der schwedischen Invasion flohen die sephardischen Juden, während Ashkenasi-Juden, ungebildet und ungelernt, in die Stadt strömten. Die Wirtschaftsstruktur veränderte sich und mit ihr das soziale Verhalten – Polen und Juden konkurrierten nun miteinander um den Lebensunterhalt. Die Zamoyskis erließen Verordnungen zum „Schutze der christlichen Bürger und Handwerker" und zur Beschneidung von Gewerbe-, Wohn- und Besitzrechten der Juden[1]. In ihrer Erwerbstätigkeit eingeschränkt, von den Zünften ausgeschlossen, durch diskriminierende Gesetze ausgegrenzt, wurden die Juden Trödler, Hausierer, Geldverleiher, Makler und Gastwirte – Tätigkeiten, die ihnen die Feindseligkeit der Nichtjuden und den Ruf von Betrügern eintrug. Die Einführung des zaristischen Regimes Anfang des neunzehnten Jahrhunderts machte ihre Lage nicht besser.

Nur eins kam dem Interesse der Russen am Kriegshandwerk gleich, und das war ihr Bemühen um das Erscheinungsbild der Juden.

Gewand, Kopfbedeckung und Haartracht der Juden gaben Anlaß für peinlich genaue Vorschriften, die beide Seiten in Atem hielten: die Russen, die sie erließen, und die Polen, die sie durchzusetzen hatten. Perücken und rasierte Köpfe bei Frauen wurden in Acht und Bann getan, ebenso Bärte und Schläfenlocken bei Männern. Penibel unterschieden wurde zwischen dem Schneiden, Scheren und Rasieren der Haare, zwischen Längen und Schnitten von Mänteln und der Form von Hüten. Das alles erbitterte den polnischen Bürgermeister von Zamość. „Wenn wir sie alle anzeigen sollen, heißt das nichts anderes, als die ganze Stadt einzusperren, und das ist einfach unmöglich", meldete er in den 1850er Jahren an die Behörden[2]. Der passive Widerstand der Juden bewirkte, daß eine Steuer auf ihre Kleidung abgeschafft wurde, nicht aber, daß die Schikanen aufhörten – obwohl weder die österreichischen noch die russischen Behörden jemals genau sagten, was sie unter einem ordentlich aussehenden Juden verstanden.

Der Familienlegende zufolge war der Ahnherr der polnischen Luksenburgs ein junger Landschaftsarchitekt, den Graf Andrzej Zamoyski im achtzehnten Jahrhundert in Brüssel kennenlernte und, wohlwollend für ihn eingenommen, nach Zamość auf sein Gut holte. In den guterhaltenen Zamoyski-Archiven findet sich allerdings kein Dokument, das diese Behauptung belegt. Rosas Großvater väterlicherseits war ein wohlhabender Holzhändler mit Geschäftsbeziehungen nach Westen und nach Osten. Recht früh entfloh er den Beschränkungen des jüdisch-orthodoxen Lebens, und sein Sohn Elias erbte von ihm beides, das Geschäft und den Drang zu Assimilation. Rosas Mutter Lina Löwenstein, Tochter des Rabbi Itzhak Oser Löwenstein, entstammte siebzehn Generationen von Rabbis und hebräischen Gelehrten, die zurückreichten bis zu Rabbi Zerachia Halewi, einem berühmten Kommentator des Talmud im Spanien des zwölften Jahrhunderts[3]. Linas Bruder, Rabbi Bernard Löwenstein, wurde Doktor der Philosophie und Theologie; als Erwachsene hielten Bruder und Schwester keinen Kontakt zueinander, was vielleicht darauf hindeutet, daß Linas Familie ihre Ehe außerhalb des orthodoxen Glaubens mißbilligte. Lina und Elias lernten sich in Zamość kennen und ließen sich dort wegen Elias' Geschäft nieder.

Rozalia (Róza) wurde am 5. März 1870 in Zamość geboren, das jüngste der fünf Kinder des Paares. Das älteste, Chana (Anna), wurde 1858 geboren, Natan (Mikolaj) 1860, Maksymilian 1866 und Józef 1868.

Die Familie lebte in einem geräumigen zweistöckigen Ziegelhaus am großen Platz. Zu Hause wurde Polnisch gesprochen, aber im Geschäft bediente sich Elias Luksenburg des Jiddischen, und Geschäfte wurden oft zu Hause abgewickelt. Lina Luksenburg hielt getreulich die jüdischen Feiertage ein – Feste, die die Familie zusammenführten –, auch als ihre Kinder erwachsen waren und das Haus verlassen hatten.

Rosa verbrachte ihre ersten drei Lebensjahre in ruhiger und behaglicher Umgebung. Sie war der Liebling ihrer Eltern und ihrer älteren Geschwister, ein zutrauliches und fröhliches kleines Mädchen. 1873 aber ging ihre sonnige Kindheit abrupt zu Ende. Elias Luksenburg hatte nicht das Händchen fürs Geschäft wie sein Vater. Seine Einkünfte gingen zurück, während die Bedürfnisse seiner Familie wuchsen – besonders hinsichtlich der Erziehung der Kinder, der beide Eltern sehr großes Gewicht beimaßen. Elias beschloß, in der Hauptstadt sein Glück zu versuchen.

Es mag noch andere Gründe für den Umzug der Familie nach Warschau gegeben haben. Die Luksenburgs hatten offenbar keine festen Freunde unter den Juden von Zamość gefunden, zu denen viele Orthodoxe und Chassidim* gehörten, die Assimilierte mieden. Es ist anzunehmen, daß die Familie wegzog, um dem allgegenwärtigen Ressentiment gegen die Juden zu entkommen. Eine große Stadt bot doch ein gewisses Maß an Anonymität und etwas besseren Schutz vor übereifrigen Bürokraten. Assimilierte Juden blieben zwar von der Verfolgung verschont, die arme und orthodoxe Juden zu leiden hatten, aber vom gesellschaftlichen Stigma waren sie nicht ausgenommen. Der polnische Aufstand gegen Rußland im Jahre 1863, der die Zamośćer Region entflammte, zog drakonische Unterdrückungsmaßnahmen gegen die Aufständischen nach sich und auch gegen deren Helfer, darunter Juden, die Soldaten, ortskundige Führer, Uniformen und Waffen beigesteuert hatten. Damals hatten die Luksenburgs zwei Kinder, und obwohl noch zehn Jahre ins Land gingen, bis sie Zamość verließen, haben sie vielleicht schon ans Wegziehen gedacht. In dieser Zeit gewann die *Haskalah* in der jüdischen Welt stark an Boden, eine intellektuelle Strömung im Judentum Osteuropas, die – beeinflußt von den Ideen Moses Mendelssohns – nach weltlicher Bildung und Kultur strebte. In Zamość aber

* Chassidim, auch Hasidim, eine um 1750 in Polen gegründete jüdisch-mystische Sekte.

wurde sie von den Chassidim und dem streng orthodoxen Rabbinerzentrum heftig bekämpft. Daß Lina Luksenburg sich mit deutscher und polnischer Literatur beschäftigte und daß sie eifrig bemüht war, ihre Interessen auch an ihre Kinder weiterzugeben, lief den traditionellen jüdischen Werten zuwider. Juden in Zamość kämpften mit einer Vielfalt von Konflikten, die ihre emanzipierten Glaubensbrüder in Westeuropa nicht kannten. Isolation, Antisemitismus und wirtschaftliche Notwendigkeit also führten die Luksenburgs im Jahre 1873 nach Warschau. Rosa war drei Jahre alt.

2 *Warschau: Der drastische Wechsel* 1874–1882

Das Warschauer Judenviertel wurde 1809 geschaffen. Die Falschheit, Durchtriebenheit und Verdorbenheit der Juden wurden als Grund für ihre Segregation angegeben. In Wirklichkeit hatten polnische und russische Kaufleute die russischen Behörden gedrängt, die lästige Konkurrenz im Herzen der Stadt zu beseitigen. Jüdischen Händlern wurde die Möglichkeit geboten, ihr Kapital in die Entwicklung der Außenbezirke der Stadt zu investieren; das Stadtzentrum blieb ihnen versperrt. Nur 140 jüdische Familien erlangten in den Jahren von 1809 bis 1862 die Genehmigung, außerhalb des Judenviertels zu wohnen. Zu den Voraussetzungen für eine solche Genehmigung gehörten ein enormes Vermögen – 60 000 polnische Zloty (umgerechnet etwa 28 000 Mark nach damaligem Wert) – sowie die perfekte Beherrschung des Polnischen, Deutschen oder Französischen, die Erziehung der Kinder an einer öffentlichen Schule und westliche Kleidung. Wo wirtschaftliche oder politische Zweckmäßigkeit es gebot, wurden die diskriminierenden Vorschriften zurechtgebogen. Diese Politik verschärfte das Mißtrauen zwischen Polen und Juden. Die katholische Kirche warnte vor moralischem Verfall, sollten Christen und Juden zusammenleben, und die polnische Stadtverwaltung bestand darauf, daß nur in Kunst und Wissenschaft namhaften Juden gestattet sei, in Warschau zu leben. Trotz heftiger Gegenwehr schaffte schließlich der Zarenbefehl von 1862 die Aufenthaltsbeschränkungen ab, und formal hörte das Judenviertel auf zu existieren.

Die Luksenburgs wählten das Viertel, in das sie zogen, sorgfältig aus. Es war kurz zuvor für Juden geöffnet worden und wurde von Polen halbwegs akzeptiert. Es beherbergte auch polnische Intellektuelle und lag nicht weit, aber weit genug ab von dem Bezirk, den die armen und orthodoxen Juden bewohnten. Dieser Judenbezirk – mit seiner exotischen Atmosphäre, den gestikulierenden Männern mit Schläfenlocken und Jarmulkas (Käppchen) in flatternden Kaftans wie große schwarze Vögel, den Frauen mit Perücke, den Bettlern und Straßenhändlern – glich mehr einer mittelalterlichen Szenerie als einer westlichen Kapitale. Er war eine ständige Peinlichkeit, ein Stein des Anstoßes für assimilierte Juden, die sich der Rückständigkeit ihres Volkes schämten und sich wünschten, nicht damit identifiziert zu werden. Sie reformierten ihren Glauben; sie sprachen „vor den Kindern" nicht mehr Jiddisch; sie milderten ihr semitisches Äußeres ab, indem sie sich westlich kleideten. Und dennoch – nur wenige Straßen weiter war diese andere Welt, das Haupthindernis für sie, akzeptiert zu werden: lärmende Leute in bizarren Kostümen; Arbeiter, die sich weigerten, samstags zu arbeiten; Zaddikim, chassidische Sektenprediger, die Wunder vollbrachten; Rabbiner, die Gesetze erließen. Durch Zarenerlaß angewiesen, ihre Bärte und Gewänder abzulegen, fanden sie Mittel und Wege, beides zu behalten; aus einem Stadtteil vertrieben, tauchten sie in einem anderen wieder auf; zum Erlernen des Polnischen gezwungen, erhoben sie das Jiddische zur Literatursprache.

Für die Luksenburgs bedeutete Warschau eine Stufe auf dem Wege zur Assimilation. Aber hier wie in Zamość erforderte jeder Schritt in diese Richtung einen Entschluß, und jeder Entschluß stellte ein neues Problem. Die Luksenburgs konnten sich nicht an gegebenen Verhaltensmustern orientieren – es gab keine; auch konnten sie sich ruhigen Gewissens weder als Juden noch als Polen betrachten. Sie wählten den Weg, die traditionellen Bindungen zu lockern und eine veränderte, aber nicht völlig neue Identität anzunehmen. Zugang zur polnischen Welt zu erlangen, ohne der jüdischen Tradition abzuschwören, war schwieriger als mit dem eindeutigen Übertritt zum Christentum; auch hatten die meisten Polen dafür nichts übrig. Für einen Polen war ein jüdischer Jude leicht erkennbar und deshalb weniger bedrohlich als ein assimilierter. Nachdem Rußland, Preußen und Österreich Polen aufgeteilt hatten, war ein Jude zudem auch noch russischer, preußischer oder österreichischer Untertan. Das machte seinen Weg zur Emanzipation um so unsicherer.

Das Haus Złotastraße 16 lag inmitten eines kurzen Blocks, der zwei Straßen verband, die Brackastraße und die große Durchgangsstraße Marszalkowska. Die Złotastraße überquerte die Marszalkowska und wurde auf ihrer Fortsetzung nach Westen ärmlicher, aber der kurze Abschnitt, in dem die Luksenburgs wohnten, war eine gute Gegend. Über die Brackastraße hatte Jahrzehnte zuvor der tägliche Weg des russischen Großherzogs Konstantin geführt, des Oberkommandierenden der polnischen Armee. Hoch zu Roß hatte er sich von seiner Residenz im Schloß Belvedere zu den berüchtigten, demütigenden Inspektionen seiner polnischen Untergebenen auf den Saskiplatz begeben. Der eine unbestreitbare Vorteil der großherzoglichen Ausritte über die Brackastraße war, daß man die Straßenfläche mit solidem Stein gepflastert hatte. In der Marszalkowskastraße herrschte geschäftiges Treiben. Nach neuester Pariser Mode gekleidete Damen, Ladengeschäfte mit reichem Angebot an Importwaren, Cafés, Restaurants und Buchhandlungen gaben der Metropole einen Hauch von europäischem Schick. Sie war multinational, vielsprachig, lebendig und bunt. Schnittige Pferdekutschen brachten die eleganten Damen zu ihren karitativen Aufgaben und die Herren zu intimen Diners; glitzernde russische Uniformen mengten sich unter priesterliche Soutanen und die Schulschürzen kleiner Mädchen; Stutzer und Nonnen, Chassidim mit breitkrempigen Filzhüten und Laufburschen mit leuchtend roten Mützen, Gouvernanten in dunklen Capes und Straßenmusikanten, sie alle unter dem wachsamen Blick schnauzbärtiger russischer Polizisten, gaben der Straße eine Aura des Glanzes.

Gleich außerhalb des Stadtzentrums bot sich ein drastisch verwandeltes Bild. Klapprige Kutschen, von knochigen Mähren gezogen, rumpelten über das Kopfsteinpflaster; vor ihren Karren gespannte Straßenhändler boten Sand, Wasser, Obst und Gemüse feil; Lumpensammler, Trödler, Wasserträger, Dienstmänner sangen monoton das Loblied ihrer Waren und Dienstleistungen. Ein Leierkastenmann mit seinem Affen, Akrobaten, Clowns und Bettler fielen in den Chor ein. Noch weiter entfernt vom Zentrum lagen die Fabriken, die Bauern, Juden und junge Leute aus den Provinzen herbeilockten.

Wie die ganze Stadt hatte auch die Złotastraße eine elegante Fassade und einen weniger eleganten Hinterhof. Die teureren Wohnungen wie die der Luksenburgs lagen auf der Straßenseite und wurden von einer anderen Klasse von Mietern bewohnt als die zum Hof hinausgehenden. Die Hinterhäuser mit wenig oder gar keinem Tageslicht, überteuert und überfüllt, beherbergten Schneider und Näherinnen, Putzmacherinnen und Flickschuster. Diese Menschen führten, wie alle Hinterhausbewohner, ein Leben voll Armut, Krankheit und Hoffnungslosigkeit. Oft waren eine sechsköpfige Familie und die Werkstatt zusammen mit den Lehrlingen in einen Raum gepfercht, der mit einem Behelfsherd, Strohsäcken, ein paar Stühlen und einem Tisch ausgestattet war. Tuberkulose, Skorbut und Rachitis waren an der Tagesordnung. Die lebendige, saubere Straße und der finstere, schmutzige Hof, die vorderen Etagen und die Hinterhauswohnungen waren Rosas erste Einführung in die Unterschiede des sozialen Status.

Der Umzug nach Warschau warf ihr Leben aus der Bahn. Die Dreizimmerwohnung für ihre Eltern und die vier Geschwister nahm ihr den Spielraum und die Bewegungsfreiheit. Das Tröstliche der familiären Umgebung und der vertrauten Menschen, der Beständigkeit und Verläßlichkeit war dahin. Ihre ältere Schwester Anna, deren Humpeln sie nicht mochte, oder ihre Mutter nahmen sie zu Spaziergängen mit. Jedesmal, wenn sie ausgingen, mußte sie sich fein machen. Anna ging mit ihr in den nahegelegenen Saskigarten voller Kinder, alter Bäume und Blumenbeete. Die Kinder im Saskigarten waren anders als ihre Spielkameraden in Zamość. Sie waren modisch gekleidet, wurden von Erwachsenen begleitet und sprachen so ernst und bedächtig. Der Verlust ihrer früheren Freunde, die laut redeten und laut lachten und sich freuten, mit ihr zu spielen, traf sie hart. Aus Trotz und Wut wurde sie nun selbst laut, nur um sich ermahnen zu lassen, leiser zu sprechen, sich zu benehmen. Warum ihr Benehmen, das zuvor akzeptiert worden war, nun kritisiert wurde, war für sie schwer zu verstehen. Aber als sie gerade anfing, sich an das neue Leben anzupassen, traf sie ein neuer, noch vernichtenderer Schlag.

Welche Umstände es eigentlich waren, die Rosas Eltern veranlaßten, ihre Beine von einem Arzt untersuchen zu lassen, bleibt unbekannt. Sie selbst behauptete, ihr Gang sei ganz normal gewesen, bis man sie im Alter von fünf Jahren in Gips legte und ein Jahr lang im Bett hielt. Sie stand mit einem verkürzten Bein wieder auf. Die lange Bettlägerigkeit läßt darauf schließen, daß sie wegen einer Hüfttuberkulose behandelt wurde, aber aller Wahrscheinlichkeit nach litt sie an einem angeborenen Hüftschaden, wie er damals bei weiblichen Neugeborenen häufig war. Als Erwachsene gab sie ihren Eltern die Schuld für ihren Zustand, der ihrer Meinung nach hätte vermieden werden können, wenn er früher erkannt und richtig behandelt worden wäre. Man kann bezweifeln, daß ihre Eltern nachlässig gewesen sind; da ihre ältere Schwester hinkte, waren sie sicherlich auf der Hut vor möglichen Problemen.[1] Die Folgen einer Hüftverrenkung können für lange Zeit unauffällig gewesen sein, und das hat wahrscheinlich Eltern wie Ärzte irregeführt.

Als der Gipsverband entfernt wurde, stellte sich heraus, daß Rosa hinkte, unklar aber war, ob ihrem Zustand abgeholfen werden konnte. Man brachte sie von einem Arzt zum anderen und unterzog sie unterschiedlichen, oft schmerzvollen und am Ende ergebnislosen Behandlungen. Bäder, Kompressen, Streckverbände wurden verschrieben, und sie ertrug die Schmerzen geduldig. Für lange Zeit kam ihr der Gedanke gar nicht, daß die Behandlungen nicht helfen könnten. Sie konnte sich nicht vorstellen, daß sie selbst ein Bein hinter sich herzöge wie ihre ältere Schwester oder unfähig wäre, wie andere Kinder zu laufen. Die körperlichen Beschwerden waren für sie leichter zu ertragen als die Augenfälligkeit der Behinderung. Straßenkinder zeigten mit Fingern auf sie und sangen im Chor „Hinkebein, Hiiinkebeiiin". Kinder im Park musterten sie neugierig, liefen ihr nach oder liefen weg. Die mitleidigen Blicke und das Geflüster der Erwachsenen waren nicht weniger entnervend. Sie fürchtete sich vor der Straße, den Fremden, dem Mitgefühl. Ihre ganze Kraft konzentrierte sich darauf, das Hinken zu verringern; es war ein Triumph, auf der Straße unbemerkt vorbeizugehen.

Vielleicht glaubten ihre Eltern, die Behinderung sei kein Dauerschaden; vielleicht wartete Rosa darauf, daß ihr verkürztes Bein wüchse. Es war ungerecht. Sie hatte drei ausgesprochen hübsche Brüder, und ihr eigener Körper war mißgestaltet. Jedes Entgelt in Form familiärer Zuwendung war suspekt im Angesicht des Jammers. Mit der Zeit lernte sie, ihren entstellten Körper zu akzeptieren, und erweckte den Eindruck eines glücklichen, gesunden Kindes. In den folgenden Jahren perfektionierte sie diesen Eindruck so weit, daß auch ihre engsten Freunde glaubten, er sei die Wirklichkeit.

Am 5. März 1880 wurde Rosa zehn Jahre alt. Im Herbst desselben Jahres wurde sie, nachdem sie bis dahin zu Hause unterrichtet worden war, in die erste Klasse der Staatsschule aufgenommen, des russischen Zweiten Gymnasiums für Mädchen. Ohne Zweifel war es ihr dringender Wunsch, zur Schule zu gehen, der Langeweile, der Isolation, der beengten Wohnung zu entfliehen. Gleichzeitig aber war sie voller Befürchtungen. Wie andere Anwärterinnen jüdischen Ursprungs mußte sie bei der Aufnahmeprüfung bessere Noten haben als Nichtjüdinnen; für Jüdinnen gab es eine Quote. Sie wurde angenommen, aber es war nicht die Art von Akzeptanz, die sie sich wünschte.

Daß sie aufgrund eines Quotensystems angenommen wurde, war die erste Begegnung mit ihrem minderen Status. Sie, das sensible Kind, fühlte sich erniedrigt. Dies war wohl der Augenblick, in dem sie ihren nicht endenden Kampf um Beseitigung des Stigmas aufnahm, und die Entscheidungen, die sie in ihrem späteren – persönlichen und öffentlichen – Leben traf, waren direkt oder indirekt Reaktionen auf die Demütigung als Kind.

Was sie erlebte, vertiefte ihre Verwirrung. Sie war zwar nicht religiös erzogen, aber doch einigen Traditionen ausgesetzt, etwa den Feierlichkeiten zum Rosch Haschanah- oder Passah-Fest. Die Anhänglichkeit ihrer Mutter an den Judaismus, der typisch jüdische Beruf ihres Vaters als kleiner Kaufmann, die eigene körperliche Behinderung trugen noch das ihre zum Durcheinander bei. Ihre Schule war russisch, ihre Sprache war Polnisch. Polen, ihr Mutterland, existierte als unabhängiger Staat nicht mehr. Polin zu sein wie Jüdin zu sein bedeutete keinerlei Halt, keinerlei Sicherheit.

Die Segregation in der Schule war nur ein Aspekt des Quotensystems. Religion, ein Pflichtfach, unterteilte die Schülerinnen weiter in römisch-katholische, russisch-orthodoxe und jüdische. Die ganze Schulzeit hindurch besuchten die Schülerinnen für den Religionsunterricht getrennte Klassen je nach Bekenntnis. Die russischen und polnischen Schülerinnen, zahlreicher und gewöhnlich stark religiös gebunden, suchten im Unterschied zu den Jüdinnen in der Schule nicht den Ausweg aus einer in Rasse und Religion wurzelnden Misere, und so litten sie keines der emotionalen Bedrängnisse der Jüdinnen. Gewiß, auch die Polinnen hatten ihr Päckchen zu tragen; sie durften nicht in ihrer Muttersprache reden, wurden streng überwacht von den Lehrern, überwiegend Russen, und wurden bestraft, wenn sie die Regel brachen.

Aber wenn eine polnische Schülerin auf der Hut sein mußte, dann mußte eine jüdische, als solche schon schuldig, doppelt aufpassen; sie war suspekter, wurde schwerer bestraft und war ein leichtes Ziel des Spotts.

Ein paar Monate bevor Rosa aufs Gymnasium kam, wurde eine Gruppe von Oberschülern von der Schule gewiesen wegen einer, wie es hieß, politischen Demonstration – sie hatten der berühmten polnischen Schauspielerin Helena Modrzejewska (Modjeska) Blumen geschenkt. Zu den Betroffenen gehörte Ignacy Neufeld, ein siebzehnjähriger Jude. Er drohte, sich das Leben zu nehmen, wenn er von der Schule gewiesen würde. Die Reaktion des Schuldirektors war typisch: „Ein Jude! Sich erschießen! Das glaube ich *nie!*" Neufeld wurde ausgeschlossen und blies sich, wie versprochen, das Hirn weg.[2]

Ihre Erfahrungen in der Schule bestätigten Rosas schlimmste Befürchtungen. Sie war anders. Sie konnte nicht, was die anderen Mädchen konnten. Sie rannten ins Schulhaus und nahmen zwei oder drei Stufen auf einmal, um dem Klingeln zuvorzukommen, das den Beginn der Stunde anzeigte. Sie konnte das nicht. Sie mußte früher aufstehen, früher aus dem Haus gehen und die Stufen eine nach der anderen hinaufgehen. Jeden Tag machte sie den langen Marsch von der Złotastraße zur Wilczastraße, wo die Schule lag, ganz und gar darauf konzentriert, ihren zarten Körper aufrecht zu halten und so unmerklich wie nur möglich zu hinken. In der Klasse fühlte sie sich wohl, wenn auch der Gang zur Tafel eine Prüfung war. Vor Sport und Tanzen hatte sie die meiste Angst. Sport für Mädchen war etwas Neues; neben Tanzunterricht führten die Schulen Gymnastik, Eislaufen und Freiluftspiele ein. Rosa turnte, tanzte und spielte gern. Sie hatte keine Schwierigkeiten, sich zu bewegen, aber sich mit Anmut bewegen, das konnte sie nicht. Zu einer Zeit, in der graziöse Haltung eines der wichtigsten fraulichen Attribute war, schmerzte ihre körperliche Unbeholfenheit um so mehr. Dennoch, eisern trainierte sie für die schwierigsten Prüfungen und bestand sie.

Das Milieu, auf das Rosa in der Schule traf, war ihr weitgehend fremd. Ihre Mitschülerinnen in der Klasse waren Töchter des verarmten polnischen Adels, der Intelligenz, des mittleren Beamtentums, in Warschau stationierter russischer Beamter und in bescheidenem Wohlstand lebender Juden. Es gab kaum soziale Kontakte zwischen dem Nachwuchs der Herrschenden und dem der Unterjochten; und die letzteren, polnische und jüdische Schulkinder, bildeten keine zusammenhängende

Gruppe. Rosa war keineswegs die Ausnahme in ihrem Bestreben, sich mit den Polinnen zu identifizieren; darum ging es ja schließlich bei der Assimilation – Barrieren zu überwinden und mit der polnischen Kultur zu verschmelzen, wobei die Schule die erste Brücke bot. Aber nicht alle Polen waren geneigt, den Juden das Überschreiten dieser Brücke zu gestatten.

Im Schulalltag faßte Rosa schnell Fuß; sie war fleißig, sorgfältig, begabt und ehrgeizig, eine Musterschülerin. Aber die gesellschaftliche Anerkennung blieb aus. Sie hatte einen Intellekt vorzuweisen, aber keine noble Herkunft; sie konnte ihre Mitschülerinnen mit ihrer Individualität beeindrucken, aber die Masse ihres dunkelbraunen Haars, die großen, tiefbraunen, intensiven Augen, die vorspringende Nase waren allzu auffällig. Die Mittellosigkeit der polnischen Mädchen machte kaum etwas aus. Sie waren blond und blauäugig mit milchigem Teint, ihre Väter und Großväter waren Märtyrer der nationalen Sache, ihre Mütter und Großmütter führten sie, ganz in Weiß, zur Sonntagsmesse und zur Kirchweih. Sie besuchten Soirées, tanzten Mazurkas und Polonaisen und zelebrierten die christlichen Feiertage, Rituale, die Rosa später übernahm, als sie ihr Zuhause verlassen hatte.

Außerhalb der Schule hatte sie wenig Gemeinsamkeiten mit ihren neuen Freundinnen. Deren hitziger Nationalstolz schüchterte sie ein. Hatte sie Anteil an ihrem Erbe polnischer Könige, die das Land zum Bollwerk des Christentums machten, und polnischer Königinnen, dieser Muster an christlichen Tugenden? Rosas späterer fanatischer Anti-Nationalismus könnte aus widerstreitenden Gefühlen für dieses Erbe erwachsen sein.

Die nervöse Rastlosigkeit, die den Lebensrhythmus der erwachsenen Rosa bestimmen sollte, entstand bei dem Hindernislauf, den die Schule für sie bedeutete. Hätte man sie in eine besondere, aber nicht minderwertige Kategorie eingeordnet – wäre sie die stolze Tochter eines geachteten Vaters gewesen –, vielleicht hätte sie sich weniger nach Anerkennung außerhalb ihrer Familie gesehnt. Wäre sie nicht verkrüppelt gewesen, vielleicht hätte sie mehr Selbstvertrauen gehabt. Und hätte sie ein starkes Gefühl der Zugehörigkeit zur jüdischen Tradition gehabt, vielleicht hätte sie weniger verzweifelt darum gekämpft, als Polin akzeptiert zu werden. Die Erfüllung ihres natürlichen Wunsches – so zu sein wie alle anderen – lag außerhalb ihrer Reichweite. Das mußte sie akzeptieren; sie tat es und konzentrierte sich darauf, die Aufmerksamkeit von ihren semitischen Zügen und ihrem verkürzten Bein abzulenken auf ihren Geist. Und so kam es, daß Rozalia Luksenburg zu Rosa Luxemburg wurde. Es war ein mühseliges Unterfangen, und sie hörte nie auf, dafür zu bezahlen. Ein starker Wille war nicht genug; auch nicht Energie, Ehrgeiz und Intelligenz. Sie gab sich selbst die Rolle der Starken – starker Wille, starker Geist, starker Charakter –, eine Rolle, die sie mit der Zeit so überzeugend spielte, daß sie ihr zur zweiten Natur wurde. Arroganz und Aggressivität verdeckten ihre Unsicherheit; zur Schau getragenes Selbstvertrauen verbarg ihre Ängste. In ihrer Schulzeit stand sie im Ruf, „stark" zu sein, ein Attribut, das sie mehr schätzte als „Krüppel" oder „dreckige Judengöre".

Rosa war nicht ganz zwölf Jahre alt, als sie die schlimmste Brutalität ihrer jungen Jahre erlebte. Sie hatte gerade ihr zweites Schuljahr auf dem Gymnasium begonnen und hatte die Anerkennung ihrer Lehrer und Mitschülerinnen gewonnen und genossen. Sie entdeckte, daß die Eigenschaften ihres Geistes alle Zweifel entkräften konnten, die andere gegen sie hegen mochten. Ganz allmählich überwand sie ihre Ängste.

Am Weihnachtstag 1881 brach in der Menge, die aus der Heiligkreuzkirche kam, eine Panik aus, deren Ursprung ungeklärt blieb. Die Panik mündete in einen Pogrom. Im Zarenreich hielten Pogrome die Juden in Schach, indem sie ihnen zeigten, daß ihre Sicherheit nicht von Dauer war. Pogrome fielen auf fruchtbaren Boden in Polen, wo uralte Spannungen durch die starke Konzentration orthodoxer Juden und durch die wirtschaftliche Rückständigkeit des Landes und seine verlorene Unabhängigkeit verschärft wurden. Die fremde Besatzung verleitete manchen Polen zu einem fanatischen Nationalismus. Ihre nationale Identität war bedroht, ihre Würde war verletzt, die Opfer brauchten Opfer.

Für die armen Bewohner des Judenviertels war der Warschauer Pogrom weniger schockierend als für die Juden der Złotastraße. Die Instabilität ihres neuerworbenen Status kam nicht nur zutage, sie wurde von den Behörden legitimiert. Die zaristische Polizei schritt nicht gegen die Angreifer ein. Weil die Polizei stillhielt, wütete der Pogrom drei Tage und Nächte lang im Judenviertel. Die Arbeiter, Hausierer, Trödler und Händler versammelten sich zur Selbstverteidigung und verhinderten, daß das Unheil um sich griff. Zweitausend Familien erlitten Verluste; viele wurden verletzt und getötet. Obgleich wohlhabende Wohngegenden gewöhnlich Polizeischutz genossen, war diesmal auch die Złotastraße nicht gefeit. Eine tobende Menge stürmte das Gebiet, plündernd, Scheiben zerschlagend, Steine werfend. Einige Juden liefen schutzsuchend zu ihren polnischen Nachbarn, andere verbarrikadierten Türen und Fenster.

Man kann sich unschwer vorstellen, was in Rosas Kopf vor sich ging. Das Gekreische und Gebrüll, das Splittern von Glas, von schweren Stiefeln zertreten, das grobe, dröhnende Gelächter, die Flüche auf Polnisch und Jiddisch, der Klang jammernder Frauenstimmen und schreiender Kinder versetzten sie in Angst und Schrecken. Ihre Eltern konnten sie nicht verteidigen. Sie konnten den Mob, der „Haut den Juden!" schrie, nicht davon abhalten, ins Haus hereinzubrechen, sie zu schlagen, sie zu morden. Sie konnte nicht weglaufen. Sie zog ihr kurzes Bein hinter sich her, sie würde bestimmt der Horde in die Hände fallen. Nie zuvor war ihr Hinken als Gefahr erschienen, als Lebensbedrohung; nie zuvor war die Angst so real gewesen.

Rosas Eltern mögen sie versteckt haben, vielleicht für Stunden, vielleicht für Tage. Sie mögen sie zu polnischen Nachbarn gebracht oder sie hinter verschlossener Tür in der Wohnung behalten haben. Aber was sie auch getan haben zu ihrem physischen Schutz, gegen ihre seelische Qual konnten sie gar nichts tun.

Der Pogrom hinterließ bei Rosa eine bleibende Narbe. In späteren Jahren, als sie selbst Massen bändigen konnte, sie in Bann halten konnte, rächte sie das verängstigte Kind. Die Menge skandierte: „Hoch lebe Rosa!" Aber die Angst vor dem Mob blieb ihr. „Weißt du, welcher Gedanke mich verfolgt und ängstigt?" schrieb sie 1917 an ihre Freundin Luise Kautsky. „Ich stelle mir vor, daß ich wieder in einen überfüllten Riesensaal muß, daß auf mich das grelle Licht, das Stimmengewirr der Menge eindringen ... – ich habe das Gefühl, daß ich plötzlich ausreißen werde! Ich habe den horror pleni."[3]

Sie begrub das Kindheitserlebnis tief in sich. Obwohl sie sonst peinlich genau war, hat sie, als sie ein einziges Mal den Pogrom erwähnte – ganz nebenbei, auf unpersönliche Art, in einem nicht gezeichneten Artikel –, ein falsches Datum dafür genannt.[4]

3 Warschau: Jugendliches Streben 1882–1889

Der Pogrom brachte alle verborgenen Ängste Rosas ans Licht. Verzweifelt suchte sie der furchtbaren Wirklichkeit zu entfliehen und fand Zuflucht in der Poesie.

Adam Mickiewicz, ein weltberühmter Romantiker, der die Herzen junger Idealisten bis auf den heutigen Tag gefangennimmt (als zum Beispiel 1968 in Warschau Mickiewicz' Stück „Ahnenfeier" wegen angeblich antirussischer Untertöne abgesetzt wurde, gab es im ganzen Land Studentenunruhen), wurde zur Quelle der Inspiration für Rosa. Sein Aufruf, „Hirne und Herzen" in Liebe und Rebellion zu vereinen, seine Träume vom „Guten für alle" begeisterten sie, weil sie verletzt, einsam und bedroht war. Alle Unterdrückten, meinte Mickiewicz – Arbeiter, Juden, Bauern –, wo immer sie leben, werden gleich sein, wenn die alte Weltordnung einmal zerstört ist.

Nichts hätte für das junge Mädchen Rosa verlockender sein können als das Gefühl der Zugehörigkeit zu einer Gemeinschaft, die einem edlen Ziel verpflichtet ist. „Schulter an Schulter", sagte der Dichter, würde die Jugend das morsche Universum niederreißen und eine bessere Welt bauen. Der Gedanke, das Leiden der Menschheit zu lindern, besänftigte ihren Schmerz. In einer Welt, in der jeder jeden liebte, würde auch sie geliebt werden, trotz ihrer Herkunft, trotz ihrer Mißgestalt.

In abgedunkelten Zimmern hinter streng bewachten Türen versammelten sich Mädchen und Jungen zu heimlichen Treffen und lauschten hungrig den verbotenen Versen von Mickiewicz. Der Zauber der Poesie, das Verschwörerische und Geheime steigerten noch die fieberhafte Aufregung der jungen Zuhörer. Die Gedichte, erotisch und ätherisch, erzählten ihnen von der idealen Liebe, von der Begegnung zweier Seelen, die eins werden.

Schon allein die Stationen der Biographie Mickiewicz' haben für die Polen bis heute ihre Faszination behalten. Sie sind ein Spiegelbild polnischer Erfahrungen in reinster Form. Mickiewicz begann als Verschwörer und endete als Pilger. 1798 in der Gegend von Wilna geboren, lebte er im Exil in Rußland und später in Frankreich, und er starb 1855 in der Türkei auf mysteriöse Weise. Er personifizierte das Drama seines Landes – zerrissen zwischen Ost und West, Gefühl und Verstand.

Als Student an der Universität Wilna wurde er verhaftet, weil er eine geheime polnische Studentenvereinigung gegründet hatte, und 1824 wurde er nach Rußland deportiert. 1824 war in Rußland ein Jahr der Hoffnungen und Träume, die 1825 mit dem fehlgeschlagenen Dekabristenaufstand gegen Zar Nikolaus I. zusammenbrachen. Mickiewicz, der den russischen Intellektuellen, den Dekabristen und vor allem Alexander Puschkin nahestand, entdeckte eine größere geistige und intellektuelle Welt. Der rebellische Pole wurde zum rebellischen Europäer. Freiheit war nun nicht mehr nur Polens Freiheit, sondern Freiheit für alle unterdrückten Nationen. Die Russen, das sah er, litten nicht weniger unter der Autokratie als die Polen, und ihre Feinde waren auch seine. Puschkin, ein Exilant im eigenen Lande, und Mickiewicz übersetzten gegenseitig ihre Gedichte in ihre Muttersprachen und betrauerten gemeinsam die erschlagenen oder gefangenen Dekabristen. In einem Gedicht mit dem Titel „An meine russischen Freunde" klagte Mickiewicz:

Wo seid ihr jetzt?
Rylejews edles Haupt, das ich brüderlich umfing,
hängt auf Geheiß des Zaren am Galgen ...
Bestuzhews Hand, die er, der Barde und Ritter,
mir reichte, vom Zaren abgeschnitten von Feder und Schwert

Tränen auf den Steinen der Grube, an den Arm des Polen gekettet ...
Fluch den Völkern, die ihre Propheten morden.[1]

Die Tragödie der Dekabristen entmutigte ihn nicht. Im Gegenteil, seine Gedichte predigten um so nachdrücklicher den Kampf. Der hinterlistige Charme der Gedanken Mickiewicz', seine an Samson gemahnende Bereitschaft, zu zerstören und in den Trümmern unterzugehen, seine Christus ähnliche Opferbereitschaft spielten eine nicht geringe Rolle zur Auslösung des antirussischen Aufstands in Polen und jedes polnischen Aufstands seither.

In der Zeit seines Exils in Frankreich, wo Mickiewicz sich in den 1830er Jahren niederließ, führte ihn seine Überzeugung zum Sozialismus – messianisch, mystisch, aber auch rational. „Sozialismus", schrieb er 1849, „ist ein völlig neues Wort. Wer es schuf? Keiner weiß es. Wörter, von niemandem geschaffen, aber von allen wiederholt, sind höchst beängstigend. Vor fünfzig Jahren waren die Wörter Revolution und Revolutionär auch barbarische Neologismen ... Die alte Welt und all ihre Repräsentanten, unfähig zwar, ihren Sinn zu begreifen, lesen in ihnen doch ihr Todesurteil ... Die alte Welt ... hat keine moralische Grundlage."[2] Der Dichter-Krieger war Gründer der *Volks-Tribüne*, einer internationalen Zeitschrift, die Revolutionäre, Anarchisten und Utopisten versammelte. Mickiewicz wurde Sozialist, weil er Christ war, allerdings ein Christ, der den Heiligen Stuhl mit zunehmender Skepsis sah. „Seid versichert", forderte er Papst Pius IX. heraus, „daß der Heilige Geist heutzutage unter den Arbeitshemden Pariser Tagelöhner wohnt."[3]

Weil er dem Ethos des Pilgers, der sich aufmacht, um Freiheit und Gerechtigkeit für alle zu suchen, Prestige verlieh, mag der Dichter Rosas unbestimmtem Verlangen, Heim und Heimatland zu verlassen, die höhere Weihe gegeben haben. „Die polnischen Pilger sind die Seele der polnischen Nation", schrieb er.[4] In der Zeit der polnischen Knechtschaft wurde das Pilgertum zu einer Idee, einer Lebensweise, tragisch und mystisch und von tiefer moralischer Bedeutung. In seinen *Büchern der polnischen Nation und der polnischen Pilger* befahl Mickiewicz den Polen, weiterzuleben, ganz so, wie das Alte Testament den Juden befohlen hatte, in der Diaspora zu leben. Ein polnischer Pilger, schrieb der Dichter, ist kein Wanderer oder Verbannter, denn ein Wanderer streift ohne Ziel umher und ein Verbannter wird per Erlaß ausgewiesen. Ein Pilger reist durch fremdes Land, aber sein Heimatland ist in ihm, und das unauflösliche Band, ätherisch wie ein Lichtstrahl und gewichtig wie die Ketten des Sklaven, erhebt seine Seele und leitet seinen Verstand.

Mickiewicz' Pilgerfahrt führte ihn schließlich in die Türkei. Die letzte Phase des Dichterlebens ist seinen Landsleuten peinlich, sie sprechen nicht gern davon. Inspiriert von dem polnischen Mystiker Andrzej Towiański gelangte Mickiewicz zu dem Glauben, in einem Volkskrieg für die Freiheit aller Völker würden die „Juden, . . . die die Allmacht des Volkes, Gleichheit und Freiheit heilig halten“, jede Unterdrückung besiegen.[5] Er beschloß, ein Kommando jüdischer Husaren aufzustellen (russische Juden, die Kriegsgefangene der Türken waren), das für die Freiheit der Völker Israels und Polens kämpfen sollte. Mitten in den Vorbereitungen starb Mickiewicz.

Was für Rosa als ein Bedürfnis nach Flucht aus der Wirklichkeit begonnen hatte, entwickelte sich nach und nach zu dem Willen, die Wirklichkeit zu verändern, lange bevor sie von Marx hörte. Ihr Glaube an die moralische Pflicht, für eine humanere Ordnung zu kämpfen, an die ethische Dimension des gesellschaftlichen Wandels – die Essenz der Luxemburg'schen Philosophie – entsprang der Dichtervision. Mickiewicz' Vertrauen in die gesunden Instinkte der einfachen Menschen lag Rosa Luxemburgs berühmter Theorie der revolutionären Spontaneität zugrunde. Überzeugt von der Kraft des schöpferischen Geistes und der intuitiven Weisheit der Massen, die, wie der Dichter sagte, „wissen“, weil sie „fühlen“, lehnte sie viele Jahre später Lenins Konzept einer professionell organisierten Revolution ab.

In den 1880er Jahren, als die Literatur um „Hirne und Herzen“ kämpfte und die Jugend mit poetischen Visionen ausstattete, konfrontierte die Realität die polnische Gesellschaft mit neuen Gegebenheiten und neuen Aufgaben. Der erfolglose Aufstand von 1863 blutete die Nation aus, die russischen Invasoren aber blieben unbesiegt und waren entschlossener denn je, das rebellische Land zur Ruhe zu bringen. Die Aussichtslosigkeit des bewaffneten Widerstands und die schnelle Industrialisierung Europas öffnete einem neuen westlichen Trend die Türen der polnischen Kultur und Wirtschaft, nämlich dem Positivismus. Statt rückwärts zu schauen, verlorenem Glanze nachzutrauern und das Land dem Untergang zu weihen, erklärten die polnischen Positivisten, müsse die Nation realistisch denken, Vergangenes vergessen und in die Zukunft blicken; produktive Arbeit müsse an die Stelle des Säbelrasselns treten, Fabriken an die Stelle der Barrikaden. Nationale Unabhängigkeit sei für das Überleben der Nation nicht unbedingt erforderlich, behaupteten die Positivisten, wohl aber eine gesunde Wirtschaft. Obgleich der Positivismus in gewissem Sinne nur eine andere Bezeichnung für ein liberales Wirtschaftssystem war, das um drei Jahrzehnte verspätet nach Polen kam, wurde er von einem großen Teil der Gesellschaft nicht gut aufgenommen.

Der niedergeschlagene Aufstand von 1863 veränderte zwar manche Einstellungen, er änderte aber nichts am nationalen Ethos. Widersetzlichkeit, die Unfähigkeit zur Anpassung an Realitäten, eine Abneigung gegen Pragmatismus und ein Kult der Heldenverehrung machten die Polen zu schlechten Partnern für kapitalistische Unternehmen. Einem Landbesitzer fiel es leicht, sein Eigentum für patriotische Zwecke herzugeben oder es beim Spiel zu verlieren, aber er konnte sich nur schwer in einen Kaufmann oder Bankier verwandeln. Kaum ein Pole träumte davon, reich zu werden oder Fabriken zu bauen; viele blickten mit Sorge, wenn nicht mit Abscheu auf die wachsenden Reihen deutscher, russischer und jüdischer Industrieller. Auf der Skala der traditionellen Werte blieb der materielle Erfolg ganz weit unten. Hundert Jahre Fremdherrschaft, politische Ohnmacht und Isolation schwächten nicht, sondern verstärkten die Wesenszüge, die sich im Laufe von acht Jahrhunderten polnischer Souveränität herausgebildet hatten. Die Nachfahren des „königlichen Stammes“ hegten eine Verachtung für die modernen Hunnen im Westen, die nur von ihrer Verachtung für die Asiaten im Osten übertroffen wurde.

Der ökonomische Wandel erforderte vor allen Dingen Zusammenarbeit mit den drei Invasoren in den annektierten Gebieten: den Russen, den Preußen und den Österreichern. Vielen Polen und insbesondere der jüngeren Generation, für die der Aufstand von 1863 nur eine weitere Strophe des patriotischen Heldengesangs war, schien das gleichbedeutend mit einer ausdrücklichen Anerkennung des status quo, einem Bekenntnis zur Niederlage und einem Sich-fügen um des materiellen Gewinns willen. Einige junge Polen aber fanden einen Weg, Tradition und Modernität miteinander zu verbinden, allerdings nicht den von den Positivisten gepredigten. Die Söhne und Töchter der Intelligenz und des neuen Bürgertums glühten in einer Rebellion anderer Art – dem Sozialismus.

Parallel zum ökonomischen Positivismus entwickelte sich ein positivistischer Trend in der Literatur. Der erfolgreiche Geschäftsmann – rational, verständig, skeptisch – löste den zum Scheitern verurteilten romantischen Rebellen ab. Aber der neue Held lebte weithin nur in der Fiktion. Er hatte wenig Attraktives an sich für diejenigen, die einem idealisierten Bild von Polens Schicksal anhingen; er konnte ebensowenig die Phantasie beflügeln oder die Geister entflammen, wie er Widerstand zu wecken vermochte. Ihm fehlte alles Dramatische, und sein rationales Denken, seine Fähigkeit zum Geldverdienen waren dafür ein schwacher Ersatz. Polen würde nicht zu einer Nation der Unternehmer werden. Die Straße zum Ruhm war nicht mit Banknoten gepflastert.

Der Widerstand gegen die moderne Zeit konnte nicht mehr bewirken als ihren Fortschritt zu verlangsamen oder dafür zu sorgen, daß sie an den Polen vorbeiging – zugunsten von Nicht-Polen. Polen am Kreuzweg von Ost und West war viel zu wichtig als Handelsroute und als Reservoir billiger Arbeitskraft, als daß es aus den wirtschaftlichen Expansionsplänen der Russen und der Preußen hätte ausgeklammert werden können. Der Verzicht auf Restriktionen für polnische Juden im Jahre 1862 war ein kluger Schachzug der zaristischen Regierung; der jüdische Arbeiter war der billigste, der jüdische Unternehmer der strebsamste. In den Jahren 1874–1897 wuchs die jüdische Bevölkerung Warschaus von etwa 90 000 auf 220 000 an, während die Großstädte in Rußland für Juden weitgehend gesperrt waren. Im Jahre 1870 befand sich bereits ein Drittel der Fabriken in Warschau in jüdischem Besitz, und 1895 gab es kaum noch eine Straße ohne jüdisches Eigentum („Uns gehören die Straßen", sagten die Polen halb im Scherz, „und den Juden gehören die Häuser.") 1885 schrieb ein Chronist: „In der Industrie spielen die Juden keine so große Rolle wie im Handel; die Industrie wird von Deutschen beherrscht. In letzter Zeit haben auch die Polen angefangen, sich ins Geschäftsleben zu begeben, aber das sind Ausnahmen, während die Juden, sobald sie Land erwerben und besitzen durften, ... damit begannen, Fabriken zu bauen, und ihr Unternehmergeist wächst ständig."[6] Der Aufruf zu „positivem Handeln" und wirtschaftlichen Verbesserungen war an die Juden nicht verschwendet. Hier lag ihre einzige Chance für Bildung und Emanzipation.

Der Positivismus bot den jungen Leuten Gelegenheit, ihr Denken weg von gefährlichen Illusionen auf Fakten zu richten. Die Generationen, die in dem Glauben erzogen worden waren, sie könnten nichts Besseres für Polen tun, als für ihr Land sterben, wurden dezimiert; dennoch, das erste Gebet, das man den Kindern beibrachte, war ein Gebet für Polens Freiheit, die ersten Daten, die sie lernten, waren die ihrer Ahnen, der Märtyrer, die ersten Gedichte, die sie lasen, mahnten sie, dem Beispiel ihrer Vorfahren zu folgen. Eine pragmatische Erziehung war der Ausweg aus dem Teufelskreis von Verhängnis und Vernichtung.

Die geistliche und politische Führungsrolle der römisch-katholischen Kirche war durch das militärische Engagement Polens in der Verteidigung des christlichen Glaubens gegen türkische Moslems im siebzehnten Jahrhundert gestärkt worden. Das Bildungswesen war von den Gemeindeschulen bis hin zu den Universitäten die ausschließliche Domäne der Kirche bis zur Renaissance, die religiöse Reformen und eine zunehmende geistige Differenziertheit des Adels brachte. Nach einem kurzen Wiederaufleben des Klassizismus Mitte des achtzehnten Jahrhunderts traten die französischen *philosophes* und später die deutschen Metaphysiker und Idealisten – wenn auch nicht sehr erfolgreich – dem Einfluß der katholischen Kirche entgegen, die immer noch behaupten konnte, „Beherrscherin der Seelen“ der überwiegenden Mehrheit der Polen zu sein.

Deshalb war es die kirchliche Kontrolle des Bildungswesens, mit der es die Positivisten aufnehmen mußten. Ihre Aufgabe war umstritten und schwierig wegen des unleugbaren, wenn auch intellektuell beengten Einflusses der Kirche auf die Bildung und wegen der Funktion der Kirche als der einigenden Klammer im geteilten Lande, ihrer gewaltigen Autorität bei den Massen und ihres Bündnisses mit den herrschenden Klassen, den einheimischen und den fremden. Auch wenn sich Kirche und Positivisten in ihrem Ausgangspunkt und ihrem Ziel unterschieden, so hatten sie doch beide die eine Sache gemeinsam: die Verteidigung der polnischen Kultur und der polnischen Sprache. Der Verlust der nationalen Unabhängigkeit hätte leicht beides vernichten können, denn den Invasoren war sehr wohl bewußt, daß man Polen am zweckmäßigsten dadurch auslöschen konnte, daß man seine Kultur auslöschte. Weil auch die Polen das wußten, brach ein Guerillakrieg aus, dessen Ende noch immer nicht abzusehen ist. Bildung wurde zur patriotischen Pflicht, zum Widerstand gegen die Russifizierungs- oder Germanisierungspolitik der

Invasoren, aber es war eine von christlichem Glauben und christlicher Literatur durchtränkte Bildung. Der Priester und der Autor hatten ein unterschiedliches Publikum, wenn es sich auch überschnitt; Bauern und Arbeiter waren die Domäne des Priesters, der Autor erreichte den Adel und die Intellektuellen. Das städtische Proletariat mag zwar analphabetisch gewesen sein, war aber immer weniger geneigt, für die Verheißung des Paradieses nach dem Tode irdisches Leiden hinzunehmen.*

Nach dem Verlust der nationalen Unabhängigkeit wurde der Schriftsteller zu einer geheiligten Figur. Insbesondere der romantische Prophet, die Personifizierung der Freiheitsträume der Nation, wurde in den Rang des geistigen Führers im öffentlichen Bewußtsein seines Volkes erhoben. Er stellte, frei von allen Fesseln des Glaubensbekenntnisses, der Demütigung und Unterwerfung höhere, universale Werte entgegen; er forderte Gerechtigkeit auf Erden und predigte Widerstand und Auflehnung, nicht Demut und Gehorsam. Aber wie der Priester mißtraute er dem Intellekt. „Gefühle und Glaube sprechen stärker zu mir“, heißt es in einem Gedicht von Adam Mickiewicz, „als das Auge des Klugen und sein Spektrum.“

Als Reaktion auf ein strengeres Russifizierungsprogramm waren nach 1867 mehr private Internatsschulen mit polnischen Lehrern und Leitern entstanden. Aber das hatte einen Haken: Nur die staatlichen russischen Gymnasien befreiten männliche Schüler vom Wehrdienst und öffneten ihnen die Universitäten. Die teuren privaten Mädchenschulen, den Jüdinnen verschlossen, wurden von Töchtern der Aristokratie, der reichen Landbesitzer und der wohlhabenden Intelligenz besucht. Dann wurde 1879 der Unterricht auf Polnisch verboten. Polnisch wurde als Fremdsprache gelehrt, und Unterricht in polnischer Literatur und Geschichte gab es nur noch heimlich. Die Repression verfehlte ihren Zweck. Die Schüler, zwischen zehn und achtzehn Jahren alt und für patriotischen Eifer besonders empfänglich, reiften früh zu Verschwörern heran und, mit der Unterstützung und dem Segen ihrer Lehrer und Eltern, zu Verfechtern des polnischen Bekenntnisses.

Die Einteilung der Fächer in humanistische und naturwissenschaftliche richtete sich nach festen, ausgesprochen polnischen Regeln.

* Kennzeichnend für die Mentalität der Arbeiter ist folgendes Revolutionslied: „Für die Idee stirbt keiner vergebens/ Zuletzt wird Christ Herr über Judas sein.“ Leon Baumgarten, *Dzieje Wielkiego Proletariatu* (Warschau: Książka i Wiedza, 1966), 579.

Die Geisteswissenschaften wurden, abgesehen von unverfänglichen Themen, im Untergrund gelehrt und erlangten eine geistige Bedeutung, die sie bis heute behielten; die Naturwissenschaften, frei von Emotionen, es sei denn, man nutzte ihre Erkenntnisse zur Herstellung von Terroristenbomben, blieben außerhalb des Schlachtfelds. Der Unterricht in polnischer Literatur bevorzugte weiterhin die romantische Tradition; die Romantik gab „Gefühl und Glauben" freien Lauf und bezwang die Verzweiflung, hielt vergangene nationale Größe und Visionen künftiger nationaler Glorie lebendig. Die positivistische Strömung prallte auf eine namenlose Macht, eine hypnotische, wenn auch trügerische Kraft.

Ein Foto der sechzehnjährigen Rosa aus dem Jahre 1886 zeigt ein strenges Gesicht, abweisend und eigensinnig. Der entschlossene Gesichtsausdruck verdeckt keineswegs die Traurigkeit in den großen Augen. Die vollen Lippen sind fest zusammengepreßt, und es liegt eine kaum merkliche Spur Ironie oder vielleicht Überheblichkeit im Blick. Ein ungewöhnliches Gesicht: nicht ein Hauch von Schüchternheit, nur Stolz, nichts Sanftes, sondern unterdrückte Ungeduld.

Rosa war früh gereift, hatte gelernt, ihr Hinken zu kontrollieren, das betont hervortrat, wenn sie müde war, und sie hatte gelernt, ihr Gesicht zu beherrschen, um Erschöpfung zu verbergen. Ihre Mutter kümmerte sich um ihre Kleidung, die so geschnitten war, daß sie ihren körperlichen Defekt überdeckte. Ihr großer Busen wölbte sich über dem zarten Unterkörper, aber Plissee oder eine Falte milderten die Disproportion. Zum Ausgleich der inneren Disharmonie ihrer Tochter konnte Lina Luksenburg allerdings kaum etwas tun. Daß ihr deren Ausmaß bewußt war, ist fraglich; sie war eher davon überzeugt, daß die Liebe der Familie und der schulische Erfolg Rosa zufrieden oder sogar glücklich machten. Rosa gab ihrer Mutter keinen Anlaß, das zu bezweifeln. Die Zuneigung, die sie zu Hause erfuhr, nahm sie hin als etwas, das ihr zustand; pflichtschuldig, aber nicht überschwenglich entgalt sie die Liebe und Fürsorge ihrer Eltern mit kindlichem Gehorsam und glänzenden Zeugnissen. Ihre Familie gewöhnte sich daran, daß Rosa für sich blieb, schrieb ihr Bedürfnis nach Alleinsein ihren Schularbeiten zu. In Wirklichkeit war Rosa dabei, ihnen zu entwachsen.

Elias Luksenburg kam in Warschau nicht gut zurecht. Vom frühen Morgen bis zum späten Abend lief er seine Runden in der Stadt, trieb hier ein Geschäft auf, schloß dort einen Handel ab. Doch neue Wellen seiner Glaubensbrüder drängten in die Stadt, die Konkurrenz jüngerer, vitalerer Geschäftsleute wuchs, und Luksenburg, niemals aggressiv, war nun leicht zu schlagen. Meist überarbeitet und übermüdet, war er für Rosa nicht der Vater, der Ehrfurcht oder Respekt erweckte. Er personifizierte die Welt, der sie zu entkommen suchte; ihm fehlten in ihren Augen Idealismus, Kraft und Würde. Ebensowenig rief Lina Luksenburg in ihrer Tochter den Wunsch hervor, ihr gleich zu werden. Rosa war zu jung, um sowohl die Stärke hinter der gewohnten Güte ihrer Mutter als auch die Willenskraft zu erkennen, die zur Erfüllung der Rolle einer guten Ehefrau nötig war. In späteren Jahren begriff sie, daß Stärke sich nicht unmittelbar zeigen und als schamloses Herrschen ausdrücken muß. Wie sie sich nach außen hin auch gab, Lina Luksenburg erreichte, was Rosa immer verwehrt blieb: Sie machte sich zwei Kulturen zu eigen, die jüdische und die polnische, und fühlte sich in beiden so zu Hause wie Rosa fremd. Mag sein, daß eben dieses Behagen, mit dem ihre Mutter bikulturell war, Rosa neidisch und wütend machte.

Rosa hatte zu beiden Eltern kein enges Verhältnis. Deren Sorgen – Kinder, Heim, alltägliche Existenz –, ihr kleinbürgerlicher Geschmack, ihr durchsichtig jüdisches Wesen waren ihr lästig. Die angestrengten Bemühungen der Eltern, einen Ehemann für Schwester Anna, nun nahe dreißig, zu finden, ärgerten sie, weil sie die elterliche Sorge als Bigotterie mißverstand. Wenn Rosa Luxemburg als Erwachsene auf ihr Milieu herabsah, dann weil sie schon als Jugendliche damit im Streit lag. Sie gewöhnte sich an die Erscheinungsformen des Antisemitismus, nicht aber an den Gedanken, daß sie gemeint sei; sie selbst hielt sich für eine Polin, auch wenn es sonst niemand tat. Wie die Polen entrüstete sie sich über die Männer mit Schläfenlocken, Rauschebärten und langen Kaftanen, die „mit den Händen" Jiddisch redeten, und wie die Polen wünschte sie sie weg. Wenn andere sie mit diesen Juden in Verbindung brachten, dann war das ihrer Meinung nach Ignoranz oder Böswilligkeit, und sie ärgerte sich zwar so manches Mal darüber, aber meistens ignorierte sie es einfach.

Die Zeiten, in denen sie sich so verzweifelt danach gesehnt hatte, von ihren Mitschülerinnen akzeptiert zu werden, waren endgültig vorbei. Mit sechzehn hatte sie in den sozial gesinnten Studenten der Untergrundzirkel ihre Seelengefährten gefunden. Sie war nicht mehr die Bittstellerin. Freundschaft, die sie mit Mickiewicz als die Gleichheit des gesellschaftlichen Bewußtseins verstand, verwandelte Rosas Universum. Sie gab ihr das Gefühl, zu einer Gruppe zu gehören, die sie sich selbst erwählte und die sie als Gleiche aufnahm.

Es sprach für die polnische Jugend, daß das russische Volksbildungssystem – eine Religion des blinden Gehorsams, wie Alexander Herzen, ein russischer Denker des neunzehnten Jahrhunderts, es nannte – ihre Seelen nicht getötet hatte. In Rußland, schrieb Herzen, „wurden die von Natur aus überströmenden Gefühle der Jugend brutal nach innen verdrängt; statt dessen wurden Ehrgeiz und eifersüchtige, gehässige Rivalität gefördert. Wer nicht zerstört wurde, der wuchs krank, gebrochen auf . . . Noch ehe sie zwanzig waren, wurden die Menschen zu Hypochondern, mißtrauisch, zermürbt. Infiziert mit der Leidenschaft zur Selbstbeobachtung, Selbstprüfung, Selbstanklage studierten sie sorgsam die eigenen psychologischen Symptome und liebten endlose Bekenntnisse und Diskussionen ihrer eigenen Neurosen."[7] Herzen, der wie Mickiewicz den „Niedergang Europas" beklagte, hätte in den polnischen Studentenzirkeln entdeckt, daß nicht alle Ideale tot waren.

In einigen der illegalen Lehrgänge für polnische Literatur und Geschichte gingen die Studenten, motiviert von Lehrern oder, wie Rosa, vom Erlebnis der Ungerechtigkeit, über ästhetisches Empfinden und künstlerische Offenbarungen hinaus. Für sie hatte Mickiewicz' Appell, eine höhere moralische Ordnung zu schaffen, einen unmittelbaren Bezug zur Wirklichkeit, zu den Ungleichheiten in ihrer eigenen Welt. Der Dichter war nicht die einzige Quelle politischer Erkenntnis. Illegale Literatur zu sozialen und ökonomischen Fragen, nach Polen eingeschmuggelt – paradoxerweise aus Rußland und auch aus dem Westen – wurde eifrig studiert. Die Wirklichkeit selbst warf Fragen auf. In den Straßen wurden streikende Arbeiter von der russischen Polizei brutal zusammengeschlagen, und neben protzigem neuem Reichtum wuchs das Elend des neuen Proletariats. Als das Fragen einmal begonnen hatte, wurde alles in Frage gestellt: Mickiewicz und der Positivismus, die Kirche und Darwin, Materialismus und Antimaterialismus. Phantasie und Enthusiasmus flammten in hitzigen Diskussionen auf; „Revolution" und „Sozialismus" bezeichneten eine neue, gerechte Welt der Zukunft. Auch wenn sie Romantiker waren, diese Studenten waren nicht blauäugig. Einige kamen aus Arbeiterfamilien, viele waren Juden, viele Frauen waren dabei. So sehr wie ihr Idealismus trieb sie ihre Erfahrung, sich mit den Unterprivilegierten zu identifizieren.

In ihrer neuen Situation, in der sie für eine Sache aufstand anstatt für sich selbst, lockerte Rosa ihre Abwehrhaltung. In dieser Umgebung wurden ihre „typisch jüdischen“ Eigenschaften – Ehrgeiz, Selbstbewußtsein, intellektuelle Neugier – nicht automatisch als fremdartig abgelehnt.

In der Schule luden die Mädchen, die nun zu Frauen erblühten, zu den unvermeidlichen, wenig schmeichelhaften Vergleichen ein. Erhitzt, erregt phantasierten sie von Romanzen und vom Ausreißen, von Liebhabern und Ehemännern. Rosa merkte, daß sie eine Frau wurde – eine Neuauflage ihrer älteren Schwester vielleicht? –, und das erhöhte die Spannung, die sich nachteilig auf ihr Benehmen, ihre Haltung und ihr Aussehen auswirkte. Aber in dem Untergrundzirkel war ihre Situation völlig anders – und auch sie selbst.

Die Schule verlor jedoch nichts von ihrer Bedeutung für Rosa. Das Lernen hatte sich zu einer Passion entwickelt, vergleichbar nur mit der späteren Intensität ihrer Liebe. Jetzt, da ihre Ängste geschwunden waren, wurde intellektuelles Streben vom Mittel zum Zweck selbst. Mit festerem Boden unter den Füßen entdeckte sie das Vergnügen des Lernens um des Lernens willen, und die beiden letzten Schuljahre wurden zu einem ganz anderen Erlebnis als die ersten. Inzwischen wußte sie, daß das Gymnasium nicht die letzte, sondern die erste Stufe ihrer Ausbildung war. Das traurige Dasein ihrer älteren Schwester war zwar immer noch beunruhigend, aber keine unerträgliche Last mehr; eher sah sie sich in die Fußstapfen Józefs treten, ihres jüngsten Bruders, der an der Universität studierte. Hatten sich ihre akademischen Interessen noch nicht klar herauskristallisiert, so doch ihr Verlangen, zu lernen.

Es ist schwierig, genau zu sagen, wann Rosa begann, sich ernsthaft für Politik zu interessieren. Daß sie mit sechzehn von einer Gesellschaftsordnung träumte, „die einem erlaubt, bei klarem Bewußtsein jeden zu lieben“, ist durch eine handschriftliche Widmung auf einem Bild von ihr belegt, das sie einer Freundin schenkte. Noch früher, mit vierzehn, hatte sie ein Gedicht geschrieben, sichtlich unter dem Einfluß von Mickiewicz' Ideen und auch seiner Ausdrucksmittel. Die Verse, anläßlich eines Besuchs des deutschen Kaisers Wilhelm I. in Warschau geschrieben, stellten ihre Autorin als politisch unwissende „dumme Gans“ vor. In der sarkastischen Philippika macht sie deutlich, um was es ihr hauptsächlich geht: „Im Namen Europas/ sagt, nein, befehlt Bismarck, Eurem listigen Schurken/ nie den Frieden zu schänden.“ Es sind zwar ungelenke Verse, aber sie zeigen einen recht guten Sinn für politische Realitäten – die Instabilität des Bündnisses zwischen östlichen und westlichen Monarchen, die Unvereinbarkeit ihrer Interessen und die daraus folgende Gefährdung des Friedens in Europa.* Der satirische Biß, ihre furchterregende Waffe der Zukunft, obwohl etwas umständlich, erzeugt eine komisch-düstere Aura. Ob Rosa nun früh „ihre jugendliche Rebellion von der Familie auf die ganze bürgerliche Gesellschaft übertragen“[8] hat oder nicht, sie forderte die Obrigkeit heraus, zeigte ihre Überlegenheit und machte sich über das Establishment lustig.

Am 14. Juni 1887 verließ Rosa das Gymnasium mit dem Abschlußzeugnis. Das Zeugnis bescheinigt, daß Rosalie Luxenburg**, siebzehn Jahre alt, mosaischen Glaubensbekenntnisses, den erforderlichen siebenjährigen Bildungsgang absolviert hat. Die im Zeugnis angegebene Fächerliste umfaßt Religion, Sprachen (Russisch, Polnisch, Deutsch und Französisch), Pädagogik, Mathematik, Algebra und Geometrie, Weltgeographie, Weltgeschichte, russische Geschichte, Biologie, Physik, Kosmographie, Kalligraphie, Zeichnen und Handarbeit. In vierzehn Fächern erhielt Rosa ein A, in fünf Fächern – Russisch, Deutsch, Französisch, Geographie und russische Geschichte – ein B. Ihre Gesamtnote war „Sehr gut“.

Nach der Schulentlassung schloß sich Rosa einer illegalen sozialistischen Gruppe an, die dem Programm einer erloschenen Organisation namens „Proletariat“ anhing. Sie unterschied sich von den Studentenzirkeln, die Rosa besucht hatte, durch ihr klar definiertes Ziel – Aufbau einer Arbeiterpartei. Wie weit Rosas Engagement ging, ist nicht bekannt. Als Erwachsene brüstete sie sich allerdings vor der zehnjährigen Zofia, Tochter von Julian Marchlewski, ihrem engen politischen Mitarbeiter: „In deinem Alter habe ich nicht mit Puppen gespielt, da habe ich die Revolution gemacht.“[9] Seltsamerweise erinnerte sich ein Mitglied ihrer Gruppe, daß Rosa an Ökonomie überhaupt nicht interessiert gewesen sei, sondern mehr an der Schriftstellerei, wie eine von ihr ver-

* Rosa schrieb auch weiterhin Gedichte, aber als Erwachsene wußte sie, daß sie mittelmäßig waren. In einem Brief schilderte sie ihren Drang, zu schreiben, und tröstete die Empfängerin: „Aber denk nur nicht, daß es wieder irgendwelche Gedichte sind oder Erzählungen.“ Róza Luksemburg, *Listy do Leona Jogichesa-Tyszky*, Herausg. Feliks Tych, 3 Bände (Warschau: Książka i Wiedza, 1968–1971), I: 421)

** Die Schreibweise des Vor- und Zunamens wurde offenbar so vom russischen Original in die deutsche Übersetzung übernommen, die Rosa später an der Universität Zürich vorlegte.

faßte Kurzgeschichte ihn glauben ließ. Wie immer sie sich politisch betätigt haben mag, es hinderte sie nicht daran, einen Paß zu beantragen und bewilligt zu bekommen. Der Paß wurde am 5. März 1888, Rosas achtzehntem Geburtstag, ausgestellt, und sie legte ihn im Februar 1889 den Schweizer Behörden vor.* Ihre Eltern haben wahrscheinlich ihre Abreise in die Schweiz wegen ihrer Jugend oder wegen der eigenen strapazierten Finanzen oder auch beidem hinausgezögert. Vermutlich hat sie nach dem Schulabschluß als Gouvernante in der Gegend von Warschau gearbeitet, eine typische Tätigkeit für Absolventinnen des Gymnasiums, die sich für ein Studium im Ausland Geld verdienen wollten. Sicher scheint, daß Rosas Wunsch, zu studieren (in Polen gab es keine akademischen Bildungseinrichtungen, zu denen Frauen zugelassen waren) und von zu Hause wegzukommen, gegenüber ihrer politischen Betätigung das Übergewicht gewann. Außerdem verhieß die Schweiz, in der es von linken polnischen Studenten nur so wimmelte, politische Freiheit, während Warschau nichts als die Aussicht auf den Galgen zu bieten hatte.

Wer war die junge Frau, die im Februar 1889 Warschau verließ? Wie weit war sie eine Ausnahmeerscheinung in ihrer Gesellschaft? Waren ihre Ambitionen ungewöhnlich?

Das Bild der weiblichen Rebellin war ein integraler Bestandteil von Rosas Welt. Sie war elf Jahre alt, als Sofia Perowskaja und Alexander Dscheljabow, durch Politik und Neigung verbunden, 1881 als Zarenmörder nebeneinander aufgeknüpft wurden; sie war dreizehn, als Aleksandra Jentys gefangengesetzt wurde, gemeinsam mit ihrem Geliebten Ludwik Waryński, dem Gründer der ersten polnischen Arbeiterpartei „Proletariat". Mit Jentys und Waryński, eingekerkert im berüchtigten Zehnten Pavillon der Warschauer Zitadelle, war das Drama von Liebe und Revolution ganz greifbar geworden. Zwei Jahre lang, von 1883 bis 1885, bis sie nach Rußland verbannt wurden, wo Waryński später starb, erregte ihr bloßes Dasein die jungen Leute. Die zweiundzwanzigjährige

* Es wird erzählt, daß Rosa auf einem Karren über die Grenze geschmuggelt (oder auf dem Rücken eines Genossen hinübergetragen) wurde, und zwar mit Hilfe eines katholischen Priesters, dem man gesagt hatte, ein jüdisches Mädchen sei auf der Flucht vor ihren Eltern, um sich taufen zu lassen und einen Christen zu heiraten. Es gibt keinen Hinweis aus erster Hand, der diese Geschichte belegen könnte.

Aleksandra Jentys, eine Frau von großer Schönheit und Intelligenz, elegant und kultiviert, war Lehrerin an dem exklusiven Institut für Mädchen Adliger Geburt. Einer Gestalt aus Abenteurergeschichten nicht unähnlich, führte Aleksandra ein Doppelleben; tagsüber ein Muster an Würde für ihre ehrfürchtigen Schützlinge, des nachts Verschwörerin und Geliebte eines verheirateten Mannes. Rosa war fünfzehn, als zwei weitere Frauen in der Warschauer Zitadelle eingesperrt wurden – Maria Bohuszewicz und Rosalia Felsenhard. Bohuszewicz, aus altem polnischem Adel stammend, wurde mit neunzehn Jahren Vorsitzende des Zentralkomitees von „Proletariat". Felsenhard, Tochter eines jüdischen Arztes, war ihre vertraute Freundin und Mitarbeiterin. Bei dem Pogrom von 1881 rettete das furchtlose Auftreten Felsenhards ihren dreißig kleinen Zöglingen das Leben, als ein rasender Mob in ihr Klassenzimmer eindrang. Im selben Jahr, in dem Rosa das Gymnasium verließ, starben die zwei Frauen, beide Anfang zwanzig, auf dem Weg in die sibirische Verbannung.

Aus einem Gedicht von Mickiewicz erfuhr Rosa von einer anderen Heldin, von Emilia Plater, „Führerin mit Kraft und Ruf", die beim Aufstand von 1830 den Soldatentod starb. Die Erinnerung an Emilia Plater wurde beim Aufstand von 1863, der manchmal auch „der Frauenkrieg" genannt wird, zu einer treibenden Kraft. Russische Chronisten schrieben „die Raserei des Widerstands und den langen, verzweifelten Kampf den leuchtenden Augen und dem Elan der polnischen Frauen zu."[10] Dennoch, Polen wurde kein Sparta, auch kultivierten die polnischen Frauen jetzt nicht ihr militärisches Können; es waren die Teilungen Polens und später die Industrialisierung, die Rolle und Status der Frau radikal veränderten. Da die Männer im Kerker, nach Sibirien verbannt oder bei den Aufständen umgekommen waren, nahmen viele Frauen der Oberschicht die Verwaltung des Grundbesitzes und die Sorge für Erziehung und Karriere der Kinder selbst in die Hand. Der Glaube, daß die Frau dem Manne gleich sei, geboren in der konspirativen Arbeit und im Kampfe, gewann auch daheim im Privatleben an Boden.

Die ökonomische Umgestaltung brachte noch eine weitere Veränderung mit sich: Der verarmte Adel wurde auf den Arbeitsmarkt gezwungen. Eine Frau aus der Aristokratie, die nichts gelernt hatte als französisch zu parlieren und Klavier zu spielen, konnte bestenfalls Gouvernante werden. Bildung wurde nun als ein Weg zur Unabhängigkeit gesehen und als Ausweg aus einer ungewollten Ehe.

Das war die Atmosphäre, in der Rosa sich entschloß, in der Schweiz auf die Universität zu gehen. Sie war keine verarmte Aristokratin, aber sie gehörte einer Gruppe an, die aus anderen Gründen als dem des Geschlechts unterdrückt war. Auch das Los der jüdischen Frauen in Polen prägte Rosas Innenleben und ihre Ziele. Die jüdischen Frauen, von der Gesellschaft, in der sie seit dem elften Jahrhundert lebten, einzig über ihre angeblich geldraffenden Väter und Ehemänner definiert, kamen ganz allgemein in der Kultur des Landes und speziell in der Literatur einfach nicht vor. Keine Ballade pries ihre Tugenden, kein Gedicht ihre Schönheit. Ihr Seelenleben war für Schriftsteller und Poeten nicht von Interesse. Polen hatte niemanden von der Art einer Rahel Varnhagen oder Sarah Bernhardt. Schönheitssinn, Idealismus, tiefwurzelndes Naturverständnis, das waren Attribute, die ausschließlich polnischen Frauen zugeordnet wurden. Allerdings blieben die jüdischen Frauen, zwar als Jüdinnen unterdrückt, ironischer-, aber logischerweise frei von den Zwängen der feudal-patriarchalischen Familie. Dadurch setzten sie sich früher durch als ihre polnischen Geschlechtsgenossinnen. Schon im siebzehnten Jahrhundert besaßen sie Läden und Tavernen, handelten mit Alkohol und Stoffen, betätigten sich als Kupplerinnen und Vermittlerinnen – Berufe, die für gute Polen undenkbar waren. In den 1830er Jahren waren einige Frauen in Warschau als Bankiers und Kaufleute registriert und spielten im Wirtschaftsleben eine deutliche Rolle. Aber ihr Ansehen stieg nicht – sie waren bloß Jüdinnen mit Geld. Im Gegenteil, wenn sich eine Jüdin auffallend hervortat, betrachtete man sie als Gegensatz zu allem, was polnisch war. Rosa Luxemburg hätte, obwohl sie sich stark mit der polnischen Kultur identifizierte, für alle Zeiten den Typ der Jüdin ohne Wurzeln, ohne Tradition und ohne Heimat repräsentiert.

Mit neunzehn war Rosa intellektuell und emotional erwachsen. Die folgenden dreißig Jahre ihres Lebens fern von Polen waren die Fortsetzung bereits gefestigter Haltungen. Das unnatürliche Leben, das mit dem unbestimmten Wunsch begann, nicht jüdisch zu sein, führte unausweichlich zu Verschlossenheit, zu dem chamäleonhaften Verhalten, das die einen bewunderten, die anderen verurteilten und die meisten gar nicht entdeckten.

Wenn Rosa nicht wußte, wer sie war, so wußte sie doch, was sie wollte: den Grenzen und Regeln ihres Milieus entfliehen, studieren, für eine Sache arbeiten, lieben und ein Kind und ein Heim haben. Sie wußte auch, was sie nicht wollte: gesellschaftlich ausgestoßen sein wie ihr Vater, Hausfrau sein wie ihre Mutter oder alte Jungfer wie ihre Schwester, sich anpassen, abhängig sein, Angst haben.

Wie sehr die berühmte Revolutionärin sich auch von dem Kinde zu unterscheiden scheint, das in Warschau zur Frau heranwuchs, Zamość und Warschau waren es, die sie formten, nicht Zürich oder Berlin, wie allgemein angenommen wird. Wie sehr sie auch wünschte, sich von dem verletzten Kinde und der verzweifelten Jugendlichen freizumachen, beide lebten ungezähmt und rebellisch in ihr weiter und zwangen ihr ihre Ängste und ihre Träume auf.

4 *Wilna: Leo Jogiches, der junge Verschwörer* 1867–1890

Leo Jogiches war der Mann, dessen Leben sich untrennbar mit dem Leben Rosa Luxemburgs verband.

Jogiches wurde in Litauen geboren. Litauen, am Ostufer der Ostsee gelegen, durch undurchdringliche Wälder, Moore und Sümpfe von Europa abgeschnitten, wurde im vierten Jahrhundert von einem Gotenkönig unterworfen und im neunten Jahrhundert von den Skandinaviern verwüstet. Im elften Jahrhundert tauchte Litauen aus der Dunkelheit auf. Als einer der größten Staaten im mittelalterlichen Europa, erheblich geschwächt durch Kriege gegen die Tataren im Osten und die teutonischen Ritter im Westen, verbündete sich Litauen mit Polen. Im Jahre 1386 nahm Wladyslaw Jagiello, Sohn des litauischen Großherzogs, Jadwiga zur Frau, die Tochter von Louis I, König von Polen und Ungarn. Ergebnis dieser Ehe war der Übertritt Litauens zum Christentum. Nach der Vereinigung beider Länder im Jahre 1569 führte der König von Polen auch den Titel des Großherzogs von Litauen.

Die Bekehrung zum Christentum bedeutete wenig für das große Volk der Litauer, die heidnische Götter verehrten, personifiziert in Glut und Flammen, Sternen und Gewässern, Bäumen und Blumen. Die Poesie Adam Mickiewicz' – eines in Litauen geborenen Polen – ist von Nymphen und Elfen, Sylphen und Geistern bevölkert und getränkt mit der Zauberei und Magie, die das einfache Volk nie aufgegeben hat.

Die Taufe Litauens brachte katholische Priester aus Polen und einen raschen Machtzuwachs der Kirche. 1387 wurde im Zentrum von Wilna eine Kathedrale errichtet, und dem litauischen Adel, der zum neuen Glauben konvertierte, wurden vom polnischen König Sonderprivilegien eingeräumt. Die katholische Kirche und die gemeinsame Angst vor Rußland ließen die polnische und die litauische Oberschicht zusammenrücken. Nach den polnischen Teilungen, als Litauen an Rußland angegliedert wurde, entstand eine neue Einheit im Widerstand – Litauer kämpften gemeinsam mit Polen in den Aufständen von 1830 und 1863 gegen die Russen. Unter der Zwangsrussifizierung litt die einheimische Kultur erheblich; Russisch löste Polnisch und Litauisch als Amtssprache ab.

Wilna, Hauptstadt Litauens und Zentrum des katholischen Klerus, übernahm die polnische Kultur. Die alte litauische Aristokratie, nun christlich, und die Kirchenhierarchie entwickelten eine erfolgreiche Koexistenz. Mühelos richteten sich polnische Handwerker und Kaufleute in der Vielvölkerstadt ein, in der Litauer, Ruthenier, Deutsche, Juden, Tataren, Armenier und Italiener lebten. Die Gründung der polnischen Universität in Wilna im Jahre 1579 vervollständigte den Prozeß. Es war dieselbe Universität, an der Mickiewicz die geheime Studentenvereinigung gründete und die 1832 als Brutstätte gefährlicher nationalistischer und revolutionärer Ideen geschlossen wurde.

Wilna, malerisch an den Ufern des Flusses Wilia gelegen, war eine Schatzkammer mittelalterlicher Architektur mit dem Schloß des Fürsten Gedyminas, der hölzernen Synagoge und dem Schrein der berühmten Schwarzen Madonna. Die Stadt wurde zum geistigen Zentrum zweier integrierter Kulturen – der polnischen und der litauischen. Polnisches und litauisches Denken verschmilzt in den Worten, mit denen das große Polen-Epos von Adam Mickiewicz beginnt: „Litauen, mein Mutterland!“ Diese Worte sind für die Polen bis heute ein Symbol des Patriotismus.

Die Juden erfuhren das gewohnte Hin und Her der Gesetze, die abwechselnd wohlwollend und diskriminierend waren, je nach Zeiten, Wirtschaft, Politik und Laune; Aufenthaltsbeschränkungen wurden schließlich 1861 unter Zar Alexander II. abgeschafft. Zu Beginn des siebzehnten Jahrhunderts wurde Wilna, das „Jerusalem Litauens“, wie man es nannte, ein berühmtes Zentrum für rabbinische Studien – 1847 wurde ein staatlich gefördertes Seminar für das Studium des Rabbinischen (jüdische Theologensprache im frühen Mittelalter) eröffnet –, und im neunzehnten Jahrhundert erwies sich die Stadt als ein Sitz jüdischer Gelehrsamkeit, der nirgends seinesgleichen hatte, bis zu seiner Vernichtung durch die Nazis. Ungeachtet solcher trügerischen Freiheiten konzentrierte sich die Politik der Russifizierung vorrangig auf die Juden, eine leichtere Beute als die katholischen Polen. Folgerichtig wurden die russifizierten Juden von den Polen als zweifache Verräter betrachtet – Verräter an Christus und an Polen. Obwohl Wilna den Pogromen der 1880er Jahre nicht entging, bildeten die Juden Ende des neunzehnten Jahrhunderts mehr als 40 Prozent der Bevölkerung.

Der Name Jogiches taucht schriftlich zum ersten Mal in einem Dokument mit dem Datum des 8. Oktober 1823 auf. Ein für einen Lehrer ausgestelltes Zertifikat war unter anderem von Jakub Jogiches unterzeichnet. Jakub war ein gebildeter Mann und einer der Sprecher des jüdischen Gemeinderates in Wilna. Sein Haus war bekannt dafür, daß es Intellektuelle versammelte, die an hebräischer Gelehrsamkeit und an der Emanzipation interessiert waren. Sie diskutierten über den Druck hebräischer Bücher – hierin war Wilna weltweit führend –, über die verschiedenen Widersacher – russische, polnische, jüdisch-orthodoxe – und über die Einrichtung moderner Schulen für die Juden. Dr. Max Lilienthal aus Deutschland wurde eingeladen, der Gemeinde in dieser Frage seinen Rat zu geben. Jakub Jogiches war der Typ des Juden, der nach Wegen suchte, Tradition mit moderner Kultur zu vereinen.

Jogiches, ein erfolgreicher Geschäftsmann, häufte beträchtlichen Reichtum an, der aus einer großen Wassermühle und vier Besitzungen bestand. Er baute einen Tempel, die „Jogiches-*schul*", und verfügte in seinem Testament, dieser dürfe unter gar keinen Umständen geschlossen oder verlegt werden. Als tief religiöser Mann ließ er niemals zu, daß man ihn photographierte. Er starb bei einer Cholera-Epidemie 1848 im Alter von achtzig Jahren in seinem Sommerhaus.[1] Sein Sohn Samuel erbte sein gesamtes Vermögen. Wie der Vater war auch Samuel ein fortschrittlicher Jude. Er heiratete eine hochgebildete Frau von großer Schönheit, Sophia, und hatte mit ihr vier Kinder: Osip, Pavel, Emilia und Leo (Lev), den Jüngsten, geboren am 17. Juli 1867. Nach Samuels frühem Tod widmete sich Sophia, immer noch jung und attraktiv, ihren Kindern und der Führung ihres großen Haushalts in einer dem Status der Familie angemessenen Weise. Sie erzog die Kinder in einer aufgeklärten jüdischen Tradition. Zu Hause wurde Russisch gesprochen, sie feierten die jüdischen Feste, und die Kinder besuchten die russische Schule.

Leo war ein schwieriges Kind – launenhaft, verschlossen, vertraut nur mit seiner Mutter. Die älteren Brüder, die das Familiengeschäft übernahmen, waren für Leo Ausbeuter; abgesehen von Geldangelegenheiten hatten die Geschwister damals und später kaum etwas gemeinsam. Ja, als seine Mutter 1898 starb, schrieb Leo an Rosa: „Ich habe jetzt niemanden mehr daheim", ein vielsagendes Bekenntnis, wenn man bedenkt, daß seine Schwester und die Brüder noch in Wilna lebten.[2] Offenbar war das Zuhause für Leo seine Mutter mit ihrer Schwäche für den Letztgeborenen und ihrer Leidenschaft für Musik. Ein Zeitgenosse Leos erinnert sich, daß er „meisterhaft" Bach und Beethoven pfiff, die er seine Mutter spielen gehört hatte.[3] Es scheint, als sei sie die einzige Frau gewesen, die er an sich heranließ, die ihn bedingungslos liebte; und er betete sie an. Vielleicht verstand sie allein seine Ängste und seine Träume, sein Bedürfnis nach Bewunderung und seine Unfähigkeit, es zuzugeben. Vielleicht erkannte sie die Furcht ihres Sohnes vor Zurückweisung und Versagen und wußte, daß sie nichts für ihn tun konnte als ihn lieben. Sie widersprach nicht, als er die Schule abbrach, und sie ließ es zu, daß er die Familienvilla in ein Verschwörernest verwandelte. Sie spielte für ihn Klavier und bürgte für ihn, um ihn aus dem Gefängnis zu holen. Der Tod seiner Mutter war für Jogiches eine Katastrophe, von der er sich nie ganz erholte.

Leo war „der Enkel des alten Jogiches", eines wohlhabenden Mannes, eines frommen, gelehrten Juden. Die überragende Gestalt des Jakub Jogiches, seit neunzehn Jahren tot, als Leo geboren wurde, überschattete die Kindheit des vaterlosen Jungen. Die Jogiches-*schul* war eine beständige Mahnung an den religiösen Glauben des Großvaters; das elegante Haus und das sorgenfreie Leben erinnerte an seinen finanziellen Erfolg. Der Patriarch, den er nie gesehen hatte, der lang dahingegangene Versorger, schuf ein bleibendes Dilemma in Leos Leben. Während er von Großvaters Reichtum lebte, nutzte er diesen Reichtum für den Kampf gegen Menschen, die wie er von nicht selbst erarbeitetem Einkommen lebten.

1883, sechzehn Jahre alt, verließ Jogiches die vierte oder fünfte Klasse des staatlichen russischen Gymnasiums. Dies war seine erste Flucht aus Verpflichtungen, die, hätte er sie erfüllt, anderen die Macht gegeben hätten, über ihn zu richten. Zum Abschluß der Gymnasialzeit wurde dem Schüler ein Diplom verliehen, ein Reifezeugnis. Schüler wie Leo, die es nicht erhielten, galten als geradezu attestierte Versager.

Die Zeit und die Umstände waren auf Jogiches' Seite, als er die Schule abbrach. Die Frage „lernen oder arbeiten?" hatte einen Teil der progressiven russischen Jugend schon seit langem beschäftigt. „War es nötig, daß wir uns unseren Studien widmeten, um Diplome zu erwerben und dann das Leben der Privilegierten zu führen . . . oder sollten wir an unsere Pflicht gegenüber dem Volke denken, uns ins Gedächtnis rufen, daß unser Wissen durch Mittel erworben wurde, die das Volk geschaffen hat, das wie Verdammte schuftet und immer Hunger hat?" So schrieb ein russischer Medizinstudent. „Sollten wir nicht besser . . . unsere privilegierte Stellung aufgeben . . . und uns dem Erlernen eines Handwerks widmen, um als einfache Handwerker oder Arbeiter am Leben des Volkes teilzunehmen und mit ihm eins zu werden?"[4] Jogiches wollte zwar nicht gerade mit dem Volk eins werden, aber er wollte seine privilegierte Stellung im Gymnasium aufgeben. Er gab sich selbst bei einem Schmied in die Lehre und verdiente seinen Lebensunterhalt mit der Arbeit seiner Hände; und obwohl er nie Geschmack an der Arbeit fand, konnte er sich nun mit den Arbeitern identifizieren. Tatsächlich knüpfte er sofort Kontakte zu Strumpfwirkern, Schuhmachern und Druckern. Wenn es sich dabei fast ausschließlich um Kontakte zu jüdischen Arbeitern handelte, lag das daran, daß die Arbeiter überwiegend Juden waren, nicht daß Jogiches ein besonderes Interesse an Juden gehabt hätte.

Jiddisch war die einzige Sprache, die die Arbeiter kannten. Die meisten der radikalen jüdischen Intellektuellen sprachen Polnisch oder Russisch oder beides, sie hatten keine gemeinsame Sprache mit den Arbeitern, die sie zu erlösen suchten – ein in den meisten Arbeiterbewegungen unbekanntes Phänomen. Sie brannten auch keineswegs darauf, einen Schritt rückwärts zu gehen und jiddischen „Jargon" zu lernen, den sie als Hindernis betrachteten, wenn man wahrhaft europäisch werden wollte. Leos und Rosas Verachtung für Jiddisch spiegelt ihre Angst, mit dem jüdischen Klischee in Verbindung gebracht zu werden. Frei von solchen Ängsten lernten einige polnische und russische Sozialisten Jiddisch, um die Arbeiter zu erreichen. Auch Jogiches muß sich einiges angeeignet haben, denn sonst wäre er nicht imstande gewesen, sich zu verständigen.

Der jüdische Arbeiterverband, bekannt als der *Bund*, wurde in Litauen, Polen und Rußland 1897 gegründet, sieben Jahre nachdem Jogiches Wilna verlassen hatte, aber Leo hatte geholfen, den Keim zu legen. Er schloß sich der Arbeiterbewegung an, nachdem die Pogrome der 1880er Jahre die Fabriken Wilnas mit Massen flüchtender Juden gefüllt hatten, die zur wichtigsten Zielgruppe sozialistischer Agitatoren wurden und die dann schließlich ihre eigene Organisation gründeten. Sie kamen aus *schtetel* und Dörfern, aus bodenloser Armut und Bedrükkung. Das Vieh, mit dem sie die Hütten teilten, war besser genährt, hatte es wärmer und geschützter als sie. Rassischer, religiöser, ethnischer und nationaler Zwist wuchs aus Zurückgebliebenheit und Armut. Die Politik der katholischen Kirche auf der einen, des russischen Reiches auf der anderen Seite machten Übergriffe und Pogrome zu einer Lebensform. Die Stadt bot einen gewissen Schutz, den es im Hinterland nicht gab. Der Begriff der Ausbeutung mußte den Neugekommenen noch erklärt werden. Wie Polizeiberichte feststellten, war die „Revolution" bei Studenten in Mode, nicht aber bei den Arbeitern.

Mitte der 1880er Jahre gabe es zwei Kräfte, die radikale Ideologie formulierten: *Narodnaja Volja* (Volkes Wille), der für sofortige politische Aktion eintrat, um die Revolution zu erreichen, und der Terror für angemessen hielt; und der Marxismus, der Terror für schädlich und nutzlos hielt und die Meinung vertrat, nur ein gebildeter Arbeiter könne und wolle die Revolution herbeiführen. Es gibt widersprüchliche Zeugnisse darüber, wo Jogiches stand. Der prominente russische Marxist Georgij Plechanow meinte, in Wilna habe Jogiches zwar zum *Narodnaja Volja* gehört, aber sobald er in der Schweiz war, sei er aus opportunistischen Gründen Sozialdemokrat geworden. Jogiches' späterer Genosse Wladyslaw Feinstein, der ihn wie Plechanow in Wilna nicht gekannt hatte, bestritt die Verbindungen Jogiches' zu der terroristischen Organisation nicht, meinte aber, er habe eng mit dem künftigen Gründer des *Bund*, dem Sozialdemokraten Zemach Kopelson und seiner Gruppe zusammengearbeitet. Mit Kopelson als zweitem Mann führte Jogiches ein Jahr lang die Marxistische Zentralorganisation Wilna und war „zuständig für jüdische Arbeiter, für Offiziere und Soldaten." [5] Es besteht also kein Zweifel über seine enge Verbindung zu den künftigen Bundisten und Marxisten. Und es besteht kein Zweifel, daß es ihn unwiderstehlich zum Terrorismus hinzog.

Jogiches ist dem Wilnaer Zweig des *Narodnaja Volja* nie formal beigetreten, angeblich wegen dessen Unfähigkeit zur Konspiration, wahrscheinlicher aber, weil er sich dessen starker Organisationsstruktur nicht unterwerfen wollte. Nichtsdestoweniger glaubte er, anders als die Marxisten, „hartnäckig an den Terror und maß ihm große Bedeutung bei."[6] Terror hieß Heimlichkeit, Gefahr, Wagemut. Seine Magie und Mystik schuf die Aura von Macht, die Jogiches sich mehr als alles andere im Leben wünschte. Ein Verschwörer entscheidet wie ein Gott über Menschenlos und Menschenleben – ein Beweis seines überragenden Könnens. Niemand wußte genau, was Jogiches tat oder wie, was er empfand oder dachte. Das sichtbare Ergebnis war perfekt: ein gut organisierter Streik, ein gefälschter Paß, ein über die Grenze geschmuggelter Genosse. Seine fanatische Hingabe und seine organisatorische Begabung verschafften ihm Ruhm, noch bevor er zwanzig wurde. Aber er war bei seinen Genossen auch berüchtigt wegen der tyrannischen Art, die sein politisches und persönliches Leben so schwierig gestalten sollte.

Bei den Arbeitern gab sich Levka, wie er genannt wurde, ungeschützt, offen, empfindsam. „Ich hab' Jogiches getroffen", erinnerte sich eine Arbeiterin. „Er war mein Lehrer und der erste, der mich mit sozialistischen Ideen bekanntgemacht hat. Er war geschickt, sehr fähig, ein unvergleichlicher Debattierer. In seiner Gesellschaft fühlte man sich wie in Gegenwart einer großen Persönlichkeit. Er ging ganz in seiner sozialistischen Arbeit auf, und seine Schüler-Arbeiter vergötterten ihn."[7] Daß seine Genossen einen ganz anderen kannten, einen, den sie respektierten, aber nicht mochten, machte Jogiches anscheinend nichts aus. Er war eine unbestrittene Autorität in der konspirativen Arbeit, und das war es, was für ihn zählte.

Als 1887 das Attentat auf Zar Alexander III. fehlschlug, wandte sich *Narodnaja Volja* an Jogiches mit der Bitte um Hilfe. Jogiches sorgte für falsche Pässe und schmuggelte zwei Männer aus dem Lande. „Ich habe die Nacht vor ihrer Flucht mit ihnen und Jogiches verbracht", schrieb der später prominente französische Sozialist Charles Rappaport. „Die Polizei durchkämmte die Stadt, während Jogiches uns mit seinen Geschichten unterhielt und uns die gute Laune bewahrte."[8] Eine Verklärung, nichts Geringeres: der rätselhafte, wortkarge Jogiches, von der Polizei gehetzt, trug falsche Pässe in der Tasche, beherbergte zwei Gesetzlose, munterte auf, erzählte Geschichten, brillierte. Er war in seinem Element. Die Organisation, die er mied, hatte ihn um Hilfe gebeten, und er hatte ein gefährliches Unternehmen glänzend durchgeführt. Sein Genius war augenfällig und unbestritten.

Jogiches gedieh im Klima der Gefahr. Seine Überlegenheit gegenüber Leuten, die lieber argumentierten als spielten, berauschte ihn, so wie das Glücksspiel selbst ihn berauschte. Er nutzte seines Großvaters Geld zur Unterminierung der Ordnung, an die sein Großvater geglaubt hatte; sein Großvater war erfolgreich gewesen, und er war es auch. Jetzt konnte er an der Jogiches-*schul* vorbeigehen, ohne daß es ihm einen Stich gab, denn er selbst lehrte Arbeiter die Ablehnung der Religion, welche die *schul* bot. Er war nicht mehr „der Enkel des alten Jogiches", sondern ein Mann mit Macht, gefürchtet und verehrt.

Jogiches, ausgestattet mit allen Insignien des Verschwörers, wurde in Wilna zu einer Institution. Eifersüchtig wachte er über seine ausgezeichneten Verbindungen zu professionellen Schmugglern, über sein Paßamt, mit gefälschten Formularen, unsichtbarer Tinte, Stempeln und Photographien perfekt ausgerüstet, und über seine Sammlung illegaler Schriften. Daß er so früh so prominent wurde, überzeugte ihn davon, daß Gewalt ein wirksames Werkzeug sei. Ob es eine richtige Bombe oder eine explosive Idee war, es funktionierte. „Du glaubst überhaupt zu sehr an die magische Kraft des Wortes ‚zwingen'", schrieb Rosa Luxemburg ihm Jahre später, „in der Politik wie im Privatleben."[9] Zwang war ein Schutzschild gegen Leute, die ihn nicht nach seinen Bedingungen akzeptierten – so wie Rosas Intellekt in der Jugendzeit ihr Schutzschild war.

Im Jahre 1888 organisierte Jogiches, einundzwanzig Jahre alt, ganz allein einen Druckerstreik in der Syrkin-Druckerei in Wilna. Vierzig Arbeiter schlossen sich dem Streik an, kein geringer Erfolg für den jungen Agitator. Eine Zeitlang blieb er im Versteck, in der Wohnung von Maria, einer jungen Frau, mit der er liiert war, wie es hieß. Maria war es, die dem Russisch sprechenden Leo Lektionen in Polnisch erteilte. Im September desselben Jahres wurde Jogiches festgenommen, verbrachte sieben Tage im Gefängnis und wurde wegen mangelnder Beweise gegen Kaution entlassen. Am 11. Mai 1889 wurde er wieder verhaftet und zu vier Monaten Gefängnis und zwei Jahren Polizeiaufsicht verurteilt. Inzwischen wußte die Polizei, daß sie es mit einem unverbesserlichen Umstürzler zu tun hatte. Im September entlassen, wurde er zur Armee eingezogen, wo ihm wegen seiner Vergangenheit der Dienst in einem Strafbataillon drohte. Er desertierte, ging in den Untergrund, und im

Sommer 1890 gelang es ihm, mit Hilfe seiner Schmuggelkumpane aus dem Lande zu fliehen. Er sollte nie zurückkehren.

Die sieben Jahre, die Jogiches in der revolutionären Bewegung in Wilna verbrachte, prägten seine politischen Ansichten und vor allem seinen Charakter. Während Rosa darum kämpfte, im politischen Milieu akzeptiert zu werden, ließ er wissen, daß er keine Akzeptanz brauchte, sondern bloß Gehorsam. Diese Haltung war Selbsttäuschung und Selbstschutz zugleich. Seine Angst vor Zurückweisung war so durchdringend, daß er seine Gefühle nicht offenlegte. Aber sein Schutz funktionierte nicht immer. „Jogiches war im wahrsten Sinne des Wortes Romantiker", schrieb Luba Axelrod, die ihn gut kannte;[10] und Charles Rappaport notierte: „Er war in Wirklichkeit nicht so hart, wie er schien."[11] Dennoch gelang es Jogiches, den Eindruck des Überlegenen zu erwecken. Schweigsamkeit, fand er, war ein wirksames Mittel, um Leute zu beeindrucken, ein Deckmantel für jede Unzulänglichkeit einschließlich seiner Ängste; sie konnte trennen oder zusammenführen nach Belieben. Schweigsamkeit wurde Jogiches zur zweiten Natur.

Schweiz

5 *Rosa Luxemburg und Leo Jogiches* 1889–1894

NICHT GANZ NEUNZEHN JAHRE ALT, traf Rosa Luxemburg Anfang 1889 in Zürich ein. Sie war fasziniert von der Stadt. Anders als Warschau mit seiner atemlosen Unrast und seinen russischen Polizeipatrouillen war Zürich eine schöne und beschauliche Stadt.

Neben den Russen bildeten die Polen die größte Gruppe der Emigranten aus dem Zarenreich. Da die russischen Universitäten schwer zugänglich waren für Männer, die politisch nicht ganz ergeben waren, und für Frauen überhaupt nicht, war Zürich damals ein Sammelpunkt der progressiven polnischen Intelligenz. Ein Polnischer Studentenverein, der 1887 in Zürich gegründet wurde, und ein Polnisches Nationalmuseum in Rapperswil am Zürcher See hielten den – manchmal heftig nationalistischen – polnischen Geist lebendig.

Den Russen hatte die Schweiz schon seit den 1850er Jahren als Refugium gedient. Alexander Herzen und Michail Bakunin waren die ersten eines spektakulären Stroms von Emigranten, die das Zarenregime stürzen wollten; Georgij Plechanow, Vera Zasulich und Pavel Axelrod waren in Rosas Schweizer Jahren dort aktiv. Ihnen folgte Lenin, der dem Werk seiner illustren Vorgänger den letzten, wenn auch sehr eigenen Schliff gab und von dort zum Finnischen Bahnhof aufbrach.

Die deutschen und österreichischen Sozialisten rühmten sich nicht weniger prominenter Namen. In Zürich legten Wilhelm Liebknecht, August Bebel, Eduard Bernstein und Karl Kautsky das Fundament der stärksten sozialistischen Partei Europas, der Sozialdemokratischen Partei Deutschlands (SPD). Der deutsche Sozialistenclub Eintracht, ausgestattet mit einer gutsortierten Bibliothek, einem Leseraum und einem Hörsaal, wurde zur zweiten Universität für Leute wie Rosa, die forschend und erprobend versuchten, ihrem Modell der Welt Gestalt zu geben.

Zum ersten Mal in ihrem Leben befand sich Rosa Luxemburg in einer wirklich internationalen Gemeinschaft. Viele Mitglieder dieser Gemeinschaft waren, wie Rosa, der Beengtheit ihres Heimatlandes, der rassischen, politischen oder religiösen Intoleranz entflohen. Für sie war die Schweiz – zivilisiert und tolerant – fast so etwas wie das Land der Verheißung. Gemeinsam war ihnen der Wissensdurst und der Drang, die Welt zu verbessern; gemeinsam trugen sie auch die Not. Viele brachten sich mit Gelegenheitsarbeit und als Dienstboten durch, doch das hinderte sie nicht, zu studieren oder sich politisch zu betätigen. Im behäbigen Zürich waren die bärtigen Russen, die slawischen Frauen, die ausgesprochen semitisch aussehenden Juden ein seltsames Völkchen, aber die Bürger der Stadt zogen bloß hier und da einmal die Augenbrauen hoch. Die Schweizer Behörden waren besorgt über den Zustrom von Ausländern; die Anarchisten stellten ein Problem dar, ebenso die überwiegende Mehrzahl der jungen Russen, die nicht zur Universität gingen. Als Rosa in Zürich eintraf, hatte man bereits eine Behörde eingerichtet, bei der Ausländer sich registrieren lassen, jede Adressenänderung angeben und jede Reise aus der Stadt hinaus und zurück anmelden mußten.

Am 18. Februar 1889 meldete sich Rosa Luksenburg in der Gemeinde Oberstrass unter dem Namen Luxemburg an.* Sie war Untermieterin von Herrn Lübeck in der Nelkenstraße 12. Die Familie war ihr von Freunden in Warschau empfohlen worden; Karl Lübeck war Sozialist, und seine in Polen geborene Frau Olympia war der Schutzengel der polnischen Studenten. Lübeck, früher Redakteur bei der *Demokrati-*

* Nachdem Rosa die Schreibweise von Luksenburg zu Luxemburg verändert hatte, achtete sie immer darauf, daß die neue, kosmopolitischere Schreibweise benutzt wurde.

schen Zeitung in Berlin und von den Sozialistengesetzen aus Deutschland vertrieben, führte das Schattendasein eines Emigranten. Halbblind, gebrochen vom harten Los, konnte er mit Schreiben kaum das Notwendigste zum Leben verdienen. In seiner jungen Untermieterin fand Lübeck eine begeisterte Helferin. Dabei gewann Rosa zugleich Einblick in die deutsche sozialdemokratische Presse und begann, sich beim Überarbeiten von Lübecks Artikeln und mit eigenen Artikeln die Fertigkeiten des politischen Journalismus anzueignen. Olympia, tatkräftig, intelligent, fröhlich, wurde Rosas Freundin. Ihr Leben mit einem verbitterten Manne und acht Kindern war nicht leicht. In späteren Jahren lud Rosa Luxemburg sie manchmal zu einer kleinen Ruhepause in den zauberhaften, abgeschiedenen Ort Clarens am Genfer See ein. „Meine liebe Oleńka ist wieder abgefahren", schrieb Rosa an Leo Jogiches, „zurück in ihr inhaltsloses Leben ... Die Arme ist hier sehr viel lebendiger und fröhlicher geworden."[1] Frau Lübeck vergaß Rosa diese Freundschaft nie. Weil sie darauf bestand, hat ihr Sohn Gustav später Rosa geheiratet, um ihr die deutsche Staatsbürgerschaft zu sichern.

Freundschaft schloß Rosa auch mit einem anderen älteren Ehepaar in Zürich, mit Mathilde und Robert Seidel. Seidel, aktiv in der sozialistischen Bewegung der Schweiz, war vom einfachen Weber zum Mitglied des Zürcher Stadtrates aufgestiegen. Als Rosa ihn kennenlernte, war er Redakteur der sozialistischen *Arbeiterstimme*. Wie es hieß, verliebte er sich in Rosa. Die Seidels gehörten zu den wenigen engen Freunden, denen Rosa Persönliches anvertraute, bei denen sie manchmal bekannte, wie einsam und unglücklich sie sich fühlte. Nur für sie unterschrieb sie ihre Briefe mit „Ruscha" (nicht Rosa), einer phonetischen Umschrift des polnischen Róża.

Zwischen Februar, ihrer Ankunft in Zürich, und Oktober, als sie sich an der Universität immatrikulierte, brachte Rosa einen Teil ihrer Zeit damit zu, Olympia Lübeck mit ihren Kindern zu helfen und für Karl Lübeck zu arbeiten, möglicherweise im Tausch für Bett und Tisch; in der übrigen Zeit erforschte sie die deutschen, russischen und polnischen Studentenkreise. Es ist unwahrscheinlich, daß ihr im Wintersemester 1889/90, als sie die Grundlagen der Zoologie und zoologische Labor- und Mikroskoptechniken belegte, eine eindeutig politische Laufbahn vorschwebte. Über ihre Zukunft war sie sich noch nicht klar, beschloß nun aber, sich auf das naturwissenschaftliche Gebiet zu konzentrieren. Der Darwinismus stattete sozial gesinnte Studenten mit einem wissenschaftlichen Instrumentarium aus und untermauerte gleichzeitig ihre materialistische Ideologie.

Im Frühherbst 1890 begegnete Rosa Luxemburg Leo Jogiches, der kurz zuvor in die Schweiz gekommen war. Für strebsame Sozialisten war der berühmte Revolutionär schon jemand, um dessen Bekanntschaft man sich eifrig bemühte. Auf den ersten Blick strahlte er Kraft, Autorität, Selbstbewußtsein aus. Unter buschigen Augenbrauen blickten seine stahlblauen Augen aufmerksam und kühl. Er hatte rötlichblonde Locken und einen sinnlichen Mund, und er sprach Russisch in kurzen, prägnanten Sätzen. Anna Gordon, eine attraktive junge Frau aus seiner Heimatstadt Wilna, schien Jogiches' ständige Begleiterin zu sein.

Rosa wußte wenig über Jogiches, nur das, was man zum Lobe seiner phänomenalen Taten in Wilna, seines beispiellosen Mutes, seines konspirativen Genies so hörte. Jogiches, der es sichtlich genoß, im Mittelpunkt der Aufmerksamkeit zu stehen, sprach jedoch nie von sich selbst. Er hörte nur anderen zu, warf selten einmal ein Wort ein, bewies dann aber eine außergewöhnliche Kenntnis der politischen Realität. Selten drückte sein Gesicht Interesse aus; meistens stand Ungeduld darin. Theoretische Auseinandersetzungen und gelehrte Diskussionen sagten ihm wenig, und er machte sich nicht die Mühe, anderes vorzutäuschen. Rosa Luxemburg sah ihn nach ihrer ersten Begegnung ungefähr ein Jahr lang häufig in sozialistischen Zirkeln, aber er blieb ihr ein Rätsel. Und das machte diesen Fremden, geradenwegs Dostojewskis Büchern entstiegen, für sie nur noch unwiderstehlicher.

Auch Jogiches behielt Rosa Luxemburg im Auge. Seine Neugier wuchs. In der Diskussion konnte sie ihre Meinung mit Geschick, Überzeugung und einer Verve vertreten, die ihn beeindruckten. Er kannte zwar Frauen aus der Wilnaer Bewegung, aber keine konnte es mit dieser feurigen Polin, ihrem intelligenten Blick, ihrer festen Stimme aufnehmen. Er spürte in ihr eine Kraft und eine Leidenschaftlichkeit, die, wenn man sie nutzte, für die Sache Wunder wirken konnte. Er sah eine geborene Volksrednerin, eine Agitatorin, mitreißend, hypnotisch. Sie hatte ihre Schwächen, gewiß, und die waren, wie er richtig vermutete, darauf zurückzuführen, daß sie sich mit abstrakten Theorien befaßte und mit Redenden, nicht Handelnden abgab. Aber das war für ihn mehr eine Herausforderung als ein Hindernis.

Die veränderte Fächerwahl im Wintersemester 1890/91 läßt darauf schließen, daß Rosa Luxemburg zu einem Entschluß für ihre Zukunft gekommen war. Sie ließ die Naturwissenschaften fallen und widmete sich dem Studium der Ökonomie, der Philosophie und des Rechts. Zweifellos war Jogiches nicht ganz unbeteiligt an diesem entscheidenden Schritt. Im Laufe desselben Semesters schrieb sich Jogiches auf der Zürcher Universität ein. Er belegte zwei naturwissenschaftliche Fächer, Botanik und Zoologie, die er schon in Wilna auf eigene Faust studiert hatte, um den Arbeitern die wesentlichen Dinge über Evolution und Revolution mitteilen zu können. Rosa Luxemburgs Pensum war eine viel schwerere Fracht: Volkswirtschaft, Philosophie des Sozialismus, moderne Philosophie, klassische Philosophie und Statistik.

Noch im ersten Jahr seines Aufenthaltes in der Schweiz entschied Jogiches, daß er sich am besten Plechanow und der von Plechanow gegründeten ersten russisch-marxistischen Partei „Befreiung der Arbeit" anschlösse, wenn er in der russischen revolutionären Bewegung Fuß fassen und Einfluß gewinnen wollte. Dieser Entschluß spricht für seinen politischen Scharfsinn. Der von *Narodnaja Volja* befürwortete Terrorismus gehörte der Vergangenheit an; die Zukunft gehörte der marxistischen Partei. Im Sommer 1891 fuhr Jogiches nach Genf zu einem Treffen mit Plechanow.

Georgij Plechanow, marxistischer Theoretiker und politischer Aktivist von internationalem Ruf, war gut bekannt mit Engels und anderen führenden europäischen Sozialisten. Zehn Jahre älter als Jogiches, war er bereit, den kühnen und brillanten Neuling unter seine Fittiche zu nehmen. Aber der Neue wußte solche Gönnerschaft nicht zu würdigen. Er wollte Einfluß. Die Partei litt unter chronischem Geldmangel; Plechanow hielt sich mit Adressenschreiben über Wasser; sein Genosse Axelrod verdiente sich sein Brot mit der Herstellung von Kefir, den er und seine Frau an Kunden lieferten. Jogiches hingegen besaß die ungeheure Summe von 15 000 Rubeln. Laut Plechanow benutzte Jogiches sein Geld, um ein Geschäft zu machen. Als Gegenleistung für Geld verlangte er, daß seine Stimme so viel zählte wie die Stimmen aller anderen Mitglieder zusammen, wenn es um Publikationen und Finanzen ging – ein Versuch, die absolute Kontrolle über die Partei zu erlangen. Andere Quellen besagen, daß er lediglich dasselbe Stimmrecht wie andere Parteimitglieder haben wollte.[2]

Wie es auch gewesen sein mag, Plechanow war außer sich. Er schrieb an Engels, er fände es arrogant und empörend von diesem „Emporkömmling", diesem „Ehrgeizling", ihm solche Forderungen zu stellen und das Geld als Druckmittel zu benutzen. Er bezeichnete Jogiches als einen „Miniatur-Nechajew" (der Anarchist Sergej Nechajew war dafür berüchtigt, daß er mit Provokation und Mord arbeitete).[3] Ein lebenslanger gegenseitiger Haß war geboren.

Ironischerweise war es Plechanow, auf den Rosa Luxemburgs Erwartungen gerichtet waren, bevor Jogiches ihr Mentor wurde. Plechanows Belesenheit, sein Intellekt schüchterten sie ein und machten ihr bewußt, daß ihr Geist, die Waffe, auf die sie sich in Warschau verlassen hatte, nicht so großartig war, wie sie gern glaubte. „Ich war in Mornex", schrieb sie in einem Brief, „aber ich gehe nicht mehr dorthin, weil Plechanow für mich zu klug oder genauer gesagt zu gebildet ist. Er weiß alles besser als ich, und diese ‚Ideen', die originellen und selbständigen – naja, die kann ich einfach nicht produzieren."[4] Ihre seit Jahren schlummernde Unsicherheit kam wieder zum Vorschein. Jogiches brauchte ein Jahr, um sie zu vertreiben und Rosa Luxemburg so frei zu machen, daß sie die Autorität Plechanows offen herausfordern konnte.

Im Juli 1891 schrieb Rosa Luxemburg aus Genf: „Ich bin wahnsinnig froh, daß ich hier allein wohne und ich beklage mich nicht. Ich bin wirklich schon ganz erwachsen, worauf ich sehr stolz bin."[5] Ihr Glück hatte eine Ursache – Jogiches. Sicher scheint, daß Rosa auf sein Geheiß nach Genf ging. Entweder wollte er sie bei sich haben, während er mit Plechanow verhandelte, oder er plante ein Rendezvous mit Rosa, während Anna Gordon in Zürich war. Für Rosa muß Anna Gordons Abwesenheit eine Erleichterung und ein Signal gewesen sein. Jedenfalls erreichte ihre gegenseitige Attraktion in der Hitze des politischen Kampfes, den Jogiches führte, ihren Höhepunkt, und im Sommer 1891 waren er und Rosa Luxemburg ein Liebespaar geworden. Ihr betontes „Leben allein", während sie in Wirklichkeit mit Jogiches zusammenlebte, wurde zum Refrain ihrer Briefe nach Warschau. Es bereitete ihrer Familie großen Kummer, und sie bejammerte ihre Einsamkeit in der Fremde. Rosa Luxemburg war stolz auf sich selbst, weil sie den Konventionen ihres Milieus trotzte und, unverheiratet, mit dem Manne, den sie liebte, zusammenlebte. Der Entschluß war ihr nicht leichtgefallen. Sie war immer noch die Tochter von Lina und Elias Luksenburg und sie wußte, daß eine *liaison amoureuse* deren Sinn für Schicklichkeit verletzen würde. Erschwerend kam hinzu, daß Jogiches auf absoluter Geheimhaltung ihrer Beziehung bestand.

Die kurze Zeit der jungen Liebe in Genf war Seligkeit. Mit wehmütiger Sehnsucht erinnerte sich Rosa später der Tage, „als ich noch nicht Deine Frau war“, das heißt bevor sie seine Geliebte wurde. Was für Jogiches ganz natürlich war, wenn ein Mann und eine Frau sich zueinander hingezogen fühlten, war für Rosa Luxemburg ein ungeheuer ernster und dramatischer Schritt. Dennoch tat sie diesen Schritt bereitwillig, und er ließ sie in den eigenen Augen „erwachsen“ werden. Doch nicht in Jogiches' Augen: Noch zehn Jahre später suchte sie ihn zu überzeugen: „Damals war ich noch ein Kind, heute bin ich erwachsen und reif, . . .“[6]

Rosa Luxemburgs Leben änderte sich von Grund auf. Die Verbindung mit Jogiches besänftigte ihre Angst, daß der ideale Mann sie nicht attraktiv finden könnte. Und sie eröffnete ihr weite Horizonte in der politischen Arbeit.

Indessen war Jogiches weiterhin von der revolutionären Bewegung völlig in Anspruch genommen. Entschlossen, seine Unabhängigkeit von Plechanow öffentlich zu erklären, kaufte er sich eine eigene Druckerpresse und gründete ein neues Verlagsunternehmen – die *Sozial-Demokratische Bibliothek*, die marxistische Literatur für den Vertrieb in Rußland übersetzte.

Im Herbst 1891 mieteten sich Luxemburg und Jogiches Zimmer in benachbarten Häusern in Zürich, und beide setzten das Wintersemester aus. Von 1892 bis 1897 studierten sie kontinuierlich an der Universität. Einige Lehrgänge besuchten sie gemeinsam: im Frühjahr 1892 einen Finanzlehrgang; im Wintersemester 1892–93 römisches Recht, internationales Recht und Volkswirtschaft, 1894–95 Geschichte der Diplomatie; und 1896–97 Grundlagen der Jurisprudenz, öffentliche Verwaltung und Staatsrecht. Zwar belegte jeder von ihnen auch noch andere Fächer, aber ihr Studium lief in die gleiche Richtung – Jura und Ökonomie. Rosa Luxemburg hörte zum Spaß mittelalterliche Geschichte, aber Jogiches wich nicht einmal vom streng geplanten Curriculum ab.

Die Universität war nicht ihr einziges Interesse. In diesen Jahren arbeiteten sie eine gemeinsame politische Plattform aus, von der sie sich nie entfernten. 1892 verband Rosa Luxemburg den isolierten Jogiches mit der polnischen Politik, das heißt mit der Gründung einer polnischen politischen Partei. Jogiches war nicht willens oder nicht fähig gewesen, sich einer der Fraktionen der russischen Revolutionäre anzuschließen; infolgedessen war er von der russischen Emigration abgeschnitten und stand ihr mit wachsender Abneigung gegenüber. „Mir hat schon dort sehr mißfallen, daß Du ewig jeden Russen getreten hast, der versucht hat, sich Dir zu nähern", schrieb ihm Rosa Jahre später. „Man kann ein paar Leute, eine Gruppe boykottieren oder ‚strafen' (Im Orig. russisch), aber nicht eine *ganze Bewegung*!"[7]

Rosa Luxemburgs Konzept für eine neue polnisch-marxistische Partei baute auf den Grundlagen der erloschenen Partei *Proletariat* auf. Wie Ludwik Waryński, Gründer jener Partei, teilte sie in der Frage der polnischen Souveränität nicht die Meinung von Marx. Ein selbständiges Polen, so glaubte Marx, hieße „Tod der Heiligen Allianz, Tod dem Militärdespotismus Russlands, Preußens und Österreichs, Tod der mongolischen Herrschaft über die moderne Gesellschaft."[8] Rosa Luxemburg argumentierte gegen „das Irrige und Unzeitgemäße" dieser Marx'schen Ansicht.[9] Sie meinte, das Nationale trenne die Arbeiter mehr, als es sie eine, das russische und das polnische Proletariat müßten sich zusammentun, um ihren gemeinsamen Unterdrücker zu stürzen, das Zarenreich, und die polnischen Arbeiter hätten in einem unabhängigen bürgerlichen Staat nichts zu gewinnen. Rosa Luxemburg erkannte nicht, daß für die Polen, die unter drei Besatzungsmächten lebten, der Wert der Unabhängigkeit noch einen besonderen, psychologischen Aspekt hatte.

Im Jahre 1892 wurde die Polnische Sozialistische Partei (PPS) gegründet; sie ordnete die sozialistischen Ziele der nationalen Unabhängigkeit unter. Ein Jahr später gründeten Luxemburg und Jogiches gemeinsam die antinationalistische Partei Sozialdemokratie des Königreiches Polen (SDKP)* und deren Organ *Sprawa Robotnicza* (Die Sache der Arbeiter). Das Thema eines unabhängigen Staates Polen spaltete die polnischen Sozialisten für immer. Die PPS existierte bis 1948, als sie mit der Polnischen Arbeiterpartei verschmolz, die fälschlich das Erbe der Sozialdemokratie des Königreiches Polen und Litauens für sich in Anspruch nahm.

Im August 1893 hatte die dreiundzwanzigjährige Rosa Luxemburg ihren ersten öffentlichen Auftritt. In einer leidenschaftlichen Rede vor

* Die Sozialdemokratie des Königreiches Polen vereinigte sich im Jahre 1900 mit den litauischen Sozialdemokraten und wurde zur Sozialdemokratie des Königreiches Polen und Litauens (SDKPiL).

dem Kongreß der Zweiten Internationale* in Zürich plädierte sie für die Anerkennung der SDKP. Joseph (John) Mill, Jogiches' Genosse aus Wilna, erinnerte sich daran: „Sie war klein mit einem unverhältnismäßig großen Kopf, mit einer fleischigen Nase in einem typisch jüdischen Gesicht . . . Sie ging mit einem betonten Hinken, schwerfällig, stockend. Auf den ersten Blick machte sie keinen erfreulichen Eindruck, aber es dauerte nicht lange und man sah eine Frau, die vor Leben und Geist barst und die mit einem bemerkenswerten Intellekt ausgestattet war."[10] Der belgische Sozialist Émile Vandervelde entsann sich: „Rosa, damals dreiundzwanzig Jahre alt, war mit Ausnahme einiger sozialistischer Kreise Deutschlands und Polens vollkommen unbekannt . . . Ihre Gegner hatten gegen sie einen schweren Stand. Ich sehe sie noch, wie sie aus der Menge der Delegierten aufsprang und sich auf einen Stuhl schwang, um besser verstanden zu werden. Klein, schmächtig, zierlich in ihrem Sommerkleid, das geschickt ihren körperlichen Fehler verbarg, verfocht sie ihre Sache mit solchem Magnetismus im Blick und mit so flammenden Worten, daß die Masse des Kongresses, erobert und bezaubert, die Hand für ihre Zulassung erhob."[11] Aufgrund eines späteren Vorstandsbeschlusses wurde Rosa Luxemburg dann doch nicht zugelassen. Die neu geschaffene SDKP war für die einflußreichere PPS kein Partner.

Hier und jetzt begann der verbissene Kampf zwischen PPS und SDKP. Die ideologischen Differenzen zwischen der PPS und Rosa Luxemburgs kleiner Gruppe schienen unüberwindlich. Die Polnische Sozialistische Partei wandte sich nicht ausschließlich an Arbeiter, sondern an „alle Klassen, die wirtschaftlich von der Bourgeoisie und politisch vom Zarentum unterdrückt werden: die kleinen Grundbesitzer, die Bauern, die kleinen Beamten und die untere Mittelklasse."[12] Die Unabhängigkeit Polens war ihr oberstes Ziel. Das Programm der Luxemburg-Gruppe, publizistisch in der *Sache der Arbeiter* vertreten, rief zum gemeinsamen Kampfe der polnischen und russischen Arbeiter auf und ignorierte den Kampf für Polens Souveränität. Wie vorauszusehen, verwies die PPS auf die jüdische Herkunft Rosa Luxemburgs, die sie zwangsläufig blind mache für die wahren Nöte und Wünsche der polnischen Nation. (Dasselbe wurde auch 1970 gesagt, bei einem Symposium in Warschau anläßlich ihres hundertsten Geburtstages.)

* Erste Internationale 1864–1876; Zweite (Sozialistische) Internationale 1889–1914; Dritte (Kommunistische) Internationale (Komintern) 1919–1943.

Zur Zeit ihrer Gründung hatte die SDKP etwa zweihundert Mitglieder. Zu ihren Mitbegründern gehörten neben Luxemburg und Jogiches noch Julian Marchlewski, den Rosa Luxemburg aus Warschau kannte, und Adolf Warszawski-Warski. Marchlewski, Sohn einer wohlhabenden polnisch-deutschen Familie, wurde aus purem Idealismus zum Revolutionär. Er kam, nach einem Jahr Gefängnis in Warschau, 1893 nach Zürich, schrieb sich an der Universität ein und machte, anders als Jogiches, vier Jahre später seinen Doktor der Rechte und politischen Wissenschaften. Seine Frau Bronislawa Gutman, Rosas Warschauer Schulkameradin, war die erste Polin, die ein Diplom als Bakteriologin in Zürich erhielt. Warszawski war Jude und mit einer Polin namens Jadwiga Chrzanowska verheiratet. Ihm fehlte der Intellekt der drei anderen, nicht aber ihr Eifer. Mit seiner wachsenden Familie lebte er, ein harter Arbeiter, der ganz in der Bewegung aufging, in großer finanzieller Bedrängnis. Rosa Luxemburg mochte Warszawski besonders gern und bemühte sich über die Jahre hin, seiner Familie zu helfen, wobei sie einmal sogar anbot, eines seiner Kinder zu adoptieren.

Die vier arbeiteten ganz zwanglos zusammen, ohne starre Organisationsgliederung oder Parteihierarchie, obwohl Rosa Luxemburg mehr als einmal Jogiches' diktatorische Neigungen zügeln mußte, die Marchlewski besonders fürchtete. Jogiches hingegen sah sich am Ruder, hauptsächlich weil er von Marchlewski und Warszawski keine sehr hohe Meinung hatte, aber auch weil ihm das Geld gehörte – und Rosa.

Die Geschichte der kleinen Schar um Luxemburg und Jogiches besteht aus langen Perioden der Stagnation und seltenen glanzvollen Momenten. Weil die Partei nach der Vereinigung polnischer und russischer Arbeiter strebte, wurde sie nie populär in Polen, trotz der poetischen Vision Mickiewicz', nach der Polen und Russen Brüder waren, und obwohl die Partei sich als Nachfolger von *Proletariat* verstand. Daß sie, aus hehren oder aus pragmatischen Gründen, auf Polens Unabhängigkeit verzichtete, trug kaum zu ihrer Attraktivität bei. Die Partei, deren Führung in der Schweiz saß und deren schmale Gefolgschaft in Polen durch häufige Verhaftungen ausgedünnt wurde, hatte manchmal nur Generäle und keine Soldaten. Zu ihr stießen einflußreiche Sozialisten wie Cezaryna Wojnarowska, ehedem Mitglied im *Proletariat*, und Feliks Dzierzyński, der an der Vereinigung der litauischen und polnischen Sozialdemokraten entscheidend mitwirkte.

Nach dem Rückschlag beim Zürcher Kongreß 1893 wurde die

SDKP beim folgenden Kongreß der Internationale 1896 in London anerkannt. Nach ihrer Verschmelzung mit der litauischen Sozialdemokratie im Jahre 1900 wurde die Existenz der neuen Sozialdemokratie des Königreiches Polen und Litauens nicht mehr in Frage gestellt.*

So sehr Rosa Luxemburg auch wünschte, Jogiches aus seiner Isolation herauszuholen, es war nicht Mitgefühl, das sie veranlaßte, Jogiches an die polnische Bewegung zu binden. Er war ein unschätzbares Kapital für die aufstrebende Partei. Selbst wenn sie gewußt hätte, daß Plechanow Engels mitgeteilt hatte, Jogiches habe sie, seine Geliebte, dazu benutzt, die polnische Bewegung in die Hand zu bekommen, es hätte sie nicht gestört. Sie war unempfänglich für Parteiklatsch. Ebensowenig hätten Plechanows spitze Bemerkungen über Jogiches' „sehr reiche Mutter" ihr etwas ausgemacht.[13] Jogiches' Geld war hilfreich, natürlich, denn es finanzierte das Erscheinen der *Sache der Arbeiter*. Aber sie hätten es auch ohne sein Geld, nur mit Rosa Luxemburgs und seinem Können geschafft.

Rosa Luxemburg in Wort und Schrift war der wichtigste Aktivposten der Partei. Rosa Luxemburg war Chefredakteurin des Parteiorgans *Die Sache der Arbeiter* und seine Hauptautorin. Manchmal erschienen zwei, drei oder vier Artikel von ihr, ungezeichnet oder unter verschiedenen Namen, in einer einzigen Ausgabe der Zeitung.

Die Jahre 1891 bis 1893 waren eine schwierige Zeit für Luxemburg und Jogiches. Sie brachte die beiden nah zueinander, aber sie nährte auch unrealistische Träume und Illusionen. Rosa Luxemburg hatte ihren fahrenden Ritter gefunden und dachte, sie hielte ihn fest in der Hand; Jogiches hatte eine Schülerin gefunden und dachte, er hätte sie fest in der Hand. Keiner von beiden bemerkte auch nur, wie leidenschaftlich unabhängig der andere war, wie wenig geeignet, jemandem zu „gehören". In der Hektik der politischen Arbeit sahen sie das, was sie verband, nicht das, was sie trennte. Rosas häufige Reisen nach Paris, wo sie den Druck der *Sache der Arbeiter* überwachte, die schnellen Trennungen, Begegnungen und Abschiede steigerten den Zauber ihrer Intimität. Jogiches

* Die Sozialdemokratie des Königreiches Polen und Litauens (SDKPiL) wird im folgenden oft auch als Polnische Sozialdemokratie oder Polnische Sozialdemokraten bezeichnet.

organisierte und kommandierte in der neu gegründeten SDKP; da wurde er gebraucht und geschätzt und war, so dachte er, auf dem besten Wege, die Geschichte zu beeinflussen – sein oberstes Ziel. Rosa Luxemburg sah ihre Liebe zu einer unauflöslichen Bindung wachsen. Sie dachte, ihre Zuneigung und die Position, die sie Jogiches in der Partei verschafft hatte, reichten aus, um ihn glücklich zu machen. Jogiches sah in beidem bald ein Trojanisches Pferd.

Beide fühlten sich aus unterschiedlichen Gründen zueinander hingezogen. Rosa faszinierte der Mann; Jogiches fesselte ihr Geist. Bald stand auch ihre unvereinbare Haltung zur Emigration zwischen ihnen.

Anders als Rosa Luxemburg hätte Jogiches sein Land nicht verlassen, wenn er nicht dazu gezwungen worden wäre. Es gab in Westeuropa nichts, was ihn gelockt hätte – weder die Möglichkeit, zu studieren, noch der Emigrantenstatus. Er ließ seine Arbeit zurück, seine Mutter, sein Zuhause und den Ruhm. In Wilna war er beschützt von der Liebe seiner Mutter, vom Schleier der Heimlichkeit, von den ehrfürchtigen Arbeitern. Die Schweiz, ruhig, ordentlich und sauber – so ganz anders als Litauens ungezähmte Wildheit – ging ihm auf die Nerven, ebenso wie die wohlgenährten Bürger und seine endlos streitenden Mitemigranten. Es gab keine Regierung zu bekämpfen, keine Gefahr zu bestehen, keine Arbeiter zu organisieren. Statt dessen verlor er seine Schutzhüllen und war einer zusammengewürfelten Gruppe von Emigranten ausgesetzt, die sich, fand er, mit ihm nicht messen konnten.

Für Rosa Luxemburg bedeutete die Emigration Befreiung; für Jogiches bedeutete sie Elend. Die Luft, die ihr das Atmen ermöglichte, war für ihn zum Ersticken; ihre Belohnung war seine Strafe. Gleichzeitig vertiefte die Emigration ihre gegenseitige Abhängigkeit, was Rosa ganz natürlich und Leo bedrückend fand. Das Exil läßt singuläre Formen der Abhängigkeit entstehen, die die einen zusammenrücken läßt und die anderen auseinandertreibt. Bei ihnen mischte sich beides.

Nach und nach lernte Rosa Luxemburg den Mann kennen, aber nicht verstehen. Einer ihrer ersten erhalten gebliebenen Briefe an Jogiches, am 21. März 1893 in einem Schweizer Bergdorf geschrieben, zeigt, wie nahe sie sich standen und wie rührend unbefangen Rosa war. „Heute nacht weckte mich eine Stimme", schrieb sie. „Ich horche — und da höre ich mich selbst reden. ‚Nanu! Dziodzio! Dziodzio!' Und ich ziehe das Deckbett ärgerlich hoch. Offensichtlich schien mir, daß da mein Dziodzio bei mir ist. (Welch ein unkeuscher Traum!)"[14]

Aber im Laufe eines Jahres wurde vieles anders. „Du hast mich so weit gebracht, daß ich mich geniere, Dir privat, über meine Gefühle und Empfindungen zu schreiben", bekannte Rosa Luxemburg traurig. „Es kommt mir bereits schlimm vor, wenn ich nicht über die Sache schreibe."[15] Nur außerhalb von Zürich wohnten sie zusammen, wenn sie Ferien machten in einem abgelegenen Ort, wo ihre Zweisamkeit kein Aufsehen erregte. Bei solchen Gelegenheiten zeigte sich Jogiches entspannter, da war er voller Wärme und Geduld. Er ging einkaufen, briet zum Abendessen „virtuos Eier in der Pfanne", brachte Rosa ihren Lieblingskäse mit und ging stundenlang mit ihr spazieren.[16]

Im Herbst 1891 in Zürich wurde ihr gemeinsames Schema entworfen, als Rosa Luxemburg sich ein möbliertes Zimmer in der Universitätsstraße 79 nahm und Jogiches sich in Nummer 77 einmietete. Sie wohnten immer getrennt, aber in zu Fuß erreichbarer Nähe. Was sie trennte, war jedoch mehr als nur ein paar Schritte. Rosa erkannte immer klarer, daß „Dich jedes Wort über die dämlichste Sache 2mal, ja 10–100mal mehr interessiert, als wenn ich Dir mein Innerstes auftue."[17] Sie entdeckte, daß ihr Geliebter „ein böser Mensch" sei, ohne den natürlichen Impuls zu lieben. Halb im Scherz versprach sie ihm: „Ich werde das Böse in Dir erdrücken", aber sie litt darunter, daß er nicht fähig war, seine Zuneigung zu zeigen.[18]

Rosa Luxemburg sehnte sich nach einem Leben in „Ordnung und Harmonie", in dem ihre Liebe und ihre Arbeit sich ergänzten, um „gegenseitig aus sich, einer aus dem anderen, einen *Menschen* zu formen."[19] Aber Jogiches, meinte sie, machte all ihre Bemühungen zunichte mit seinen ständigen Vorhaltungen über ihr Aussehen, ihr Benehmen, ihre Art zu arbeiten. Für ihn war es indessen selbstverständlich, daß er bei ihr die Rolle des Lehrers übernahm, und er erwartete von ihr, daß sie sich widerspruchslos fügte. Hingegen fand er ihre Versuche, ihn zu ändern, unerträglich, ihre Sehnsüchte lästig.

Rosa Luxemburg hatte ein festgefügtes Bild davon, was einen Mann zum Manne macht und eine Frau zur Frau, was Glück bringt oder Unglück, Sieg oder Niederlage. Das Glück lag in Reichweite, dachte sie, vorausgesetzt, daß bestimmte Bedingungen erfüllt wären: die Menschheit würde das Glück erlangen, wenn die Getretenen ihre Kräfte gegen ihre Herren vereinten, und ein Einzelner würde das Glück finden, wenn er die Schönheit des geistigen und körperlichen Lebens zu genießen wüßte. Ihr Glaube an den *mens sana in corpore sano* war, ganz im

Einklang mit dem Zeitgeist, unerschütterlich. Wenn irgend etwas schiefging, konnte man es auf falsche Lebensgewohnheiten, Mangel an frischer Luft oder schlechte Ernährung zurückführen. Wenn Jogiches deprimiert war, dann weil er rauchte, nicht spazierenging, Bier trank statt Kakao, weil er die Nächte brütend und die Tage schlafend verbrachte.

Der Jogiches, dem sie zum ersten Mal begegnete, sonnte sich im Ruhm seiner jüngsten Vergangenheit, verehrt und bewundert. Bald war diese Vergangenheit in weite Ferne gerückt, und die Gegenwart bot keine Zukunft; Rosa Luxemburg, immer Optimistin, sah das allerdings nicht so. Zu der Zeit, als sie sich näherkamen, war Jogiches mutlos und verbittert. Dann lebte er mit seinem russischen Verlagsunternehmen und der polnischen Arbeit wieder auf. Und so hegte Rosa Luxemburg in den ersten zwei bis drei Jahren ihrer Verbindung viele Illusionen. Jogiches strahlte eine glühende Leidenschaftlichkeit aus, die, das hatte sie noch zu lernen, einem einzigen Gedanken galt – der Revolution. Seine Kraft verhieß Schutz; sie wußte nicht, daß er nur den Unterdrückten beschützen wollte. Er schien überaus freigiebig; sie sollte herausfinden, daß er nur zurückhaltend und widerwillig gab. Wenn er sich „seltsam" benahm, schrieb sie es einer vorübergehenden Laune zu, die ihre Liebe oder ihr gut geschriebener Artikel schnell zerstreuen würde. Sie wußte noch nicht, daß Jogiches in einem Teufelskreis von Selbstgefälligkeit und Selbstzweifel gefangen war.

Als Plechanows barsche Absage öffentlich bekannt wurde, fühlte Jogiches sich in die Enge getrieben. Die Niederlage, offen und sichtbar, verfolgte ihn. Obwohl er sich von der Zürcher Universität so wenig erwartete wie damals vom Wilnaer Gymnasium, kehrte er an die Universität zurück. Der Sommer 1891 in Genf hatte ihm Rosa Luxemburg näher gebracht, und als sie nach Zürich zurückgekehrt waren, überredete sie ihn, daß Studieren jetzt das Richtige wäre. In seinen Augen aber hatte er bloß die „privilegierte Stellung" im Gymnasium gegen eine an der Universität getauscht – und die Unabhängigkeit des Verschwörers gegen das Geld seines Großvaters. Seit seiner Jugendzeit hatte er sich bemüht, dem Bild des Revolutionärs zu entsprechen, wie Bakunins und Nechajews *Katechismus eines Revolutionärs* es prägnant formulierte: „Der Revolutionär ist ein Verlorener. Er hat keine eigenen Interessen, kein eigenes Ziel, keine Gefühle, keine Gewohnheiten, keinen Besitz, nicht einmal einen Namen. Alles an ihm gehört einem einzigen, ausschließlichen Interesse, einem einzigen Gedanken, einer einzigen Leidenschaft – der Revolution."[20] In Wilna war er diesem Bild sehr nahe gekommen; in der Schweiz verlor er Boden. Weil Rosa Luxemburg ihn in die polnische Bewegung hineinzog, wurden „Rosa" und „Exil" für ihn unauflöslich eins.

Daß Jogiches den Vorschlag Rosa Luxemburgs annahm, mit ihr in die polnische Bewegung zu gehen, war ein entwürdigendes Zugeständnis. Er war nicht für Zugeständnisse geschaffen, er war dafür geschaffen, Befehle zu geben. Sie bestand darauf, daß er Polnisch lernte. Als kluger Politiker wußte er, daß es notwendig war, und beherrschte die Sprache binnen kurzem. Aber niemals redete er sie in ihrer Muttersprache an. Zwar fand er Rosa Luxemburgs Geist ungewöhnlich und fesselnd, aber ihr Hinken mag er als weitere Demütigung empfunden haben; vielleicht fühlte er sich von Rosa Luxemburgs Erscheinung gleichermaßen angezogen und abgestoßen. Und es ist die Frage, ob er auf der Geheimhaltung ihres Verhältnisses bestand, weil es „der Sache" diente, weil er die Konspiration liebte oder weil er nur ungern seine Liaison mit einer verkrüppelten Frau öffentlich eingestehen wollte.

Rosa Luxemburg hatte in Gesellschaft einen reservierten und herablassenden Jogiches erlebt, aber ihr war nicht der Gedanke gekommen, daß er sich ihr gegenüber privat genauso benehmen könnte. Sie konnte nicht wissen, daß er sich nur in der Arbeit wohl fühlte, im Getümmel der Aktivitäten, unter Arbeitern, wo seine Rolle klar definiert und seine Überlegenheit anerkannt war. In Situationen, die er nicht kannte oder nicht beherrschte, fühlte er sich bedroht; wenn er ihnen nicht ausweichen konnte, wurde er reserviert und unnahbar. *Byt*, die öde, unkreative Routine des Alltags, war sein Alptraum. Die kleinen Freuden des Lebens, die Rosa so genoß – ein Spaziergang im Grünen, ein Essen mit Freunden, ein Roman, ein Konzert – betrachtete er als Zeitverschwendung, als Falle, die in ein sinnloses Dasein führte. Alles, was nicht zum „Bewegen der Geschichte" diente, jeder, der sich nicht der Sache hingab, war für ihn uninteressant. Alles, was ihn oder Rosa von dieser Mission ablenkte, mußte aus ihrem Leben getilgt werden. Gesellschaftliche Kontakte waren nicht nur unproduktiv und kostspielig, sondern auch eine unerwünschte, gefürchtete Prüfung, die er entschlossen war zu meiden.

Die schärfste Waffe des Revolutionärs im Exil war seine Feder. In Wilna hatte Jogiches für seine Arbeit die Beherrschung des geschriebenen Wortes nicht gebraucht; Konspiration ist die Kunst des Schweigens.

Marx allerdings verlangte, daß Revolutionäre „offen, vor der ganzen Welt ihre Ansichten darlegen“ müßten, wie er im Kommunistischen Manifest schrieb. Jogiches war dazu nicht bereit, weder psychisch noch praktisch. Er hatte weder Rosas Drang, zu schreiben, noch ihr Talent dafür. Er hatte die Schule verlassen, bevor er die Kunst des Schreibens beherrschte, und die Jahre der Untergrundtätigkeit hatten seine Entwicklung weiter behindert. Ihm war bewußt, daß er mit dem geschriebenen Wort weniger Eindruck machen konnte als mit Taten – daß er im Gegenteil Kritik heraufbeschwor, wenn seine Worte schwarz auf weiß festgehalten würden –, und er ging kein Risiko ein. Aber er wußte, daß Kämpfe auf Zeitungsseiten ausgefochten wurden, nicht nur auf Barrikaden, und daß eine gute Feder die nötigste und wirksamste Waffe war. Um politischen Einfluß auszuüben, brauchte er eine Feder. Diese Feder war Rosa.

Viele politische Exilanten lebten vom Schreiben – Marx war Reporter der *New York Herald Tribune* –, aber Jogiches blieb die Notwendigkeit, seinen Lebensunterhalt zu verdienen, durch sein Erbe erspart. Für viele Radikale war Schreiben die einzige Möglichkeit, ihre Ideen mitzuteilen, sie zu verteidigen, Einfluß zu gewinnen, Unterstützung zu mobilisieren. Jogiches konnte das alles durch Rosa Luxemburg erreichen. Und so wurde das Schreiben zu einer Bindung, aber auch zu einer Fessel.

6 *Der Kampf bergan*

1895–1898

Seit sie ein Liebespaar geworden waren, betrachtete Rosa Luxemburg ihre Beziehung zu Leo Jogiches als Ehe; in ihren Briefen an ihn nannte sie ihn „mein Mann“ und sich selbst „Deine Frau“. Jogiches sah ihr Verhältnis etwas anders.

Viele Radikale lebten zwar in Konsensehen, obwohl das eine bourgeoise Einrichtung war, für Jogiches aber war das zuviel der Verpflichtung. Er bestand darauf, daß Rosa auch ihren engen Freunden und ihrer Familie gegenüber vorgab, sie beide wären lediglich Genossen. Hin- und hergerissen zwischen ihrem Wunsch, ihn zufriedenzustellen, und dem Bestreben, die eigene Würde zu wahren, beugte sich Rosa Luxemburg seinen Wünschen, um dann immer wieder zu rebellieren. „Sich jetzt noch wegen unseres Verhältnisses (vor den Warszawskis) zu genieren, das ist wirklich mehr als übertrieben, das ist geradezu unnatürlich“, schrieb sie im siebenten Jahr der erzwungenen Heimlichtuerei.[1]

Jogiches mißfielen ihre tränenreichen Beschwerden, daß er so anders gewesen sei, „als ich noch nicht Deine Frau war.“ Er hatte, was er wollte: eine ihn innig liebende Frau – halb Ehefrau, halb Mutter – und eine Schülerin. Seine Rolle als der intellektuelle Meister stand eindeutig fest, und das befriedigte ihn. Er agierte hinter den Kulissen, durch Rosa

Luxemburg, und brachte Leben in die Wilnaer Situation. Ungesehen, aber allgegenwärtig übte er Macht aus und forderte die etablierte Ordnung und seine politischen Gegner heraus. Sein unerschütterlich treuer, aber tatkräftiger Lehrling war ein Gottesgeschenk.

Jogiches' Wunsch, Rosa Luxemburg umzumodeln, entsprach dem ihren, ihn umzuformen. Er wollte sie von ihrer sündhaften Lebenslust säubern; sie wollte ihn überzeugen, daß Revolution und persönliches Glück einander nicht ausschlössen. Sie brauchte Liebe, Zärtlichkeit und Gemeinschaft wie die Luft zum Leben. Hätte Jogiches sie ihr konsequent verweigert, dann wäre sie nicht bei ihm geblieben. Das begriff er, und ehe er riskierte, sie zu verlieren, gab er ihr lieber, was sie brauchte – aber er maß es ihr behutsam zu und hielt sie immer hungrig. Ihr wiederkehrendes Flehen – „Die wenigen persönlichen Worte, die ich am Ende Deiner Briefe finde, lese ich wie immer begierig" – hatte manchmal Wirkung, manchmal nicht.[2] Sie lernte, von Erinnerungen an die raren Momente zu zehren, in denen er „gut, sanft und liebevoll" war, in denen seine Stimme warm, seine Worte liebkosend geklungen hatten. Auch wenn er gelegentlich all das war, was er nach ihren Wünschen sein sollte, ihr Ideal vom „zusammen lieben und arbeiten" war nicht das seine. Privatleben und Arbeit waren zu trennen, damit nicht die Sache in Trivialitäten unterging.

Die Umstände bildeten ein Ventil für ihre aufgestauten, widerstreitenden Gefühle. Luxemburg und Jogiches waren oft getrennt. Sie fuhr von 1893 an häufig nach Paris, um den Druck der *Sache der Arbeiter* zu überwachen, später dann, um Material für ihre Dissertation zu sammeln; 1898 siedelte sie nach Deutschland über, um ihre Sache dort voranzubringen, während Jogiches noch für zwei Jahre in der Schweiz blieb. Deshalb kommunizierten sie zwischen 1893 und 1900 häufig schriftlich. Ihre Briefe dienten als Werkstatt, in der sie an politischen Strategien bosselten, über Bündnisse verhandelten, gegnerische Kräfte abschätzten und gemeinsam Artikel und Reden verfaßten.

Briefe bewahrten ihre Beziehung vor dem Zerbrechen. Briefe wurden zu ihrer wechselseitigen Sucht, einer *folie à deux*. Bebend vor körperlicher Leidenschaft, voller Vorwürfe und Selbstanklagen spiegeln Rosa Luxemburgs Briefe die unterschiedlichen Erwartungen beider und lassen ihre Waffen erkennen: Liebe, Lockung, Provokation, Belohnungen und Strafen. Beide benutzten die Briefe als Ersatz für ein gemeinsames Leben und als Mittel zur Kontrolle des anderen.

Ein „kalter" Brief oder ein „warmer" wurde zur Währung, zu einem handelbaren Wertpapier. „Diesmal antwortest Du mir auch mit einem zärtlichen Brief", schrieb Rosa Luxemburg 1895 an Jogiches, „und wenn ich trocken und sachlich schreibe, dann mußt Du's auch."[3] Kosenamen und ein intimer Wortschatz, den Rosa Luxemburg prägte, waren wichtige Gradmesser der jeweils herrschenden Temperatur. Die Art, wie sie von sich selbst oder von ihm sprach, war kindlicher Ausdrucksweise nachempfunden. Ihre Kosenamen kennen weder Grammatik noch Syntax und sind unübersetzbar. Im Polnischen ist es nichts Ungewöhnliches, ganz auf eine Person bezogene Liebesworte zu erfinden; diejenigen, die Rosa Luxemburg für Jogiches schuf, enthüllen eine unerschöpfliche Phantasie; mehr noch, sie lassen eine Sentimentalität erkennen, die auch Menschen überrascht hätte, die Rosa Luxemburg gut kannten. Die völlige Verwandlung ihrer Persönlichkeit in diesen Briefen zeigt, daß Rosa Luxemburg ein Ventil für ein anderes Selbst brauchte, eines, das normalerweise sehr sorgfältig maskiert wurde.

Schriftlich redete Rosa Leo als Dziodzio oder Dziudzia an; ersteres ist kleinen Jungen vorbehalten, letzteres ganz kleinen Mädchen. Wenn er sich schlecht benahm, verweigerte sie ihm das Gekose und redete ihn steif mit „Mein Lieber" an. Die Strafe hatte den gewünschten Effekt, und Jogiches bettelte um ihre Zärtlichkeit. „Den ‚Dziodzio', den Du zurückforderst, verdienst Du seit langem nicht mehr", teilte Rosa Luxemburg ihm kühl mit, „und ich weiß nicht, ob Du ihn so schnell wieder verdienen wirst."[4] Welche Bedeutung der Form ihrer schriftlichen Kommunikation zukam, wurde noch deutlicher sichtbar, als sie sich getrennt hatten. Um in ihren Briefen an ihn jedes persönliche Fürwort zu vermeiden, erfand Rosa ein verdrehtes Kauderwelsch, das nur Leo verstehen konnte. Um ihren Briefen die Substanz ihrer Gefühle in Liebe und Haß mitzugeben, verbog sie die Sprache nach Bedarf.

Was Jogiches schrieb, konnte Rosa in Verzweiflung stürzen: „Also, den Ton Deiner beiden letzten Briefe ohne jede Anrede verstehe ich wirklich nicht. Quäl mich nicht; denn meine Nerven sind ‚in einer sehr traurigen Verfassung' (im Orig. deutsch)."[5] Ebenso konnte er ihr die Himmelstore öffnen: „Du hast keine Ahnung, wie sehr mich Dein . . . persönlicher Brief gefreut hat. Ich habe ihn wieder und wieder gelesen."[6] Während Rosa Luxemburg danach verlangte, das, was sie nicht von Jogiches persönlich haben konnte, wenigstens auf Papier zu bekommen, waren ihre Briefe für ihn Information, eine entscheidende Verbindung zur Außenwelt und ein Fenster zur politischen Arena. Er fand, sie habe eine Waffe in der Hand und scheue sich auch nicht, sie zu benutzen. Ihre bloße Drohung, sie könnte die Korrespondenz abbrechen, versetzte ihn in Panik. Als sie im März 1900 versicherte, „daß mein Entschluß, Dir ... nicht mehr zu schreiben, weder ein Racheakt noch ein Boykott ist und war, wie Du meinst", kam Jogiches prompt aus Zürich nach Berlin, wo Rosa Luxemburg zwei Jahre lang vergeblich auf ihn gewartet hatte. Es sei wohl nicht mehr möglich, „daß wir miteinander auf dieselbe Art und Weise korrespondieren", erklärte sie, aber was er als Erpressung bezeichne, sei doch nur ein Hilfsmittel, um festzustellen, ob ihm wirklich etwas an ihr läge. „Ich habe auch sofort beschlossen, so vorzugehen, um Dir die Trennung zu erleichtern, d. h. vor allem die Korrespondenz abzubrechen", kündigte sie nach einem Monat des Schweigens boshaft an. „Ich habe mir dabei gesagt: So wird die Frage gelöst. Liebt er und will er zusammenleben, dann kommt er; wenn nicht, dann nutzt er aus, daß die Korrespondenz abgebrochen ist."[7] Diese Lösung konnte Jogiches nicht akzeptieren. Die zahllosen, mit ihrer sauberen, regelmäßigen Handschrift bedeckten Seiten waren zuzeiten die einzige Lektüre, die er der Mühe für wert hielt. Er verlangte, über jede Entwicklung auf der politischen Bühne auf dem Laufenden gehalten zu werden, über ihre Versammlungen, Gespräche, Reden und Artikel. Seine Forderung war auch keineswegs nur Ausübung seiner Macht. „Deine Briefe haben meine Gedanken angeregt", schrieb ihm Rosa Luxemburg, „und in Deinem letzten hast Du mir einen ganzen Absatz gegeben, der das größte Schmuckstück meiner Artikel ist ... Ich habe ihn ganz einfach wortwörtlich aus Deinem Brief übersetzt."[8]

Rosa Luxemburg teilte in ihren Briefen alles mit Jogiches – politische Nachrichten und Klatsch, Eindrücke von Politikern, die sie traf, Ansichten über Marxismus und Veränderungen der Gesellschaft, Kommentare zu den Büchern, die sie las, zu Konzerten, die sie besuchte, Bemerkungen zur neuesten Mode, Einzelheiten über ihre Hüte, Schuhe, Jacken und Röcke, ihre Gesundheit und ihre Ernährung. Eifrig auf Details bedacht beschrieb sie Leute, Unterhaltungen und Ereignisse mit Humor und Sensibilität. Keine Schwäche entging ihrem kritischen Blick, nicht ein Wort, eine Geste. In lebhaften Farben schilderte sie ein Zimmer, dick voll Zigarettenqualm, in dem sie bis weit nach Mitternacht mit Arbeitern geplaudert hatte, oder ein elegantes Bankett zum Abschluß eines Kongresses. Sie diskutierte ihre Gedanken mit ihm und bat um seinen Rat. „Du verstehst schon, ‚was für herrliche Ausblicke das gewährt‘ (im Orig. deutsch), also denk darüber nach, und wenn Du etwas hinzugefügt hast, schreib mir sofort.“[9]

Manchmal beschrieb sie ein Buch, das sie gerade las – „Weißt Du, was ich als Bettlektüre lese? Benvenuto Cellini, seine Autobiographie in Goethes Übersetzung. Etwas sehr Originelles, interessant als ‚Sittenbild‘ (im Orig. deutsch) aus dem 15. Jahrhundert in Italien und Frankreich“[10] –, oder sie verlockte ihn – „ich habe zwei kleine Vasen mit Parmaveilchen auf dem Tisch und einen rosa Lampenschirm und ein neues Tintenfaß aus Porzellan, bemalt, und neue Schuhe und einen neuen Hutschleier und neue Handschuhe und eine neue Haarbürste, und ich bin hübsch!“[11] Ihre Briefe enthielten komplette Szenarien, so daß Jogiches sie wenn nicht leibhaftig, so doch im Geiste auf Vortragsreisen, in Versammlungen, zu gesellschaftlichen Ereignissen oder in die Intimität ihres Schlafzimmers begleiten konnte. Sie wollte, daß er alles wüßte, was sie wußte, alles erlebte, was sie erlebte, fühlte, was sie empfand. Ohne Scheu offenbarte sie ihre „unkeuschen Träume“, ihr sexuelles Begehren, ihre Enttäuschungen und Hoffnungen. Ihr unaufhörliches Verlangen nach Gegenseitigkeit – „Ich möchte, daß Du mir etwas über Dein Innenleben schreibst!“ – blieb meistens unbeantwortet. „Überhaupt hat unsere Korrespondenz folgenden Charakter angenommen: Ich schreibe alles, was bei mir und um mich herum geschieht – und Du schreibst darauf ‚kritische‘ Bemerkungen zurück. Über Dich selbst ... kein Wort. Eine solche Korrespondenz gefällt mir nicht, und weil meine Fragen keine Wirkung zeigen, werde ich Dir über mich genauso viel schreiben wie Du über Dich.“[12] Aber er wußte, das waren leere Drohungen.

Obwohl sie beide gleichermaßen von den Briefen des anderen abhingen, behielt der kühle und gelassene Jogiches die Oberhand. Nur selten wurde Rosa Luxemburg ein gewisses Maß an Satisfaktion zuteil. „Daß Du wütend bist, weil ich kurz geschrieben habe, freut mich, das ist ein gutes Zeichen.“[13] Meistens mußte sie eine Reaktion aus ihm herauspressen. „Mein Liebster, schreib mir etwas Nettes“, flehte sie, „ich bin geistig und körperlich schrecklich erschöpft. Deine letzten Briefe, sie waren so trocken.“[14] Sie versuchte nicht, ihren Hunger zu verbergen. „Sei bedankt für Deine wenigen herzlichen Worte, die Du mir endlich geschrieben hast, das ist, ‚was mir gerade Not tat‘ (im Orig. deutsch) ... es hat mich geschmerzt, daß Du in allen Deinen Briefen nicht ein einziges gefühlvolles Wort geschrieben hast, nur Offizielles."[15] Rosa wußte wohl, daß Leo die Seiten ihrer Briefe ungeduldig überflog und nach politischen Neuigkeiten suchte, doch machte sie keine Anstrengungen, weniger emotional zu schreiben.

Nach seiner Art zog Jogiches die durch Briefe überbrückte Distanz einem gemeinsamen Alltagsleben vor. Zwar fand er Schreiben im Vergleich zur praktischen Arbeit lästig, aber hier drohte ihm wenigstens keine Zensur; dafür konnte er Einfluß auf Rosa nehmen.

Seine Briefe an Rosa Luxemburg sind nicht erhalten geblieben; vor jeder erwarteten Haussuchung der Berliner Polizei vernichtete sie seine letzten Briefe. Ein großer Teil ihres Inhalts kann jedoch aus Rosas Briefen herausgelesen werden. Häufig zitiert sie ihn, wörtlich oder interpretierend, manchmal mit Entzücken, öfter mit Groll. Ihre Reaktion läßt die Temperatur seiner Briefe erkennen, die meist kühl, manchmal aber wütend waren oder einen der seltenen Gefühlsausbrüche enthielten. Wiederholt, wenn auch erfolglos, versuchte er, den Briefwechsel vom schwankenden Boden des Privaten abzulenken in die Sicherheit des öffentlichen Bereichs. Ihr Mißbehagen wuchs. „Deine Briefe enthalten *nichts*, aber auch *nichts* außer der *Sache der Arbeiter*, außer Kritik an dem, was ich getan, und Anweisungen, was ich zu tun habe", beschwerte sie sich, als sie sich noch nicht darüber klar war, daß er sich in seinen Briefen wahrscheinlich ebenso widerspiegelte wie sie sich in ihren.[16] Dennoch – die rund tausend Briefe, die Jogiches ihr schrieb, waren trotz seines zurückhaltenden und sachlichen Tons ein Maßstab seiner Zuneigung.

Wenn er es auch nicht so zeigte, war Jogiches doch ebenso empfindlich für die Atmosphäre in Rosa Luxemburgs Briefen wie sie für seinen Ton. Er nahm ihre Huldigungen entgegen als einen Tribut, den sie ihm schuldete; aber wenn er ein – eingebildetes oder wirkliches – Nachlassen ihrer Gefühle spürte – „Wo willst Du denn in meinem Brief den ‚persönlich schroffen Ton' entdeckt haben? . . . Ich (habe) diesen Brief in wahnsinniger Eile geschrieben . . ." – bekam er es mit der Angst zu tun.[17]

Rosa Luxemburgs Streben nach Unabhängigkeit, das zusammen mit ihrer Reputation wuchs, ließ Jogiches zunehmend fürchten, die Kontrolle über sie zu verlieren. Diese Angst verwandelte sich in nicht endende Kritik, die sie, als sie nach Berlin gezogen war, immer weniger hinnehmen mochte. „Du merkst überhaupt nicht, daß Deine ganze Korrespondenz systematisch entsetzlich abgeschmackt ist: das einzige, was sie enthält, ist langweilige, pedantische *Schulmeisterei*, wie es ‚Briefe eines Lehrers an seinen Lieblingsschüler' an sich haben. Ich verstehe ja, daß Du meinst, an mir Kritik üben zu müssen, ich verstehe ja, daß sie an sich nützlich ist oder in gewissen Fällen sogar unerläßlich. Aber um Gottes willen, bei Dir ist das schon zu einer richtigen *Krankheit* geworden, zu einer üblen Angewohnheit! Ich kann Dir von nichts schreiben, von keinem Gedanken und von keiner Tatsache, ohne die langweiligsten und abgeschmacktesten Tiraden als Antwort zu bekommen. Ob es meine Artikel sind oder meine Besuche oder meine Zeitungsabonnements oder meine Kleider oder meine Beziehungen mit daheim, kurz, es gibt praktisch nichts, was mich angeht und worüber ich Dir schreibe, worauf Du nicht Belehrungen und Anweisungen als Antwort parat hättest."[18] Er wußte, nicht nur mit seiner Kritik, so verletzend sie sein mochte, erregte er ihren Zorn, sondern auch mit Briefen, die nichts an ihrer Einsamkeit änderten.

An ihrem neunundzwanzigsten Geburtstag, im Jahre 1899, schrieb Jogiches ihr einen Brief, ein regelrechtes Geschenk, mit dem er ihr für ihre Sünde, das Leben zu genießen, Absolution erteilte. „Du schreibst", zitiert sie ihn, „daß wir beide noch jung sind und uns unser eigenes Leben noch einrichten können." Auf diesem gebrechlichen Fundament errichtete sie ein kunstvolles Gedankengebäude – sie würden offen als Mann und Frau leben, „eine eigene kleine Wohnung, eigene hübsche Möbel" haben. Sie würden Gäste einladen, in die Oper gehen, Spaziergänge machen, die Sommerferien auf dem Lande verbringen. Und wenn „wir beide arbeiten werden, dann wird das bei uns *ideal*!! Kein anderes Paar auf der Welt hat so sehr alle Voraussetzungen dafür, glücklich zu sein wie *wir* . . . dann werden wir, müssen wir glücklich sein."[19] Ein einziger, vager Satz von Leo versetzte Rosa in eine unerreichbare Traumwelt.

Ein Kind von Jogiches war ganz entscheidend für die Erfüllung des Traumes. „Und vielleicht noch dazu ein kleines, klitzekleines Würmchen?" fragte sie schüchtern. „Oder dürfen wir nie? Wirklich nie? Dziodzio, weißt Du, was mich gleich gestern abend beim Spaziergang im Tiergarten überfallen hat? Mir lief gleich so ein 3–4jähriges Wurm vor die Füße, in einem süßen Kleid, mit blonden Haaren, und starrte mich an. Plötzlich packte mich etwas, und ich wollte die Kleine an mich reißen, rasch mit ihr nach Hause flüchten und als eigenes behalten. Ach, Dziodzio, werde ich nie so ein Würmchen haben?!"[20] Hier erwähnte

Rosa Luxemburg zum erstenmal schriftlich, daß sie sich ein Kind wünschte. Ihr fiel es leichter, ihm Dinge, die sie tief bewegten, zu schreiben als zu sagen. „Den Wunsch nach einem Kind empfinde ich immer", offenbarte sie Jogiches einige Monate später im Jahre 1899, „manchmal in fast unerträglicher Weise. Du", schrieb sie, „bist wohl überhaupt nicht in der Lage, Dir das vorzustellen."[21] Dann fiel ihr ein, daß sie ja ein Kind allein aufziehen könnte. „Wenn ich ein Kind habe", schrieb sie ihm, „dann bin ich auch imstande, es selbst aufzuziehen."[22]

Zwei Briefe Rosa Luxemburgs an Jogiches sind beispielhaft für Ebbe und Flut ihrer Gefühle während ihrer Beziehung in den 1890er Jahren. Der erste, wütend und rebellisch, wurde von der Vierundzwanzigjährigen am 25. März 1894 geschrieben, nicht ganz zwei Jahre nachdem sie zum Liebespaar geworden waren. Er legt die Wurzeln des Mißklangs frei, der ihre Zweisamkeit beeinträchtigen sollte. Der zweite, tieftraurige Brief wurde am 16. Juli 1897 geschrieben, kurz nach Rosa Luxemburgs siebenundzwanzigstem Geburtstag. Er ist das Eingeständnis des Scheiterns, wenn auch nicht frei von der Hoffnung, die noch weitere zehn Jahre lang in ihr nachklingen sollte. Diese beiden Briefe machen die Schwingungen sichtbar, die den Herzschlag der Partnerschaft in Gang hielten.

In dem Brief von 1894 lehnte sich Rosa Luxemburg gegen Jogiches' Einstellung zu ihr und zum Leben auf. Für sie, schrie sie ihn an, bedeute das Leben nicht *Die Sache der Arbeiter*, nicht Arbeiter und nicht Sache, Leben bedeute leben. Daß sie für die Revolution arbeiten sollte und wollte, hielt sie für selbstverständlich, aber *nur* das – „wenn nicht die Nummer, dann die Broschüre, oder der eine Artikel oder der andere", hieße soviel wie die Seele zu morden. Die Zerstörung menschlicher Bindungen zum höheren Ruhm einer Idee, die auf das Schaffen solcher Bindungen gerichtet ist, war für sie ein grausamer Irrweg. „Ich habe auf Schritt und Tritt trotz der *Sache* eine Menge Empfindungen und Gedanken", schrieb sie.[23]

Aber sie brauchte Leo, ihr zweites Ich, brauchte den Gedankenaustausch mit ihm, obwohl er nichts zu tauschen hatte als Fristen, Korrekturlesen, Redigieren. Der Gedanke, der Rosa Luxemburg ihr Leben lang verfolgte – wem nutzt die Revolution wirklich? –, durchzieht diesen chaotischen Brief. Sie versuchte, sich auf Jogiches' Realität einzulassen, ein für die Menschheit geopfertes Leben, aber sie schaffte es nicht. Wenn die Menschen, die die Revolution machen, Verlorene waren, wäre dann nicht auch die Revolution verloren? Wenn die Revolutionäre nicht menschlich sind, wenn sie nicht zu leben verstehen, wie können sie dann ein besseres Leben für andere schaffen?

Dies war fraglos nicht der erste Disput des Paares über das Thema. Jogiches hatte Rosa Luxemburg sicher schon früher getadelt, weil sie es an Beharrlichkeit und Eifer fehlen ließ, weil sie Genußsucht und Schwäche zeigte. „Nur sag mir nicht", protestierte sie, „daß ich pausenlos Arbeiten nicht aushalte, daß aus mir der Wunsch nach Erholung spricht. O nein, ich kann noch einmal soviel aushalten, nur macht es mich müde und überdrüssig, wenn ich überall, wohin ich komme, nur das Eine habe – *Die Sache*." Jogiches hatte offenbar schon versucht, sie zu beschwichtigen, denn sie nahm seine Erwiderung vorweg. „Falls Du empört antwortest, daß Du mir ja in jedem Brief soviel liebe Worte schreibst, dann sage ich Dir, daß mir an *Koseworten* nicht gelegen ist." Inzwischen wußte sie, daß er sie von seinem inneren Leben ausschloß, und sie hätte Körper, Hirn und Feder gegeben, um eingelassen zu werden. Sie wollte ihm gehorchen, sein kleiner Liebling sein oder sein unbesiegbarer Soldat, nur öffnen müßte er sich ihr. „Uns verbinden nur die Sache und vergangene Gefühle", klagte sie. Eindeutig vermißte sie etwas. Sie hatte das Gefühl, „daß ich nirgendwo meine eigenen vier Wände habe, daß ich nirgendwo als *Ich* existiere und lebe." Jogiches wies ihr eine Rolle zu, die sie degradierend fand. Befehle, Anweisungen, Kritik – das war alles, was sie von ihm bekam. Er stellte sie vor vollendete Tatsachen und fügte gönnerhaft hinzu, ihre schwachen Nerven dürften nicht über Gebühr strapaziert werden. Ihr Traum von der gleichberechtigten Partnerschaft war gefährdet, aber sie war nicht bereit, aufzugeben. Erschüttert, aber entschlossen legte sie ihre Karten auf den Tisch: Wenn er dächte, daß es ihr genügte, „Artikel zu schmieren" und seine „unmaßgebende Meinung (im Orig. deutsch)", wie er zu sagen pflegte, gut zu erfüllen, dann sei er auf dem Holzweg. Sie hätte das Recht, an politischen Entscheidungen mitzuwirken, und seine Pflicht sei es, dieses Recht zu respektieren. Neben ihrer persönlichen Beziehung sei ihre Position in der Partei ihr sehr wichtig. Daß Jogiches hinter ihrem Rücken Entscheidungen träfe, sei unerträglich. Daß er mit einem eingestreuten „Liebling" die Pille versüßte, wenn er es ihr mitteilte, sei abscheulich.

Als wollte sie Jogiches beweisen, daß auch sie Privates und Öffentliches trennen konnte, schrieb sie einen zweiten Teil zu diesem Brief, der sich bewußt vom ersten abhob. Er war trocken und formell im Ton, und er enthielt eine detaillierte Abrechnung – Drucker 118 Francs; Kakao 1,20; Milch 1,65; Handschuhe 2 –, um ihn wissen zu lassen, daß sie sich durchaus bewußt war, wessen Geld sie ausgab. Ein penibler Bericht über eine demnächst erscheinende Ausgabe der Zeitung erörterte Layout, Auslieferung und Vertrieb. Gegen Ende des Briefes streckte sie ihm, ganz typisch, einen Olivenzweig entgegen – sie fragte ihn nach irgendwelchen ökonomischen und historischen Dingen, ein Anerkenntnis seiner intellektuellen Überlegenheit und ihrer Abhängigkeit von ihm.[24]

Der völlig andere Brief, den Rosa Luxemburg drei Jahre später an Jogiches schrieb, an einem späten Juliabend 1897, schildert eine Szene, die sich ein paar Stunden zuvor in ihrem Zimmer abgespielt hatte. Leo hatte hereingeschaut, ganz in Anspruch genommen von irgend etwas, das mit Rosa zu besprechen er nicht für nötig hielt. Ihre Bemühungen um seine Aufmerksamkeit wurden prompt als unangebrachte sexuelle Annäherungsversuche zurückgewiesen. Er schenkte ihr einen verächtlichen Blick, der sie zum Schweigen brachte, und wandte sich zum Gehen. Ihr Herz wurde schwer, ihre Augen füllten sich mit Tränen. Es gab so vieles, was sie ihm sagen wollte, er aber wollte gehen und meinte, daß sie nichts anderes wollte als mit ihm schlafen. Wie schon so oft fühlte sie sich in der Falle, hilflos und wütend. Sie konnte nicht sprechen, sie konnte kein Glied rühren. Sie stand nur da mit einem Kloß im Hals, bereit zu lieben, bereit zu morden. Er sah sie an, küßte sie leicht auf die Backe und schloß die Tür hinter sich. Sie hatte nicht den Mut, mit ihm zu reden; so absurd, ja irrational es ihm vorkommen mochte – „wir wohnen zehn Schritte voneinander entfernt, sehen uns dreimal täglich“ –, sie fand, ein Brief sei die einzige Möglichkeit, ihm die Wahrheit zu sagen. Sie vermutete, daß er seine Ruhe haben wollte, und räumte ein, „wenn ich alles zusammen bedenke“, daß er ohne sie glücklicher wäre. Sie ging ihm „mit meinen Weiberproblemen, mit meiner Unausgeglichenheit, mit meiner Unbeholfenheit“ auf die Nerven, auch mit ihren Vorwürfen, ihren Tränen, ihren Zweifeln an seiner Liebe. Der eigenen Spontaneität stellte sie seine berechnende Art gegenüber, sie zu „behandeln“, ihrer Leidenschaftlichkeit seine Kälte; sie warf ihm vor, „daß unser Verhältnis für Dich etwas rein Äußerliches ist“. Reumütig nahm sie die ganze Schuld auf sich. Ihr Fehler war es, wenn keine herzliche und gedeihliche Atmosphäre herrschte; sie war „in Dein reines, stolzes, einsames Leben“ eingedrungen; sie marterte ihn. Durch ihre Tränen konnte sie sehen, wie er ungeduldig ihren Brief durchblätterte. Sie konnte hören, wie er fragte:

„Wozu das? Wozu, zum Teufel?" und „was will sie denn nun ‚schon wieder' (im Orig. russisch)?" Und sie konnte ihn ausrufen hören: „Wieviel Dramen! Langweilig! Ewig ein und dasselbe! (im Orig. russisch)"[25]

Dieses nächtliche Bekenntnis rollte ihren ganzen Kampf wieder auf, der nun in sein fünftes Jahr ging. Beide Partner erpreßten einander weiterhin zur Unterwerfung, gleichzeitig aber genossen sie es, daß der andere sich weigerte, nachzugeben. Rosa Luxemburg wünschte sich, ganz mit Jogiches zu verschmelzen, eins mit ihm zu werden, und eben das war es, was er am meisten fürchtete. Um ihren Ansätzen vorzubeugen, verhielt er sich gleichgültig oder ausfallend. Um ihre Unsicherheit zu sublimieren, mußte Rosa Luxemburg ständig erobern und kapitulieren; Jogiches mußte, um seine zu verdecken, Überlegenheit beweisen. Sie war im Hinblick auf körperliche Liebe auf ihn angewiesen und gab das laut und deutlich zu; er ließ sich von sexueller Intimität nicht beeinflussen, und das sagte er ihr auch. Indem er sie erniedrigte, erhöhte er sich selbst. In der Öffentlichkeit hatte sie einen Namen, er nicht. Als Ausgleich für diesen Unterschied mußte er dafür sorgen, daß er privat der Herr war.

Wenn Rosa Luxemburg den Verdacht hatte, und sie hatte ihn, daß Jogiches sie nicht liebte, daß nur der Anstand ihn hinderte, sie zu verlassen, warum hat sie dann das Verhältnis nicht beendet? Jogiches wollte sie nicht gehen lassen. Er hat sie auf seine eigene Weise tatsächlich geliebt. Was noch wichtiger war, er hätte ohne sie, ohne festen Halt und ohne Freunde, nicht leben können. Sie liebte ihn leidenschaftlich und war bereit, sich mit Krümeln zu bescheiden.

Mitte der 1890er Jahre war die Wippe aufgebaut, auf der Luxemburg und Jogiches für die nächsten zehn Jahre zusammen sitzen sollten. Die Wechselbeziehung zwischen Intimität und Arbeit begann auf Rosa zu lasten. Wenn sie sagte: „Ich bin mir sicher, daß auch Du mich lieber da haben willst, nachdem ich all das gemacht habe", stellte sie nur die schlichte Wahrheit fest.[26] Wenn sie einen Fehler machte, schimpfte sie mit sich selbst und bat um Verzeihung – „wenn Du vergeben kannst" –, und dann fand sie, daß sie keine Zärtlichkeit „verdiente". Die Anspannung machte sich bemerkbar. Rosa klagte über Kopfschmerzen, nervöse Magenbeschwerden, Erschöpfung und heftige Menstruationsschmerzen. Sie sei nicht so kräftig und gesund, wie sie gedacht habe, teilte sie ihm mit. Ihr war übel, ihr Kopf war zum Zerspringen im stinkenden, lärmenden Paris, und sie machte, so ließ sie ihn wissen, nur weiter wegen der Aussicht, in seinen Armen auszuruhen. Aber Leo ließ sich nicht gern die Rolle des Sklaventreibers zuweisen oder von ihren Wehwehchen erzählen, die sie mit einem gewissen Genuß immer wieder vorbrachte. „Aber keine Angst", tröstete sie ihn nach einer Aufzählung ihrer Beschwerden, „ich werde trotzdem arbeiten."[27] Wenn sie statt des erwarteten Lobes einen Tadel bekam, statt eines lieben Wortes eine Ermahnung, dann brach es aus ihr hervor: „Die beste Maschine kann nicht so schnell produzieren, wie man von mir Artikel verlangt. Ich kann nicht, und basta, ich bin nicht gesund, und selbst der gesündeste Mensch ist nicht imstande, so viel Tinte zu verspritzen. Nimm wen Du willst – keiner wird meine Rolle übernehmen."[28] Dann wieder sagte sie ihm, daß sie in der politischen Arena alles doch nur seinetwegen und für ihn täte. So schwankte sie hin und her, einmal kämpfte sie mit Jogiches um die Gleichberechtigung in der Partei, ein andermal wollte sie die ihr erwachsene Verantwortung für die Sicherheit seiner Umarmung opfern. „Ach, mein teuerstes Herzblatt, ich möchte so schnell wie möglich nicht mehr ‚erwachsen' und ‚verantwortlich' sein . . . (ich möchte) zu Dir zurückkehren, in Deine Arme, damit ich mich um nichts mehr zu sorgen brauche."[29] In solchen Augenblicken waren die beiden Rollen Jogiches' als Geliebter und Mentor nicht voneinander zu trennen. Der Geliebte belohnte das reibungslose Ausführen von Anweisungen und der Mentor bestrafte Ungehorsam.

Ganz allmählich lernte Rosa Luxemburg, allein zurechtzukommen, nicht selten auf Kosten von Jogiches' Stolz. „Den Aufruf schicke ich zurück. Er ist wunderschön geschrieben, was Form und Feuer angeht. Er hat nur den Nachteil . . ." ein Messerstich, und sie bohrte ihn tiefer: „. . . daß er nichts über die beiden wichtigsten Punkte sagt: den Nutzen des Achtstundentages und unsere gemeinsame Grundlage mit den Deutschen."[30] Der Aufruf ist leicht zu korrigieren, versicherte sie ihm gelassen. Sie wollte ihm zu verstehen geben, daß sie seinen Fehler bemerkt hatte, daß sie ihn aber bewußt herunterspielte. Zu einem kurzen Text, den Jogiches auf Russisch geschrieben hatte, merkte sie an: „Man könnte meinen, daß Übersetzen einfach und schnell getan ist. Doch leider habe ich bis 12 Uhr nachts gesessen . . . Es ist, glaube ich, etwas sehr Starkes und sehr Schönes herausgekommen."[31] Sie ließ ihn wissen, daß sie seine Texte bearbeitete wie er ihre; wenn sein Artikel gut war, dann weil sie ihn gut gemacht hatte. Wachsende Toleranz oder gegenseitige Zugeständnisse gab es nicht; statt dessen waren es das ständige Auf und Ab, das Spiele spielen, sogar die Streitereien, die ihre Bindung festigten.

Im Jahre 1896 wurde die Polnische Sozialdemokratische Partei durch eine Verhaftungswelle in Polen zerschlagen, die *Sache der Arbeiter* wurde eingestellt. Jogiches verlor die wenigen Mitkämpfer, die die Zeitung unter seinem Kommando geschrieben, gedruckt, nach Polen geschmuggelt und dort verteilt hatten. Die *Sozial-Demokratische Bibliothek* wurde ebenfalls geschlossen und ließ ihn als einsamen Besitzer einer russischen Druckerpresse zurück. Rosa Luxemburg arbeitete schwer am Abschluß ihrer Dissertation. Während sie erregt und emsig beschäftigt war, wurde Jogiches immer verbitterter. Ihm mag der Gedanke gekommen sein, daß sie auch allein zurechtkäme, daß sein Geschöpf ihm aus den Fingern schlüpfen könnte. Sie drängte ihn, sich zusammenzureißen und seinen Abschluß zu machen, ohne Erfolg. Im Wintersemester 1893/94 belegte sie sieben Kurse, er vier; im Wintersemester 1895/96 hatte sie drei, er einen. Zweifellos beanspruchte die polnische Zeitung viel von seiner Zeit, aber noch mehr beanspruchte sie Rosas Zeit.

Der Tiefpunkt für Jogiches kam im Jahre 1897. Rosa Luxemburg erhielt am 1. Mai ihren Doktorgrad in Jura und politischer Wissenschaft *magna cum laude**. Ein hochachtbarer Verlag, Duncker und Humblot in Leipzig, nahm ihre Doktorarbeit, „Die industrielle Entwicklung Polens", zur Veröffentlichung an; ihr Artikel „Schritt für Schritt", eine Abhandlung über das polnische Bürgertum, wurde vom führenden deutschen SPD-Blatt *Die Neue Zeit* gedruckt und erhielt beträchtlichen kritischen Zuspruch. Für Jogiches sah die Zukunft düster aus. Nie war die Diskrepanz zwischen seinen jugendlichen Hoffnungen und den Enttäuschungen des Erwachsenen krasser.

Rosa Luxemburg versuchte, ihn aufzurichten, aber ihre Bemühungen gingen manchmal weit daneben. „Ich habe einen Spiegel gekauft . . . in schönem Holz und mit sehr gutem Glas", berichtete sie, „ausschließ-

* Bis 1903 wurden männliche Studenten der Rechte und politischen Wissenschaften im Studentenregister als „Juristen", weibliche Studenten als „Studentinnen der politischen Wissenschaft" geführt. Verena Stadler-Labhart, Rosa Luxemburg an der Universität Zürich (Zürich: Hans Rohr-Verlag, 1978), 47.

lich deswegen, weil Du immer mit Deinem Gesicht beschäftigt bist und mit der Nase am Spiegel stehst."[32] Jogiches war stets tadellos gekleidet und trug einen eleganten Stock oder Schirm (eins seiner zahllosen Pseudonyme war Parasol), er hatte kaum Ähnlichkeit mit einem asketischen Revolutionär; aber das war das letzte, was er zu hören wünschte. Luxuskleidung war vielleicht ein Ersatz für den Erfolg, der sich ihm versagte. Die Kombination von Ehrgeiz und Angst, programmatischer Selbstverleugnung und Sichgehenlassen machte ihn permanent unzufrieden mit sich selbst und mit Rosa Luxemburg. Seine Eitelkeit litt mit jedem ihrer politischen Mißerfolge; sie litt aber ebenso mit jedem ihrer Erfolge. Beides führte ihm seine eigene Unzulänglichkeit vor Augen. Ihre gemeinsame politische Plattform verwandelte sich in Rosa Luxemburgs Sprungbrett. Mehr noch, ihre gemeinsame Arbeit wurde in der Öffentlichkeit ihr allein zugeschrieben; nur der allerengste Kreis nahm Jogiches' Anteil daran wahr, und die Anerkennung, die ihm von anderen zuteil wurde, beschränkte sich auf seine organisatorische Arbeit. Seine enge Mitarbeit an Rosas Publikationen blieb verborgen.

Im April 1897 erkrankte Rosas Mutter an Magenkrebs. Wie es oft ist in der Not, machte Lina Luksenburgs Krankheit die Einstellungen zur Familie deutlicher sichtbar. Aus der umfangreichen Korrespondenz mit ihren Angehörigen behielt Rosa Luxemburg zwei Serien von Briefen, die in den Jahren 1897 bis 1901 geschrieben wurden – Briefe, die dem Tode ihrer Mutter vorausgingen und folgten, und Briefe ihres Vaters bis zu seinem Tode.* Sie bewahrte die Briefe in einer Schachtel auf, und Jahre nach dem Tod der Eltern schrieb die Fünfunddreißigjährige, von Schuldgefühlen geplagt, an Leo Jogiches: „Gestern abend habe ich durch einen merkwürdigen Zufall die Schachtel mit den letzten Briefen ... herausgenommen, sie alle durchgelesen, geheult bis ich dicke Augen hatte und mich mit dem großen Wunsch schlafen gelegt, nicht mehr aufzuwachen. ‚Insbesondere' (im Orig. deutsch) hatte ich auch einen Haß auf diese ganze ‚Politik', deretwegen ... ich wochenlang die Briefe von Vater und Mutter nicht beantwortet habe, nie hatte ich Zeit für sie."[33]

Anna, Rosas ältere Schwester, schrieb peinlich genaue Berichte über Mamas Zustand – ja, so peinlich genau, daß ihre zwiespältigen

* Die Briefe sind im Anhang erstmals in deutscher Sprache veröffentlicht.

Gefühle, wenn nicht gar Eifersucht durchklingen. Rosa war eindeutig Mamas Augapfel. „Rózia würde sicherlich so und so handeln, wenn ich das von ihr forderte ... sie weiß ihre Eltern zu schätzen, alles würde sie mit Vergnügen für uns tun", zitierte Anna ihre Mutter.[34] Aber es war Anna, die Mama pflegte, die monatelang nicht von ihrem Bettrand wich, während Rosa die einzige Postkarte unbeantwortet ließ, die zu schreiben ihre Mutter die Kraft hatte; Anna war es, die, nachdem sie fünfzehn Jahre lang darauf gewartet hatte, ein eigenes Zimmer zu bekommen, zuließ, daß ihre Mutter es für 10 Rubel untervermietete – den monatlichen Zuschußbetrag, der an Rosa geschickt wurde –, und Anna war es, die ihr Büchereiabonnement aufgab, um Rosa in Mamas Namen ein bißchen mehr Geld zu schicken.

Im Mai 1897 traf Rosas Brief ein, der verkündete, daß sie ihren Doktor gemacht hatte. „Mama lachte und weinte abwechselnd, sie will den Brief nicht aus der Hand geben, möchte, daß die ganze Welt weiß, welche Freude und welcher Stolz sie erfüllt ... Jeden Tag findet die gleiche Verhandlung statt, soll Dein Brief im Hause bleiben oder zusammen mit Tatko (Papa) in der Manteltasche hinauswandern. Wenn noch jemand kommt, muß man ja etwas vorzeigen ... und da muß Tatko ihn ‚gerade jetzt' wieder einem Bekannten in der Stadt vorlesen."[35]

Lina Luksenburg, die Sinne durch Schmerz und Morphium getrübt, rief nach Rosa, Rosa solle kommen, „so daß ich", schrieb Anna an Rosa, „um sie zu beruhigen, öfter versprechen mußte, daß Du hierher kommst." Es folgten Schilderungen, daß die Kranke wie unter einem Zwang nach Zürich fahren wollte, Schilderungen ihrer Halluzinationen: sie beschuldigte die Familie, sie hintertriebe mit List und Tücke Rosas Bemühungen, sie zu besuchen. Dann wurde sie ruhiger – ein „tiefer Glaube" gab ihr Kraft, wie Anna betonte – und verbrachte die meiste Zeit betend. Wenn sie nicht betete, beschäftigten sich ihre Gedanken mit Rosa und wie man ihr die Einsamkeit erleichtern könnte. Ach, könnte sie ihr doch ihre Liebe schicken, sagte sie zu Anna, dann würde sie sich besser fühlen; weil das nicht ging, mußte das feine Linnen genügen, das sie für Rosa gekauft hatte und in ihrer Kommode aufbewahrte. Zwischen Brechanfällen äußerte Frau Luksenburg die Bitte, Anna solle Rosas Lieblingskuchen backen und ihr die Sendung schicken. „Mama berechnete noch im größten Leiden das Datum der Festtage und rechnete aus, wann sie abzuschicken war, damit sie Dich auch rechtzeitig erreichte." Zum traditionellen Neujahrsfest verlangte Mama, daß Anna alles richtig zubereitete, „damit Tatko zu Hause spürte, daß Feiertage sind."[36]

Lina Luksenburg starb in der Nacht des 30. September 1897. „Mama behielt das Bewußtsein bis zum letzten Augenblick", berichtete Anna, „sie wußte genau, was geschehen wird und wartete darauf voller Ergebung und Ruhe, oft sah ich sie beten . . . und die letzten beiden Tage war sie offensichtlich in Gedanken ständig bei Dir, denn sie sprach immer wieder Deinen Namen. Am letzten Tag fragte sie: ‚Warum kommt Rózia nicht zu mir herein?' und als ich sie daran erinnerte, wo Du bist, wiederholte sie nur: ‚Rózia! Rózia!' und so ging es bis zum letzten Atemzug."[37]

Die verschlungenen Pfade, auf denen die Nachricht vom Tode der Mutter Rosa erreichte, sind ein Spiegelbild ihrer Beziehungen zur Familie. Sie und Leo verbrachten im Oktober Arbeitsferien in dem Alpendorf Weggis. Ihre Züricher Freundin Olympia Lübeck fragte unter irgendeinem Vorwand an, ob sie ihr einen kurzen Besuch machen könnte. In dem Bestreben, Rosa vor dem Schock zu bewahren, hatten ihre Angehörigen große Mühen auf sich genommen, um Frau Lübeck aufzuspüren und mit der Aufgabe zu betrauen, ihr die traurige Nachricht schonend beizubringen. „Hast Du dort eine nahestehende Freundin?" sorgte sich ihr Vater.[38] „Ich dachte, daß die Lübeck wenigstens eine Woche bei Dir bleibt", grämte sich Anna.[39] Tatsächlich ist Olympia Lübeck überhaupt nicht nach Weggis gefahren. Acht Jahre später warf Rosa Luxemburg Jogiches vor, „daß ich auf Dein Zureden die Lübeck damals nicht nach Weggis kommen lassen wollte, damit sie mich nicht störte, ‚den epochemachenden Artikel' (im Orig. deutsch) abzuschließen, und sie war unterwegs zu mir – mit der Nachricht vom Tod meiner Mutter!"[40]

Rosas Qual war mit dem Tod der Mutter nicht zu Ende. Mama wäre friedlicher gestorben, dachte sie, wenn sie gewußt hätte, daß Rosa, anders als Anna, einen Mann gefunden hatte, den sie liebte und der sie liebte. In tief verzweifelten Briefen an ihre Angehörigen beschrieb sie nun ihre Verlassenheit, und damit gab sie ihnen das jämmerliche Gefühl, daß sie Rosa im Stich gelassen hätten, als sie sie am nötigsten brauchte. Anna war bereit, zu packen und zu ihrer Schwester zu fahren. „Und jetzt erst sehe ich, wie das grausam ist, Dich allein zu lassen", schrieb sie nach dem Begräbnis. „Nein! länger lasse ich Dich nicht so zurück, einsam und verlassen ... Mein Gott, kann ich jemals dieses Unrecht wiedergutmachen ... Es ist ein furchtbarer Gedanke, daß Du ganz allein in Deinem Zimmer sitzt, Dich schlafen legst, morgens aufstehst und niemanden hast, mit dem Du über das sprechen kannst, was Dich erfüllt."[41] Sogleich machten sie Pläne: Elias Luksenburg oder Anna oder auch beide könnten zu Rosa ziehen. Postwendend antwortete Rosa, sie sei dabei, die Schweiz zu verlassen. Wie unter Zwang schrieb sie und schrieb, sie schrieb zwei bis drei Briefe täglich und vertiefte damit den Kummer, das Schuldgefühl und die Bewunderung ihrer Familie. Sie wolle nicht mehr leben, schrieb Rosa, jetzt, da Mama nicht mehr da sei, gäbe es für sie keinen Grund weiterzumachen. „Gott behüte", schrieb ihr Vater, seine zittrige Handschrift zeigte, wie aufgeregt er war, „wenn Du krank wirst, würdest Du mich damit töten."[42] Anna reagierte nicht weniger heftig: „Wie kannst Du sagen, daß Du nichts hast, wofür Du leben kannst? ... Mama hat immer wieder gesagt, daß erst Du unser ganzes Geschlecht erhebst, vergiß also Mamas Worte nicht."[43]

Rosas Emanzipation, vom *doctor juris publici et rerum cameralium* feierlich bestätigt, und der Tod ihrer Mutter, mit dem *Kaddisch* betrauert – das besagt mehr als zutage liegende Unterschiede der Kulturen. In Rosa prallten zwei Welten aufeinander: die Welt ihrer Vorfahren, vor der sie weglief, und die neue Welt, um deren Anerkennung sie sich eifrig mühte. Wollte sie in dieser neuen Welt bestehen, mußte sie sich von der früheren lösen. Aber so leicht war das Band nicht zu durchtrennen. Die Briefe von zu Hause beschrieben die Trauerriten – wie die Familie *Schiwah*, die siebentägige Totenwache hielt; wie ihre Brüder Tag für Tag in der *schul* das jüdische Totengebet intonierten; und wie sie am *Schloischim*, dem offiziellen Ende der Trauerzeit, auf dem jüdischen Friedhof *Kaddisch* sangen, „natürlich auch in Deinem Namen". Mamas Tod und die mosaischen Glaubensriten, die ihm folgten, drängten Rosa die Welt auf, die sie vergessen wollte.

Die letzten Worte der Mutter, die Rosa an ihr Bett riefen, erfüllten sie mit Reue. Sie führte ein Leben der Lügen, um Jogiches zu gefallen, irgendwie aber gelang es ihr nie, ihn zufriedenzustellen. Dennoch, sie verlor nicht den Mut. „Überhaupt wird das ganze régime geändert", lautete der Refrain. „Wir werden *regelmäßig* und *rechtzeitig* schlafen gehen und aufstehen, wir werden uns hübsch kleiden, unser Zimmer wird vornehm sein, mit vielen eigenen Sachen ..."[44] Der beharrliche Glaube, Disziplin werde Harmonie schaffen, in einem mit Kleidern und

Möbeln angefüllten Zuhause werde sich die Vollkommenheit ihrer Beziehung einstellen, hielt Rosa aufrecht. Wenn sie Verstimmungen vermeiden konnte, wenn Ordnung das Chaos und Schönes den Plunder ersetzte, dann würde das Leben ideal. Manchmal schimpfte sie zwar mit sich selbst, aber sie glaubte tatsächlich, daß der Schlüssel zu ihrem Glück in Jogiches' Händen läge. „(*Du* bist alles schuld, denn, sieh mal, wenn ich allein bin, dann lebe ich regelmäßig, und in der Wohnung ist es blitzblank, und ich denke auch an Dekoration, denn ich gehe nicht ewig wie verrückt und lustlos herum wegen der Aufregung durch Dich.) Sei lieb, und ich werde mich unbedingt bemühen, es bei uns so ordentlich wie möglich zu machen. Nur, sei lieb und *liebe* mich, dann wird alles gut sein."[45]

Wahrscheinlich auf Anraten von Alexander Parvus-Helphand, einem vertrauten und respektierten Freund, erwogen Rosa und Leo im Jahre 1896 erstmals den Gedanken, daß Rosa Luxemburg nach Deutschland gehen könnte. Zu der Zeit war Helphand Mitherausgeber einer der besten Tageszeitungen der SPD, der *Sächsischen Arbeiterzeitung*. Daß ein russischer Jude in der Sozialdemokratischen Partei Deutschlands eine solche Position erlangt hatte, sprach für eine aufgeschlossene Haltung gegenüber Ausländern. Rosa Luxemburg mit einem Doktortitel, mit der Referenz von mehr als fünfzig Artikeln und einem unter Sozialisten nicht unbekannten Namen konnte zuversichtlich einem neuen Anfang entgegensehen.

Immerhin, der Entschluß zu gehen fiel nicht leicht. „Mein Erfolg und mein öffentliches Auftreten können auf die Dauer *unser Verhältnis* immer mehr *vergiften* – stolz und argwöhnisch wie Du bist. Infolgedessen stellt sich mir die Reise nach Deutschland immer fragwürdiger dar. Komme ich nach reiflicher Überlegung zum Schluß, daß ich die Alternative vor mir habe, mich aus der Bewegung zurückzuziehen und in Harmonie mit Dir irgendwo in einem Nest zu leben, oder mich voll dem politischen Leben zu widmen und mit Dir im Zwiespalt zu sein – dann wähle ich das erste."[46] Da Rosa Luxemburg fest in der Bewegung stand und gleichzeitig entschlossen war, mit Jogiches glücklich zu werden, entschied sie sich für beides. War der Gedanke für sie auch noch so kränkend – das Gelingen ihrer Verbindung mit Jogiches hing mehr von ihrem politischen Erfolg ab als von ihrer Liebe. Da war es wieder, das trostlose Gefühl – wie in Warschau forderte ihr Herz Zuneigung und Aufmerksamkeit.

Vielleicht war Deutschland ihre Chance? Vielleicht war noch Zeit, ein neues Leben zu beginnen? Rosa Luxemburg fühlte sich unauflöslich an Jogiches gebunden; sie würde nach Deutschland gehen, nicht nur um die Menschheit zu befreien, sondern um ihre Liebe zu retten.

Jogiches wiederum sehnte sich nach mehr politischem Einfluß, und sein scharfer politischer Verstand sagte ihm, daß die deutsche Sozialdemokratische Partei ihm das Forum dafür bieten könnte. Zugang würde er sich durch Rosa Luxemburg verschaffen, die er in den letzten Jahren ausgebildet hatte. Die Artikel, die sie zusammen konzipiert und ausgefeilt hatten, die Kontakte, die Rosa unter seinem wachsamen Blick knüpfte, der Name, den sie sich mit seiner Hilfe erworben hatte, das alles erhöhte ihre Chancen. Ihr Kopf, glaubte er, war so überragend wie ihre Feder, und beides wäre in Deutschland gut angelegt. Die Aussicht, in Zürich allein zu bleiben, war ihm nicht unwillkommen. Gebrochen vom Tod der eigenen Mutter in Wilna gestand er Rosa freimütig, daß er die Gegenwart einer Frau nicht ertrüge. Er könnte anziehen, was er wollte, keine Pflichtstunden in der Universität, keine frische Luft, kein Frühaufstehen; er könnte nach Belieben Anweisungen nach Berlin schicken wie einst nach Paris, er könnte hinter den Kulissen die Fäden ziehen. Vielleicht hatte er gedacht, daß ihre Beziehung von der Trennung profitieren würde, denn, wie Rosa Luxemburg lakonisch feststellte, „wenn es zu tun gibt, sind persönliche Angelegenheiten eo ipso in Ordnung.“[47]

Wie ein Kommandeur, der den Einmarsch in fremdes Territorium plant, entwarf Jogiches die Strategie für die Operation Deutschland bis hinunter ins kleinste Detail. Die Leute, mit denen Rosa Luxemburg Verbindung aufnehmen würde, die Themen, die zu diskutieren waren, die anzuwendenden Taktiken wurden sorgfältig geprüft. Auf der Liste standen Treffen mit August Bebel, der überragenden Figur der SPD; mit Karl Kautsky, dem Chefredakteur der *Neuen Zeit*, die Rosas Artikel brachte; und mit Genossen, denen das Territorium vertraut war. Rosa Luxemburg sollte Jogiches über jeden ihrer Schritte detailliert berichten und ihn konsultieren, ehe sie den nächsten unternahm. Er bereitete sie gründlich vor, wobei er auch mögliche Rückschläge und Komplikationen mit bedachte. Falls sich unerwartete Entwicklungen ergeben sollten, hatte sie auf neue Instruktionen von ihm zu warten. Wie früher die *Sache der Arbeiter*, wurde jetzt die Operation Deutschland von Jogiches finanziert, der ein detailliertes Budget ausarbeitete. Es sah 30 Mark für Miete vor mit der Klausel, daß Rosa sich ein ihrem Status entsprechendes Zimmer zu suchen hatte und nicht „irgendeins" nahm. Ihre Korrespondenz war in „persönliche" und „politische" zu trennen – ganz gewiß Leos Idee. Er wünschte nicht, daß sie seine Anweisungen übersprang, um „gierig nach ein paar persönlichen Worten zu suchen", oder daß er sich aus seitenlangen Gefühlsergüssen Informationen von Bedeutung herausfischen müßte.

Als russische Staatsbürgerin lief Rosa Luxemburg Gefahr, aus politischen Gründen ausgewiesen zu werden; es war deshalb von entscheidender Bedeutung, daß sie die deutsche Staatsangehörigkeit erlangte. Wer den Vorschlag machte, sie solle Olympia Lübecks Sohn Gustav heiraten, ist ungewiß, aber da Jogiches das ganze Unternehmen organisierte, kam der Vorschlag wahrscheinlich von ihm. Rosa wandte sich an Frau Lübeck – leicht verlegen, darf man wohl vermuten, denn Gustav war kein Freund oder Genosse, sondern ein knurriger Fremder. So einfach es damals erschien, es sollte fünf Jahre und eine Menge unerfreulicher juristischer Auseinandersetzungen erfordern, um die Ehe zu lösen, damit dem glücklosen Bräutigam seine Freiheit wiedergegeben werden konnte.

Die Hochzeit fand am 19. April 1898 in Basel statt. Das ordnungsgemäß getraute Paar – Rosalia geborene Luxemburg, achtundzwanzig Jahre alt, und Gustav Lübeck, Mechaniker, fünfundzwanzig – gab als Residenz Leo Jogiches' Adresse in Zürich an. Auf der Heiratsurkunde war aus unbekannten Gründen als Geburtsdatum Rosa Luxemburgs der 25. Dezember 1870 (statt des 5. März 1870) eingetragen, so wie auf einer Erklärung, die ihr Vater und zwei Zeugen vor einem Notar in Warschau unterzeichnet hatten.* Die Neuvermählten trennten sich nach der Zeremonie und damit war die Ehe, abgesehen von der rechtsgültigen Urkunde, auch schon beendet. Ein paar Tage später reichte Rosa Lu-

* In einem Brief an ihre holländische Freundin Henriette Roland Holst schrieb Rosa Luxemburg am 30. Januar 1907: „Ich danke Dir . . . herzlich: für Deine Geburtstagskarte, über die ich gelacht habe. Mein ‚offizielles' Geburtsdatum ist nämlich falsch . . . Ich habe doch als anständiger Mensch keinen echten Geburtsschein, sondern einen ‚angeeigneten' und ‚korrigierten'." Henriette Roland Holst-van der Schalk, *Rosa Luxemburg, Ihr Leben und Wirken* (Zürich: Jean Christophe-Verlag, 1937), 220.

Paul Levi

Rosa Luxemburg hatte teil am Aufstieg Levis; Lenin betrieb seinen Sturz

Rosa Luxemburg mit Paul Levi 1914 in Berlin

1920 in Moskau – vorn rechts Paul Levi, im Hintergrund Lenin, Bucharin und Sinowjew im Gespräch

Karikatur zum Prozeß gegen Rosa Luxemburg wegen Aufrufs zum Widerstand gegen den Krieg – vertauschte Rollen: Luxemburg als Richterin, der Militarismus als Angeklagter, Reihen uniformierter Skelette auf den Zeugenbänken (Februar 1914)

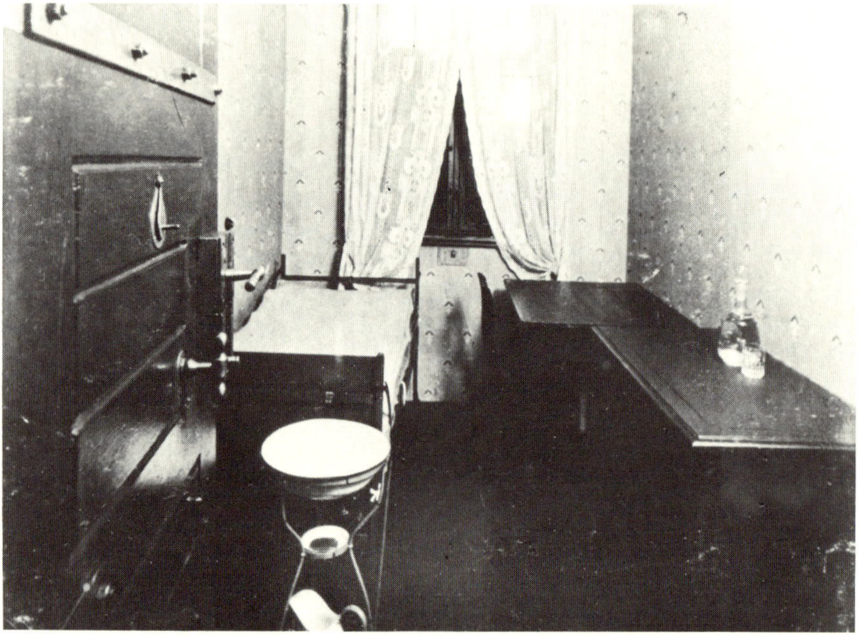
Rosa Luxemburgs Zelle in der Festung Wronke, 1916–1917

Leo Jogiches während des Ersten Weltkriegs

Die Lichtensteinbrücke über den Landwehrkanal – hier warfen Rosa Luxemburgs Mörder ihre Leiche in der Nacht des 15. Januar 1919 ins Wasser.

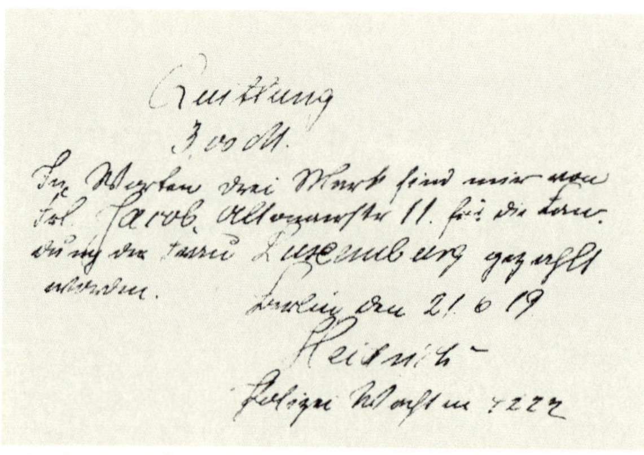

Quittung
3,00 M.
Zu Worten drei Mark sind mir von
Frl. Jacob, Altonaerstr. 11. für die [illegible]
[illegible] der Frau Luxemburg gezahlt
worden.
Berlin den 21.6.19
[illegible]
Polizei Wachtm. 1222

Quittung über drei Mark, die Mathilde Jacob für den Leichnam Rosa Luxemburgs zu zahlen hatte.

Die Mörder Rosa Luxemburgs feiern noch am gleichen Abend ihre Mordtat im Hotel Eden. In der Mitte am Tische der Jäger Runge. Während seines Strafverfahrens mußte ihn der vorsitzende Richter ermahnen: „Angeklagter Runge, Sie müssen sich ordentlich betragen. Das ist keine Angelegenheit zum Lachen."

Rosa Luxemburgs Begräbnis am 13. Juni 1919. Unter ihrem Foto die abschließenden Worte ihres letzten Artikels, „Die Ordnung herrscht in Berlin“. Die Revolution, schreibt sie dort, werde sich „morgen rasselnd in die Höh’ richten und ... mit Posaunenklang verkünden: Ich war, ich bin, ich werde sein!“

xemburg beim Standesamt ein Gesuch ein, die Berufsbezeichnung Mechaniker für ihren Ehemann in Kaufmann abzuändern. Möglicherweise ist dem stets wachsamen Jogiches eingefallen, daß die Ehe zwischen einer Doktorin der Rechte und einem Arbeiter den deutschen Behörden verdächtig vorkommen könnte. Das Gesuch wurde abgelehnt.

Am 12. Mai 1898 verließ Frau Dr. Rosalia Lübeck Zürich.

Deutschland

7 Die deutschen Eroberungen

1898–1900

DER ZERBROCHENE KRUG von Jean Baptiste Greuze, dem französischen Maler des achtzehnten Jahrhunderts, schmückte eine Postkarte, die Rosa Luxemburg während der Fahrt nach Deutschland an Jogiches schrieb. Wenn das Bild eine Botschaft sein sollte, kam diese bei Jogiches nicht an; er hatte für Symbolik nichts übrig. Ein Brief aus Berlin vom 17. Mai 1898, einen Tag nach ihrer Ankunft, wurde deutlicher: „Trotz all dem, was Du mir vor meiner Abreise gesagt hast, fahre ich nach alter Weise meine Ansprüche auf persönliche Annehmlichkeiten auf. Es stimmt, ich habe verdammte Lust, glücklich zu sein und bin bereit, tagtäglich mit dem Starrsinn eines Tauben um mein ‚Portiönchen Glück' (im Orig. deutsch) zu feilschen." Da saß sie in der großen, fremden Stadt in einer vorläufigen Bleibe des Nachts zwischen ihren Koffern und ließ den Gedanken freien Lauf, die sie seit langem quälten. Sie habe ein Gefühl, schrieb sie, „ähnlich wie es wohl Frauen von vierzig empfinden, die die Symptome eines körperlich-geschlechtlichen Lebens verlieren." Sie fühlte sich ihrer Fraulichkeit beraubt und schrieb das der Weigerung, nicht der Unfähigkeit Jogiches' zu, ein „normales" Leben zu führen und ihre emotionalen Bedürfnisse zu befriedigen. „Mir ist klar geworden", schrieb sie, „daß ich nichts Gutes aufgegeben habe, daß nichts besser gewesen wäre, selbst wenn wir zusammengelebt hätten, daß ich genauso ständig von einer Atmosphäre umgeben gewesen wäre, die ich vergeblich und unter Qualen zu verstehen versucht hätte, und von ständiger Disharmonie."[1]

Die ersten Tage in Berlin verbrachte Rosa Luxemburg damit, sich ein möbliertes Zimmer zu suchen, möglichst mit Verpflegung. Als sie sich fünfundsiebzig Zimmer in verschiedenen Stadtteilen angesehen hatte, pedantisch und wählerisch, wie Jogiches ihr aufgetragen hatte, meldete sie ihm, Zimmer innerhalb ihres 30-Mark-Limits, die es im „Proletarier"-Viertel gäbe, lägen unter seinem und ihrem Standard, während sie in besseren Gegenden zu teuer seien. Schließlich fand sie ein Zimmer in der Cuxhavenstraße 2, „direkt am Tiergarten, im aristokratischen Teil . . ." Es hatte allerdings einen Haken: „Ich habe fast Angst, es Dir zu schreiben – 33 Mark! Glaub mir, daß ich es nicht genommen hätte, hätte auch nur die *kleinste* Möglichkeit bestanden, ein anderes zu nehmen . . . Ich bin sicher, daß Du selbst das gewählt hättest, das ich gewählt habe, und das beruhigt mich . . . 3 Mark über unser Budget . . . Dafür werde ich jeden Pfennig zählen, wie ich es jetzt schon tue . . . Schreib mir doch gleich, ob Du mich nicht sehr tadelst für diese 3 M."[2] Sicher, Rosa Luxemburg wollte das deutsche Abenteuer nicht damit beginnen, daß sie Jogiches verärgerte, und er sollte ihr die drei Mark auch nicht als einen Akt der Insubordination auslegen.

Rosa Luxemburg zog wie ein bunter exotischer Vogel in die massive graue Stadt ein. Sie war gebildet, geistreich und elegant. Es gab viele gewandte Damen in der deutschen Metropole, aber nicht in der Sozialdemokratischen Partei. Sie näherte sich dieser Bastion mit Zurückhaltung und Scharfblick, in vollem Bewußtsein der Fallstricke. Sie war Jüdin, Polin, eine Frau und jung – kaum die Kombination, die Vertrauen erweckte. Sie arbeitete sich ihre eigene Schritt-für-Schritt-Strategie aus und folgte dabei ihrem gesunden Menschenverstand, auch wenn das hier und da bedeutete, Jogiches zuwiderzuhandeln. Sie wehrte seine ungestümen Fragen und unverhohlenen Zweifel an ihrer Leistung ab, führte aber auch seine Befehle aus wie das disziplinierte Parteimitglied, als das sie erscheinen wollte. In zwei Wochen hatte sie sich mit der Politik der deutschen Sozialdemokratischen Partei (SPD) vertraut gemacht, hatte ihre Publikationen studiert, Leuten zugehört, Informationen gesammelt. Sie kannte niemanden von Bedeutung in der Parteiführung; aber sie wußte, daß Wilhelm Liebknecht, der verehrte Führer der Partei, ihre Gegnerin unterstützte, die Polnische Sozialistische Partei (PPS). Eifrig kooperierte sie mit den mittleren Rängen der SPD – Funktionären, die sie unbedeutend und blind-ergeben fand, deren Unterstützung sie aber brauchte. Es war Wahljahr in Deutschland; die SPD kämpfte um Stimmen, und Rosa wollte für sie in den Wahlkampf ziehen und ihre Talente einsetzen. Anfang Juni wurde sie nach Oberschlesien geschickt – in den Teil Polens, den sich Preußen im achtzehnten Jahrhundert einverleibt hatte –, um dort bei den polnischen Arbeitern zu agitieren. Im Unterschied zu Jogiches oder ihren deutschen Genossen war sie noch nie Agitatorin gewesen. Sie stürzte sich kopfüber in die Aufgabe, ängstlich, aber entschlossen. Die Angst beruhte, wie sich herausstellte, auf Gegenseitigkeit, ebenso wie die Anziehungskraft. Die Arbeiter hatten noch nie ein Fräulein Doktor gesehen.

Jogiches in Zürich litt Geburtswehen – würde Rosa Luxemburg durchfallen oder siegen? Sie strapazierte seine Geduld mit endlosen Briefen, in denen sie ihre Beziehung sezierte, Tränen über Vergangenes vergoß, von der Zukunft phantasierte, ihn zum Kakaotrinken und Spazierengehen ermahnte und nach seiner Doktorarbeit fragte. Es war kein Trost für ihn, daß ihre Gedanken in Zürich waren, nicht in Berlin. Und es war bestimmt Pech, daß sie, als sie gerade so weit war, die Arbeit aufzunehmen, mit Magenkrämpfen ins Bett mußte. Doch es dauerte keine Woche, und er erhielt willkommenere Nachricht. „Du irrst Dich gewaltig, wenn Du meinst, daß das unbemerkt bliebe", versicherte sie ihm.[3] Nach zehn Tagen sprach sie Deutsch „wie Bismarck" und konnte Reden „nicht schlechter als Bebel" formulieren, nach vier Wochen schrieb sie: „Jetzt bin ich mir sicher, daß ich in einem halben Jahr zu den besten Parteirednern gehöre."[4] Jogiches spürte einen leicht gönnerhaften Ton heraus: Er habe gar keinen Grund zur Ungeduld, ließ sie ihn wissen, sein Ratschlag folge ihrer Tat auf dem Fuße. Er war zwar stolz auf ihre Fortschritte, aber auch verletzt bei jedem Zeichen ihrer Selbständigkeit, das er als Trotz deutete. Er erwartete von ihr nicht, daß sie eine Entscheidung träfe und ihm mitteilte: „Das mit Dir zu besprechen, habe ich keine Zeit."[5] Ihre Briefe wurden sachlicher, zu Berichten über das, was sie getan hatte und zu tun plante, die wenigen persönlichen Worte waren eilig eingestreut. Mit leiser Ironie schrieb sie: „Wie Du siehst, bin ich beim Geschäftlichen gelandet – ganz in Deiner Art, es ist sehr gut möglich, daß Du recht hast, daß ich in einem halben Jahr endlich Dein Ideal bin."[6]

Ihre Schlesientournee im Juni 1898, knapp drei Wochen nach ihrer Ankunft in Berlin, war ein Triumphzug. Er schenkte Rosa Luxemburg einen ersten Vorgeschmack der Macht; ihre ansteckende Leidenschaftlichkeit schlug die Massen in Bann. Die Nachricht von der Frau aus Polen verbreitete sich rasch. Die Vortragssäle und Behelfsunterkünfte flossen über von polnischen Arbeitern, die sich ebensosehr für Dr. Rosa Luxemburg interessierten (sie behielt ihren eigenen Namen bei) wie für ihre Reden. Auf den ersten Blick war sie unansehnlich, aber sie brauchte nur den Mund zu öffnen, und das Publikum war fasziniert. Ihre semitischen Züge waren mit dem Alter nicht verwischt worden; eher traten sie nun noch deutlicher hervor. Aber sie sprach Polnisch und sie sprach mit Verve und einer inneren Kraft, die die Bergleute im deutsch besetzten Polen stolz auf ihre verbotene Sprache machte. Sie konnten die Augen nicht abwenden von der kleinen Gestalt mit den sprühenden Augen und dem ausdrucksvollen Gesicht, die mit einer Stimme wie Glockenklang von der Ausbeutung, von ihren notleidenden Frauen und Kindern und von ihrer Pflicht, für Gerechtigkeit zu kämpfen, sprach. Sie bejubelten und beklatschten sie und überschütteten sie mit Blumen.

Rosa Luxemburgs Erfolg übertraf alle Erwartungen. Von Selbstvertrauen und Stolz erfüllt strömte ihr Herz über zu den Arbeitern und zu ihrem Mutterland. „Die hiesige Gegend: Roggenfelder, Wiesen, Wälder . . . die polnische Sprache und polnische Bauern . . . Kühe, die ein fünfjähriges barfüßiges Kind hütet und unsere Fichtenwälder!", schrieb sie an Jogiches. „Und unsere verelendeten, schmutzigen Bauern, aber welch schöne Rasse!"[7]

Jogiches blieb unbewegt. Tag und Nacht, während er über den Korrekturbögen von Rosa Luxemburgs Dissertation saß, dachte er über die letzten Entwicklungen nach. Die Korrekturen lieferten ihm den Vorwand, sein Studium zu unterbrechen, und eine Gelegenheit, Rosa Luxemburgs Arbeit zu verbessern, aber seine Bemühungen stellten sie nicht zufrieden. „Einige orthographische Fehler hast Du übersehen", rügte sie. „Deine Verbesserung . . . gefällt mir gar nicht, Du hast . . . nicht richtig verstanden, worum es geht . . ."[8] Die Schlesien-Tournee, fand Jogiches, sei zwar ein Erfolg für ihre persönliche Popularität, aber doch weit entfernt davon, Geschichte zu machen. Aufrufe und Flugblätter zu verteilen fände er sicher „erniedrigend", räumte sie ein, aber

„eine solche Arbeit bringt mir nur Ehre."[9] Rosa Luxemburg gehe nicht in die richtige Richtung, fürchtete er. „Du bist sicherlich sehr unzufrieden", gestand sie ihm zu, „ich, ganz im Gegenteil, bin voller bester Hoffnungen."[10] Sie erklärte ihm, sie beide kämen deshalb zu unterschiedlichen Einschätzungen, weil er einfach die Situation nicht kenne. Zwar entschuldigte sie sich weitschweifig, wenn sie eine selbständige Entscheidung traf, aber sie wußte, daß er ihre Entschuldigungen nicht ernst nehmen würde.

Jubelnde Massen, Bewunderung und Verehrung erfüllten Rosa Luxemburgs Bedürfnisse, wenigstens zeitweilig. „Du kannst Dir nicht vorstellen, wie gut mir meine bisherigen Auftritte auf Versammlungen getan haben", sagte sie Jogiches.[11] Auch ihre Angst, ein ungebetener Gast zu sein, flaute ab; und um akzeptiert oder als Frau bestätigt zu werden, war sie nun nicht mehr ausschließlich auf Jogiches angewiesen.

Jogiches' sexuelle Zurückhaltung und seine unaufhörliche Kritik an ihrem Aussehen und ihrem Geschmack hatten es fast geschafft, sie davon zu überzeugen, daß sie nicht sehr begehrenswert sei und daß es auch nicht darauf ankomme, begehrenswert zu sein. Sie lernte, mit Jogiches' Verdikt zu leben, aber sie nahm es niemals ganz hin und freute sich wie ein Kind, daß Männer sich zu ihr hingezogen fühlten. Der neue Ruhm verschönte sie – ihre tiefen, dunklen Augen glänzten, sie bewegte sich leichter, selbstbewußter. Modisch und sorgfältig gekleidet, mit einem großen Hut, der die Mißproportionen ihrer Figur ausglich, wirkte Rosa Luxemburg attraktiv, und mehr noch, interessant. „Übrigens mache ich hier einen sehr imponierenden Eindruck", versicherte sie Jogiches. „Die Warszawskis fanden mich in meinem schwarzen Kleid und neuen Hut ‚bezaubernd'."[12] Sie, die sich in Herkunft und Kultur, in Aussehen, Benehmen und Intellekt so auffällig unterschied von „dieser zoologischen Spezies", wie sie deutsche Frauen nannte, sie faszinierte die Deutschen.

Julius Bruhns und Bruno Schoenlank machten ihr in einer Weise den Hof, die sie noch nie kennengelernt hatte. Bruhns, Chefredakteur der in Breslau erscheinenden *Volkswacht*, war ehemaliger Reichstagsabgeordneter und namhafter Journalist. Er hatte sich fünf Jahre zuvor in Zürich in Rosa verliebt und stand seitdem unveränderlich in ihrem Bann. Er war mit einer Frau verheiratet, deren Bedürfnisse und Interessen mit seinen eigenen unvereinbar waren, und er war, wie er selbst sagte, „vor die Hunde gegangen". In Rosa Luxemburg hatte er die ideale

Frau und Gefährtin erkannt. Jetzt bettelte er um ihre Freundschaft, die sie ihm geschmeichelt versprach. Schoenlank, Chefredakteur der einflußreichen sozialdemokratischen *Leipziger Volkszeitung*, war prominenter Sozialist, ein guter Journalist, früher Mitherausgeber des *Vorwärts* und Reichstagsabgeordneter. Er war auf der Stelle von Rosa eingenommen und erklärte sich bereit, für sie zu tun, was er tun könnte. Er bat sie um Mitarbeit an der *Leipziger Volkszeitung* und bot an, eine Rezension ihres demnächst herauskommenden Buches zu schreiben. „Ich kann ihn benutzen, wozu ich nur will", schrieb Rosa Luxemburg an Jogiches und versicherte, sie hielte Schoenlank schon auf Distanz. Er könnte ihr keineswegs, wie Jogiches argwöhnte, „zu unpassender Zeit ins Zimmer fallen", da hatte sie vorgebaut: „Er darf nicht anders erscheinen als erst nach einer brieflichen Vorankündigung."[13] Bei ihrem Schriftwechsel mit Schoenlank gehe es ausschließlich um Philosophie und Wissenschaft, erfuhr Jogiches. Und weil sie das Vergnügen, das sie an ihrem Erfolg hatte, nicht für sich behalten konnte, schickte sie Jogiches Briefe von Bruhns und Schoenlank. Jogiches gab sie mit dem Vermerk „zu lang zum Lesen" zurück.[14]

Obwohl sie Jogiches gegenüber immer wieder betonte, wie sehr sie Berlin und „die Hunnen" haßte, brauchte Rosa Luxemburg doch nur einen Monat, um mit einer neuen, entschieden deutschen Bezeichnung für ihrer beider Glück aufzuwarten: Effizienz. Sie würde alle ihre Probleme lösen und das Leben wäre ein reines Vergnügen. Sie hätten Zeit und Kraft vergeudet, indem sie gereizt und ungeduldig miteinander umgegangen wären, schrieb sie an Jogiches. Effiziente Organisation der Arbeit würde sie von Streß und Spannungen befreien; sie hätten mehr Zeit für sich allein und das Gefühl, „mit der geringsten Anstrengung das größte Resultat zu erzielen", und so würden sie das Leben, die Arbeit und einander genießen. „Frisch, froh, frei", zitierte sie vergnügt einen beliebten deutschen Spruch.[15]

Jogiches arbeitete inzwischen weiter an den Druckfahnen ihres Buches, prüfte Daten, Zahlen, Statistiken, den gesamten Apparat, der ihre Arbeit stützte. Er verließ sein Zimmer nur selten und kam mit keinem Menschen zusammen; und obwohl ihm das nichts ausmachte, verdroß ihn die Rolle des Gehilfen, die ihm zugefallen war, das Leben zwischen Rosa Luxemburgs Druckfahnen und ihren Berichten voller Eigenlob. Daß sie sich die zweifelhaften Komplimente irgendwelcher deutscher Parteihengste anhörte und, noch schlimmer, ihn von den Vorzügen der deutschen Effizienz zu überzeugen suchte, war geradezu eine Beleidigung.

Jogiches, nach Anerkennung hungernd, erwartete von Rosa Luxemburg, daß sie seine schwere Arbeit überschwenglich lobte. Sie aber schrieb bloß, daß ihr Leben hektisch sei, daß sie in diesem oder jenem Bezirk „unersetzlich" wäre, daß sie wichtige Kontakte knüpfte. Am Schluß eines Briefes, den zu schreiben sie, wie sie sagte, kaum die Zeit gefunden hatte, las er dann ein munteres „Mein armes Herz schwitzt dort über der langweiligen Korrektur!"[16] Er war wütend, weil sie seine Arbeit nicht ernst nahm, und beleidigt wegen des herablassenden Tons. Er antwortete mit einer Schimpfepistel nach der anderen, und Rosa Luxemburg reagierte prompt. Sie bereute ihre Kritik – „ich muß Dir eingestehen, daß Deine letzten Änderungen mir sehr imponiert haben, und ich bitte Dich untertänigst um Entschuldigung" –, aber sie nutzte die Gelegenheit, wieder einmal das Leben mit ihm zu diskutieren.[17] Liebe, Heim, Familie, Freunde – alles, was das Leben lebenswert macht – seien Sünde für Leo, schrieb sie. Und Leben sei es, was sie ewig und schmerzlich vermisse. In Deutschland, dem konventionellen, ordnungsliebenden, hart arbeitenden Deutschland werde ihr Heißhunger auf „Leben" noch größer, und sie könne den Widerspruch ihrer Leidenschaft für einen Mann, der sie nicht befriedigen könne, noch weniger begreifen.

Bald nachdem Rosa nach Deutschland gegangen war, erfuhr Jogiches aus Berlin: „Ich bin sozusagen ein völlig anderer Mensch als in Zürich."[18] Tatsächlich wurde sie dort mit Konflikten konfrontiert, die die Schweiz in der Schärfe nicht kannte. Daß sie Jüdin war, hatte in Zürich keine Bedeutung, wohl aber in Berlin. Es konnte ihr nicht entgehen, daß ihr Äußeres eingehend gemustert wurde und daß ihr Gesicht sie identifizierte, noch ehe sie sich selbst vorstellen konnte. Sie befand sich in einer Lage, die polnischen Juden nicht fremd war: Sie repräsentierte eine Nation, die die Deutschen als minderwertig betrachteten, und eine Rasse, die deutsche Empfindlichkeiten berührte. Ihre anfängliche Identifizierung mit Polen bei der Schlesientournee bewahrte sie vor der jüdischen Identifikation und sie achtete darauf, daß es dabei blieb. Aber da gab es ein Thema, das sie nicht ignorieren konnte. „Man kann den polnischen Arbeitern keinen größeren Gefallen tun, als sie zu germanisieren", meinte Ignaz Auer, der SPD-Funktionär, der sie nach Schlesien schickte. „Aber man darf es den Leuten nicht sagen", meinte er.[19] Rosa

Luxemburg war nicht dieser Meinung und fragte sich, warum Auer zwischen „ihnen", den Polen, und ihr eine Trennungslinie zog. Weil sie Jüdin war? Als jedoch Karl Gerisch, ein altgedienter Parteiführer, sie fragte, warum sie nicht in Berlin bliebe, erklärte Auer dem „dicken bärtigen Juden", (Rosa im Brief an Jogiches), daß Rosa Luxemburg Polin sei und unter Polen arbeiten sollte. Ihre ungewisse Stellung als polnische Jüdin wurde je nach politischer Zweckmäßigkeit benutzt.

Ihr plötzlicher Erfolg war trügerisch; er verschleierte nur, wie ängstlich und verletzlich jeder normale jüdisch-polnische Emigrant war. Die Jahre, die Rosa Luxemburg mit Jogiches verbrachte, hatten ihre Ängste zum Verstummen gebracht. Der Übergang von der Luksenburg-Familie zu Jogiches stellte keine Anforderungen an ihr Selbstverständnis. Ihre Familie und Jogiches waren Juden, assimiliert, bürgerlich. Das Bewußtsein ihres Ursprungs vertiefte sich kaum in den Schweizer Jahren bis zum Tode ihrer Mutter 1897. Sechs Monate später wurde sie durch Heirat Deutsche. Auch wenn ihre Ehe eine Zweckehe war, komplizierte sie doch die Dinge. Rosa kam nach Deutschland, im Gepäck das Bündel jüdischer Familienbriefe, die Parteiinstruktion, sich als Polin einzuführen, und die Heiratsurkunde, die ihre russische Staatsbürgerschaft zur deutschen machte. Hätte sie ein starkes Zugehörigkeitsgefühl gehabt zu Juden, zu Polen, zu Jogiches –, dann hätte das alles vielleicht wenig bedeutet. Aber der Tod ihrer Mutter hatte die Bindung an die Familie weiter geschwächt, ihr Polentum war nie gesellschaftlich bestätigt worden, Jogiches verhielt sich ihr gegenüber ausweichend, und so, wie sie gesagt hatte, existierte sie „nirgendwo als Ich". Beharrlich hatte sie das den äußeren Umständen zugeschrieben – dem Fehlen von Heim, Familie, Dauerstellung, regelmäßigem Einkommen, geregeltem Leben. Der wahre Grund jedoch, daß ihr Selbst sich nicht herausbilden konnte, lag versteckt zwischen den lose verlegten Platten ihrer Existenz, von denen jede eine andere Nationalfarbe trug.

Der Antisemitismus, seit den 1880er Jahren in Deutschland auf dem Vormarsch, fehlte in Rosa Luxemburgs Briefen an Jogiches. Dennoch müssen ihr gewisse Fragen durch den Kopf gegangen sein. Wenn sie von Karl Gerisch als einem „dicken, bärtigen Juden" sprach, wie sprach man wohl von ihr? Wenn die deutschen Genossen vor ihr mit unverhohlener Verachtung von den Polen redeten, was hielten sie dann von ihr? Die SPD-Führung hegte keine antijüdischen Gefühle, und man konnte ein „jüdischer Sozialist", aber kein „sozialistischer Jude" sein.[20]

Rosa Luxemburgs Ambitionen reichten weit über die in Schlesien lebenden polnischen Arbeiter hinaus. Vor ihrem geistigen Auge sah sie sich in Versammlungen deutscher Arbeiter in Leipzig, Dresden und letztlich in Berlin reden. Von dort führte der Weg direkt zur Zweiten Internationale. Zwischen Deutschland, das sie abzulehnen hatte, und Polen, von dem sie selbst oft abgelehnt wurde, hing sie in der Luft, belastet mit dem Erbe, das sie nicht wollte, und sah die Verwirklichung ihrer Träume in der sozialistischen Brüderlichkeit.

Die tödliche Apathie, die in Berlin von ihr Besitz ergriff, beeinträchtigte nicht ihre politische Tätigkeit. Aber daß sie immer wieder betonte, wie tapfer und mutig sie sei, auch ihre häufigen Indispositionen – Migräneanfälle, Magenkrämpfe, Übelkeit, nervöse Erschöpfung –, das weist auf extreme Anspannung hin. Sie zitterte nicht ohne Grund: Sieg bedeutete ein neues Leben, in dem ihre jüdische Vergangenheit erfolgreich ausgelöscht wäre; Niederlage bedeutete Schwäche, den Triumph des Vergangenen über die Zukunft. „Ich fühle mich irgendwie losgelöst, fremd gegenüber allen und allem", schrieb sie an Jogiches. „Ich bin einfach wie eine Leiche."[21] Die wiederkehrenden Beteuerungen – „ich empfinde weder Angst, noch Schmerz, noch Einsamkeit" –, die Klage, daß sie nicht atmen könne, wenn Jogiches nicht bei ihr sei, verrieten eine Beklemmung, gegen die sie aus eigener Kraft nicht anzukommen wußte.[22]

Zum ersten Mal begegnete sie der wahren Macht des modernen, organisierten Antisemitismus, der anders war als der, den sie in Polen kennengelernt hatte.* Rosa Luxemburg brauchte den Schutz des Mannes, der ein Außenseiter war wie sie und der, anders als sie, unter seinem Judentum nicht litt – für den es ein Faktum war, kein Unglück. Am Ende lernte sie, mit dem Konflikt allein fertig zu werden, aber sie machte eine schwierige Zeit durch, wie ihre unausgeglichenen, widersprüchlichen und manchmal verzweifelten Briefe an Jogiches erkennen lassen.

Ihr selbstauferlegtes Image, nicht viel anders als jenes, das sie sich auf dem Warschauer Gymnasium zugelegt hatte, um peinliche Bemerkungen oder Fragen abzuwehren, zeigte die erwartete Wirkung. Ihre deutschen Freunde führten Rosas Phantasiebild ihrer Jugend weiter aus und schufen ungewollt eine imaginäre Luxemburg-Biographie, die noch

* Schon 1893 entsandten antisemitische Organisationen sechzehn Abgeordnete in den Reichstag.[23]

immer weithin akzeptiert wird. Nach dieser Biographie stammte Rosas Vater Elias Luksenburg aus einer vornehmen Familie und war ein glühender Verfechter der polnischen Bildung und der jüdischen Emanzipation. Er gab Rosa die ersten ausländischen Schriften zu lesen, die eifrig studiert und am Familientisch diskutiert wurden; er lenkte ihr Interesse auf soziale Fragen; seine Ideale beflügelten ihre Phantasie und waren die geistige Nahrung der künftigen Revolutionärin. Es gibt kein Indiz, das eine dieser Behauptungen stützen könnte. Elias war wie sein Vater ein namenloser Kaufmann. Er erhob keine intellektuellen Ansprüche, hatte nichts gelernt als kaufen und verkaufen und keinerlei Interesse an mehr esoterischen Dingen. Kaum geeignet als Rosas Mentor und Inspirator, widmete er seine ganze Kraft der Aufgabe, seine Familie zu ernähren. Daß er nicht einmal vorübergehend zu Wohlstand kam, läßt sich der Tatsache entnehmen, daß die siebenköpfige Familie kein einziges Mal in eine größere Wohnung umzog, daß manchmal kein Geld für die Miete da war und daß er im Alter mittellos dastand. Er war der Typ der ersten Generation assimilierter jüdischer Väter, meist schwer arbeitender Ladenbesitzer oder Händler mit bescheidener Intelligenz und wenig idealistischen Interessen.

Rosa beschrieb ihre Mutter als eine fromme Frau, deren Existenz bei ihr nur „schattenhafte" Erinnerungen hinterlassen habe.[24] Lina Luksenburg war, wie Rosa wohl wußte, eine sehr kluge und starke Frau. Abgeschnitten von ihrem natürlichen Halt – den Generationen von Talmud-Gelehrten –, blieb sie in neuer Umgebung sich selbst treu. Sie mußte damit leben, daß die jüdischen *arrivistes* höhnisch auf sie herabsahen und die polnische Gesellschaft sie sehr reserviert aufnahm, und sie lebte damit nicht als Opfer oder Eindringling, sondern als Siegerin. Lina suchte für sich selbst und ihre Kinder Aufnahme in einer Welt, die sie vielleicht nicht gerade bewunderte, die für sie aber fortschrittlicher war als die Welt, in der sie aufgewachsen war. Auf dem Sterbebett beschwor sie ihre Kinder, den Vater zu achten – ein Verlangen, das Rosas erfundenes Porträt des ehrwürdigen *pater familias* Lügen straft.

Obwohl Rosa ihren Vater selten sah, solange sie zu Hause wohnte, war er ihr irgendwie als Verfechter hehrer Dinge in Erinnerung. Von der Mutter aber, die in Warschau ständig bei ihr war, behielt sie nur „schwache Erinnerungen". Daß sie mit der Erinnerung an ihre Mutter auch weiterhin zu kämpfen hatte, zeigt ein Erlebnis, über das sie Jahre später an Jogiches schrieb: „Hast Du mich heute nacht schreien gehört? Denke

Dir, ich wache plötzlich um 2½ Uhr aus dem festesten Schlaf auf, kann ... mich durchaus darauf nicht besinnen, wo ich bin, und rufe dann natürlich in größter Angst – die Mutter ... Und es dauert etwa 10 Minuten, bis ich mich erinnere, daß ich um 7 Jahre zu spät rufe."[25]

Deutschland ließ noch andere Schatten aus Rosa Luxemburgs Vergangenheit heraufsteigen. Der Lebensstil der SPD-Funktionäre hatte keinerlei Ähnlichkeit mit der armseligen Existenz der sozialistischen Emigranten in der Schweiz. Die Gehälter, die die Partei zahlte, reichten für schöne Wohnungen, Unterhaltung, Auslandsreisen, Ausbildung der Kinder, ein Leben der bürgerlichen Mittelschicht. Rosa Luxemburg, die sich seit Jahren nach einem „normalen" Leben gesehnt hatte, war entzückt von der deutschen Gemütlichkeit. Sie versuchte zwar, ihr jeweiliges möbliertes Zimmer mit Nippsachen, fransengeschmückten Lampenschirmen und gebohnerten Fußböden zu verschönern, aber ein Zuhause wurde es doch nicht. „An möblierte Zimmer zu denken, macht mir Angst", schrieb sie an Jogiches.[26] Wieder kam ihr die Vision von Heim und Familie, diesmal in idealisierter Version, die sich nicht wesentlich von der Wohnzimmergemütlichkeit ihrer deutschen Freunde unterschied. Das unnormale Leben, die ständig wechselnden, unvertrauten Zimmer, die gelegentlichen Besuche, die sie und Jogiches einander abstatteten, das alles stand in schreiendem Gegensatz zum ordentlichen deutschen Haushalt der konventionellen Familien mit Dienstmädchen und regelmäßigen Mahlzeiten. Das Leben mit Jogiches, das ihr einmal als „freudlos und eintönig" erinnerlich war, verwandelte sich unter ihrer Feder in ein idyllisches Gemälde vom „zusammen Lieben und Arbeiten" in zwei behaglich eingerichteten Räumen, wenn er nur Zürich verlassen und zu ihr nach Berlin kommen wollte. Erschöpft von ihrem unsteten Leben sehnte sie sich nach Stabilität. Briefe ihrer Angehörigen aus Warschau weckten Sentimentalität. Sie dachte an Wärme, Fürsorge, Kommoden voll Wäsche, an die Festessen und die Alltagsmahlzeiten. Rosas Wunsch, ein Heim zu haben, ließ sie vielleicht die Rolle, die ihre Mutter gespielt hat, etwas anders sehen.

Die verwirrenden Gefühle, die Konflikte und unerfüllten Sehnsüchte beseelten Rosa Luxemburg mit Mut. Im Laufe des Sommers 1898 bereitete sie sich darauf vor, mit Eduard Bernstein die Klingen zu kreuzen. Es wurde ein Wendepunkt ihres Lebens.

Eduard Bernstein, prominenter sozialistischer Theoretiker, ist als erster Revisionist einiger Marx'scher Thesen bekannt. Bernstein stellte die marxistischen Theorien von der Verschärfung des Klassenkampfes und der wachsenden Verelendung der Arbeiterschaft, die zum Zusammenbruch des Kapitalismus und zur Weltrevolution führen, in Frage. Bernstein argumentierte, daß keins von beiden in der kapitalistischen Wirtschaft unvermeidlich sei und daß marxistische Theorien, die auf fünfzig Jahre zurückliegenden Realitäten beruhten, nicht mehr anwendbar seien. Die Serie seiner Kampfartikel, die *Die Neue Zeit* 1897–98 druckte, löste im sozialistischen Lager einen wahren Orkan aus. Noch war die Presse, nicht Kanonen das allgemein akzeptierte Mittel, um ideologische Differenzen auszukämpfen, und da Bernstein seinen Genossen wie ein Tempelschänder vorkam, griffen sie zur Feder. So auch Rosa Luxemburg. Sie spürte, daß sie mit einer wissenschaftlich exakten, unerbittlichen Widerlegung in den Status einer anerkannten Marxistin aufsteigen könnte. „Für diesen Artikel gäbe ich mein halbes Leben, so versessen bin ich auf ihn", schrieb sie am 2. Juli 1898 an Jogiches. „Die beiden schwierigsten Punkte sind: 1) über die Krisen, 2) der positive Beweis, daß der Kapitalismus sich das Genick brechen muß . . . Hilf mir um Gottes willen!" Der dritte schwierige Punkt war die Zeit: „Es muß *schnell* gehen, weil die ganze Arbeit überhaupt umsonst ist, wenn jemand schneller ist als wir."[27] Jogiches war nicht weniger aufgeregt. Auch er wollte, daß der Artikel tadellos würde, und Liebeserklärungen flatterten nach Berlin. „Dziodzio, Du Dummchen, weil ich bis über die Ohren in den Bernsteinschen Schwaden stecke, will ich Dir nur rasch auf eine Frage antworten . . . ob ich Dich liebe", reagierte Rosa freudig bewegt. „Ja, natürlich liebe ich Dich, ‚sogar ein bißchen leidenschaftlich' (im Orig. russisch)."[28]

Rosa Luxemburgs Artikel „Sozialreform oder Revolution?", der in sieben Fortsetzungen vom 21. bis 28. September 1898 in der *Leipziger Volkszeitung* erschien, wurde als wissenschaftlich unangreifbare Arbeit und als die umfassendste Widerlegung der Theorie Bernsteins gepriesen. Die Folge war, daß die aus siebzehn Mitgliedern bestehende Pressekommission der SPD Rosa Luxemburg einstimmig zur Chefredakteurin der *Sächsischen Arbeiterzeitung* wählte, eine Ehrung, die keiner Frau vorher oder seitdem jemals zuteil wurde. Der Widerwille, den sie empfunden haben mag, als einige Parteimitglieder höhnisch protestierten: „Was denn! Unterrockpolitik!", war mit den Komplimenten von Leuten wie

Karl Kautsky, Clara Zetkin, Franz Mehring und Jean Jaurès leicht ausgeglichen. Vier Monate nach ihrer Ankunft in Deutschland wurde Rosa Luxemburg zur internationalen Berühmtheit. Es ist eine der Launen der Geschichte, daß zu einer Zeit, als das gesamte sozialistische Lager gegen Bernstein zu Felde zog, Rosa Luxemburg munter an Jogiches schrieb: „Welchen Eindruck hat auf Dich die neue russische ‚Partei' gemacht? Den gleichen wie auf mich, natürlich; diese Schlitzohren, aber sie haben sich durchgebissen!"[29] Was sie meinte, war der Erste Parteitag der Russischen Sozialdemokratischen Arbeiterpartei, aus der 1918 die Kommunistische Partei Rußlands hervorging, die heute noch an der Macht ist.

In Rosas Leben ging es 1898 mit hohem Tempo voran: Ehe mit Lübeck im April, Ankunft in Deutschland im Mai, Schlesienreise im Juni, Erscheinen ihrer Dissertation im Juli, Berufung als ständige Mitarbeiterin der *Sächsischen Arbeiterzeitung* im September und Teilnahme am jährlichen SPD-Parteitag im Oktober in Stuttgart. Rosa Luxemburg galt nun allgemein als einer der führenden Köpfe der jüngeren Generation für den wissenschaftlichen Sozialismus. „Genial" werde sie genannt und „die Göttliche", meldete sie an Jogiches. Ihre Schriften habe man „wie ‚echt Marx in seiner besten Zeit' (im Orig. deutsch)" gefunden, berichtete sie mit einem selbstironischen Unterton.[30] Der Beifall freute sie zwar, aber von den Applaudierern war sie nicht beeindruckt. „Arme Partei", schrieb sie über die SPD, „wenn solch ein Pfuscher und Stümper wie ich in ihr eine Rolle spielen kann . . ."[31] Doch die „arme" Partei wurde für die nächsten zwanzig Jahre ihre Hauptstütze, und Rosa Luxemburg machte es sich zur Aufgabe, sie zu verstehen und mit ihrem rebellischen Geist zu erfüllen.

Was sie über die Partei erfuhr, war nicht ermutigend – die Klüngelei, sich selbst bedienend und sich selbst beglückwünschend, hemmte Erneuerung und Fortschritt. Die Partei brauchte, fand sie, den ständigen Zustrom junger Talente und Intelligenzen, um der Routine, der Selbstzufriedenheit und dem wachsenden Konservatismus entgegenzuwirken. Ihre Kritik, offen und provokativ geäußert, war nicht, wie manches Parteimitglied meinte, „typische Arroganz"; sie kam aus ihrer vielseitigen, freiheitlichen Bildung, ihrem Geschichtssinn, ihrer Liebe zur Literatur und ihrer Abneigung gegen Leute, denen diese Perspektiven fehlten. „Jemand, der *nicht* ‚zur Sippschaft' (im Orig. deutsch) gehört", schrieb sie im Mai 1899 an Jogiches, „der *keinerlei* Protektion hat, nur seine Ellenbogen, jemand, den für die Zukunft nicht nur die Gegner ... fürchten, sondern im Grunde ihrer Seele auch die Bundesgenossen ... jemand, von dem sie spüren, daß es besser ist, ihn so lange wie möglich fernzuhalten, weil er ihnen schnell ‚über den Kopf wachsen' (im Orig. deutsch) kann ... das ist einfach ihre ‚Abmachung' (im Orig. deutsch) hinter den Kulissen. Aber ich betrachte das alles völlig ruhig: ich habe im voraus gewußt, daß alles so kommen wird, ich weiß auch, daß in ein/zwei Jahren keine Intrigen, keine Befürchtungen und keine Mißgunst helfen, und ich eine der ersten Positionen in der Partei einnehmen werde ... Dabei habe ich gar nicht die Absicht, mich auf *Kritik* zu beschränken", betonte sie. „Ich habe Absicht und Lust, nicht Personen, sondern die Bewegung insgesamt positiv zu ‚schieben' (im Orig. deutsch) ... um die mündliche und schriftliche Agitation, die in alten Formen versteinert ist und fast auf niemanden mehr wirkt, auf ein neues Gleis umzustellen, überhaupt ein neues Leben in die Presse, Versammlungen und Broschüren zu bringen."[32]

Da war auch noch der unüberbrückbare Unterschied der Temperamente zwischen der leidenschaftlichen, phantasievollen, skeptischen Rosa Luxemburg und den Deutschen – den zähen, steifen, passiven Deutschen. Rosa Luxemburg, nie zufrieden, pausenlos alles in Frage stellend – seien es Marx oder Lenin, Plechanow oder Jaurès, die Herrschaft des deutschen Kaisers oder das Regiment in der SPD –, sie war darauf aus, den Kaiser zu stürzen, so behauptete die deutsche Regierung, und entschlossen, die Partei zu spalten, so erklärte die SPD.

Jogiches hingegen tadelte sie, weil sie eine Idealistin sei in einer trägen Partei, die sie eigentlich benutzen sollte, um Einfluß zu gewinnen. „Was Deine Ansicht betrifft, daß es lächerlich ist, in der deutschen Bewegung Idealist zu sein, da bin ich nicht einverstanden", schrieb sie, „weil es erstens auch hier Idealisten gibt – vor allem die riesige Masse der ganz einfachen Agitatoren aus der Arbeitermasse, dann *sogar* unter den Führern: z. B. *Bebel*. Zweitens – geht mich das alles nichts an, weil die *suprema ratio*, zu der ich durch meine ganze polnisch-deutsche revolutionäre Praxis gelangt bin, ist: stets ich selbst sein, ohne auf die Umgebung und die anderen zu achten. Und ich bin und will Idealist bleiben genauso in der deutschen wie in der polnischen Bewegung. Das heißt natürlich nicht, daß ich die Rolle des tugendhaften Esels zu spielen gedenke, der für andere arbeitet, nein, ich will und werde eine möglichst einflußreiche Position in der Bewegung anstreben."[33]

Und kämpfen mußte sie von Anfang an. Am 25. Mai 1898, zehn Tage nach ihrer Ankunft in Berlin, war Rosa Luxemburg der Partei beigetreten, und schon wenige Monate später begannen ihre Schwierigkeiten in der SPD. Die Probleme, die sie damals und später hatte, sind wahlweise ihrer jüdischen Abstammung, ihrer polnischen Herkunft, ihrem Geschlecht und ihrer Angriffslust zugeschrieben worden. Die Wahrheit ist, daß sie in einer Partei, die großen Wert auf Erscheinungsbild und Kongenialität oder zumindest das Erscheinungsbild der Kongenialität legte, ganz einfach keine gute Mitspielerin war. Die Patriarchen der SPD, Wilhelm Liebknecht, August Bebel und Karl Kautsky, erkannten, daß sie ein einzigartiger Gewinn für die Partei war – deshalb auch ihr rascher Aufstieg in die obersten Ränge –, aber ihnen und manchem anderen war gar nicht wohl dabei.

Ein Streitpunkt war die Kritik Rosa Luxemburgs an der Parteipresse. „Ich bin unzufrieden mit der Art u. Weise, wie man in der Partei meistens die Artikel schreibt", teilte sie ihren alten Züricher Freunden, den Seidels, mit. „Es ist ja alles konventionell, so hölzern, so schablonenhaft, . . . ein farbloses und klangloses Gesurr, wie der Ton eines Maschinenrades. Ich glaube die Ursache liegt darin, daß die Leute beim Schreiben meistenteils vergessen, in sich tiefer zu greifen und die ganze Wichtigkeit und Wahrheit des Geschriebenen zu empfinden. Ich glaube, daß man jedes Mal, jeden Tag, bei jedem Artikel die Sache wieder durchleben, durchfühlen muß, dann würden sich auch frische, vom Herzen u. zum Herzen gehende Worte für die alte bekannte Sache finden. . . . Ich nehme mir vor, beim Schreiben nie zu vergessen, mich für das Geschriebene jedesmal zu begeistern u. in mich zu gehen."[34]

Rosa Luxemburg glaubte, daß sich im Stil der Parteipresse der Geist der Partei ausdrückte, oder besser dessen Fehlen. Umgekehrt war ihr eigener Schreibstil – lebhaft, messerscharf, geistreich und oft sarkastisch – ein Spiegelbild ihrer Persönlichkeit. Er erregte dieselbe Mischung von Bewunderung und Beunruhigung wie sie selbst.

Nichts spricht für die Annahme, Rosa Luxemburg hätte ihre Kritik an der Partei für sich behalten. Selbst wenn sie es getan hat, kam diese Kritik spätestens im September 1898 zutage, als man ihr die Redaktion der *Sächsischen Arbeiterzeitung* offerierte. Das Angebot war eine Überraschung und eine Herausforderung. Jogiches kabelte aus Zürich: „Rundweg ablehnen!", ohne Erfolg. Sie sei nicht der Mensch, sich in einer dunklen Ecke zu verkriechen, teilte sie ihm mit. Jogiches war dagegen, weil er meinte, die Aufgabe sei weit größer als ihr Kopf, in den ihr der neue Erfolg gestiegen sei, und auch weil er grundsätzlich dagegen war, daß sie eine feste Arbeit annahm. Er wollte, daß sie frei war, für ihn verfügbar, daß sie das Talent entwickelte, das er sieben Jahre lang bewacht und finanziert hatte.

Als sie den Posten angenommen hatte, eilte Jogiches im Oktober 1898 nach Dresden; er traute ihr nicht zu, daß sie ohne seine Anleitung fertig würde, und er ärgerte sich über ihren Ungehorsam – den Beweis ihrer wachsenden Selbständigkeit. Er konnte in keiner offiziellen Eigenschaft bei der Zeitung erscheinen und, da ihr Verhältnis geheim war, auch nicht als privater Besucher. Von der Operationsbasis seines Hotelzimmers aus überwachte er Rosas Arbeit, ohne zu wissen, ob die Direktiven, die er ihr nachts gab, am Morgen befolgt würden. Den Druck, den er auf Rosa Luxemburg ausübte, empfand sie als unerträglich. Die Zeit in Dresden, in einem drittklassigen Hotel (wegen der Geheimhaltung), blieb ihr in schrecklicher Erinnerung; für die Zukunft versprach sie sich selbst: „Schreiben will ich alles *allein*", und für Jogiches galt: „Ich will mich mit Dir *ohne* jede Arbeit treffen."[35]

Am 2. November 1898 erklärte Rosa Luxemburg ihren Rücktritt wegen Meinungsverschiedenheiten über die Redaktionspolitik. Es ist schwer zu sagen, ob und wie weit Jogiches an ihrem Entschluß teilhatte. Wahrscheinlich aber haben seine erste Reaktion auf das Angebot, sein Mißfallen an ihrer Widersetzlichkeit und die unliebsamen Bedingungen, unter denen er in Dresden lebte, eine Rolle dabei gespielt. Er wollte sie wieder in Berlin haben, ohne Verpflichtungen, und sie ging wieder nach Berlin. Er selbst kehrte nach Zürich zurück.

Die Partei aber nahm Rosas Herausforderung nicht einfach hin. August Bebel warf ihr mit unverhohlenem Ärger „unglaubliche Taktlosigkeit" vor und fügte hinzu, er sei besonders enttäuscht von ihr, weil sie sich zu sehr als Frau und zu wenig als Parteigenossin gezeigt habe. „Ich betrachte als meine erste Aufgabe . . . die Hebung und Besserung des verwahrlosten Blattes überhaupt", schrieb Rosa Luxemburg am 7. November an Bebel und hob hervor, wenn man ihr die „ganze Bewegungsfreiheit" zur Veröffentlichung eigener Artikel verweigere und auch das Recht, von außen kommende Artikel ihrer Wahl zu drucken, dann habe sie in der Redaktion nichts zu suchen.[36]

Sie ließ die Führung also frühzeitig wissen, wer sie war und wo sie stand. Dort wuchs der Respekt, aber auch das Unbehagen. Die Redaktionsangebote, die folgten, waren Maßstab der Wertschätzung für Rosa Luxemburgs Können: im Oktober 1899 die Redaktion des *Vorwärts*, die sie ablehnte, und zwei Jahre später die der *Leipziger Volkszeitung*, die sie für einige Monate übernahm.

In Berlin hatte Rosa Luxemburg große SPD-Blätter, die um ihre Beiträge wetteiferten. Die Honorare waren zwar bescheiden und kamen unregelmäßig, aber sie verdiente zum ersten Mal in ihrem Leben Geld. Wie ihre finanzielle Lage sich verbesserte, ist an den Mieten abzulesen, die sie zahlte. Im Jahre 1898 hatte sie zitternd um Jogiches' Vergebung für den 33-Mark-Luxus gebettelt, und ein Jahr später zahlte sie 80 Mark monatlich für ein Zimmer. Jogiches steuerte immer noch 100 Mark im Monat bei, aber auch das war zusammen mit ihrem Verdienst nicht genug. Sie entwickelte einen kostspieligeren Geschmack, und mit ihrem Erfolg wuchsen ihre Bedürfnisse.

Jogiches' finanzielle Unterstützung war für Rosa Luxemburg eine entscheidende Hilfe bei ihrer Karriere. Frei von Alltagssorgen und schlecht bezahlter Erwerbsarbeit konnte sie ihre ganze Zeit darauf verwenden, zu lernen und politisch zu arbeiten. Jogiches' Einkommen erlaubte ein bequemes Leben für sie beide. In Finanzdingen war Jogiches ein würdiger Erbe seines Großvaters. Geld brachte Pflichten; es war nicht zum Vergnügen gedacht. Rosa Luxemburgs Einstellung zum Geld, leichtsinnig und verantwortungslos, war vielleicht eine Reaktion auf das Klischee vom geldraffenden Juden, das durch ihre Jugend spukte. Sie blieb ihr Leben lang blind für den Wert des Geldes, sie gab zuviel aus, versprach Besserung, bereute nie. Jogiches mißgönnte ihr nicht das Geld – er war alles andere als knickrig –, aber er verlangte ganz grundsätzlich Gewissenhaftigkeit. Unbelastet von jüdischen Klischees wußte er, daß das Geld ihm Freiheit im Exil kaufte, ihm erlaubte, sein eigener Herr zu sein und Aufgaben eigener Wahl zu finanzieren. Bis der Erste Weltkrieg ausbrach, schickte der Vermögensverwalter Jogiches die Abrechnungen der Gewinne, die das Familienunternehmen abwarf. Säuberlich abgeheftet fand man sie nach Leos Tod unter seinen Papieren. Bei Rosa Luxemburgs Papieren fanden sich Zettel, vollgekritzelt mit Zitaten von Mickiewicz, Voltaire, Shakespeare.

Sollte Jogiches je versucht haben, Rosa Luxemburg durch Geld zu beherrschen, dann ist ihm das nicht gelungen. Sie nahm ganz zwanglos, sie gab ganz zwanglos aus und bat um mehr. Hin und wieder drohte sie an, nie wieder einen Pfennig von ihm anzunehmen, doch der nächste Notfall war nie weit. „Es tut mir schrecklich leid, aber ich muß Dich wieder einmal um zehn Rubel bitten . . ." Manchmal wurde er böse und schimpfte mit ihr. Dann schrieb sie zurück, daß „es mich stets entsetzlich erniedrigt und verärgert, wenn ich Dir über all die belanglosen Lappalien und Ausgaben Rechenschaft ablegen muß", wütend, daß er ihr beibringen wollte, ihre Finanzen so ordentlich zu führen, wie es sich gehörte.[37] „Selbst wenn ich tatsächlich dieses entsetzliche Laster hätte, ‚unordentlich' zu sein, wäre auch das nicht weiter schlimm", erklärte sie, „weil andere Frauen selbst nichts verdienen und moralisch wie geistig keinen besonderen Wert darstellen und bei all dem noch ‚unordentlich' sind, und ihre Männer sind dennoch sehr zufrieden mit ihnen und schikanieren sie nicht."[38] Die peinlich genauen Abrechnungen, die sie ihm aus Paris schickte und die bis zum letzten Centime jeden Posten aufführten – 1 oder vielleicht 1½ francs für Blumen und Gebäck, 2,25 für einen Hut, 2 francs pro Woche für Zucker und Brot zum Frühstück – verwandelten die Formalität in einen Witz. Die Abrechnung endete dann mit: „Und wo der Rest geblieben ist? Keine Ahnung."[39] Jogiches, stets der Mentor, bestand darauf, Rosa zur Gewissenhaftigkeit zu erziehen. Aber sie weigerte sich zu hören. Sie listete die Preise von Straßenbahnkarten und Milch auf, nur um zu demonstrieren, wie vergeblich seine Bemühungen waren, sie zu ändern. Wenn zwischen ihnen alles in Ordnung war, entschuldigte sie sich für beides, die Abrechnungen und die Ausgaben: „Unser Verhältnis ist im Augenblick so herzlich", es wäre doch dumm, es mit läppischen Erklärungen zu verderben.[40]

Auch wenn Jogiches Genügsamkeit für eine Tugend hielt und ihr riet, sie solle ihre Brüder „zwingen", ihren kranken Vater zu unterstützen, schickte er Geld für die Verlängerung eines Urlaubs, den sie mit ihrem Vater verbrachte, und er verlangte, daß sie zum besten Schneider ginge und in einer vornehmen Gegend wohnte. Wie sie es sah, erfüllte er dadurch, daß er sie unterstützte, die herkömmliche Aufgabe des Ehemannes. Als sie in Deutschland ein nettes Einkommen hatte, bat sie ihn immer noch, ihr etwas zu leihen – „aber diesmal *wirklich leihen*, wahrhaftigen Gottes" – oder auch zu schenken – „Wenn Du möchtest, daß ich mir ein schwarzes Frühjahrsjackett spendiere . . . und Du 20 Mark *übrig* hast, dann schick sie mir . . ."[41] – Ob begleitet von einem dramatischen „dies ist das letzte Mal, daß ich Geld von Dir nehme" oder von heißem

Dank, nie war es für sie mehr als bloß Geld. Ein einziges Mal regte sie sich wirklich auf, nämlich als sie zufällig von Jogiches' Bruder erfuhr, daß Leo die Höhe seines Vermögens geheimhielt.

Nie war Geld ein Barometer ihrer Beziehung. Auch als Rosa Luxemburg 1899 ihren Lebensunterhalt selbst verdiente, fühlte sie sich nicht weniger abhängig von Jogiches. Es war nicht das Geld, das Abhängigkeit oder Unabhängigkeit bestimmte. Aber Jogiches mag ihre finanzielle Unabhängigkeit als Bedrohung empfunden haben, und das könnte eine gewisse Rolle dabei gespielt haben, daß er ihr die Übernahme einer Dauerstellung ausredete. Zwar schrieb sie ihm: „Die Leute sorgen *zuerst* dafür, daß sie etwas zum Leben haben für sich und ihre Kinder resp. ihre Eltern, und *dann* erst, daß sie gelehrte Männer werden", aber sie genoß die Freiheit, die Jogiches ihr garantierte.[42] Sie hatte nichts dagegen, auch über ihr selbstverdientes Geld abzurechnen. „Gleich nenne ich Dir auch meine Rechnung, weil Du danach fragst. Folgendes habe ich verdient: *Sächsische Arbeiterzeitung* – 80 M., *Leipziger Volkszeitung* – 60 M. + Notiz – 3 M. = 143 M."[43] Sie hatte allerdings etwas dagegen, als er sie drängte, sich mehr um die praktische Seite zu kümmern: „Ich werde ... anders vorgehen – meinem Instinkt und meiner Natur folgend ... Ich fange nicht damit an, Bedingungen zu stellen und zu feilschen ... ‚sich kleinlich und berechnend zeigen' (im Orig. deutsch) ist jetzt in höchstem Maße nicht à propos."[44]

Jogiches war gern der Versorger. Als Rosa Luxemburg versuchte, die Rolle selbst zu übernehmen, tat sie das nicht sehr taktvoll. „Mein Einziger, warum denn so traurig?" schrieb sie. „Sei guten Muts, denn Du hast ein tüchtiges Frauchen. Deine Frau wird viel arbeiten und Deine Frau wird viele Märker verdienen und ... jeden Monat ein bißchen ihrem Papi schicken und ein anderes bißchen ihrem Dziodzio, und das alles ohne große Mühe, fast zum Vergnügen."[45] Daß sie „fast zum Vergnügen" Geld verdienen konnte, während er nicht einen Pfennig verdiente, muß für ihn demütigend gewesen sein.

Geld war ein Band wie ihre Briefe, als die Beziehung zu scheitern schien. Als er sich weigerte, zu ihr nach Deutschland zu kommen, schrieb Rosa Luxemburg, er solle nicht mehr auf Briefe von ihr warten; „und was Geldknappheit betrifft, werde ich mich im Ernstfall an Dich wenden."[46] Da Ernstfälle ein gewachsener Bestandteil ihres Etats waren, gab sie ihm damit nur zu verstehen, daß noch eine Tür offenstand.

Rosa Luxemburg war nach Deutschland gezogen und Jogiches fand seine frisch wiedergewonnene Freiheit sehr angenehm. Im Laufe der Zeit wuchs seine Abneigung, sie wieder aufzugeben. Die Kluft zwischen der rasch vorankommenden Rosa Luxemburg und ihm, der auf der Stelle trat, wurde breiter. Sein Doktorgrad hätte sie nicht überbrücken können. Aber die Universität rechtfertigte seinen weiteren Verbleib in Zürich. Rosa Luxemburg entwarf Briefe an seinen Doktorvater, achtete auf Ablieferfristen und fand ein Dissertationsthema für ihn: „Der Stand der Wirtschaft in Rußland". Obwohl er nur eine Seminararbeit zu Ende brachte, die er im Juli 1900 vorlegte, sprach Rosa fortan in ihren Briefen von „Deiner Doktorarbeit". Um ihre unaufhörlichen Fragen abzuwehren, fand Jogiches die Formel, die Dissertation sei in Arbeit.

Der Wunsch Rosa Luxemburgs, daß Jogiches sein Studium mit dem offiziellen Stempel der Anerkennung abschlösse, war ebenso stark wie sein Verlangen, in Ruhe gelassen zu werden. Er brauchte den Urteilsspruch irgendeiner Institution über seine intellektuellen Fähigkeiten nicht; er kannte den eigenen Wert. Ihr Wunsch nach dem Titel, der für sie das natürliche Ergebnis eines zehnjährigen Studiums war, erschien ihm als Druck zur Anpassung oder, noch schlimmer, als das Bestreben von ihrer Seite, ihn zur Anpassung an die Maßstäbe ihrer neuen deutschen Freunde zu bringen. Nicht gewillt, sich zu bewegen, legte er immer neue Termine fest, an denen sich der legendäre Titel materialisieren sollte. „Es stimmt schon, nach zehn Jahren ohne Doktorprüfung von Zürich wegzugehen, ist sehr unangenehm", stimmte sie zu, als er im Frühjahr 1900 um nur noch zwei Monate bat.[47] Unter dem fälschlichen Eindruck, er arbeite an seinem Doktorat, schrieb sie: „Ich freue mich sehr, ... daß Du so eifrig über dem Referat, oder vielmehr dem Doktorat sitzt ..."[48]

Ein mehr persönliches Problem war für Rosa Luxemburg nicht so leicht zu lösen. Jogiches bestand immer noch darauf, ihr Verhältnis geheimzuhalten. Sein Verlangen, es vor Rosas Familie zu verbergen, grenzte an Besessenheit. War es wirklich sein Hang zur Konspiration? Oder war es die Angst vor der Verpflichtung? Was es auch war, sie machte mit. „Ich tue wie Du wünschst und werde sie in nichts einweihen", sagte sie Mitte 1898 zu, bevor ihre Schwester sie in Berlin besuchen kam.[49] Um nicht Annas Neugier zu erregen, solle er neutrale Briefumschläge benutzen, riet ihm Rosa. Die Purzelbäume, die sie schlagen mußte, um eine Begegnung zwischen Jogiches und ihrem Bruder Józef zu vermeiden, der mit seiner Familie gerade bei ihr war, als Jogiches sie besuchen wollte, gehörten in einen Groschenroman, meinte sie. Etwas später im Jahre 1898 gab Jogiches dann endlich nach und erteilte Rosa Luxemburg die Erlaubnis, ihren Angehörigen seine Existenz zu offenbaren, nicht aber seinen Namen. Für die Familie galt Leo Grozowski als Rosas Verlobter – eines der Pseudonyme Jogiches'. Rosa Luxemburg, die zuvor in ihrer Korrespondenz mit Jogiches nie ihren Vater erwähnt hatte, präsentierte Elias nun als eine dominierende Gestalt in ihrem Leben. Seinetwegen wollte sie, daß ihre Verbindung legalisiert würde. „Im vergangenen Sommer", schrieb sie Jogiches im Mai 1900, „habe ich Vater im Vertrauen auf Deine Versprechungen versprochen, daß wir dieses Frühjahr zusammenziehen werden." Jogiches blieb unbewegt. „Begreif doch endlich, daß ich meinen Vater auch nicht an der Nase herumführen kann", drängte Rosa. „Jetzt weiß ich . . . nicht mehr, wie ich ihm . . . antworten soll und winde mich wie ein Dieb. Es wird Zeit, daß die Aufschieberei ein Ende hat."[50]

Als Rosa Luxemburg klar wurde, daß Jogiches nicht zu ihr kommen werde, daß er sein Junggesellenleben genoß, daß nicht einmal die Beschwörung der Autorität ihres Vaters ihn in Bewegung brachte, stellte sie Leo ein Ultimatum. „Die einzige Hoffnung auf eine Verständigung zwischen uns und auf das Zustandekommen einer mehr oder weniger normalen Beziehung setze ich auf unser Zusammenleben hier in Deutschland", schrieb sie ihm im März 1900. „Gründe für einen Aufschub Deinerseits kenne ich nicht und kann ich mir nicht denken, halte aber dieses Hinauszögern für unnormal und mich beleidigend . . . Meines Erachtens ist es nur ein Mangel an innerem Mut, ein Eheverhältnis auf Entfernung oder über sporadische Besuche aufrechtzuerhalten, wenn man keinen Grund für solch ein festes Verhältnis fühlt."[51] Und sie schlug zu, wo es ihm am meisten wehtat: sie drohte, nicht mehr zu schreiben. Damit hätte sie ihn seines Ersatzdaseins beraubt und im politischen Nichts zurückgelassen. Jogiches warf ihr Erpressung vor. Aber sie blieb eisern – kein Hin und Her mehr, keine Pflästerchen mehr, kein Herumgerede mehr um die Sache. Ein Austausch dramatischer Briefe folgte, Jogiches bat sie, „unsere geistige Gemeinschaft zu erneuern", Rosa machte den spitzen Vorschlag, er solle „den Abbruch unserer Korrespondenz" nutzen und sich von ihr lösen. Er beschuldigte sie, nie einen Gedanken an sein „Innenleben" zu verschwenden, aus Egoismus, aus Unfähigkeit zu geben. Wenn das stimme, gab sie zurück, dann weil „Mundhalten" das einzige sei, was er ihr gestatte. Ihre Entfremdung sei seine Schuld, nicht ihre: „Wir waren uns schon in Zürich seit Jahren geistig fremd; die beiden letzten Jahre in Zürich, die insbesondere, haben sich mir dadurch eingeprägt, daß ich mich entsetzlich einsam fühlte."[52]

Die Gründe für das Zerwürfnis gingen über das „Geistige" hinaus. Rosas Verdacht, daß er sie „nicht mehr liebte", daß er „vielleicht sogar mit jemand anderem beschäftigt" sei, war unbegründet.[53] Jogiches wollte einfach keine Beschränkung, keine Kontrolle, keine Nähe. Nachdem er eingewilligt hatte, zu ihr nach Berlin zu kommen, beschäftigte er sich in seinen Briefen weiterhin mehr mit ihrer politischen Partnerschaft als mit den Gefühlen, die Liebende zusammenhalten. Beide fürchteten, einander zu verlieren, und waren bereit zu einer Art von Kompromiß. Ihre gegenseitige Abhängigkeit, kreativ und zerstörerisch zugleich, privat und politisch, wuchs sich zu einem Knäuel aus, das sie nicht entwirren konnten.

Jogiches kam mit leeren Händen zur Zwangsvereinigung in Berlin. Im Jahre 1900, mit dreiunddreißig, war er zu alt, um Lehrling der berühmten Revolutionärin zu werden, und zu jung für ein Rentnerleben. Er hatte keinen Namen, keinen Beruf, keine Hoffnung. Er hatte sich der Forderung Rosas gebeugt, weil es keine andere Lösung gab, und spürte, daß er seinen letzten Rest von Würde aufgab. Sein Leben in Zürich, alles andere als befriedigend, war doch sein eigenes, er bestimmte es selbst. Einmal, vor seinem Umzug nach Berlin, wohnte er ein paar Tage in einem Hotel in den Schweizer Alpen in der Nähe von Chur, vielleicht allein, vielleicht auch nicht, auf jeden Fall ohne es Rosa zu sagen. Mag sein, daß er sich selbst beweisen mußte, daß er ein freier Mensch war; mag sein, daß diese Trotzhandlung ihn an glücklichere Tage erinnerte, als er noch so viel Schneid hatte, einen zum Duell zu fordern, den er beleidigend fand. Sein Unterwerfungsakt, meinte er, könnte dazu führen, daß Rosa Luxemburg mit immer größerer Autorität in ihren Bemühungen fortfuhr, ihn zu bessern. Ihm war auch bewußt, daß er selbst schuld daran war. Er hatte Versprechungen gemacht, von denen er selbst nicht wußte, ob er sie einhalten wollte.

Leo Jogiches war nicht aus Stein, wie Rosa Luxemburg behauptete. Er liebte sie, und ihre unaufhörlichen Forderungen, daß er sie anders liebe, vertieften in ihm das Gefühl des Versagens. Er sei als Liebhaber nicht besser, nicht vollkommener denn als Ehemann, ließ sie ihn wissen. Als sie in Berlin, sagte sie, „auf Schritt und Tritt sah, mit *welchen* Frauen andere Leute leben und wie sie sie verehren und für weiß Gott was halten, wie sie sich ihrem Regiment direkt unterwerfen, mußte ich immer wieder daran denken, wie Du mich behandelst ...“[54] Die Aussicht, daß er sich unter ihr Regiment beugen würde, war ebenso gering wie die Hoffnung auf seine Metamorphose zu einem der Bürger, deren Einstellung zu Frauen sie so bewunderte. Ihr Wunsch, ein bequemes, achtbares Leben zu führen, war ihm der Beweis ihrer beider Entfremdung. „Ich träume davon, daß wir beide in freien Augenblicken Kunst studieren ... Das wäre wonnig, nicht wahr? So zu zweit, nach ernster Arbeit Kunstgeschichte lesen, Galerien und Opern besuchen!“[55] Jedes Wort traf ihn wie ein Peitschenhieb – die „freien Augenblicke“, deren er reichlich haben würde, die „ernste Arbeit“, die er nicht hätte, die Kunstgeschichte, die Galerien, die Opern – ein deutscher Bürgertraum. Das bestickte Alltagsleben war für ihn mehr ein Fluch als sein einsames Dasein – quälend, aber seins.

Jogiches' böse Ahnungen waren berechtigt. Rosa Luxemburg erklärte ihm, sie sei nicht mehr das „bloße Kind“ wie damals, als er sie kennengelernt habe, und daß er nicht anerkennen wolle, „daß ich gereift bin und nicht mehr dieselbe wie vor acht Jahren“, schaffe endlose Probleme.[56] Käme er als Machtausübender zu ihr, dachte er, dann würde sie nachgeben wie früher, gelegentlich aufmüpfig, aber handhabbar. Ihre Versuche, ihn von ihrer Selbständigkeit zu überzeugen, fand er kindisch. „Es paßt mir gar nicht, daß Du schreibst, daß ich ohne Dich kein Jackett kaufen soll, denn ich würde ‚der Teufel weiß was‘ (im Orig. russisch) kaufen“, schrieb sie ihm zwei Jahre zuvor aus Berlin. „Wenn ich genügend Selbständigkeit haben soll, mich auf eigene Faust auf der politischen Bühne zu bewegen, dann muß sie auch genügen, daß ich mir allein ein Jackett kaufe.“[57] Damals hatte es ihn eher amüsiert, daß etwas so Unwichtiges wie ein Jackett sie aufregen konnte; jetzt, da er zu ihr ziehen sollte, war es ihre politische Arbeit „auf eigene Faust“, die ihm im Kopf herumging. Wenn er käme, sagte sie, wolle sie *ihre* Arbeit mit ihm teilen, und das definierte seine Rolle.

Rosa, auf eigenem Platz, hielt die Trumpfkarte in der Hand. Was Leo aus der Entfernung als vorübergehende Laune ignorieren oder als Unsinn abtun konnte, bedrohte ihn nun. Er ließ ihr den Spaß, die religiösen Feiertage einzuhalten, aber er hielt es für würdelos und lächerlich. Als sie ihm zu Weihnachten *Das Leben Jesu* von P. F. Strauss schenkte, schickte er ihr eine Komödie von Molière. Der Spott entging ihr nicht. Aber ihr Eifer nahm auch nicht ab. „Das wird wohl der letzte Heiligabend sein, den wir nicht zusammen feiern", schrieb sie ihm 1899. „Aber mein Gott, wenn ich an die ersten Jahre denke, die wir zusammen verlebt haben, was war das überhaupt für ein Weihnachtsfest? Wir haben niemals verstanden, ordentlich Weihnachten zu feiern; weißt Du, wirklich, wo keine Kinder sind, da gibt es kein Weihnachten und eigentlich kein Familienleben."[58] Weihnachten, Kinder, Familienleben – es erfüllte ihn mit Entsetzen. Wenn Rosa sich vorstellte, er werde am Kopf einer festlichen Weihnachtstafel thronen, von Kindern umringt, und „O Tannenbaum" anstimmen, dann stand ihr eine bittere Enttäuschung bevor.

Die zwei Jahre, die Rosa Luxemburg allein in Berlin verlebte, brachten ihr Ruhm und Ansehen ein. Aber der Preis, den sie zahlte, war hoch. Sie hatte Angst, dem Wahnsinn zu verfallen. Sie hatte ihre ersten Anfälle von Depression. „Ich weiß wohl, daß ich nicht den zehnten Teil dessen getan habe und tue, was ich tun sollte", warf sie sich selbst vor. „*Unzufriedenheit mit mir selbst* ist mein ständiger psychischer Zustand, Gewissensbisse, daß ich dieses und jenes nicht tue, bedrücken mich jeden Tag, jede Stunde. Dieses Gefühl verläßt mich nicht einen Augenblick."[59]

In der Öffentlichkeit waren ihre Erfolge aufsehenerregend. Im Privatleben hatte sie keine. Die Einsamkeit zerstörte sie. Jogiches ging zugrunde. Ihr Zusammensein, daran glaubte sie fest, würde ihnen beiden Erfüllung bringen, und zusammen würden sie ein neues Leben beginnen.

8 *„Zusammen lieben und arbeiten"*

1900–1902

ROSA LUXEMBURG teilte ihrer Familie in Warschau mit, Leo Jogiches sei Schweizer Staatsbürger, deshalb fände die Hochzeitszeremonie in der Schweiz statt, und die Zeit sei zu kurz, als daß sie noch daran teilnehmen könnten. „Du kannst Dir denken, wie peinlich mir diese Schwindelei ist", schrieb sie an Jogiches, „aber was tun?"[1] Vertrauensvoll wie immer glaubten ihr die Luksenburgs. Sie wußten nicht, daß Rosa, verheiratet mit Gustav Lübeck, diese Ehe gar nicht schließen konnte und daß Leo auch kein Schweizer war. Er wurde „Onkel Leo" für die Nichten und Neffen, der Schwager für Rosas Geschwister. Die „Hochzeit" wurde in Warschau mit Freude und Erleichterung begrüßt. Das Familientreffen in Deutschland, das Rosa zur Feier des Ereignisses für einen späteren Termin versprach, fand niemals statt. Ihr Vater, der mehr als jeder andere darauf wartete, starb im September 1900, wenige Monate nach Rosas Bekanntmachung.

Zwischen Rosas Ultimatum an Jogiches im März 1900 und seinem Eintreffen in Berlin Anfang August drängte Rosa Luxemburg sehr, um ihre Scheidung von Gustav Lübeck zu regeln. Mit dem Beistand Arthur Stadthagens, eines Rechtsanwalts und prominenten Sozialisten, hoffte sie die Scheidung in wenigen Monaten zu erlangen, möglichst bevor

Jogiches kam. Da Lübeck in der Schweiz lebte, betraute sie Jogiches mit der Erledigung der Details. Buchstäblich jeder Brief, den sie in dieser Zeit schrieb, erörtert den „Fall Lübeck" und gibt Anweisungen. Jogiches solle sofort und ohne Umschweife zum Zürcher Bezirksgericht gehen, sich dort als ihr Bruder oder Vetter vorstellen und das Verfahren beschleunigen; er solle freundlich mit Lübeck reden und sich von ihm eine Erklärung geben lassen – „das soll er in Deiner Anwesenheit und bei Dir schreiben" –, die Lübecks eheliche Untreue bestätigte – den Scheidungsgrund.[2] Sollte das Gericht die Erklärung nicht für ausreichend halten und eine eidliche Aussage der Partnerin Lübecks verlangen, müsse eine Prostituierte gefunden werden. „Deine Befürchtung ist lächerlich, daß eine käufliche konzessionierte Dirne sich weigert, vor Gericht zu ‚gestehen'", schrieb Rosa gereizt. „Stadthagen hat ähnliche Prozesse schon mehrmals geführt und auf ihn und nicht auf Dich muß ich hören. Ich bitte Dich noch einmal, sei Du nicht klüger und praktischer als alle anderen."[3] Aber Jogiches hatte keine Eile. Nachdem es ihm nicht gelungen war, Rosa Luxemburg zu überreden, ihre Wiedervereinigung noch einmal hinauszuschieben, entdeckte er neue Hindernisse, diesmal wegen Lübeck. Erbittert schrieb Rosa: „Wird das denn nie ein Ende nehmen?!!! Mein Lieber, laß alles andere beiseite und erledige vor allem das, Dir brauche ich wohl nicht zu erklären, wie wichtig und dringend es ist!"[4] Es vergingen noch drei weitere Jahre, bevor Rosa Luxemburgs Ehe gelöst wurde.

Es war einfach, ihre fernen Verwandten über ihren ehelichen Status im Unklaren zu lassen, aber Rosa Luxemburgs deutsche Umgebung stellte ein Problem dar. Die Sozialdemokratische Partei Deutschlands war alles andere als freisinnig, die hergebrachten Anstandsregeln wurden streng beachtet. Eine Ehe ohne Trauschein war inakzeptabel. Als öffentlich bekannte Persönlichkeit und als Mitglied der Parteielite mußte Rosa Luxemburg auf ihren Ruf achten. Aus Berlin schrieb sie an Jogiches: „Hier offen zusammenzuleben ist ein Ding der Unmöglichkeit, und ohne das ist es eher eine Karikatur, die ich schlimmer fürchte als die Einsamkeit."[5] Sie könnten einen Teil des Jahres in Italien verbringen, plante sie, oder sich in Heidelberg niederlassen, „die Genossen und den Klatsch wären wir dann los."[6] Nachdem sie lange diskutiert, Pläne gemacht und Pläne verworfen hatten, fand Rosa Luxemburg die einfachste Lösung. „Meine Wirtin hat ein zweites (kleines) Zimmer zu vermieten, und Du nimmst es mit Vollpension genau wie ich. So werden wir stets zusammen sein. Ich stelle Dich als meinen Vetter vor, und ich bin bei meinen Wirtsleuten und im ganzen Haus so angesehen, daß es keinen Anlaß zu Gerüchten oder Gerede geben wird."[7] Rosa bat ihn nur, sein eigenes Kissen mitzubringen und ihr seine genaue Ankunftszeit mitzuteilen, damit sie eine peinliche Szene vor dem Zimmermädchen vermeiden könnten, „oder aber eine gekünstelte Zurückhaltung verdirbt uns die ersten Augenblicke ..."[8]

So wurde Jogiches also in Warschau ein Onkel, in Berlin ein Vetter und für die Welt draußen ein „Freund", und der Traum Rosa Luxemburgs vom „offenen Zusammenleben als Mann und Frau" war auf unbestimmte Zeit vertagt. Das Paar setzte die Täuschung fort, immer vorsichtig, nie offen sprechend außer unter sich – eine Regelung, die Jogiches gefiel, der ganz und gar nicht darauf erpicht war, als Prinzgemahl unter Rosa Luxemburgs Freunden aufzutauchen.

Ihre Freunde waren die einflußreichsten Leute in der SPD. In den zwei Jahren bevor Jogiches zu ihr kam, war Rosa „Familienmitglied" der Kautskys, Vertraute Clara Zetkins, Liebling August Bebels und Schützling von Franz Mehring geworden. Alle waren angetan von ihrer Klugheit und ihrer Hingabe für den Sozialismus und fanden sie als Person attraktiv. Auch wenn Rosa politische Spitzen hinter der Freundlichkeit spürte, genoß sie doch die Gesellschaft von Leuten, die, von der gemeinsamen Sache abgesehen, ihr Interesse an Literatur und Musik teilten; vor allen Dingen aber war sie stolz darauf, von der höchst wählerischen Parteielite akzeptiert zu werden.

Karl Johann Kautsky, seine zweite Frau Luise und ihre drei kleinen Söhne bewohnten eine geräumige Etage nicht weit von Rosa Luxemburg entfernt. Kautsky, 1854 in Prag geboren und in Wien zur Schule gegangen, war der bekannteste marxistische Theoretiker seiner Zeit in Deutschland. Als Chefredakteur der Zeitschrift *Die Neue Zeit* und Autor zahlreicher Schriften hatte er ein komfortables Einkommen. Er lebte in Übereinstimmung mit seiner Überzeugung, für die Pioniere einer neuen Gesellschaftsordnung sei Muße unverzichtbar, damit sie den langen und anstrengenden Kampf wirksam führen könnten. Die Kautskys hielten regelmäßige Sonntagnachmittagsversammlungen ab, und ihr Haus stand fremden Besuchern stets offen. Ihr öffentliches und privates Leben beschränkte sich fast ausschließlich auf Kontakte mit Sozialisten. Kautskys erste Frau führte Engels den Haushalt, seine zweite Frau machte gelegentlich Übersetzungen für die sozialistische Presse, seine

Mutter Minna Kautsky schrieb Arbeiterromane, und Kautsky selber bekam von Marx' Tochter Laura Lafargue den literarischen Nachlaß Karl Marx' anvertraut. Was letzteres betrifft, schrieb Rosa Luxemburg im Mai 1890 an Jogiches: „Sie (die Kautskys) haben mich vorgestern wieder zum Abendbrot eingeladen, und bei dieser Gelegenheit hat er mich gefragt, ob ich ihm denn nicht bei der Bearbeitung des Marxschen Manuskripts zum vierten Band (des Kapitals) helfen möchte ... Natürlich, da ich genau wußte, daß von diesem meinem stillen Verdienst um den Marxismus weder die Gegenwart, noch die Nachwelt je erfahren würde, habe ich ihm prompt gesagt: ich lasse mich nicht zum Narren halten! Selbstverständlich in eleganter Form ... Ich gab ihm den Rat, sich eine Remington anzuschaffen und seiner Frau das Maschineschreiben beizubringen."[9]

Luise Kautsky, eine gebildete, lebhafte Wienerin, spielte die traditionelle Rolle der Ehefrau und Mutter. Da sowohl ihr Mann als auch die Schwiegermutter sich intellektuellen Interessen widmeten, empfand sie diese Rolle als besonders bedrückend. Das Zerwürfnis in der Kautskyschen Ehe acht Jahre später ergab sich aus dem Versuch Luises, dieser Enge zu entfliehen und mit einem Mann zu leben, der mehr Verständnis für ihre Bedürfnisse hatte. Der Vorwurf, Rosa Luxemburg sei für Luises exzentrischen Wunsch verantwortlich, war ungerechtfertigt; aber zweifellos hat sie Frau Kautskys Blick für die Begrenztheit ihres Lebens geschärft. Beeindruckt von Rosas Geist und ihrer Unabhängigkeit suchte Luise von Anbeginn ihre Freundschaft. Rosa war nicht so begeistert. „(Ihr Charakter) gefällt mir nicht", schrieb sie an Jogiches, „sie liebt mich sehr und küßt mich ständig, sie redet mich auch per ‚Du' an ..."[10] Zuerst hielt sie Luise für flach und geistlos und meinte, sie sei eifersüchtig auf Rosas Beziehung zu ihrem Mann – eine Beziehung von gleich zu gleich. „Bei Kautskys bin ich selten und nur kurz, er bei mir häufiger", berichtete sie und merkte an, vielleicht um Jogiches zu versichern, daß er allein zählte: „Sie langweilen mich inzwischen fürchterlich."[11] Luise Kautsky stellte die Sache etwas anders dar: „Nach kaum einigen Wochen war sie ... so gewöhnt, daß sie erklärte, ‚im Hause Kautsky sind alle meine Bedürfnisse gedeckt'." Frau Kautsky berichtete, Rosa habe mit ihrem Mann Politik, mit „unserem braven Hausgeist Zenzi" das Kochen und mit ihr „alles getrieben". Sie gestand zwar, daß Rosa zuerst entsetzt war: „Karl Kautskys Frau trägt eine Schürze!!", bald aber habe Rosa „auch eine Schürze nicht verschmäht", um unter Zenzis wachsamem Blick die Kunst des Kochens zu lernen. „Weihnachten ohne Rosa wäre undenkbar gewesen", schrieb Luise, „und es war ein Vergnügen, zu sehen, mit welchem Eifer und welcher Hingabe sie mit den Kindern . . . spielte." Frau Kautsky erinnerte sich, wie sie sich gegenseitig nach Hause brachten, „immer wieder die eine die andere von Tür zu Tür begleitend", sie konnten sich nicht trennen, als der Abend zu Ende war. Rosa sang Opernarien, die „Marseillaise" oder die „Internationale", und ihre Stimme hallte durch die nächtliche Stille. Im Frühjahr 1900, als Rosa Luxemburg sich bei Jogiches beschwerte, das Verhältnis zu den Kautskys bürde ihr doch einige Lasten auf, war sie gebeten worden, die „Mutterstelle bei unseren Jungens" zu vertreten, wie Luise sagte.[12] Sie zog ein, als die Kautskys nach Paris fuhren, um den literarischen Nachlaß von Karl Marx zu übernehmen.

Als sie Luise Kautsky besser kennengelernt hatte, schwanden Rosa Luxemburgs anfängliche Vorbehalte, es entwickelte sich eine tiefe Sympathie. Rosa Luxemburg war zwar ganz entschieden gegen eine gesonderte Frauenbewegung – sie schrieb ihr eine spalterische Wirkung für die Sache zu –, aber sie war sehr für die persönliche Freiheit ihrer Freundin. Manchmal scherzhaft, manchmal auch im Ernst erhob sie Protest gegen Karl Kautskys Selbstherrlichkeit und seine herablassende Art gegenüber seiner Frau. Sie ermutigte Frau Kautsky, zu schreiben, und half ihr mit Kritik und Korrekturen.

Luise Kautsky sah bei Rosa Luxemburg das Bedürfnis, „sich mit einem dichten Schleier von Heimlichkeit" zu umgeben. Den Grund dafür fand sie in Rosas „Verschwörerromantik" und ihrer Angst, das Leben würde „allzu platt und ‚kleinbürgerlich'." Ihre Freundschaft mit Rosa sei nur möglich gewesen, weil sie ihr niemals Fragen gestellt habe. Es sei Rosa unmöglich gewesen, sich ihr rückhaltlos zu öffnen, sagte sie; das Äußerste war eine Umarmung oder ein Seufzer, wenn Rosa Kummer hatte. Luise wagte nie, mit ihr über Jogiches zu sprechen, zu dem sie, wie Frau Kautsky schrieb, in einem „ganz besonderen Verhältnis" stand.[13]

Intellektuell war Luise Kautsky keine Partnerin für Rosa Luxemburg, auch war sie nicht, wie Clara Zetkin, ihre politische Verbündete. Aber Rosa Luxemburg hatte zehn Jahre lang bei den Kautskys ein Heim, eine vollständige Familie mit drei Jungen, die für sie schwärmten, und einer Oma, die in sie vernarrt war. Und Luise, statuenhaft und fraulich, entwickelte für Rosa mütterliche Gefühle. Sie begriff, daß sich hinter „all ihrer Munterkeit, Mitteilsamkeit und scheinbaren Offenheit" eine einsame Frau verbarg, voll Sehnsucht nach einer Familie und gebunden an einen Mann, der „meteorartig auftauchte“ und verschwand, wie Luise notierte.

Rosa Luxemburgs Beziehung zu Clara Zetkin begann als politisches Bündnis und wurde zur lebenslangen Freundschaft. Clara und Rosa, verschieden in Alter, Aussehen und Temperament, wurden, wie August Bebel sie etwas gönnerhaft nannte, die „Frauenzimmer“ der Sozialdemokratischen Partei Deutschlands. Zwei Jahrzehnte lang lösten sie Zorn, Respekt und höhnische Sticheleien aus.

Clara Eissner, 1857 geboren und dem deutschen Protestantismus entstammend, hatte in den 1870er Jahren in ihrer Heimatstadt Leipzig den russischen Juden Ossip Zetkin kennengelernt. Der junge Revolutionär hatte Rußland den Rücken gekehrt und konnte in Preußen wegen der Sozialistengesetze nicht bleiben. 1880 ging er nach Paris, wohin Klara ihm zwei Jahre später folgte. Dem Paar wurden zwei Söhne geboren, 1883 Maxim und 1885 Konstantin (Kostja). 1889 starb Ossip Zetkin, von der Tuberkulose und manischer Depression dahingerafft. Clara hatte der Aufenthalt in Paris dazu verholfen, ausländische Sozialisten kennenzulernen und Freundschaft mit russischen und polnischen Juden zu schließen, was die meisten ihrer Landsleute unangenehm fanden. In den Jahren der Krankheit ihres Mannes fand Clara zu sich selbst. 1890 bot man ihr die Redaktion der sozialistischen Frauenzeitschrift *Die Gleichheit* an, und diesen Posten behielt sie siebenundzwanzig Jahre lang. Dann zog sie nach Stuttgart, wo ihr Redakteurskollege Karl Kautsky ihr Nachbar und Mentor wurde.

Möglicherweise haben Rosa Luxemburg und Clara Zetkin sich 1893 beim Kongreß der Internationale in Zürich kennengelernt, wo Rosa ihre Jungfernrede hielt, vielleicht auch erst beim Kongreß 1896 in London. Als 1898 Rosa Luxemburgs Anti-Bernstein-Serie erschienen war, kam das verschwenderischste Lob von Clara Zetkin, die in der SPD-Führung fest etabliert war. Schon im April des folgenden Jahres war Clara Rosas Hausgast, und im Mai besuchte Rosa Clara in Stuttgart, wo sie ihre Söhne kennenlernte, damals fünfzehn und dreizehn. Von da an wohnte Clara bei Rosa, wenn sie in Berlin war, und Rosa war, wenn sie nach Stuttgart kam, ihr Gast. Das Haus auf dem Lande, das Clara später erwarb, wurde Rosas bevorzugter Schlupfwinkel.

Rosa hatte auf den ersten Blick einen positiven Eindruck von Clara Zetkin; unter dem Parteivolk sei „allein Clara aufrichtig und lauter“, berichtete sie Jogiches. „Lieb und herzlich“ bahnte sie Rosa Luxemburg den Weg in die inneren Zirkel der Partei und hielt sie über den neuesten Klatsch auf dem laufenden. Aber die Freundschaft Rosa Luxemburgs mit Clara schloß Kritik nicht aus. Während Bebel Clara und sie als „die einzigen Männer“ der Partei bezeichnete, couragiert und stark, meinte Rosa, daß Clara intellektuell „ein leerer Schlauch“ sei, den ihr jeweils letzter Gesprächspartner leicht füllte.[14] Sie könne Ideen aufnehmen, aber nicht hervorbringen, „sie hat nie eine eigene Meinung“[15], schrieb Rosa Luxemburg an Jogiches; und, so berichtete sie, „ihre ganze Rede war eine *wortwörtliche* Wiederholung meiner letzten fünf Artikel, wie eine auswendig gelernte Lektion.“[16] Daß Rosa Luxemburgs Urteil richtig war, erwies sich, als Clara Zetkin gegen Ende ihres Lebens zum Sprachrohr Stalins wurde.

1899 heiratete Clara den Maler Friedrich Zundel, achtzehn Jahre jünger als sie. Sie trotzte der Konvention und forderte, gleichgültig gegenüber Klatsch und Spott, das SPD-Establishment heraus. Sie predigte den Verzicht auf persönliches Glück für die Sache, wollte auf das eigene Glück aber nicht verzichten. Sie pries die Vorzüge des Proletarierlebens, lud aber in ihr behagliches Landhaus zu Musikabenden ein, die in Stuttgarter Künstlerkreisen eine große Attraktion waren. Ihre Version des Sozialismus war getränkt mit dem Geist preußischer Disziplin und preußischen Gehorsams. In ihrem Denken hatte Abstraktion keinen Platz; alles reduzierte sich auf schwarz oder weiß, kapitalistisch oder sozialistisch. Clara Zetkin, eine Fanatikerin mit Hang zum Despotismus, griff ersatzweise zu Prinzipien, wo ihr die Vorstellungskraft fehlte.

Friedrich Zundel war Claras erste Schwäche, Rosa Luxemburg ihre zweite. Rosa faszinierte sie als Intellekt und als Frau. Umgeben von Doktoren der Rechte und der Ökonomie, der Geschichte und der Literatur empfand sie beklommen ihren Mangel an höherer Bildung und verließ sich immer stärker auf Rosa. Manuskripte, die sie mit der Post an Rosa schickte, kamen mit Rosas Kommentaren und kritischen Anmerkungen zurück; Reden wurden in Rosas Wohnung geprobt. Daß Rosa Luxemburg in den Ansichten über oder dem Engagement für die Frauenfrage nicht mit Clara Zetkin übereinstimmte, tat ihrer Freundschaft keinen Abbruch. Hin und wieder schrieb Rosa ihrer Freundin zu Gefallen einen Artikel für die *Gleichheit* oder ging mit ihr zu einem Treffen „dieser Glucken“.

Was hat Rosa Luxemburg, die so eigen war, was ihren persönlichen Umgang betraf, zu Clara Zetkin hingezogen? Als Mitglied der SPD-Führung war Clara Zetkin eine erwünschte Bündnispartnerin, besonders wegen ihrer Radikalität; dennoch, für Rosa Luxemburg war Freundschaft etwas Geistiges, nichts Pragmatisches. Gefiel ihr an Luise Kautsky der lebendige Geist, so hätte sie sich bei Clara Zetkin von dem, was sie an „den Hunnen" nicht mochte, leicht abgestoßen fühlen können. Aber die kompakte, große, vollbusige Deutsche, dreizehn Jahre älter als sie, entsprach einem Bedürfnis, das nichts mit Ideologie oder Politik zu tun hatte – sie war personifizierte Sicherheit.

Jogiches war bei früheren Besuchen in Berlin Rosas Freundinnen nur flüchtig begegnet, er wollte unauffällig bleiben und Klatsch vermeiden. Als er dann im August 1900 ganz zu ihr zog, änderte sich nicht viel. Wenn Besuch kam, blieb er in seinem Zimmer; wenn er, was selten vorkam, Rosa begleitete, sprach er kaum ein Wort. Claras Musikabende oder die Sonntagnachmittage der Kautskys sagten ihm nichts. Jeder Kontakt war nur wieder ein Hinweis auf seinen peinlichen Status als „Rosa Luxemburgs Freund", wie Bebel ihn noch Jahre später nannte. Rosa Luxemburg war von Leuten umgeben, die wie sie überaus aktiv waren, Bücher schrieben, Zeitungen herausgaben, Gesetze ausarbeiteten, zu Tagungen und Kongressen fuhren. Es gab kein anderes Milieu, das Jogiches' Unvollkommenheiten so erbarmungslos aufgedeckt hätte. In keinem anderen Milieu wäre seine Unfähigkeit zu schreiben, öffentlich aufzutreten, mit Menschen auszukommen so ins Auge gefallen. Ohne ein Blatt, ohne das geschriebene Wort, betonte er, gibt es keine Partei, keine Bewegung, keine Revolution. Daß er sich unter Leuten bewegte, die alle Mittel und Möglichkeiten hatten, Revolution zu machen, und dennoch dazu verurteilt war, die Rolle des Zuschauers zu spielen, war grotesk und erniedrigend. Er war Marxist wie sie, wie sie widmete er sein Leben der gesellschaftlichen Veränderung. Daß er, wie Rosa Luxemburg, in Fragen der Taktik und Strategie eigene Auffassungen vertrat, hätte kein Hindernis für Kontakt oder Meinungsaustausch sein müssen. Aber das war nicht, was er wollte. Er wollte handeln.

Als Rosa Luxemburg im September 1900 Berlin verließ, schrieb sie ihren ersten Brief an Jogiches auf Russisch. Seit 1893 hatte sie ihm nicht mehr in seiner Muttersprache geschrieben. Jetzt gab sie ihm zu wissen, wie tief ihr Gefühl für ihn war. Sie befand sich in Mainz, um am Parteitag der SPD teilzunehmen; er war in Berlin geblieben, in der Wielandstraße 23 in dem Zimmer neben ihrem, und wartete auf Nachricht von ihr. Das Muster war nun angelegt – sie war unterwegs in Aktion, er saß in seinem Zimmer und las Berichte über ihre Triumphe und ihre wachsende Popularität. „Ich bin auf dem Kongreß von allgemeiner Sympathie umgeben", verlautete aus Mainz, „besonders bei den Berlinern, ich habe schon eine Menge Einladungen zu Referaten ... Auer ist die Süße selbst und nennt mich ‚Róża' (auf polnisch), er kam einige Male zu mir herüber. Clara ist gut wie immer, aber irgendwie meschugge, hat sich in die Weiberfragen gehängt und ergreift nicht das Wort zu den allgemeinen. Ich bin also *völlig allein.* Ich sitze zwischen Bruhns und Molkenbuhr, die mich beide eifrigst hofieren. Mit Eisner habe ich auch sehr freundschaftlich geredet. Fischer liebedienert wie er nur kann. Gogowski sitzt mir gegenüber und ‚bewundert'. ... Sogar Adolf Braun möchte sich einschmeicheln, obwohl ich ihn en canaille behandele. ... Ich benehme mich vorbildlich, ganz nach Deinen Vorschriften."[17] Nach drei Tagen gab es mehr: „Singer ist von mir ungeheuer begeistert ... Ich habe Einladungen zu Referaten aus ganz Deutschland erhalten (aus Großstädten), ... Eisner stellte heute beim Mittagessen fest, daß ich ... ‚die deutsche Sprache meisterhaft beherrsche' (im Orig. deutsch) (was auch Herzfeld bestätigte) und daß ich hinsichtlich der Form der beste Redner des Parteitages sei!! ... Bebel und die anderen nennen mich: ‚die Siegerin'."[18] Von Mainz aus fuhr Rosa Luxemburg direkt nach Paris zum Kongreß der Zweiten Internationale. Dort wurde sie in das Komitee für Militarismus und Kolonialpolitik delegiert. Drei Monate später, im Dezember, war sie in Hamburg zu einer Vortragsreihe. „Ich habe mir die besten hiesigen politischen Redner angehört ... Keiner von ihnen ist für mich eine Konkurrenz."[19]

Das Jahr 1900 neigte sich seinem Ende zu. Für Rosa Luxemburg beendete es die quälende Ungewißheit ihres Privatlebens, während es für Jogiches eine lange Phase des Wartens auf Veränderung eröffnete. Sie begannen ihr neues Leben zusammen in zwei Zimmern, nebeneinander, jedoch getrennt. Es war nicht bloß eine symbolische Trennung. Ihr erstes Weihnachten in Berlin war nicht das fröhliche Familienfest, das sich Rosa so sehr wünschte. Nach zehn Jahren war die Frage der Familiengründung noch immer ungelöst. Die geographische Entfernung zwischen ihnen war beseitigt, aber das, was sie unsichtbar gemacht hatte, wurde durch die Nähe nun sichtbar. Es war leichter, über Kinder Briefe zu schreiben als zu reden, leichter, aus der Entfernung das Wesen ihrer

Beziehung zu verbergen, als in der Nähe ständig zu tun als ob. Für Jogiches war es leichter, in Zürich Rosa Luxemburgs Briefe zu lesen, als sie in Berlin agieren zu sehen. Ein Brief, den Rosa am 30. Dezember 1900 an die alte Minna Kautsky schrieb, verrät das Bemühen, fröhlich und zufrieden zu erscheinen. Jogiches wurde nicht erwähnt, aber Beethoven und Chopin. Rosa schrieb, nach dem erschütternden Schicksalsschlag, dem Tod ihres Vaters, sei sie nun wieder fähig, an Arbeit und Geselligkeit Freude zu finden.

Elias Luksenburg war am 30. September 1900 gestorben, während Rosa in Paris beim Kongreß der Sozialistischen Internationale war oder, wie sie einmal rückblickend voll Sarkasmus schrieb, „der Menschheit dringende Geschäfte besorgen und die Welt beglücken“ mußte.[20] Ihr Vater war schon seit einer Woche begraben, als sie nach Berlin zurückkehrte. Ihr blieb nur die Erinnerung an die zwei Wochen, die sie im August 1899 widerwillig mit ihm in einem Kurort zugebracht hatte. Bei diesen letzten Ferien mit ihrem Vater hatte plötzlich die Vergangenheit sie eingeholt. Mehr denn je zuvor hatte der kranke alte Mann Schwäche, Ängstlichkeit, Unterwürfigkeit verkörpert, die Attribute des moralisch, gesellschaftlich und physisch verkrüppelten Juden. Er hatte keine Interessen außer Geld, keine Träume als den eines schnellen kleinen Handels. Er stöhnte des Nachts und sprach in klagendem Ton; seine Hände zitterten, sein Gang war schlurfend. Die Quelle ihrer inneren Spannung vor Augen, konnte sie Angst, Abscheu und Zorn kaum zügeln. „Er sieht so schauderhaft aus, daß sich alle nach ihm umsehen“, schrieb Rosa Luxemburg an Jogiches; und sie müsse mit ihm spazierengehen, „was für mich eine Qual ist, weil Vater wie eine Schnecke kriecht, . . . so daß ich fast krank werde.“[21] Auch die Unterkunft in dem Badeort, ein kleines, durch einen Wandschirm geteiltes Dachkämmerchen, hatte sie an die vollgestopfte Warschauer Wohnung und ihren Mangel an Privatheit erinnert.

Während Rosa Luxemburg den Brief an Minna Kautsky entwarf, kamen verdrängte Erinnerungen wieder hoch. Seit dem Augenblick, in dem ihre Mutter gestorben war, hatte der Vater nur einen Traum: Rosa zu besuchen. Aber sie hatte keine Zeit gehabt und den Besuch zwei Jahre lang immer wieder aufgeschoben. Seine Briefe, angefüllt mit Liebe und Bewunderung und Entschuldigungen, daß er ihre kostbare Zeit in Anspruch nahm, quälten sie; seine unbeholfenen Bemühungen, sie wieder ins Familienleben einzubeziehen, lösten bei ihr Gereiztheit aus. Sie hörte nicht gern, daß man ihr sagte, ihre Briefe wären seine einzige Freude, also schrieb sie ihm selten. „Da ich so lange keine Nachricht und Antwort auf meine Briefe und meine letzte Karte habe, bin ich sehr beunruhigt. Ich liege schon die dritte Woche im Bett", schrieb Elias Luksenburg. „Ich bitte Dich, erbarme Dich und schreib mir postwendend."[22] Das Mosaik der Poststempel auf den Sendungen, die von Berlin nach Zürich – oder wo sich Rosa gerade befand – nachgeschickt wurden, verriet nicht weniger als der Inhalt. Rosa versuchte, die Vernachlässigung durch kleine Geldbeträge, ein Päckchen, einen hastig gekritzelten Gruß, einen Zeitungsausschnitt mit ihrem Namen gutzumachen. „Es macht mir Freude und Ehre", schrieb Elias, „zu hören, was Freunde dazu sagen."[23] Halsstarrig, so als wollte er sich ihr nicht ganz und gar ergeben, schrieb er ihren Namen „Luxenburg", obwohl sie ihre Artikel selbstverständlich mit Luxemburg zeichnete.*

Noch etwas hatte sie zu tun versäumt, wie sie wußte, nämlich ihrem Vater in seinen finanziellen Schwierigkeiten zu helfen. Fast bis ans Ende seiner Tage war Elias Luksenburg auf das bißchen Geld angewiesen, das er noch verdienen konnte, und so schlurfte er, gebeugt und hinfällig, in die Stadt. „Hinsichtlich all dessen hat Onkel Maurycy ... mir eine Beihilfe bestimmt", informierte er Rosa, als sein brandiges Bein ihn ans Bett fesselte, „was ich natürlich voller Demut annehmen mußte, was war zu tun, wenn ich schon nicht arbeiten kann." Aufgebracht reagierte er auf Rosas Versprechen, sich im Frühjahr mit ihm zu treffen: „Du schreibst alles findet im Frühjahr statt, so als ob dieses Frühjahr in ein paar Jahren sein sollte, wo es doch schon da ist und ich schon nicht mehr viele Frühjahre zur Verfügung habe." Es war sein letztes.[25]

Jetzt, am Ende des Jahres 1900, lagen die unbeantworteten Briefe ihres Vaters bei ihr in der Schublade. In dem letzten, acht Monate zuvor geschrieben, hatte Elias Luksenburg gesagt, der letzte Tropfen Wermut im Kelch habe wohl noch gefehlt. Ihre „völlige Gleichgültigkeit" erinnere ihn daran, „was ich einmal gelesen habe", ließ er sein geliebtes jüngstes Kind wissen, „daß der Adler sich hoch erhebt, also sieht er nicht, was auf der Erde geschieht. Du bist mit sozialen Fragen befaßt, und die häuslich-familiären Angelegenheiten sind sogar vom zweiten

* Einige Jahre zuvor hatte Schwester Anna angefragt, „ob Du Deinen Namen durch einen Irrtum mit m schreibst oder auch in Wirklichkeit? In der *Neuen Z(eit)* habe ich diese Veränderung auch bemerkt und mich gewundert."[24]

Platz gerückt, naja, was tun! Ich muß auch das annehmen . . . Ich kann Dich mit meiner Korrespondenz nicht mehr belasten.“[26]

Im nächsten Jahr, 1901, feierte Rosa weitere Triumphe. „Großartig“, beurteilte sie ihre Rede in Breslau in einem Telegramm an Jogiches. „Du hast keine Vorstellung, wie die mich lieben“, berichtete sie nach einem Treffen mit polnischen Arbeitern.[27] Zwei Postkarten auf Russisch, im Juni geschrieben, waren das letzte, was sie ihm in seiner Muttersprache schickte. Er hatte nun nicht viel anderes zu tun als ihre Terminpläne zu überwachen und die bequemsten Zugverbindungen zu suchen, die sie zu Versammlungen und Vortragsreisen brachten, er schickte ihr die Tageszeitungen, um sie über die Nachrichten auf dem laufenden zu halten, und wartete auf ihre Rückkehr. Sie kam zwischen einer Sitzung und der nächsten kaum zum Luftholen und konnte mit den Einladungen zu Referaten und den Anfragen nach Artikeln kaum Schritt halten. Ihre Position als maßgebliche politische Journalistin war gefestigt und ihr Wirkungsbereich erweiterte sich stetig. In Osteuropafragen konnte ihr keiner in der SPD-Presse das Wasser reichen; und sie schien in der preußischen, französischen, britischen und belgischen Politik gleichermaßen zu Hause.

Nur die engsten Freunde Rosa Luxemburgs wußten von ihrer Doppelrolle in der polnischen und der deutschen Bewegung. Offiziell beschränkten sich ihre Verbindungen zu polnischen Arbeitern auf den von Preußen annektierten Teil Polens. Inoffiziell jedoch bestimmte sie die Politik der Sozialdemokratie des Königreichs Polen und Litauens (SDKPiL), lenkte sie und arbeitete an ihrer Durchsetzung mit; die Partei war ihres Geistes Kind, darüber hinaus aber war sie ein Ventil für ihren alten persönlichen Konflikt mit Polen.

Die Presseorgane sowohl der SPD als auch der SDKPiL veröffentlichten ihre Thesen zu theoretischen Fragen, die darauf abzielten, zum Handeln anzuregen, Veränderungen und letztlich die Revolution zu bewirken. Mit der SPD als Sprungbrett begab sie sich über die russische und polnische Politik hinaus in weitere Horizonte. Ihre Artikel und Streitschriften griffen Themen auf wie das allgemeine Wahlrecht in europäischen Ländern, Rüstung, Kolonialismus, Zollpolitik, Weltpolitik, die Freiheit des künstlerischen Ausdrucks, die Werke von Marx, Engels, Lasalle und Adam Mickiewicz. Die Mühelosigkeit, mit der sie Grenzen übersprang – intellektuelle, nationale, historische –, die Spritzigkeit ihrer Argumente, gestützt von farbenreichen Metaphern und Zitaten klassischer und moderner Schriftsteller, ihre Gabe, Kompliziertes einfach darzustellen, das alles sicherte ihr ein breites Publikum.

Jogiches wurde immer verzagter. Tagelang nahm er kein Buch, keine Zeitung zur Hand. Er lag kettenrauchend auf dem Bett, in schwarze Wolken gehüllt. Auf der anderen Seite der Wand raste Rosas Feder wie eine Lokomotive übers Papier und bedeckte Seite um Seite. Ihre Energie vertiefte seine Trägheit, ihre Kraft sein Unvermögen, ihre Leistungen seinen Mißerfolg. Ihre Beteuerungen machten alles nur noch schlimmer. Er wollte keinen Trost, keine Versicherungen, er mache ihre Erfolge möglich, sein Intellekt sei ihrem überlegen, aus seinen Ideen entstünden ihre Taten. Jeder Versuch von ihr, ihn aus dem Morast zu ziehen, mündete in neue Mißverständnisse, neue Anklagen, neue Bitterkeit.

Überwältigt von Jogiches' Intellekt machte Rosa Luxemburg den üblichen Fehler und verwechselte geistige Potenz mit der Fähigkeit, im Alltag zu überleben. Sie handelte wie eine Mutter, die alles tut, um ihr Kind glücklich zu machen, die es über alles liebt, es verwöhnt, seine Launen erträgt, sich zwischen das Kind und die grausame Welt stellt, und zum Lohn ist das Kind nichts als unglücklich. Rosa brüllte und raste, flehte und weinte. Sie brachte ihm Bücher mit, die er nie öffnete, Freunde, die er nicht empfangen wollte, Neuigkeiten, die er nicht zur Kenntnis nahm. Sie zerrte ihn aus dem Bett, fütterte ihn mit Kraftnahrung, ging mit ihm spazieren. Sie machte ihn auf die knospenden Blumen, das sprießende Gras, die zwitschernden Vögel aufmerksam. Sie plante Konzert-, Opern-, Theaterbesuche, um seine Laune zu heben. Alles war vergeblich.

Ein naher Tod beendete die ausweglose Lage. Im Dezember 1901 kam Ossip Jogiches, Leos mittlerer Bruder, nach Berlin, von Tuberkulose zerstört. Ärzte rieten zu blauerem Himmel und trockener, warmer Luft. Sofort bot Leo an, Ossip nach Algier zu begleiten. Von seinen drei Brüdern stand Ossip Leo am nächsten. Als 1898 Leos Mutter gestorben war, hatte Rosa Leo geschrieben: „Willst Du Deinen ‚Juzjo' (im Orig. russisch) jetzt nicht ein wenig ins Ausland kommen lassen, Du hättest es natürlich noch schwieriger, aber er, der Arme, fühlt sich jetzt sicherlich entsetzlich und sehnt sich sehr nach Dir."[28] Ein Jahr später, 1899, war Ossip Jogiches gekommen, und Leo hatte Rosa gebeten, ihn herzlich aufzunehmen, eine unnötige Aufforderung, fand sie. Ossip war zwei Tage bei Rosa in Berlin geblieben und zwei Wochen bei Leo in Zürich. Er hatte Leo die kleine goldene Uhr ihrer Mutter überbracht, die Leo Rosa schenkte. Gerührt sagte Rosa, das „Geschenk ist mir sehr lieb", doch gebe es ihr „jedesmal einen Stich ins Herz", wenn sie es anschaue.[29]

Jogiches' Biograph[30] sah in Leos Bereitschaft, seinen sterbenden Bruder nach Algier zu begleiten, einen Beweis brüderlicher Liebe auf Kosten der Sache. Die Wahrheit ist, daß Jogiches keine Gelegenheit ausgelassen hätte, aus Berlin herauszukommen. Die Ferien, die er mit Rosa im August 1901 auf der Insel Sylt verbracht hatte, vermochten die Spannung zwischen ihnen nicht zu lösen. Im September suchte Rosa wild entschlossen nach einer Wohnung, in der sie, wie Rosa wieder einmal glaubte, ein neues Leben beginnen würden. Im Dezember 1901 fuhr Jogiches mit seinem Bruder ab, und die Trennung hatte eine Flut von Briefen zur Folge. Alles, was in den anderthalb Jahren ihres Zusammenlebens ungesagt geblieben war, wurde nun in den Briefen ausgesprochen.

Ossip Jogiches starb einen langen Tod. Tag für Tag schien er zu schrumpfen, seine Augen sanken tiefer in die Höhlen, sein Gesicht wurde bleicher, sein Atem kürzer. Die warme Sonne, die trockene Luft, die Medikamente konnten die Krankheit nicht stoppen. „Sieht man keine Wirkung der Luft und der guten Ernährung?" fragte Rosa. „Ich wundere mich, daß ihm der Arzt nicht wenigstens einen leichten Spaziergang jeden Tag verordnet hat; denn das würde ja den Appetit sehr steigern."[31] Ossip war zu schwach zum Spazierengehen. Er verließ sein Hotelzimmer selten, die meiste Zeit ruhte er sich von den erschöpfenden Hustenanfällen aus.

Hilflos sah Leo zu, wie das Ende sich näherte. War er selbst auch verdammt wie sein Bruder? Er taumelte von einer Niederlage in die andere – Zürich, Berlin, Algier –, jede schlimmer als die letzte. Nichts, nicht einmal der Tod war schlimmer als die beständige Langeweile. Seine Versuche, dies Rosa zu erklären, waren vergeblich. Sie konnte, schrieb sie, die „im Sanskrit Deiner Psychologie" geschriebenen Worte nicht verstehen. Ihr zufolge gab es „wirkliches" Unglück – den Tod seiner Mutter und die Krankheit seines Bruders – und eingebildetes, das sie einem selbstzerstörerischen Zug an ihm zuschrieb, Symptom eines „sinnlosen, rohen Selbstmords am Seelenleben." Sein Verhalten wie das seines Bruders sei Selbstmord, erklärte sie. Sein Bruder gehe zugrunde

„durch die eigene Roheit, mit der er seinen Körper malträtiert", und Leo tue das gleiche mit seiner Seele. Sie litten beide unter der gleichen „unbeherrschten Roheit".[32] Dieser Ausbruch Rosa Luxemburgs kam zwar zur unrechten Zeit, aber er war ein weiterer verzweifelter Versuch, Jogiches aus seiner Depression aufzurütteln. In diesem Moment, da der Tod ihn streifte, könnte es ihr gelingen, dachte sie, ihn vor sich selbst zu retten.

Bevor die beiden Brüder Berlin verließen, wurde ein Traum Rosa Luxemburgs wahr. Im Herbst 1901 mietete sie eine Zweizimmerwohnung in der Cranachstraße 58, wo sie für die nächsten zehn Jahre bleiben sollte. Der Alptraum des Untermieterlebens war vorüber. Jetzt, dachte sie, würden sie sich niederlassen, Eigenes besitzen, ein Mädchen beschäftigen, einen ordentlichen Haushalt führen, und Jogiches würde endlich zufrieden sein. Offiziell, sie waren ja nicht verheiratet, mietete er ein möbliertes Zimmer bei ihr. Der Hauswirt kam die renovierte Wohnung inspizieren, wie das so üblich war – „Dein Zimmer habe ich ihm nicht gezeigt, damit die Rede nicht auf Dich kam", meldete sie Jogiches nach Algier.[33] Jeder der beiden Räume war ein Schlaf- und Arbeitszimmer. Rosas Zimmer war doppelt groß als Wohnzimmer. Schwere Samtvorhänge paßten zur tiefroten Tapete, der Fußboden unter dem Wollteppich war gewachst und gebohnert. Ein Sofa mit Bücherborden darüber, ein Eßtisch, Polsterstühle und ein Beistelltischchen wurden arrangiert, um Freunde und Gäste zu bewirten; das Bett, ein großer Schreibtisch und ein Waschtisch bildeten den Privatbereich. Es gab Bilder an den Wänden, einige von Rosa Luxemburg gemalt, und die vertrauten Nippsachen, von denen ihr die Porzellanfigur „Amor und Psyche" die liebste war. Jogiches' Zimmer, auch „das Arbeitszimmer" genannt, dunkelgrün tapeziert, war strenger, es enthielt einen Schreibtisch, einen Bücherschrank mit Glasscheiben, eine Garderobe, einen Armsessel und ein Bett. Es gab eine Küche, wo das Mädchen schlief, eine Toilette, aber kein Badezimmer. Wasser für das wöchentliche Bad machte man auf dem Küchenherd heiß, und die Waschung nahm man im eigenen Zimmer über einem großen Emaillebecken vor. Mit der Zeit wurde die Wohnung noch reicher mit Porzellan, Leinen, Dekorationen und Büchern ausgestattet.

In Jogiches Abwesenheit bereitete Rosa Luxemburg das Nest vor, sie konnte es kaum erwarten, daß er zurückkäme in ein Heim, das er zu schätzen wüßte. Sie stellte die Möbel auf, dekorierte die Zimmer, ordnete die Bücher – Wissenschaft, Romane und Erzählungen, Gedichte in Polnisch, Russisch, Deutsch, Französisch und Englisch – und hielt Jogiches über jedes Detail informiert. „Der Schrank und die schwarze Platte sind heute gebracht worden", teilte sie ihm am 18. Dezember 1901 mit. „Der Schrank ist wunderbar, die kleinen Flecken sind kaum auszumachen, ich weiß wahrhaftig nicht, weswegen Du soviel Umstände gemacht hast. Die Waschkommode sieht mit der schwarzen Platte ganz anders aus, die weiße Garnitur ‚wirkt' (im Orig. deutsch) großartig auf ihr."[34] Ein Dienstmann kam die Teppiche klopfen, und das Mädchen Anna polierte, staubte ab und putzte, so daß „sogar im Sonnenlicht kein Staubkörnchen tanzt."[35]

Rosa Luxemburg nahm ihre neuen Pflichten ernst; sie betätigte sich gern rund ums Haus, fügte hier und da einen Handschlag hinzu. Das Mädchen hielt sie in strenger Zucht – „ich habe unsere Anna mustergültig dressiert" – und war verletzt, als Anna drei Monate später kündigte, „aus welchem Grund, ist mir unbekannt; denn sie hat wie im Paradies gelebt und war zum Schluß dick wie eine Tonne."[36] Rosa lernte die Schwierigkeiten kennen, eine gute Hausangestellte zu finden und zu halten. Fürs erste aber war sie mit Anna zufrieden, und da Weihnachten heranrückte, wollte sie ihre Anerkennung zeigen. „Nachdem ich an *mehreren* Stellen erfahren hatte", berichtete sie Jogiches, „daß man einem Dienstmädchen, das bleibt und mit dem man zufrieden ist, Geschenke in Höhe eines Monatslohns macht, habe ich ihr eine wunderschöne Seidenbluse gekauft (denn Kleider hat sie im Überfluß), hochrot mit weißem Einsatz und schwarzen Samtbändern für 10 M., einen Schirm mit altgoldenem Griff zu 5 M. und ein Paar Glacéhandschuhe zu 1,90 M."[37] Anna wurde zum festen Inventar. „Anna will den Tisch decken, ich muß schließen." „Ich muß schließen, weil Anna wartet, um die Briefe zur Post zu bringen."[38] Anna erwartete Rosa Luxemburg am Bahnhof, um ihr mit dem Gepäck behilflich zu sein, und Anna machte, daß sie sich wie die Hausfrau fühlte, die sie nun endlich war.

Jetzt, da sie ein Heim hatte, konnte sie auch Gäste bewirten. Weihnachten verbrachte sie lieber allein, „in diesen Wänden, die ich so liebe, und die mich lieben", aber dann war sie bereit, ihre Talente als Gastgeberin zu demonstrieren.[39] Erschrocken riet Jogiches aus Algier, sie solle besser ihre frühere Wirtin, Frau Neufeld, fragen, damit sie sich nicht blamierte. Den Ratschlag nahm Rosa Luxemburg nicht sehr freundlich auf; ihr Essen sei sogar noch eleganter als das von Frau

Neufeld gewesen, berichtete sie Jogiches, und sie habe alles allein geschafft. Der Tisch sah wunderbar aus, schrieb sie, mit kleinen Blumensträußchen an jedem Teller (zu 10 Pfennig das Stück) und einer Topfhyazinthe in der Mitte. „Es gab Brötchen mit Kaviar (zu 50 Pfg., keine Angst)", Lachs und Eier, Mangoldsuppe mit Wurstbrötchen, Fisch in saurer Soße, Kotelette mit Gemüse, Kompott und Käse mit Radieschen zum Nachtisch, danach schwarzen Kaffee und Cognac. Die Probleme der Gastgeberin waren ihr völlig neu: die zueinander passenden Gäste auszuwählen, keinen *faux pas* zu begehen, ein Erfolg zu sein. Die Kautskys, die Eisners und Arthur Stadthagen waren zum ersten Abendessen eingeladen, die Mehrings mit Clara Zetkin zum nächsten, informierte Rosa Leo. „Wie Du siehst", scherzte sie, „hat Graf Bülow jetzt nicht soviel ernste Sorgen um die Ohren wie ich."[40] Ihre „sechs Gänge", sagte sie halb im Ernst, würden zum Tagesgespräch im Netz des Parteiklatsches. Jogiches fand das gar nicht zum Lachen. Er schrieb ihr, daß ein Gast, der ihre Einladung zum Abendessen mit dem Hinweis auf eine frühere Verpflichtung abgelehnt hätte, sie bloß abwimmeln wollte. „Da irrst Du Dich gewaltig", protestierte sie, „er hatte tatsächlich eine ‚Festrede' (im Orig. deutsch) in seinem Wahlkreis, es stand im *Vorwärts*."[41] Man serviert nicht Käse mit Radieschen, kam Leos Instruktion aus der Ferne, und schon gar nicht *nach* dem Essen. Doch, insistierte sie, „hier in Deutschland reicht man Radieschen nur zum Käse *nach* dem Essen."[42] Das Streitgespräch Berlin-Algier-Berlin über gesellschaftliche Anstandsformen war nicht weniger lebhaft als das über Preußens Militäretat.

Am 1. Januar 1902 führte Rosa Luxemburg einen neuen Lebensstil ein. Sie begann, um sieben Uhr morgens aufzustehen, und obwohl es sie beinahe umbrachte, war sie entschlossen, es durchzustehen. „Ich würde auch Dir raten, dort früh aufzustehen", schrieb sie an Jogiches, „und gleich in die Sonne zu gehen, und abends nicht lange aufzubleiben; denn es wirkt verheerend auch auf Dich und trägt zu Deiner gewöhnlich gequälten Stimmung bei."[43] Wie ein Kind, das die Aufmerksamkeit auf sich lenken will, hänselte Jogiches sie, und sie reagierte: „Was schreibst Du so spät abends? Hast Du am Tag keine Zeit, daß Du so spät noch sitzen mußt?! Ich habe Dich doch gebeten, daß Du früh schlafen gehst!!"[44] Zu Rosas neuem System gehörten Änderungen ihrer Ernährung, regelmäßige Mahlzeiten, tägliche Spaziergänge und Abreibungen mit kaltem Wasser. Sie bereitete einen neuen „Tagesplan" für Jogiches vor, der in Kraft treten sollte, wenn er wiederkam.

Sie hatte nun mehr, als sie sich auf dem Warschauer Gymnasium je erträumt hatte – beruflichen Erfolg, Ruhm, Anerkennung. Sie hatte Jogiches, ein Heim, ein beruhigendes Einkommen. Aber sie verstand es nicht mehr, glücklich zu sein, klagte sie Jogiches. „Am liebsten bliebe ich tagelang im Bett liegen. Ich bin immer und ewig müde, obwohl ich regelmäßig wie eine Uhr lebe, um 11 Uhr schlafen gehe und nach dem Mittagessen auch schlafe.“[45] Sie war bei guter Gesundheit, aber ihr Kopf war „ständig benebelt“, sie konnte nicht klar denken und ging „wie im Schlaf umher“.[46] Ein Glas Haute-Sauternes – das ihr als Kind die Mutter gab, wenn sie traurig war – half auch nicht. Weder der Erfolg noch die Wohnung befriedigten ihren unerfüllten Mutterinstinkt. Ja, ihr Heim machte den Traum vom Kind zu einem schmerzlichen Bedürfnis. „Ich kann stundenlang in dem einen oder dem anderen Zimmer herumsitzen, mich in ihnen umsehen und denken: wie glücklich könnte man in solchen Zimmern sein!“[47] Aber sie war nicht glücklich. Sie schlug vor, daß sie ein Kind adoptierten, die Warszawskis erwarteten ein Baby, denn „es ist so leer und stumpfsinnig zu Hause, und ich fühle mich so einsam, daß ich, so scheint mir, mit einem Kind wieder ganz aufleben würde“, schrieb sie an Jogiches. „Vorläufig möchte ich mir wenigstens einen Hund oder eine Katze zulegen.“[48] Es tauchte eine Folge von Hunden und Katzen auf; Mimi, die letzte und meistgeliebte Katze Rosa Luxemburgs, errang den Status einer „Tochter“.

Ossip Jogiches starb Anfang März 1902, und Leo kehrte nach dreimonatiger Abwesenheit nach Berlin zurück. Rosa Luxemburg hoffte das Beste. Er sollte nach dem „Tagesplan“ leben – früh aufstehen, spazierengehen, Kakao trinken anstelle von Tee und das abendliche Bier streichen. Er sollte das Heim genießen wie sie. „Diese Wände und lieben Möbel *sprechen* direkt zu mir und immer sagen sie etwas Leises und Angenehmes. Ich zähle darauf, daß sie auch auf Dich genauso besänftigend wirken werden.“[49] Jogiches überwand seine Depression, aber aus Gründen, die weder mit einem gesunden Leben noch mit dem Heim etwas zu tun hatten. Im August 1902 beschloß die Führung der Sozialdemokratie Polens und Litauens, die Arbeit der Partei auszuweiten, insbesondere im Bereich der Öffentlichkeitsarbeit. Leo Jogiches übernahm, informell, die Auslandsarbeit der Partei einschließlich der Herausgeberschaft des *Przeglad Socjaldemokratyczny* (*Der Sozialdemokratische Überblick*) und des *Czerwony Sztandar* (*Die Rote Fahne*). Arbeit und neue Aufgaben halfen ihm, seine Krise zu überwinden.

9 Gefängnis: Die eigentliche Weihe

1902–1904

Im Jahre 1902 richteten Rosa Luxemburg und Leo Jogiches sich auf ein Leben ein, das fast ausschließlich der Bewegung gehörte. Im Privatleben machte jeder von ihnen Konzessionen, ohne sie ganz zu akzeptieren; und die kleinen Buschfeuerchen brachten viel mehr Verdruß als heftige Explosionen. Jogiches, wieder unter der Fuchtel, kehrte prompt zum früheren Verhalten des Mentors zurück. Rosa, meistens auf Reisen, erschöpft, versicherte ihm immer wieder, daß sie seine Briefe aufmerksam läse, seine Ratschläge befolge, an seine Anweisungen denke. Und sie wiederholte mechanisch: „Geh jeden Tag spazieren, lebe ruhig und regelmäßig, geh früh schlafen und steh früh auf."[1] Ihr Bedürfnis, von ihm umsorgt und bestätigt zu werden, war nicht geringer geworden, aber sie lernte, auch ohne ihn auszukommen. Jedenfalls schien es ihr so.

In den Jahren 1902 und 1903 verbrachte Rosa Luxemburg lange Perioden fern von Berlin auf Vortragsreisen. Um dem Einfluß der Polnischen Sozialistischen Partei zu begegnen, wurde sie 1902 Mitbegründerin eines von der SPD getragenen Blattes in Poznań (im deutsch annektierten Polen). Es erschien in polnischer Sprache mit dem Titel *Gazeta Ludowa (Volks-Gazette)* und widmete sich, wie der Untertitel sagte, „den Problemen des arbeitenden Volkes". Sein Ziel, die Vereinigung der polnischen und deutschen Arbeiter, stieß bei den Polen nie auf Sympathien. Seine Leserschaft blieb bescheiden, und Mitte 1904 machte das Blatt zu. Aber so lange es lebte, behandelte Rosa Luxemburg, seine Chefredakteurin und wichtigste Autorin, hier ein breites Spektrum von innen- und außenpolitischen Themen. Auf den Seiten dieses Blattes veröffentlichte sie eine ihrer wenigen Äußerungen zur Frauenemanzipation. In einem Artikel mit dem Titel „Damen und Frauen" kritisierte sie einen internationalen Frauenkongreß in Berlin als einen „Kongreß der *Damen* . . . Vertreterinnen des schönen Geschlechts aus dem Bürgertum oder bestenfalls aus dem Kleinbürgertum", die, „weil sie sich als Püppchen oder Köchin des Ehemannes langweilen, irgend etwas tun wollen, was ihren leeren Kopf, ihr leeres Dasein ausfüllt."[2] Ihre Geschlechtsgenossinnen der Arbeiterklasse, schrieb Rosa Luxemburg, hätten den engen Zusammenhang zwischen der Frauenfrage und der allgemeinen Veränderung der Gesellschaft verstanden; Frauen müßten nach Gleichheit und Brüderlichkeit für alle Menschen streben und nach der Abschaffung von Unterdrückung überall, nicht nur nach Rechten und Freiheit für sich selbst.

Trotz ihrer anderen Verpflichtungen widmete sie dem Blatt viel Zeit und Kraft, sie trug es fast ganz allein zusammen, bestimmte die redaktionelle Linie und überwachte Druck und Vertrieb. Aber Jogiches war nicht zufrieden. „Die *Gazeta* besser zu schreiben, fehlt mir die Kraft", antwortete Rosa Luxemburg müde. „Es tut mir sehr leid, daß sie Dich so enttäuscht, aber da kann ich nichts machen. Falls Du jemand anderen kennst, der diese süße Last nicht einmal besser, sondern überhaupt auf sich nimmt, dann wäre ich Dir *sehr* dankbar."[3] Jogiches war auch ganz allgemein mit ihrer Leistung unzufrieden: Wenn sie sich mehr Mühe gäbe, könnte sie mehr tun und das besser. Seine Nörgelei regte sie nicht mehr so auf wie früher; daß er sie aber privat vernachlässigte, das schon. Die Regelung ihres gemeinsamen Lebens, in die sie sich geschickt hatte, verdroß sie, und ihre Erbitterung brach durch. „Leider kann ich Dir keinen Bericht von ‚dreißigtausend Kurieren'* erstatten, die ich Deiner Ansicht nach hier in Bewegung setzen sollte; *denn wie ich Dir schon ein paar Male geschrieben habe*, fühle ich mich so kraftlos, daß

* Synonym für „eine Menge Sachen" aus N. Gogols Theaterstück ‚Der Revisor' (im Orig. russisch)

ich kaum noch krieche. Diese Nachricht beunruhigt Dich sehr, wie Du schreibst, doch offensichtlich meinst Du, daß das keinerlei Einfluß auf mein ‚Wirken' hier haben darf. Was ich kann, tue ich. Deine Projekte lassen sich, wie immer, nicht alle ausführen. (Warum??!!!) Daß dieses und jenes gemacht werden ‚muß', weiß ich auch, aber ich denke nicht daran, mich umzubringen. Dir über Einzelheiten zu schreiben, lohnt nicht. Vielleicht geht in diesen Tagen mein Schwächezustand vorbei, dann werde ich mehr unternehmen."[4]

Auf der Rückseite eines Telegramms, das Rosas Ankunft in Berlin ankündigte, findet sich in Jogiches' Handschrift der genaue Termin- und Reiseplan der Redetournee, die Rosa Luxemburg gerade beendete. Mitte 1903 sprach sie in vierzehn Tagen zu Arbeitern an zwölf verschiedenen Orten, und über jeden erstattete sie Jogiches Bericht. Sie fuhr von einer Stadt zur anderen, brachte Stunden in Zügen und auf Bahnhöfen zu, schlief jede Nacht in einem anderen Bett, damit sie am anderen Morgen frisch sei für die Erstürmung „der nächsten Festung". Ihre Reden dauerten in der Regel zwei Stunden, anschließend war Zeit für Fragen und Antworten, und oft folgten dann noch Sitzungen mit örtlichen Funktionären, die bis spät in die Nacht dauerten. Am 28. Mai 1903 sprach sie vor 1500 Leuten in Bydgoszcz, am nächsten Tag vor 500 Leuten in Pila, ein paar Tage darauf vor 2000 Leuten in Lichtenstein. Im Publikum saß „natürlich das ganze bourgeoise Judentum", vermerkte sie. Immer zog sie Massen an – „die hiesigen Genossen sagen, sie hätten noch nie eine so volle Versammlung gehabt" – und die Versammlungen waren nach ihren Worten „großartig" und „blendend", „die Begeisterung war kolossal". Zwischen zwei Reisen kehrte sie manchmal zu Hause ein, um Atem zu schöpfen und die Kleider zu wechseln.[5] So sehr es sie emotional und physisch strapazierte, es war ein Triumph, die Menschenmengen zu erreichen und sie auf ihre Person und auf ihre Worte reagieren zu sehen. Und als sie fünf Versammlungen hinter sich und sieben noch vor sich hatte und an Jogiches schrieb: „Im ganzen habe ich wenig Kraft. Die Zeit geht schrecklich langsam voran, wenn man jeden Tag im Sturm eine Versammlung nehmen muß", dann mag hinter ihrer Kraftlosigkeit mehr gesteckt haben, als sie zugab.[6]

Mit der reaktivierten Polnischen Sozialdemokratischen Partei (SDKPiL) kehrte die polnische Frage ins Leben des Paares zurück, es entstand aber auch dieselbe Situation wie vor zehn Jahren. Wieder hatte Jogiches seine neue Position Rosa Luxemburg zu verdanken, denn sie hatte ihn in der SDKPiL durchgesetzt. Anders als vor zehn Jahren war sie nun jedoch eine einflußreiche Figur in der deutschen Partei; er wurde zu einer marginalen Bewegung abgeschoben. Überdies bestand er „hartnäckig darauf, im Schatten, hinter den ‚Kulissen' zu bleiben und nicht als offizieller Leiter der Bewegung und Führer der (polnischen) Partei aufzutreten."[7]

Daß er so unsichtbar wie möglich blieb, war diesmal Notwendigkeit, nicht eigener Wille. Die Sozialdemokraten in Polen hätten bei all ihrem Internationalismus einen Führer, dessen Muttersprache eher Russisch als Polnisch war, möglicherweise nicht so gern gesehen. Während den Namen Rosa Luxemburg bald jedes Kind in Europa kannte, mußte Jogiches seinen verstecken, weil er seine russisch-jüdische Herkunft verriet und ihn zur perfekten Zielscheibe für die aufgestauten nationalistischen Gefühle der polnischen Opfer russischen Eroberungsdrangs machte. Obwohl er ein „Moskowiter" war, – aus dem Munde eines Polen eine Beschimpfung –, hatte Jogiches nach seinen eigenen Worten durch seinen Kampf für das Wohl der polnischen Arbeiterschaft „das polnische Bürgerrecht erworben." [8] Für viele Polen war dies allerdings ein fragwürdiges Argument, denn seine Partei war gegen Polens Unabhängigkeit. Leo Jogiches legte sich also ein polnisch klingendes Pseudonym zu: Jan Tyszka. Als Tyszka „blieb er ... eine dermaßen ‚mythische' Gestalt, daß die Sozialdemokraten der jüngeren Generation ... vermuteten, daß es sich dabei um ein neues literarisches Pseudonym von Rosa Luxemburg handelte."[9] Seinem grimmigsten Feind hätte kein grausamerer Witz einfallen können.

Während Jogiches sich an der Peripherie der Arbeiterbewegung abstrampelte, war Rosa Luxemburg auf dem Weg in deren eigentliches Zentrum. 1903 wurde sie Mitglied des Internationalen Sozialistischen Bureau. „Zu politischer Schärfe und intellektuellen Leistungen kamen bei ihr Wärme, Charme und Sensibilität ... selten in der sozialistischen Welt, was sie zu einer der faszinierendsten Gestalten machte, die die Internationale hervorbrachte."[10] Mit dem Kongreß der Zweiten Internationale, der im August 1904 in Amsterdam zusammentrat, gewann Rosa Luxemburg noch mehr Prestige. Sie übte zwei Mandate aus – eins für die deutsche, eins für die polnische Sozialdemokratische Partei – und saß in zwei Komitees – dem für Kartelle und Arbeitslosigkeit und dem für internationale sozialistische Taktiken. Ein Foto, das auf diesem Kongreß aufgenommen wurde, zeigt eine dunkelhaarige junge Frau in leichter Kleidung mit einem dazu passenden breitrandigen, schwarzbebänderten Hut, umringt von älteren, beeindruckend aussehenden Männern – den prominentesten Köpfen des internationalen Sozialismus. Vierundzwanzig Länder entsandten 476 Delegierte, darunter – um nur die bekanntesten zu nennen – August Bebel, Karl Kautsky und Rosa Luxemburg (Deutschland), Jean Jaurès, Jules Guesde und Edouard Vaillant (Frankreich), Georgij Plechanow (Rußland), Enrico Ferri (Italien), Sen Katayama (Japan), Victor Adler (Österreich-Ungarn), Émile Vandervelde (Belgien), Morris Hillquit (Vereinigte Staaten), Hjalmar Branting (Schweden), Pieter Troelstra (Holland) und Keir Hardie (England).

Der sechsjährige Kampf gegen Bernsteins Revisionismus wurde endlich ad acta gelegt. Das Programm der Internationale nach den Grundlinien, die Rosa Luxemburg 1898 in „Sozialreform oder Revolution" ausgeführt hatte, wurde nach viertägiger gelehrter, aber erbitterter Debatte vom Kongreß angenommen: Die Klassenkampftheorie wurde gebilligt, der Revisionismus in Bausch und Bogen verdammt; statt die bürgerliche Gesellschaft zu „reformieren", hatten die Mitgliedsparteien eine revolutionär-sozialistische Ordnung anzustreben.

Ein weiteres Problem, das Rosa Luxemburg und ihre deutschen Genossen tief beunruhigte, war die Spaltung des französischen Sozialismus in die radikale Parti Socialiste de France unter Führung von Jules Guesde und die am Parlamentarismus orientierte Parti Socialiste Français unter Führung des flammenden Jean Jaurès. Der Kongreß empfahl den beiden Parteien, sich zu vereinigen, und daß sie es taten, zeigt, was internationale Solidarität zuwege bringt; im Jahr darauf verschmolzen die zwei Parteien zur Section Francaise de l'Internationale Ouvrière (SFIO), so genannt in Anerkennung ihres Ursprungs.

Auf dem Kongreß hielt Jean Jaurès, entschiedenster Gegner der von den Deutschen eingebrachten Resolution zur Verurteilung des Revisionismus, eine leidenschaftliche Rede gegen Kautsky, Luxemburg und die ganze SPD. Die Deutschen mit ihrer fehlenden revolutionären Tradition, argumentierte Jaurès, und ihrer Neigung, voll Dankbarkeit anzunehmen, was die Monarchie ihnen gewährte, etwa das allgemeine Wahlrecht, sie verrieten das Proletariat zu Hause und draußen, obwohl ihr politisches Unvermögen die SPD nicht davon abhielte, anderen Ländern ihre Parteilinie aufzuzwingen.

Rosa Luxemburg hatte einen jahrelangen Disput mit Jaurès geführt, den sie seit Anfang der 1890er Jahre aus Paris kannte. Es machte sie zornig, daß er eine versöhnliche Haltung einnahm, als die französische Regierung ein Amnestieangebot für Dreyfus machte, den sie selbst uneingeschränkt verteidigte. Ihrer Meinung nach spielte sich die Auseinandersetzung der Pro- und Anti-Dreyfusisten zwischen den französischen Sozialisten und dem Militär-plus-Klerus ab, nicht zwischen Jesuiten und Juden. Deshalb war ihr vorgeworfen worden, sie sei gleichgültig oder blind gegenüber der eigentlichen Ursache von Dreyfus' Schicksal – hemmungslosem Antisemitismus, der in der Tat nicht ihre größte Sorge war. Jaurès, der zwei Jahre lang mutig für das Opfer des groben Fehlurteils der Justiz eingetreten war, gab sich schließlich mit der Amnestie zufrieden. Rosa Luxemburg war der Auffassung, mit der Amnestierung bliebe Dreyfus unrehabilitiert, Militär und Klerus würden gestärkt; Jaurès meinte, damit sei „die Republik gerettet."

Jetzt auf dem Kongreß verteidigte Jaurès leidenschaftlich seine Politik in der Dreyfus-Affäre und geißelte Rosa Luxemburg und die deutsche Sozialdemokratische Partei, die das Proletariat mit formalen Phrasen manipuliert hätten. Am Ende der Philippika war niemand da, der sie aus dem Französischen übersetzte. Spontan stand Rosa Luxemburg auf und gab, mit der gewohnten Brillanz und Dramatik, seine Rede auf Deutsch wieder, wobei die Inbrunst des Originals erhalten blieb. Diese Geste ist ein vorzügliches Beispiel für den Geist, der gemeinsam mit dem europäischen Sozialismus im Ersten Weltkrieg starb.

Als der Kongreß zu Ende war, fuhr Rosa Luxemburg zurück nach Deutschland – und geradenwegs ins Gefängnis. Dies war der Hauch von Glorie, den sie noch brauchte, um sich als vollgültige Revolutionärin zu fühlen – die Verurteilung zu drei Monaten Haft wegen Beleidigung Kaiser Wilhelms II in einer öffentlichen Rede. Sie mit ihrem hintergründigen Humor hat den ironischen Schlenker sicherlich zu schätzen gewußt: das jüdische Schulmädchen, das damals in Warschau den preußischen Kaiser mit einem kleinen Gedicht verspottet hatte, war jetzt seine deutsche Untertanin, die ihm öffentlich trotzte. Es war kaum von Bedeutung, daß sie, wie Kautsky einmal in anderem Zusammenhang erwähnte, „nicht als vollgiltige Deutsche betrachtet" wurde.[11] Sie war Deutsche und einflußreich genug, um das Regime, für dessen Sturz sie eintrat, zu zwingen, sich gegen sie zu wehren.

Rosa Luxemburg betrat am 26. August 1904 das Frauengefängnis in Zwickau und verließ es am 24. Oktober. Eine Amnestie, die zum

Gedenken an die Krönung Friedrich Augusts von Sachsen erlassen wurde, verringerte ihre Strafe auf zwei Monate; trotz ihrer Proteste wurde die Strafmilderung durchgesetzt. Als politische Gefangene durfte sie Briefe schreiben, Kleidung, Zeitungen, Bücher (obwohl das *Kommunistische Manifest* vom Zensor einbehalten wurde) und auch Besuche empfangen. Ihr Bruder Józef kam sie besuchen; Maksymilian schickte Geld aus Warschau, damit ein Restaurant ihr Essen brächte. Das Geld war nicht nötig, weil ihr Verleger für die Kosten aufkam. Sie brauchte einen Rock – „der schwarze mit der königlichen Schleppe eignet sich für die Zelle sehr schlecht" –, eine Bluse – „eine unauffällige Farbe" – und Strümpfe – „kleinste Damennummer" –, aber einen Hut brauchte sie nicht – „denn ich spaziere nur im Hof und ohne Hut."[12] Sie las *Die Göttliche Komödie*, lauschte den quakenden Enten am nahegelegenen Teich, schrieb Briefe, hielt sich über Parteiangelegenheiten auf dem Laufenden, arbeitete an einer Studie über Nationalökonomie und verbrachte „eine Menge Zeit" mit Nachdenken.

Das Leben in rasendem Tempo, das sie sich selbst auferlegt hatte, war, jedenfalls bis zu einem gewissen Grade, der Versuch, das Nachdenken zu vermeiden. Die verschiedenen Systeme, die sie nacheinander einführte, um „Ordnung" in ihr Leben zu bringen, waren alle dazu bestimmt, jede Stunde ihres Tages auszufüllen. Im Gefängnis drangen die Gedanken auf sie ein, ungebeten. Ihre Briefe an Jogiches und an die Kautskys sprühen zwar vor Munterkeit, hin und wieder aber sickert Verzweiflung durch. Die Haft rückte sie in den Mittelpunkt der liebevollen Aufmerksamkeit ihrer Angehörigen und Freunde, ließ aber zugleich wirkliche menschliche Kontakte nicht zu. Die Abgeschiedenheit gab den Gedanken freien Lauf, die das normale Alltagsgeschäft ihr ferngehalten hatte.

Um was geht es im Leben? Und wozu? Ist es lebenswert? Nichts sei so quälend und schrecklich, hatte sie viele Jahre zuvor an Jogiches geschrieben, wie diese Gedanken. Marx hatte keine Antwort für sie, aber Tolstojs tastendes Suchen nach Antwort erweckte ihre grenzenlose Bewunderung. „Das Leben spielt mit mir ewiges Haschen", schrieb sie jetzt an Luise Kautsky. „Mir scheint es immer, daß es nicht in mir, nicht dort ist, wo ich bin, sondern irgendwo weit." Als Kind sei sie heimlich, weil es verboten war, aus dem Bett geschlichen und habe leise das Fenster geöffnet, um auf den stillen, schlafenden Hof hinauszuspähen. „Damals glaubte ich fest, daß das ‚Leben', das ‚richtige' Leben, irgendwo weit ist, dort über die Dächer hinweg. Seitdem reise ich ihm nach. Aber es versteckt sich immer wieder hinter irgendwelche Dächer."[13]

Das Leben, das sie sich selbst geschaffen hatte, war nicht das vollkommene Kunstwerk geworden, das sie einst glaubte schaffen zu können. Immer wieder setzte sie sich selbst ein Ziel, strebte nach dem „richtigen Leben". Aber keins der erreichten Ziele konnte das Leben „richtiger" machen, und sie verfolgte das nächste mit unverminderter Entschlossenheit. Sie und Jogiches hatten alles, Jugend, Liebe, geistige Nähe und eine gemeinsame Aufgabe, und doch hatte sie nicht das Gefühl, als wäre ihr Leben mit ihm „richtig". Welchen Sinn hatte ihr Erfolg im Angesicht des persönlichen Versagens? Dennoch, die Erkenntnis, daß das „richtige Leben" sich immer noch hinter jenen Warschauer Dächern verbarg, während sie es in der Fremde suchte, entmutigte sie nicht.

„Ich verspreche mir", schrieb sie Jogiches aus der Zelle, „draußen in vollen Zügen zu *leben.*" Sein einsames Dasein sei ungesund und unnormal, sagte sie; immer schon sei ihr seine „Askese" verhaßt gewesen (sie setzte das Wort in Anführungszeichen), und ihre Isolation machte sie ihr noch verhaßter. Daß sie ihren Willen zum Leben betonte, ohne Jogiches in dieses Leben einzubeziehen, mag ihn alarmiert haben. „Wenn ich wieder heraus bin", warnte sie ihn, werde es „einen heftigen Konflikt zwischen Deinem hohlwangigen Nazarenentum und meinem vollblutigen Hellenentum geben." Ihr Ton war leicht, aber ihr Herz war es nicht. Von ihrer Gefängniszelle aus blickte sie mit großer Klarheit auf die vergangenen vierzehn Jahre zurück: Jogiches hatte nie gelernt, zu leben und sie zu lieben. Und deswegen, spürte sie, erschien ihm sein Leben leer. Für sie war nicht einmal diese Zelle leer. „Die Moral von der Geschichte", schrieb sie ihm, sei: „Sobald der Mensch sich im Leben einmal recht arm vorkommt, soll er sich nur hinsetzen und ein ‚Inventar' ... aufnehmen, alsdann wird er erst entdecken, wie reich er ist. Auch Du könntest öfter mal ein Inventar Deiner Reichtümer vornehmen, und wenn Du dabei bloß meine Wenigkeit nicht vergißt, ... dann wirst Du Dir wie ein Krösus vorkommen."[14]

Ihre Bemühungen, ihn umzumodeln, gingen weiter. „Du hast mir bei der Abfahrt versprochen, jeden Tag ein Buch zu lesen. Tust Du das? Du *mußt*, ich bitte Dich darum, ich fühle jetzt wieder den Wert einer täglichen ernsten Lektüre. Das ist eine Rettung für Geist und „Nerven". Sein Seelenzustand beunruhigte sie; er könnte in ihrer Abwesenheit wieder in seine schlechten Gewohnheiten verfallen sein: „Hoffentlich stehst

Du auch nach wie vor früh auf und gehst auch früh schlafen? . . . Aber warum mußte Luise (Kautsky) so lange läuten?"[15]

Jogiches spürte ihre Stimmung und konnte zwischen den Zeilen lesen. Leicht konnte er ihre Argumente gegen sie selbst richten, aber er reagierte ungewöhnlich gelassen. Er sei dabei, seine Garderobe aufzufrischen, schrieb er ihr, um ihre Befürchtungen wegen seiner Askese zu beschwichtigen. „Mich freut es sehr", erwiderte sie, „daß Du auch an Deine Garderobe denkst, aber bitte, ja keinen dicken und haarigen Stoff, das ist kleinstädtisch, nimm einen dünnen, weichen englischen Stoff, ganz dunkelgrau, vielleicht mit schmalen weißen Streifchen, Mantel aber *schwarz* und breit, schön geschnitten, so wie ich gern habe!" Anna, ihr früheres Dienstmädchen, wolle wiederkommen, teilte Jogiches ihr mit – womit er zu verstehen gab, daß er das Haus pflichtgemäß verwalte, die Entscheidung über das Mädchen aber ihr überlasse. Sie wollte, daß sie gemeinsam entschieden, und schrieb, daß sie sich sehr freuen würde, „wenn Du die Anna wieder nehmen willst."[16]

Die Briefe aus dem Zwickauer Gefängnis blieben jahrzehntelang unveröffentlicht. Statt dessen wuchsen Generationen junger Linker mit einem Band von Briefen Rosa Luxemburgs aus einem anderen Gefängnis auf – *Briefe aus dem Gefängnis*, 1920 erschienen. Die Revolutionärin, die aus diesen Seiten spricht, war eine Geistesriesin und lyrische Träumerin. Sie besaß eine beinahe übernatürliche innere Kraft, war immun gegen gewöhnliche menschliche Leiden und Ängste, liebte Menschen, Tiere, Vögel und Blumen. Geschrieben in den Jahren 1916 bis 1918 an Sonja Liebknecht zu dem Zweck, der jungen Frau des eingesperrten Karl Mut zu machen, schufen und bewahrten die frisierten Briefe einen Mythos. Demgegenüber machen die Zwickauer Briefe den wirklichen Menschen sichtbar – geplagt von Zweifeln an sich selbst, an ihrem Geliebten, am Leben.

Nicht die Haft jedoch, sondern eine andere Auszeichnung, die ihr in diesem Jahr zuteil wurde, sicherte Rosa Luxemburg ihren Platz in der Geschichte. In ihrem 1904 erschienenen Artikel „Organisationsfragen der russischen Sozialdemokraten" setzte sie sich mit Lenins politischem Denken auseinander und löste damit eine Diskussion aus, die 1918, nachdem Lenin ein Jahr an der Macht war, ihren Höhepunkt erreichte. „Nach dem Erscheinen von ‚Ein Schritt vorwärts'", * erklärten die Her-

* Gemeint ist Lenins *Ein Schritt vorwärts, zwei Schritte zurück* (1904).

ausgeber des *Iskra (Der Funke)*, eines russischen Emigrantenblattes, „wandten wir uns mit dem Vorschlag an Gen. R. Luxemburg, sich zu diesem Buch zu äußern ... Der Artikel wird, wie wir hoffen, Gen. Lenin erklären, daß sein organisatorischer Gesichtspunkt nichts mit revolutionärem Marxismus gemein hat."[17] Ob sich die Hoffnung der Herausgeber erfüllt hat oder nicht, Rosa Luxemburg hat, wie niemand vor ihr oder seither, nachgewiesen, daß die Gleichsetzung des Marxismus mit dem Leninismus irreführend sei. Millionen von Worten sind zu dem Thema geschrieben worden, doch die nüchterne, kenntnisreiche und umfassende Argumentation Luxemburgs wurde von niemandem übertroffen. Lenins Rhetorik in Frage stellend schrieb sie: „Es muß bemerkt werden, daß in der starken Herausstreichung der angeborenen Fähigkeiten der Proletarier zur sozialdemokratischen Organisation und in der Verdächtigung der ‚akademischen' Elemente der sozialistischen Bewegung an sich noch nichts Marxistisch-Revolutionäres liegt." Ihren letzten Hieb reservierte sie für Lenins „Ultrazentralismus", einen Euphemismus für Autokratie: „Die ‚Disziplin', die Lenin meint, wird dem Proletariat keineswegs bloß durch die Fabrik, sondern auch durch die *Kaserne*, auch durch den modernen Bürokratismus, durch den Gesamtmechanismus des zentralisierten bürgerlichen Staates eingeprägt. ... Der von Lenin befürwortete Ultrazentralismus scheint uns aber in seinem ganzen Wesen nicht vom positiven schöpferischen, sondern vom sterilen Nachtwächtergeist getragen zu sein. Sein Gedankengang ist hauptsächlich auf die *Kontrolle* der Parteitätigkeit und nicht auf ihre *Befruchtung*, auf die *Einengung* und nicht auf die *Entfaltung*, auf die *Schurigelung* und nicht auf die *Zusammenziehung* der Bewegung zugeschnitten."[18]

Da das Programm der polnischen Sozialdemokraten (SDKPiL) den gemeinsamen Kampf der polnischen und russischen Arbeiter gegen die zaristische Autokratie postulierte, schien es logisch, daß polnische und russische Sozialisten sich zusammenschlossen. Aber ganz abgesehen von Rosa Luxemburgs persönlichen Schwierigkeiten im Umgang mit „den Asiaten", wie sie die Russen nicht gänzlich im Scherz nannte, trennten ideologische Differenzen die Parteien. 1902 erschien im *Sozialdemokratischen Überblick* ein Beitrag mit dem Titel „Einige Bemerkungen zum Programm der russischen Sozialdemokratie". Er erinnerte zwar stark an die Luxemburgsche Ausdrucksweise, war aber mit Jan Tyszka gezeichnet, daß heißt von Leo Jogiches. Der Autor nahm kritisch zum Programm der Russen Stellung und wies auf deren „etwas künstliche und zugleich vom prinzipiellen Standpunkt aus fragwürdige" Agrarpolitik, die Unterschätzung der Zollpolitik und die Unzulänglichkeiten beim Arbeitsschutz hin.[19] Diese Fragen hatten allerdings nicht solches Gewicht, daß sie die Einigung verhindern konnten. Die „zentralistischen Tendenzen" der Russen bildeten das Haupthindernis.

Der Zweite Parteitag der Russischen Sozialdemokratischen Arbeiterpartei (RSDRP) im Jahre 1903, auf dem sich die Partei in Bolschewiken (unter Führung Lenins) und Menschewiken (geführt von Julij Martow) spaltete, brachte keine Verständigung zwischen Russen und Polen zustande. Die polnischen Delegierten zogen zweimal aus – einmal in Brüssel, wo der Parteitag begann, und wieder in London, wo er schloß – wegen Meinungsverschiedenheiten in der Frage des nationalen Selbstbestimmungsrechts. Lenins Bedingungen anzunehmen bedeute praktisch, „unser Einverständnis zur Liquidierung unserer Partei zu geben, sie zu einer Lokalorganisation der russischen Partei zu machen", schrieb Julian Marchlewski an das Auslandskomitee der SDKPiL.[20]

Die Differenzen zwischen Luxemburg und Lenin blieben. Lenins Gedanken vom „bewaffneten Aufstand" lehnte Rosa Luxemburg ab und schrieb 1905 an Jogiches: „Die Stelle darüber, was es bedeutet, einen bewaffneten Aufstand vorzubereiten, habe ich absichtlich geschrieben, damit wir nicht wie Lenins ‚Schildknappen' (Im Orig. deutsch) aussehen, der das der Beteiligung an der Duma *entgegenstellt* und darunter schlicht Bewaffnung versteht."[21] Ihrer Ansicht nach muß ein Volksaufstand erreicht werden, indem man das Bewußtsein der Arbeiter hebt, nicht sie bewaffnet. Lenin entsandte unverdrossen einen persönlichen Beauftragten zu Rosa Luxemburg, um ihre Haltung gegenüber den Bolschewiken zu ergründen. Ihre unterschiedlichen Auffassungen änderten nichts an dem Respekt, den sie voreinander hatten. Rosa Luxemburg lernte Lenin 1901 in Berlin kennen. Als eine der ersten auf der europäischen Bühne erkannte sie sein politisches Genie, und sie betrachtete ihn als würdigen Partner. Nicht so Jogiches. Er und Lenin, beide autokratisch und rücksichtslos, waren sich zu ähnlich, als daß sie anderes als gegenseitige Abneigung entwickeln konnten. Lenin soll jeden persönlichen Kontakt mit Jogiches vermieden haben. Rosa Luxemburg war es aufgegeben, einen öffentlichen Zusammenstoß zwischen den beiden Männern zu verhindern, die ihrer Meinung nach die hervorragendsten Revolutionäre der Zeit waren.

10 *Wieder in Warschau*

1905–1906

Am 22. Januar 1905 eröffneten russische Truppen das Feuer auf eine friedliche Arbeiterprozession in St. Petersburg. Angeführt von einem Priester, Pater Gapon, waren die Arbeiter zum Winterpalast gekommen, um beim Zaren bessere Arbeitsbedingungen zu erbitten. Die Arbeiter sangen Hymnen, trugen Ikonen und Zarenporträts und marschierten weiter, als Halt befohlen wurde. Bald war der Schloßplatz mit Hunderten von Toten und Verstümmelten bedeckt, und Kosakenreiter jagten die auseinanderstiebende Menge. Das Massaker des Blutsonntags, wie er genannt wird, löste in Rußland eine Welle von Streiks aus, die schnell auf Polen übergriff. Die Stunde für Rosa Luxemburgs Partei hatte geschlagen. Die Polnische Sozialdemokratie (SDKPiL) schwoll am Vorabend des Jahres 1905 von ein paar Hundert auf zweitausend Mitglieder an, und bis 1906 wurden es dreißigtausend. Die viel beliebtere Polnische Sozialistische Partei (PPS) übertraf diese Zahl nur geringfügig; der Bund, die jüdische Arbeiterorganisation, zählte rund 35 000 Mitglieder. Die drei sich befehdenden Parteien wetteiferten miteinander um die Seelen und Leiber der Arbeiter. Das geschriebene Wort war ihre wirksamste Waffe.

Am 6. Februar 1905 verließ Leo Jogiches Berlin. Er ahnte so wenig wie Rosa Luxemburg, daß dies das Ende ihres gemeinsamen Lebens war. Jogiches ging nach Krakau, ins österreichisch annektierte Polen, wohin die Redaktionsbüros der beiden Parteipublikationen verlegt worden waren. Die SDKPiL gründete in Krakau ein neues Organ mit dem Titel *Z Pola Walki* (*Von der Kampffront*). Nach zehn Jahren als Quasi-Rentner war Jogiches wieder aktiv, verantwortlich für die Herausgabe der Zeitungen, Broschüren und Flugblätter und dafür, daß sie ins russisch annektierte Polen geschmuggelt und dort verteilt wurden.

Dieses Jahr, in dem es so aussah, als würde der Volkszorn das Zarentum vom Sockel stürzen, war für Rosa Luxemburg eine Phase intensiver Arbeit und äußerster Anspannung. In der polnischen und der deutschen Presse erschienen nahezu neunzig Artikel von ihr; sie nahm am Parteitag der SPD in Jena teil und wurde Mitglied der *Vorwärts*-Redaktion. Währenddessen durchlief sie eine akute persönliche Krise, einen langwierigen, schmerzhaften Auflösungsprozeß des Lebens, an dem sie fünfzehn Jahre lang gebaut hatte. Äußerlich änderte sich nichts an ihrem Verhältnis zu Jogiches; politische Ereignisse machten es notwendig, daß sie sich trennten, und wie immer, wenn sie nicht zusammen waren, schrieben sie sich Briefe.

Über die Jahre hin beschwerte sich Rosa Luxemburg wiederholt über Jogiches' Unentschlossenheit: „Ich bitte Dich inständig . . .: mach Schluß mit diesem ewigen Schwanken . . . und *entscheide* Dich", schrieb sie ihm im Jahre 1900, als er seinen Umzug von Zürich nach Berlin immer wieder hinausschob.[1] Als ihr 1902 die Redaktion der *Leipziger Volkszeitung* angeboten wurde und sie dringend wissen wollte, was er davon hielt, wurde sie noch deutlicher: „Ich hoffe", schrieb sie ihm nach Algier, „daß Du . . . Deine angeborene Abneigung gegen kühne Schritte . . . und Dein angeborenes Zurückschrecken in einem solchen Augenblick auf ‚die Hinterbeine' (im Orig. russisch) aufgibst."[2] Das waren seltsame Anklagen in Anbetracht der legendären Furchtlosigkeit Jogiches'. Offenbar kam Rosa Luxemburg nie der Gedanke, daß er sich Tarnfarben zulegte, um seine Unabhängigkeit zu bewahren, daß die Unschlüssigkeit, die sie ärgerte, eine Reaktion auf ihr Verhalten war.

Im Gegensatz dazu faßte Jogiches den Entschluß, nach Krakau zu gehen, ohne alles Zögern und Schwanken. Und er ging, wie es scheint, mit Rosa Luxemburgs uneingeschränkter Zustimmung, weil es für sie entscheidend war, daß er sich der Probleme der polnischen Partei annahm. Der kühle Ton ihrer Briefe läßt allerdings auf Unstimmigkeiten schließen, die entweder schon entstanden waren, bevor er aus Berlin nach Krakau ging, oder die in den ersten drei Monaten auftraten, als sie ihm gar nicht schrieb, es sei denn, ihre Briefe wären verloren gegangen. Jogiches, erst einmal weg aus Berlin, zerriß das erstickende Gespinst der Abhängigkeit. Krakau wurde zu seinem ausschließlichen Hoheitsgebiet, und eifersüchtig schirmte er es vor der Einmischung Rosa Luxemburgs ab. Hier war er, wie in Wilna, sein eigener Herr, aber nun ging es nicht mehr um ein paar falsche Pässe oder um einige Dutzend Arbeiter, die man organisieren mußte; es ging darum, im russisch annektierten Polen eine Revolution zu organisieren und schließlich den Zaren zu stürzen.

Jogiches instrumentierte das schwierige Unterfangen und führte die Publikationen durch alle Phasen, er war Chefredakteur, Produzent, Layouter und Vertriebsleiter in einer Person. Gleichzeitig beteiligte er sich an der Festlegung der Parteilinie und kümmerte sich bei seinen häufigen illegalen Fahrten nach Warschau um deren Einhaltung. Rosa Luxemburg wußte sehr gut, was er tat; deshalb ist ihre beiläufige Frage „Was machst Du eigentlich dort in Krakau?“ wohl ein Ausdruck ihrer Reibungen im Frühjahr 1905.[3] Jogiches „oblag es, alle Publikationen zu redigieren, er hielt den Kontakt mit den Autoren aufrecht, er erteilte ihnen Hinweise und Instruktionen.“ Es war seine Pflicht, „dem jeweiligen Autoren die politischen Ideen einzugeben und die Richtlinien festzulegen.“ Praktisch war er der „Führer der Partei“, wie einer seiner wichtigsten Mitarbeiter schrieb, aber „beharrlich wies er alle Vorschläge und Forderungen zurück, offiziell die Verantwortung für die Leitung der Partei zu übernehmen und ihrer obersten Führung beizutreten.“[4]

Jogiches, in seiner Hand die beinahe unumschränkte Macht, aber anonym, war ganz in seinem Element. „Die Mitarbeiter hielt er kurz, bei ihm gab es weder Erschöpfung noch ‚Launen‘“, erinnerte sich Marchlewski. „Seine unermüdliche Arbeit von früh morgens bis spät in die Nacht steckte alle an und zog sie in diesen glänzend organisierten Apparat . . . Er sah den Autoren, den Setzern, den Monteuren streng auf die Finger.“ Über Nacht verwandelte sich der „Überflüssige“ in einen inspirierten Führer und verehrten Lehrer. „Immer wieder sagte er“, erinnerte sich Karl Radek, „daß jede Zeile einem konkreten Zweck zu dienen habe, daß revolutionärer Journalismus nicht bloße Literatur sei, sondern ein Kampf mit der Feder in der Hand. Und er wies nach, daß eine revolutionäre Zeitung keinesfalls eine Zusammenstellung von Augenblicksmeldungen sein sollte, sondern ein Kampforgan, dessen einzelne Bestandteile zwar von verschiedenen Menschen hergestellt werden, aber alle zusammen einem gemeinsamen konkreten Ziel dienen." „Unter uns 1905ern gab es keinen", schrieb Józef Rotstein-Krasny, ein anderer Schüler Jogiches', „der Tyszka nicht viel verdankte. Alle jüngeren Genossen, die bei ihm und mit ihm gearbeitet hatten, standen unter seinem Einfluß als Organisator, Redakteur, Taktiker und gebildeter Marxist."[5]

Der Respekt, den man ihm entgegenbrachte, stellte Jogiches' Selbstvertrauen wieder her und verstärkte seinen autokratischen Zug. Er war entschlossen, seine neu gewonnene Unabhängigkeit zu verteidigen, aber daraus folgte nicht, daß er bereit war, Rosa Luxemburg auch ihre zu gewähren. Da er ihren Träumen und Wünschen schon vor langer Zeit seine Absage erteilt hatte, kam ihm nie der Gedanke, sie könnte immer noch an ihnen festhalten. Sie waren nun beide in die mittleren Jahre gekommen, und die Distanz befreite ihn, der immer schon ein zurückhaltender Liebhaber gewesen war, von ihrem Verlangen. Das einzig Wichtige war ihre Feder.

Jogiches hielt es für selbstverständlich, daß sie wie seine übrigen Mitarbeiter seine Befehle stillschweigend ausführen würde. Sie aber stellte Fragen, ständig und beharrlich. Brief um Brief ist gespickt mit wütenden Fragen: „Hast Du wirklich keinen Augenblick Zeit, um mir etwas über die Veröffentlichung zu schreiben? . . . Ich verlange und fordere *unbedingt*, daß Du mich umgehend wissen läßt, wer von unseren Leuten verhaftet wurde."[6] „Wie kann man mich so ohne jede Nachricht lassen, das ist direkt gewissenlos . . . Ich bitte um Antwort und wenigstens ein paar Nachrichten aus Polen."[7] „Was ist, verdammt noch mal? Ich warte von Post zu Post auf einen Brief und von Dir kein Wort."[8] „Gestern und heute war wieder kein Brief von Dir da. Langsam verstehe ich nicht mehr, was das heißt."[9]

Sie verstand tatsächlich nicht. Lange weigerte sie sich, zu glauben, daß Jogiches sie absichtlich abschnitt. Er schrieb ihr, aber nur was ihm paßte, um politische Strategie abzustimmen oder einen Artikel anzufordern. „Heute habe ich lebhaft die ganze Abnormität empfunden, wie ich in der polnischen Sache arbeite", schrieb Rosa Luxemburg im Oktober. „Ich erhalte eine Bestellung: ‚Schreib einen Leitartikel über die Autonomie . . .!' Gut. Aber, zum Teufel, dazu muß man doch polnische und russische Zeitschriften lesen, *au courant* sein, was in der Gesellschaft geschieht, und *Fühlung* mit den Parteiangelegenheiten haben."[10] In den zurückliegenden zwei oder drei Monaten, sagte sie, habe sie keine polnische Zeitung gesehen, legale oder illegale. Sie werde im Dunkel gelassen zu einer Zeit, in der die Revolution nahe sei und ihr Lebenswerk endlich Frucht trage.

Waren die langen Pausen, in denen Jogiches schwieg, Folge der knappen Zeit oder des fehlenden guten Willens? Er hätte ja, wie Rosa Luxemburg ungeduldig erklärte, einen seiner Leute beauftragen können, ihr die Nachrichten oder die Zeitungen zu schicken. Aber er tat es nicht. Sie legte dar, daß sie Material brauchte, um die deutsche Öffentlichkeit informiert zu halten; sie bat und drängte vergebens. Hatte Jogiches sich früher einfach nicht die Mühe gemacht, sie zu konsultieren, so folgte er jetzt einer klaren Linie. Je erfolgreicher er war – und die wachsende Mitgliederzahl der SDKPiL war Beweis seines Erfolges –, um so halsstarriger verschanzte er sich in seiner Festung.

Ein eklatantes Abweichen vom Grundsatz seiner gemeinsamen politischen Plattform mit Rosa Luxemburg zeigte sich in Jogiches' Haltung gegenüber dem Bund, der jüdischen Arbeiterpartei. Rosa Luxemburg stand dem Bund, wie die Führung der polnischen Partei, wegen seiner jüdisch-nationalen Ideologie kompromißlos ablehnend gegenüber. „In *keinen* Zusammenschluß mit den Juden willige ich ein", schrieb sie Jogiches im Juni. „Aus denselben Gründen, aus denen Du das ‚Maximum' an Allianz ablehnst, lehne ich ein ‚Minimum' ab. Es versteht sich von selbst, ‚*vereint schlagen*, aber – *getrennt marschieren*' (im Orig. deutsch). Das Gesindel braucht uns, wir es nicht."[11]

Jogiches bot ihr die Stirn. Es wäre falsch, seinen Trotz etwas anderem als politischer Strategie zuzuschreiben. Die Tatsache, daß er in Wilna mit den künftigen Gründern des Bundes zusammengearbeitet und, ohne es zu wollen, zu dessen Gründung beigetragen hatte, war für seine Politik nicht von Belang. Daß er die Haltung anderer Mitglieder der Parteiführung mißachtete, war symptomatisch für seine Gemütsverfassung. Mit dem Bund suchte er einen Verbündeten gegen die Polnische Sozialistische Partei zu gewinnen und war bereit, den Preis dafür zu zahlen. Mitte Juli 1905 fuhr Jogiches auf Initiative des Bundes und mit Billigung seiner Partei zu Verhandlungen nach Warschau. Er erzielte ein Abkommen über künftige Zusammenarbeit und gegenseitige Unterstützung mit dem Bund. Daraufhin wurde Jogiches vorgeworfen, dem Bund übermäßige Zugeständnisse zu machen, eine gefährlich versöhnliche Haltung einzunehmen und sich „des Verrats der Interessen der Sozialdemokratie" schuldig zu machen.[12] Feliks Dzierzyński schrieb an die Auslandskommission der Partei: „Umso mehr können wir zu keinerlei Verständigung mit ihm gelangen, als er sich bei den Verhandlungen mit dem Bund so skandalös benommen hat, daß es schwerfällt zu glauben, daß er es so weit treiben konnte."[13] Jogiches legte daraufhin seine Arbeit für die Parteipublikationen nieder. Rosa Luxemburg mußte all ihre diplomatischen Fähigkeiten aufbieten, um den Bruch zwischen der Partei und Jogiches zu flicken. Es wurde kein Abkommen mit dem Bund unterzeichnet, und Jogiches widerrief seinen Rücktritt und nahm seine Arbeit in Krakau wieder auf.

Im selben Jahr, 1905, löste das Auftauchen eines jungen Mannes, den Rosa Luxemburg in ihren Briefen an Jogiches als W. bezeichnete, einen ernsten Konflikt in ihrem Privatleben aus. Wann genau W. in ihr Leben trat, ist nicht bekannt, auch ist nicht festzustellen, welcher Art ihr Verhältnis eigentlich war. Wer er war, weiß man auch nicht genau. Aller Wahrscheinlichkeit nach war es Wladyslaw Feinstein, bekannt als Witold und unter fünf weiteren Pseudonymen, die alle mit dem Buchstaben W begannen. Er war ein polnischer Jude aus Warschau und aktives Mitglied der SDKPiL, Schüler und enger Mitarbeiter von Jogiches und schließlich unter dem Namen Zdzislaw Leder Jogiches' einziger Biograph. W., zehn Jahre jünger als Rosa Luxemburg, war einer von mehreren weit jüngeren Männern, die in ihren Bann gerieten.

Als Leo im Juni 1905 Rosa nach ihren Ferienplänen fragte, antwortete sie, daß sie sich zu Hause durchaus wohl fühle und sogar zunähme. Sie habe Einladungen bekommen, die sie abgelehnt hätte. Clara Zetkin mit ihrem pausenlosen Geschnatter ermüde sie, Henriette Roland-Holst, eine holländische Freundin, langweile sie mit ihren Rassentheorien, das Familientreffen der Kautskys in St. Gallen sei nicht gerade eine Erholung. Ohne eine Andeutung, daß sie die Ferien zusammen verbringen könnten, riet sie Jogiches, zwei Wochen frei zu nehmen. Ohne Schwierigkeiten hätte Jogiches zu Rosa Luxemburg fahren können oder sie zu ihm. Es war klar, daß keiner von beiden auf ein Treffen erpicht war. Rosa Luxemburg beschloß schließlich, Clara Zetkin zu besuchen. Und plötzlich, am 7. August, telegrafierte sie Jogiches, daß sie nach Krakau käme.

Etwa zwölf Tage blieb sie bei Jogiches. In einem Geburtstagsbrief, den sie Luise Kautsky aus Krakau schickte, erzählte sie, sie hätte schon alles vorbereitet gehabt, um zu Clara zu fahren, hätte es sich aber in letzter Minute anders überlegt. Wenn es munter klang, dann weil sie gelernt hatte, in ihren Briefen genau so zu klingen, wie sie es für richtig hielt. Aber das Treffen mit Jogiches war tieftraurig. Rosa Luxemburg teilte ihm mit, daß es einen anderen Mann in ihrem Leben gab.

Warum fuhr sie nach Krakau? Warum legte sie die Beichte ab? War es ein neuer, ein letzter Versuch, Jogiches aufzurütteln, ihm begreiflich zu machen, daß er sie enttäuscht habe und daß sie nicht länger bereit sei, den Schein zu wahren? Mag sein, daß sie gedacht hat, der Schock sei ihre letzte Chance, ihre Gemeinsamkeit zu retten. Sonst hätte sie kaum Grund gehabt, Jogiches von W. zu erzählen; W. war eine Episode ohne große Bedeutung, sie hätte sie für sich behalten können. Aber sie tat es nicht, und es war ein bewußter Schritt, es Jogiches zu erzählen.

Jogiches war schwer getroffen. Der einzige Mensch, dem er vorbehaltlos vertraute, hatte ihn betrogen; die einzige Frau, der er nahestand, hatte ihn verraten. Er fühlte sich getäuscht, verletzt, verlassen. Ihre Treulosigkeit gab seinen Ängsten Form und Farbe: Sein Versagen war nun ein Faktum, konkret und unwiderruflich. Und die Erkenntnis seiner totalen Abhängigkeit von Rosa Luxemburg war sicherlich niederschmetternder als ihre Romanze. Nie wieder würde er sich ihrer sicher sein. Aber sie wollte mehr.

Am oder um den 4. September, zwei Wochen nach Rosas Beichte, fuhr Jogiches nach Berlin. Sein Besuch kam so plötzlich wie ihrer in Krakau. Auch mit Blick auf die angespannte politische Lage kann man die Standardmeinung nur schwer akzeptieren, daß er gekommen wäre, um mit Rosa Luxemburg über die Parteilinie zu diskutieren. Nichts könnte ihm, so scheint es, ferner gelegen haben. Er kam nicht als Bittender, denn er war außerstande, zu bitten, er kam, um sich von ihr versichern zu lassen, daß sie sein wäre, daß sich nichts in ihrem Leben geändert hätte. Rosa Luxemburg versprach, mit W. zu brechen und ihm zu sagen, daß dies endgültig sei. Als Jogiches am 15. September Berlin wieder verließ, war er noch im Zweifel. Kaum war er abgefahren, telegrafierte er schon und wollte Bestätigung. Sie kabelte zurück:

> TEURER, GESTERN TELEGRAMMBOTE NICHT ANGETROFFEN UND NICHT GELASSEN, ERST HEUTE FRÜH GEBRACHT. GESTERN GANZEN TAG LEUTE . . . WAR UNDENKBAR ZU SCHREIBEN. SEI RUHIG, TEURER, ALLES WIRD GUT. BIN UNERSCHÜTTERLICH. SCHREIBE HEUTE EILBRIEF AUSFÜHRLICH. TAUSEND GRÜSSE. BITTE UM RUHE.

Noch am selben Tag, dem 17. September, schrieb sie ihm: *„Teurer, mein Teurer, warum diese ‚Qualen' (im Orig. deutsch), warum? Jetzt müssen wir ... nur noch an die Aufgabe, an die Arbeit denken ... Ich bin in meinen Entschlüssen unerschütterlich, wie ich Dir heute telegrafiert habe, sei also ruhig und denke nur noch an die Zukunft.* ... W. wußte bereits bei der Ankunft, daß meine Entscheidung gemacht war, er hat mit keinem Wort versucht, mich ins Schwanken zu bringen. ... Auf dem Bahnsteig damals leuchtete Dein liebes Fenster sehr, sehr lange, bis direkt an die Kurve. Ich stand absichtlich bei der Laterne im Licht, damit Du mich sehen konntest. Ich wollte in den letzten Augenblicken so gern besser zu Dir und fröhlicher sein und konnte es nicht, und Du sahst so entsetzlich aus ... ‚Tapfer': Dziodzio, ‚tapfer' (im Orig. russisch)!" In ihrer dritten Sendung an diesem Tage sagte sie: „Vergiß nicht, daß Du ohne mich nichts über Dich entscheidest, sondern wir überlegen gemeinsam, wie Du das mit diesen Konferenzen erledigst. Schreib mir, bitte schreib. Ich schreibe Dir sowieso. Deine Augen! Dieser Blick in Deinen Augen."[14]

Rosa Luxemburgs Ton hatte sich verändert. Aber Jogiches konnte Mitleid von Leidenschaft unterscheiden und Schuldbewußtsein von Liebe. Wenn es etwas gab, das ihn mehr verletzte als ihre Treulosigkeit, dann war es ihr Mitleid. Daß seine Verzweiflung so durchsichtig war, demütigte ihn noch mehr. Sein Innenleben, so eifersüchtig gehütet, war plötzlich bloßgelegt. „Du schreibst so traurig in diesen Briefen", schrieb sie. „Sei nicht so trübsinnig und schick Deine Teufel – zur Hölle. Hör auf mit dem Philosophieren und leb' nur für das, was real ist, das verfluchte Philosophieren bringt überhaupt nichts ein."[15] Aber ebensowenig konnte er das „Philosophieren" lassen wie die Niederlage akzeptieren. Und dann war Rosa Luxemburg bei aller Sympathie nicht bereit, ihr Verhältnis in seiner früheren Form wieder aufzunehmen: „Laß mich ganz gehen, *laissez faire*. ... Ich lebe einfach ein Pflanzenleben und man muß mich so lassen, wie ich bin."[16] Aber er fuhr fort, zu analysieren. „Mein Herzblatt, wo willst du denn in meinem Brief den ‚persönlich schroffen Ton' entdeckt haben?!" protestierte sie. „Ich habe große Augen gemacht! Es geht darum, daß ich diesen Brief in wahnsinniger Eile geschrieben habe, um die Post noch zu schaffen, und gegen Ende hatte ich es besonders eilig, und vielleicht hat sich daher eine gewisse Schroffheit im *Stil* eingeschlichen (denn ich habe nicht mehr durchgelesen, was ich da geschrieben habe). Aber daß Du jetzt denken kannst, daß ich fähig bin, Dir gegenüber schroff zu sein, das ist wirklich ‚unbezahlbar' (im Orig. deutsch)."[17]

Es klingt etwas Gezwungenes, eine unterdrückte Ungeduld in ihren Sätzen mit, was Jogiches nicht entgangen sein dürfte. Nicht einmal ihre Pläne für ein künftiges Zusammenleben, erfüllt von „ernsten" Büchern, Arbeit und Muße, klangen für ihn noch aufrichtig. „Gestern war kein Brief von Dir da, und heute morgen kam Deiner vom Sonntag – so traurig und voller Verzagtheit, daß ich mich gewundert habe. Was? warum? weswegen? Das ist wohl eine Depression nach außergewöhnlicher Erschöpfung bei der Arbeit", erklärte sie, „daß Dir irgendwelche Hirngespinste kommen. Und ich putze gerade ... Dein Zimmer."[18] Sollte Jogiches geahnt haben, daß dieses Zimmer nie wieder seines sein würde, sollten seine „Hirngespinste" darauf hinausgelaufen sein, dann hatte er recht.

Seine Briefe blieben „kurz und traurig". Er ritt auf Vergangenem herum, mißtrauisch, argwöhnisch. Sein Entschluß aber, Rosa Luxemburg aus seiner politischen Domäne herauszuhalten, blieb unerschüttert. „Jetzt zum Persönlichen", schrieb sie, ohne viel über ihren Rollentausch nachzudenken. „Du irrst Dich, Herzblatt, daß ich in Gedanken ständig in der polnischen Arbeit stecke. ‚Leider ganz im Gegenteil' (im Orig. deutsch). ... Aber obwohl ich mit meinen Gedanken völlig bei der deutschen Arbeit bin, will ich wenigstens über die wichtigeren Dinge in *unserer* Arbeit *au courant* sein und bitte Dich, nicht so kindisch zu sein und mich nicht ‚gewaltsam' (im Orig. deutsch) von der polnischen Arbeit in der Weise abzuhalten, daß Du mich über nichts informieren willst. Mein Herz – keine ‚Pferdekuren' (im Orig. deutsch) mehr bei mir anwenden, gut? Wenn ich Dir versichere, daß mir ein paar orientierende Nachrichten ... nicht schaden, sondern im Gegenteil notwendig sind, dann kannst Du Dich ruhig darauf verlassen."[19] Ihre Bitten blieben ohne Echo.

Wenn Rosa Luxemburg ihre Beichte abgelegt hat, um Jogiches aus seiner Selbstzufriedenheit aufzuscheuchen, dann ist ihr das zweifellos gelungen. Wenn sein Kummer Maßstab seiner Liebe war – was er in gewisser Weise war –, dann hatte sie den Beweis, daß er sie liebte, den Beweis, daß er menschlich war. Aber das alles kam zu spät. Sie war ausgebrannt. „Ich empfinde in mir eine fiebrig nervöse Ungeduld", bekannte sie, „das Bedürfnis, im Lärm zu versinken ..., die Stille macht mir Angst ... ich leide nachts an Herzdrücken und quälenden Träumen ...“[20] Arbeit sei das einzige Mittel, sagte sie immer wieder. Das Schreiben fiele ihr schwer, klagte sie, und das zerrisse sie. „Ich bin wohl doch kein echter Schriftsteller“, stöhnte sie, „wenn ich mich zu jedem x-beliebigen Artikelchen an den Haaren herbeiziehen und zwingen muß.“[21] In Wahrheit war sie durchaus imstande, zu schreiben – in den drei Monaten, die Jogiches' Septemberbesuch folgten, veröffentlichte sie mehr als dreißig Artikel. Aber sie brauchte das völlige Eintauchen in die Arbeit, und die geringste Störung versetzte sie in Panik. Die Angst, daß sie Jogiches zerstört hätte, verfolgte sie; konnte sie diesen Mann zerbrochen haben, den starken, unüberwindlichen? Es war wie ein böser Traum. Irgendwie würde sie ihn wiederbekommen, und dann zu ihren Bedingungen. Der letzte Akt der Liebe ihres Lebens spielte sich in Warschau ab.

Am 23. November 1905 trug sich Jogiches alias Otto Engelmann im Warschauer Hotel Victoria ein. Andere Führungsmitglieder, darunter Dzierzyński, Warszawski und Marchlewski, waren bereits zur Stelle, um an einer Parteikonferenz teilzunehmen und ein Papier zu erarbeiten. Auch im Getümmel der Debatte wurde Jogiches' Laune nicht besser. Seit den Wilnaer Tagen hatte er sich nicht mehr so konspirativ verhalten (in Krakau lebte er – wie zeitweise in Berlin – unter seinem richtigen Namen), mit der russischen Polizei auf den Fersen und dem subversiven Apparat in den Händen. Doch er blieb matt und bedrückt. „Wann wird das alles ein Ende nehmen?“ schrieb Rosa Luxemburg angstvoll nach Warschau. „Wann hörst Du auf, an das zu denken, was keinen Sinn und Zweck hat, und fängst an, für das zu leben, was *ist*?“[22]

Rosa Luxemburg beschloß, zu ihren Genossen nach Warschau zu fahren und Revolution zu machen, statt über sie zu schreiben. Verärgert, daß sie absichtlich von der polnischen Politik ausgeschlossen wurde, wollte sie Jogiches vielleicht die Vergeblichkeit seiner „kindischen“ Versuche beweisen und hoffte, ihn und ihr eigenes Gewissen zu beruhigen. Auch verspürte sie ein gewisses Unbehagen, als einziges Mitglied der Parteiführung in dieser brisanten Situation im Ausland zu bleiben. Deutsche und polnische Genossen wandten ein, die Reise sei äußerst gefährlich, aber sie wollte nicht hören. Am 28. Dezember brachte die Familie Kautsky sie zum Bahnhof Friedrichstraße in Berlin. Die alte Minna Kautsky wickelte ihr Wollcape um Rosa, Karl Kautsky packte ihre Beine in eine warme Decke, Luise schenkte ihr ihre Uhr, die zufällig Rosas Initialen trug (Luises Mädchenname war Ronsperger) – soviel zur

Konspiration. Rosa Luxemburg reiste als Anna Matschke, aber es hätte wohl ein Wunder geschehen müssen, daß die russische Polizei sie nicht erkannte – an ihrem Gesicht, aus Pressebildern wohlbekannt, und an ihrem Hinken.

Das Massaker des Blutsonntags am 22. Januar 1905 und die nachfolgenden Streiks in Rußland lösten im russisch annektierten Polen eine Reaktion aus, die mehr einem nationalen Aufstand als einem Wirtschaftskampf glich. Seit dem antirussischen Aufstand im Jahre 1863 waren die Wogen des Nationalgefühls noch nie so hoch geschlagen und hatten so weit um sich gegriffen. Im Warschauer Bezirk traten doppelt so viele Arbeiter in den Streik wie im Bezirk St. Petersburg und dreimal so viele wie im Moskauer Bezirk. Polnische Arbeiter neigten vom Temperament her eher zur Rebellion als die russischen. Außerdem kämpften die Polen ebenso gegen die Russifizierung und für ihre Freiheit wie für höhere Löhne. Den streikenden Arbeitern schlossen sich bald Gymnasiasten und Studenten und die Intgelligenz an. Der lange aufgestaute Haß gegen die Russenherrschaft einte Arbeiter und Intellektuelle, Studenten und Bauern. Es war eine Zeit der außergewöhnlichen Ereignisse und eines außergewöhnlichen Geistes. Die meuternden Matrosen des Panzerkreuzers *Potemkin* schlossen sich den Revolutionären in Rußland an, und in Polen brach als Protest gegen die von der Regierung angestifteten Judenpogrome in Bialystok ein Generalstreik aus. Das Kriegsrecht war die Waffe, die die Russen gegen die Polen anwandten; im August wurde es in Warschau eingeführt, im November auf das gesamte Königreich Polen ausgedehnt, am 1. Dezember aufgehoben und nach zwanzig Tagen wieder eingeführt. Es war keine sehr wirksame Waffe. Im Oktober traten, einem Generalstreik in Rußland auf dem Fuße folgend, polnische Eisenbahnarbeiter in den Streik, zusammen mit den Arbeitern großer und kleiner Industriezentren. Unter der Fahne des „gemeinsamen Kampfes gegen das Zarentum" legte ein massiver politischer Streik, der größte Polens, das Land völlig lahm. Um die Lage unter Kontrolle zu bekommen und den Anschein guten Willens zu erwecken, versprachen die Russen den Polen eine Verfassung und bürgerliche Freiheiten. Es war ein leeres Versprechen. Die einzigen Zugeständnisse, die die Russen machten, waren eine im Oktober erlassene politische Amnestie und die Abschaffung der präventiven Zensur im Dezember. Eine kurzlebige

Phase trügerischer Freiheit dämpfte die gestaute Wut, und am 30. Dezember, dem Tag, an dem Rosa Luxemburg nach Warschau kam, war alle Hoffnung auf einen Generalstreik erstorben.

Man darf bezweifeln, daß Jogiches von Rosa Luxemburgs Erscheinen in Warschau begeistert war. Sie drang in sein Territorium ein und stahl ihm die Schau; darüber hinaus war ihre Anwesenheit eine ständige Erinnerung an seine Demütigung. Dennoch, ihre Feder wurde dringend benötigt, und als Politiker akzeptierte er ihr Kommen als Notwendigkeit. Die fünfundsechzig Tage hektischer Tätigkeit in einer Stadt, in der sie beide als politische Verbrecher galten, waren die letzten, die sie zusammen verbrachten. Tag und Nacht produzierte Rosa Luxemburg Artikel, Pamphlete und Proklamationen. Die Führung trat häufig zusammen, denn von Stunde zu Stunde mußte die Strategie an die unvorhersehbaren und unkoordinierten Entwicklungen angepaßt werden. Kein Tag verging ohne Mißgeschick. „Wir hatten gestern von morgens an ‚Pech'. Haussuchungen in der Druckerei, Verhaftungen, die Druckerei wurde versiegelt. Schließlich ist alles ziemlich glücklich abgelaufen . . . Und heute bereits ist eine neue Druckerei so gut wie gekapert, so daß ich mich gleich hinsetzen muß, um einen Artikel . . . zu schreiben", berichtete Rosa Luxemburg den Kautskys Mitte Januar 1906.[23]

Sie war glücklich in der rebellischen Stadt. Nach Jahren des Redens und Schreibens, des Theoretisierens und Philosophierens, nach der Trägheit der Berliner Genossen, den „leeren Phrasen" und dem „‚radikalen' Geschwätz" des *Vorwärts* gab ihr die vorderste Kampffront die Erregung ihrer Jugend zurück. Wie schon oft in ihrem Leben störte die Wirklichkeit nicht ihre Träume. Obwohl der Generalstreik, den sie erhoffte, nicht stattfand, schrieb sie den Kautskys, es sei immerhin möglich, „daß irgendein ‚Zufall', ein neues Manifest oder dergleichen, einen plötzlichen spontanen Ausbruch herbeiführt."[24] In St. Petersburg, berichtete sie ihnen, herrsche das Chaos, von dort sei keine Leitung zu erwarten. Doch sie plante, selbst nach St. Petersburg zu fahren, um die Verbindung der deutschen Partei zur Revolution zu festigen, was immer sie damit gemeint haben mag. Gewaltige Probleme mit Druckern, tägliche Verhaftungen und Fraktionshader waren anstrengend, aber auch anregend. „Trotz Kriegszustand geben wir unseren *Sztandar* (*Die Rote Fahne*) täglich heraus, und er wird auf den Straßen verkauft", schrieb sie an die Kautskys. „Sobald der Kriegszustand aufgehoben wird, erscheint wieder die legale Tageszeitung *Trybuna* (*Volks-Tribüne*). Jetzt muß man den Druck des *Sztandar* täglich mit Revolvern in der Hand in den bürgerlichen Druckereien erzwingen."[25] Wenn sie nicht selbst dem Drucker die Pistole an den Kopf setzte, dann vielleicht Jogiches, zumindest leitete er die Operation.

Inzwischen herrschte ein harter Winter, die Familien der streikenden Arbeiter litten Kälte und Hunger, und die Arbeiter waren erschöpft. 1906 nahm die Zahl der Streikenden drastisch ab und es wurde klar, daß auch die Unterstützung zahlreicher europäischer Gewerkschaften kein Gegengewicht gegen die russische Polizei war. Am Ende war der Sieg auf der Seite der russischen Macht, wie schon so oft. Todesurteile und Haftstrafen, die Auflösung der Gewerkschaften und verstärkte Unterdrükkung zwangen die Arbeiter auf viele Jahre hinaus in Resignation und Passivität.

Wie sich später zeigte, waren Rosa Luxemburg und Leo Jogiches sich im Miteinander der Arbeit und der Gefahr nicht nähergekommen. Was sich während des Warschauer Intermezzos zwischen ihnen abgespielt hat, kann man nur vermuten, fest steht aber, daß sie sich beide bemühten, ihre Beziehung zu retten. Was sonst hätte Jogiches zu dem leichtsinnigen Umzug aus seinem Hotel in die Pension der Gräfin Walewska bewegen können, in der Rosa Luxemburg wohnte? Dieser Umzug könnte eine versöhnliche Geste gewesen sein oder auch ein bewußtes Spielen mit der Gefahr. Vielleicht hielt Jogiches eine polizeiliche Intervention für den passenden Schlußstrich unter das zerfallende Verhältnis. Vielleicht brauchte er ihre Nähe, vielleicht brauchte sie seine. Mit praktischen Gründen ist der Entschluß nicht zu rechtfertigen; die beiden Hotels lagen nah beieinander, und das Risiko, den kurzen Weg zu gehen, war kleiner als das, im selben Hotel zu wohnen. Keiner von ihnen versteckte sich; Rosa Luxemburg besuchte einmal wöchentlich ihre Familie, und beide trafen sich, wenn auch vorsichtig, in Wohnungen in verschiedenen Stadtteilen mit Genossen. Hätten sie getrennt gewohnt, wäre die Chance größer gewesen, daß einer von ihnen entkam, wenn der andere gefaßt wurde.

Es ist ein ehernes Gesetz für Verschwörer, getrennt zu wohnen oder unterzutauchen, jedes Aufsehen zu vermeiden, jedes Risiko so klein wie möglich zu halten. Niemand wußte das besser als Jogiches. Beide, er wie Rosa Luxemburg, reisten mit falschem Paß, beide kamen sie aus Berlin, wo sie zusammengelebt hatten, und beide waren bei der deutschen und der russischen Polizei bekannt. Sie müssen über die Möglichkeit ihrer Verhaftung gesprochen haben. Rosa Luxemburg war als Deutsche viel weniger in Gefahr als Jogiches, der russische Untertan und Deserteur; Rosa Luxemburg war Ersttäterin, während Jogiches zum fünften Mal in diesem Jahr illegal in Warschau war; im Falle einer Verhaftung würde die deutsche Sozialdemokratie für Rosa Protest einlegen, für Jogiches aber würde sie keinen Finger rühren.

Am Sonntagnachmittag, dem 4. März 1906, einen Tag vor Rosa Luxemburgs sechsunddreißigstem Geburtstag, betrat die zaristische Polizei ihr Hotelzimmer, wo sie in Hülle und Fülle illegale Schriften, Korrekturbögen und Korrespondenz mit den SPD-Führern vorfand. Die Umstände der Verhaftung sind rätselhaft. Den verfügbaren Quellen zufolge war Jogiches nicht im Hotel, als die Abordnung von Polizisten und Gendarmen erschien. Als er ins Hotel kam, öffnete er seine Zimmertür, sah, daß die Durchsuchung im Gange war und ging, ohne daß die Polizei ihn aufgehalten hätte, ins benachbarte Zimmer zu Rosa Luxemburg, um sie zu warnen. Sie wurden beide in ihrem Zimmer festgenommen. Wenn Jogiches aber nicht im Hotel gewesen ist, als die Polizei kam, ist es unwahrscheinlich, daß er es überhaupt betreten hätte. Die Polizei hätte an einem Sonntagnachmittag in dem ruhigen Viertel das Grundstück der respektablen Pension nicht betreten können, ohne die Aufmerksamkeit der Nachbarn und Passanten zu erregen. Wäre die Straße auffällig verlassen oder auffällig belebt gewesen, hätte Jogiches den Braten gerochen und sich verdrückt. Selbst wenn er auf der Straße nichts Ungewöhnliches bemerkt hätte, wäre ihm beim Betreten des kleinen Hotels die Polizei aufgefallen. Es ist unwahrscheinlich, daß die Polizei den Eingang unbewacht ließ, aber auch eine Wache hätte Jogiches Zeit gelassen, wegzulaufen oder es wenigstens zu versuchen. Statt dessen soll er unbemerkt zu seinem Zimmer gegangen sein, die vor sich gehende Durchsuchung gesehen, eine weitere Gelegenheit zur Flucht verpaßt und Rosa Luxemburgs Zimmer aufgesucht haben, ihre letzten persönlichen Briefe noch in der Tasche. Viel wahrscheinlicher ist, daß Jogiches einfach in Rosas Zimmer war, als die Polizei kam. Er muß die ganze Zeit über gewußt haben, daß Rosas Anwesenheit in Warschau zwangsläufig zum Desaster führen mußte.

„Am Sonntag, den 4., abends, hat mich das Schicksal ereilt – ich bin verhaftet worden. Ich hatte bereits meinen Paß zur Rückreise visiert und war auf dem Sprung zu fahren. Nun, es muß auch so gehen. . . . Es lebe die Rev . . .!" schrieb Rosa Luxemburg den Kautskys in einem undatierten Brief, den sie am 13. März 1906 erhielten.[26] Ihre Identität war noch nicht festgestellt; sie bat, ihr an die Adresse Anna Matschke zu schreiben. Als nächstes schrieb sie an Karl Kautsky, daß der Korrespondent der *Leipziger Volkszeitung*, Herr Otto Engelmann (Jogiches) aus Berlin – „Du kennst ihn ja, es ist der blonde Herr, der lange Zeit in der Kranachstraße wohnte" –, auch verhaftet worden sei, und sie bat Kautsky, zu bestätigen, daß er tatsächlich als Korrespondent in Warschau sei, „falls die Redaktion . . . befragt wird."[27]

Die Polizei wußte, was nicht überrascht, im Augenblick ihrer Festnahme, wen sie vor sich hatte. In Ermangelung von Polizeiakten brauchte sie allerdings Beweise. Der Fall Luxemburg war relativ einfach; innerhalb von fünf Tagen sorgte die Polizei für eine Gegenüberstellung mit ihrer Schwester Anna, die Rosa auf der Stelle identifizierte. Jogiches' Inkognito zu brechen war komplizierter; Ende Juni, als Rosa bereits gegen Kaution auf freiem Fuß war, bat die Warschauer Polizei bei der Wilnaer Polizei um die Identifizierung eines Fotos von Engelmann. Jogiches' älterer Bruder Pavel, erfahrener als Rosas Schwester, verriet Leo nicht. Weitere Nachforschungen brachten allerdings zutage, daß der Korrespondent der *Leipziger Volkszeitung* niemand anderes als Leo Jogiches war, 1889 zu vier Monaten Gefängnis und einem Jahr polizeilicher Überwachung verurteilt, ein Entflohener und ein Deserteur.

Als Rosa Luxemburg identifiziert war, schrieb sie auf Polnisch eine eidliche Aussage nieder: „Mein Name ist Rosa Luxemburg, nicht Anna Matschke, wie ich zunächst angegeben habe."[28] Im übrigen blieb sie bei ihrer Geschichte. Sie war eine deutsche Sozialdemokratin, die in Warschau war, um ihre Angehörigen zu besuchen und Material für deutsche Zeitungen zu sammeln, für die sie arbeitete; mit der polnischen Bewegung hatte sie nichts zu tun. Erst als sie entlassen war, verschaffte sich die Polizei eine Ausgabe der *Roten Fahne*, die einen von ihr gezeichneten Artikel enthielt.

Die Ermittlungen versuchten zu beweisen, daß die beiden Angeklagten nicht nur die zaristische Regierung stürzen wollten, sondern daneben auch privat ein Verhältnis hätten. Sensationsartikel über die „blutige Rosa" und ihren Geliebten erschienen in der antisozialistischen Presse. „Diese gefährliche Ausländerin hat sich durch Heirat die deutsche Staatsangehörigkeit verschafft", schrieb *Die Post*. „Wir in Deutschland können nur froh sein, daß wir sie so leicht losgeworden sind."[29] Rosa Luxemburg erklärte, sie habe 1897 Gustav Lübeck geheiratet und sei fünf Jahre später geschieden worden; was Otto Engelmann beträfe, so sei er ein journalistischer Kollege und ihre Begegnung in Warschau sei rein zufällig. Es gab keinen Gegenbeweis, ausgenommen die eindeutig privaten Briefe, die man bei Jogiches gefunden hatte; sie reichten offenbar als Beweis nicht aus. Auf jeden Fall war Rosa nach deutschem Recht Deutsche, eine Tatsache, die weder die eifrig mit den Russen kooperierende deutsche Polizei noch die deutsche Presse widerlegen konnte, die behauptete, Rosa habe nie mit Lübeck, statt dessen aber mit Jogiches zusammengelebt.

Die Führung der Sozialdemokratischen Partei Deutschlands scheute keine Mühe, Rosa Luxemburg aus der Haft freizubekommen. August Bebel sagte Geld zu und jedes für die Partei verfügbare Mittel, um das Kriegsgericht und die Deportation nach Sibirien zu verhindern. Rosas Familie stand unerschütterlich hinter ihr, versuchte Geld aufzutreiben, besuchte sie im Gefängnis und war bereit, beim russischen Ministerpräsidenten Graf Witte um Fürsprache für sie zu bitten. Dies lehnte sie genauso standhaft ab wie eine Eingabe an den deutschen Kanzler von Bülow: „In keinem Fall möchte ich ihm irgend etwas verdanken", schrieb sie an die Kautskys, „denn ich könnte nachher nicht mehr in der Agitation über ihn und die Regierung frei reden, wie sich's gehört."[30]

Keiner der Fluchtpläne, die die polnischen Parteimitglieder entwarfen, funktionierte, zum Teil weil die Gefangenen zunächst vom Rathaus ins Pawiak-Gefängnis und von dort in die berüchtigte Zitadelle verlegt wurden. In dieser Zitadelle waren die Helden der jugendlichen Rosa, Aleksandra Jentys und Ludwik Waryński, einst eingekerkert, und in ihrem Hof wurden vier Sozialisten gehenkt, als Rosa sechzehn war. Pawiak erinnere sie an das Gefängnis von Zwickau, schrieb sie den Kautskys: „Ruhe und Ordnung, Einsamkeit; Essen kriege ich mehr wie ich brauche, Spaziergang auch jeden Tag. Die Hauptsache ist aber: häufige Verbindung mit der Menschenwelt, so daß ich in ständiger Fühlung mit den Freunden bin und – schreiben kann!"[31]

Wenn Jogiches ihr je vorwerfen konnte, sie sei leichtsinnig, dann gewiß nicht, solange sie im Gefängnis war. Sie behielt geschäftliche wie private Angelegenheiten fest in der Hand. Jakub Hanecki, ein polnischer Sozialdemokrat, besuchte sie fast täglich. Sie trafen sich ohne Bewachung, um Parteifragen zu diskutieren, und er holte ihr Einverständnis ein, die Polnische Sozialdemokratie (SDKPiL) auf dem bevorstehenden Parteitag der russischen Sozialdemokratischen Arbeiterpartei anzuschließen. Karl und Luise Kautsky hatten alle Hände voll zu tun, um Rosas Anweisungen auszuführen. Karl sollte die SDKPiL im Bureau der Internationale vertreten; Luise sollte Rosas Miete bezahlen – „ich freue mich so auf die Hoffnung, wieder in meinem ‚roten' und ‚grünen' Zimmer zu sein" – und auch die Rechnung über 25 Mark von Jogiches' Schneider – „und laß Dir von ihm einen Schein dafür schreiben".[32] Ruhig und systematisch kümmerte sie sich um wichtige politische Fragen und um praktische Einzelheiten, nicht einmal ließ sie zu, daß die Haft ihr Leben unterbrach. Die Niedergeschlagenheit und Apathie, über die sie einige Monate zuvor geklagt hatte, waren verschwunden; ihre Briefe an die Kautskys sprühen von Humor und Spannung, als wäre ihr ein großes Abenteuer begegnet. Die Haftbedingungen in der Zitadelle verschlechterten sich – sie mußte aus einem Gitterkäfig heraus mit ihren Angehörigen sprechen –, ihre innere Haltung nicht. Aber ihre Körperkräfte schwanden. Als die Ärzte ihre Leiden attestierten, um ihre Entlassung zu erreichen – Anämie, vergrößerte Leber, Magen-Darm-Katarrh –, übertrieben sie kaum.

Schließlich war es Geld, das ihr die Freiheit kaufte: 2000 Rubel, um den russischen Offizier zu bestechen, der ihre Entlassung gegen Kaution genehmigte, und 3000 Rubel Kaution. Das Bestechungsgeld wurde von Angehörigen und Freunden aufgebracht. Die Kaution wurde von ihrem Bruder Maksymilian hinterlegt, obwohl sie wahrscheinlich von der deutschen Sozialdemokratischen Partei zur Verfügung gestellt worden war. Gegen Ende Juni 1906 kam Rosa Luxemburg aus der Haft frei, durfte aber Warschau nicht verlassen. Durch die Pflege ihrer Angehörigen wurde sie schnell wieder gesund. „Hier ist die Zeit, in der wir leben, herrlich", schrieb sie im Juli an ihre Freunde Emanuel und Mathilde Wurm. „Ich nenne herrlich eine Zeit, die massenhaft Probleme und *gewaltige* Probleme aufwirft, die Gedanken anspornt, ‚Kritik, Ironie und tiefere Bedeutung' anregt, Leidenschaften aufpeitscht und vor allem – eine fruchtbare, schwangere Zeit ist, die stündlich gebiert und aus jeder Geburt noch ‚schwangerer' hervorgeht, dabei nicht tote Mäuse gebiert oder gar krepierte Mücken, wie in Berlin, sondern lauter Riesendinge, allwie: Riesenverbrechen (*vide* Regierung), Riesenblamagen (*vide* Duma), Riesendummheiten (*vide* Plechanow & Co.) etc." Rosa schloß den Brief mit ihrem Leitsatz: „Die Revolution ist großartig, alles andere ist Quark!"[33]

Der rebellische Geist der Polen begeisterte sie. Verglichen mit Warschau schien Berlin erstickender denn je; lieber wäre sie im Gefängnis, sagte sie, als sich mit ihren Kollegen beim *Vorwärts* herumzustreiten. Sie war stolz auf ihre Stadt, „die einzige Oase in ganz Rußland", kämpfend, leidend und lebendig.[34] In Warschau, schrieb sie, als sie die Stadt verlassen und Finnland erreicht hatte, drohe auf Schritt und Tritt Lebensgefahr, „was mich natürlich juckt, sofort hinzufahren." In Warschau sei es „zehnmal interessanter, als in diesem schläfrigen Petersburg, wo kein Mensch auf der Straße erkennen wird, daß es eine Revolution gibt."[35] Die moralische Kraft, die den Erhebungen während Polens Knechtschaft entsprungen und in romantischer Dichtung gepriesen worden war, wurde wiedergeboren. Das Opferritual wurde wiedererschaffen. Wie die Aufständischen von 1830 und 1863 traten die streikenden Arbeiter einer Militärmacht entgegen, die sie nicht besiegen konnten. Die Revolution war zum Scheitern verurteilt, aber das Proletariat setzte die Tradition fort und hatte Teil an den Träumen der Nation. „Im Sturm der revolutionären Periode", schrieb Rosa Luxemburg in *Massenstreik, Partei und Gewerkschaften*, „verwandelt sich eben der Proletarier aus einem Unterstützung heischenden vorsorglichen Familienvater in einen ‚Revolutionsromantiker', für den sogar das höchste Gut, nämlich das Leben, geschweige das materielle Wohlsein, im Vergleich mit den Kampfidealen geringen Wert besitzt."[36]

Am 31. Juli 1906 verließ sie Warschau, um nie wiederzukommen. Ärzte empfahlen ihr eine Kur im Ausland, und die Behörden genehmigten ihr die Ausreise. Da ihr ein Verfahren wegen einer aufwieglerischen Rede drohte, die sie ein Jahr zuvor in Jena gehalten hatte, konnte Rosa Luxemburg nicht direkt nach Deutschland zurückkehren. Auf jeden Fall brannte sie darauf, sich mit den Führern der russischen Sozialdemokratischen Arbeiterpartei zu treffen; nach einer Stippvisite in St. Petersburg, wo sie einen alten Freund, Parvus-Helphand, im Gefängnis besuchte, fuhr sie nach Kuokkala, einem kleinen Sommerbad vierzig Kilometer von St. Petersburg entfernt. Dort lebte sie unter dem Namen Felicja Budzilowicz.

Bei all ihrer Bewunderung für die Russische Revolution – die russische Mentalität brachte sie genau wie früher zur Verzweiflung. Allgemein sei es ein „Eindruck der Zerfahrenheit, der Desorganisation, vor allem aber der Verwirrung in den Begriffen, in der Taktik," schrieb sie den Kautskys.[37] Dennoch war dieser Besuch sehr lehrreich. „Ich lerne im

Verkehr mit den Leuten die Bewegung so kennen, wie man sie aus bloßen Druckschriften nie lernen kann; im Verkehr läßt sich auch manches erreichen."[38] Ganz sicher hat sie damit Lenin gemeint. Lenin und seine engen Mitarbeiter Sinowjew, Kamenew und Bogdanow hatten ihr Standquartier in Kuokkala. Rosa Luxemburgs Einstellung zu den Bolschewiken, bestenfalls zurückhaltend, hatte in Warschau begonnen, sich zu wandeln; die Bolschewiken hatten wenigstens den Versuch gemacht, die Regierung zu stürzen.

In Kuokkala lernte sie Lenin gut kennen. Er beeindruckte sie mit seinem außergewöhnlichen Verstand, einer Eigenschaft, die sie immer reizte, mit seiner enormen Willenskraft und seiner umfassenden Kenntnis der russischen Realitäten. Er war gelehrt, geschickt und entschlossen. Im Vergleich zu ihm verblaßten alle Theoretiker, die sie kannte. Lenins Glaube an die eigene Unfehlbarkeit und sein Desinteresse für alles, was nichts mit der Revolution zu tun hatte, imponierten ihr. „Ich rede mit ihm gern", schrieb sie später, „er ist gescheit und gebildet und hat eine gar so häßliche Fratze, die ich gern sehe."[39]

Obwohl sie die Zusammenkünfte mit den Russen lehrreich fand, wünschte sie sich eigentlich, wieder in Deutschland zu sein. Mit neuer Munition – ihrer Arbeit über den Massenstreik – und neuem Ruhm – erworben mit einer richtigen Revolution – fühlte sie sich besser denn je gerüstet, der deutschen Partei wahrhaft revolutionären Geist einzuhauchen. Ihre Zeit in Finnland war zum größten Teil der Arbeit an ihrer Broschüre *Massenstreik, Partei und Gewerkschaften* gewidmet. „Wenn uns also die russische Revolution etwas lehrt, so ist es vor allem, daß der Massenstreik nicht künstlich ‚gemacht', nicht ins Blaue hinein ‚beschlossen', nicht ‚propagiert' wird, sondern daß er eine historische Erscheinung ist, die sich in gewissem Moment aus den sozialen Verhältnissen mit geschichtlicher Notwendigkeit ergibt."[40] Ihre These – die Überlegenheit der „spontanen Volksbewegung" über den „organisierten Klassenkampf" – und ihre Überzeugung, daß das gesunde Empfinden des Proletariats mehr sei als die führende Strategie der Partei, wurden mit starken Argumenten untermauert. Kein vorbereiteter Plan könne mit der spontanen Massenbewegung Schritt halten; es sei ein Fehler, einer politischen Partei die Macht zuzusprechen, die nur die Arbeiterschaft besäße. Politischer Massenkampf könne nicht durch eine zentrale Parteiorganisation von oben gelenkt werden. „Die Überschätzung ... der Rolle der Organisation im Klassenkampf des Proletariats wird gewöhnlich ergänzt durch die Geringschätzung der unorganisierten Proletariermasse und ihrer politischen Reife."[41]

Inwieweit waren die Erfahrungen Rußlands, dieses „halbbarbarischen Staates", auf Deutschland anzuwenden, wo die Sozialdemokratische Partei drei Millionen Mitglieder und die Arbeiterklasse dreißig Jahre Erfahrung im politischen Leben hatte? Die Unterschiede seien weithin Täuschung, erklärte Rosa Luxemburg, denn der „Petersburger und Warschauer, Moskauer und Odessaer Industriearbeiter ist kulturell und geistig dem westeuropäischen Typus viel näher", als diejenigen glaubten, die in der Gewerkschaftspraxis und im bürgerlichen Parlamentarismus großgezogen wurden.[42] Die tiefe Armut der deutschen Bergleute und Textilarbeiter, Eisenbahner und Landarbeiter, die nicht viel anders sei als die in Rußland, verkleinere die Unterschiede noch mehr. Doch während in Rußland der kleinste Konflikt zwischen Arbeitern und Unternehmern einen Sturm entfache, lösten in Deutschland, Frankreich, Italien oder Holland auch die explosivsten Konflikte in der Arbeiterschaft keine Massenbewegung aus. Nach Rosa Luxemburg war es das Klassenbewußtsein, ausgeprägt in Rußland und unterentwickelt in Deutschland und anderen westlichen Ländern, das die Massen in Bewegung brachte. „Das zurückgebliebenste Land weist ... Wege und Methoden des weiteren Klassenkampfes dem Proletariat Deutschlands und der vorgeschrittensten kapitalistischen Länder."[43]

Die Revolution von 1905 machte die Kluft zwischen Rosa Luxemburg und den deutschen Sozialdemokraten sichtbar, die Kluft zwischen einer Revolutionärin und Theoretikern. Sie schien unüberbrückbar. Rosa Luxemburgs rhetorische Frage: „Wann lernt ihr endlich aus der Russischen Revolution?" war nichts weniger als eine Ohrfeige für die Deutschen. Während die Revolution für sie eine historische Notwendigkeit war, sahen ihre deutschen Genossen darin ein philosophisches, abstraktes Problem.

Der Epilog zum Warschauer Debakel folgte im November 1906. Das Kriegsgericht sprach Luxemburg und Jogiches der Mitgliedschaft in der Sozialdemokratischen Partei des Königreichs Polen und Litauens und des Umsturzversuchs im Russischen Reich mit Hilfe des bewaffneten Aufstands schuldig. Rosa Luxemburg erschien nicht vor Gericht, sondern schickte ein ärztliches Attest, daß sie krank sei; man stellte fest, sie habe sich der Gerichtsbarkeit entzogen, ihre Kaution wurde einbehalten. Im Januar 1907 verurteilte das Bezirkskriegsgericht Jogiches zu acht Jahren Zuchthaus. Da hatte Rosas Leben bereits eine andere Wendung genommen. Als sie am 13. September 1906 wieder in Berlin eintraf, befand sich unter den Freunden, die sie willkommen hießen, Konstantin Zetkin.

11 Kostja Zetkin

1907–1912

Konstantin Zetkin, genannt Kostja, der jüngere der beiden Söhne Clara Zetkins, wurde am 17. April 1885 in Paris geboren. Er war vier Jahre alt, als sein Vater starb. Seine Mutter zog mit den zwei Kindern nach Zürich, schickte sie vorübergehend nach England und ließ sich 1890 mit ihnen in Stuttgart nieder. Noch bevor er fünf war, hatte Kostja in drei verschiedenen Ländern gelebt, konnte Französisch, Deutsch, Russisch und Englisch sprechen und hatte ebensoviele verschiedene Kindermädchen gehabt. Daß Clara Zetkin für ihre Kinder nur spärlich Zeit hatte, hinderte sie nicht, strenge Regeln zu erlassen und auch durchzusetzen. Kalte Bäder, saubere Fingernägel und ein enger Stundenplan sollten ihre Söhne zäh, stark und diszipliniert machen. Kostja konnte kaum anders, er versuchte, Befehlen zu gehorchen – denen seiner Mutter, seines älteren Bruders, seiner Lehrer, seiner Kindermädchen. Immerhin – wenn sich Gelegenheit bot, lief er auf die Felder hinaus, schaute in den Himmel und träumte. Er wurde von seinen Schulkameraden verspottet, weil er der Sohn einer Frau war, die dem Idealbild der deutschen Frau und ihrer drei Ks – Kinder, Küche, Kirche – Hohn sprach. Zudem war er gezwungen, die politische Einstellung seiner Mutter zur Schau zu stellen. Sie schickte ihre Söhne zwar auf die besten Schulen, aber sie kleidete sie wie Arbeiterkinder. Kostja hat nie vergessen, wie peinlich ihm das war. Aber nicht einmal der etwas selbstbewußtere Sohn Maxim wagte es, Clara zu widersprechen; in der Politik selbstherrlich und dogmatisch, war sie es zu Hause nicht weniger.

Kostja war kein glückliches Kind. Schüchtern und empfindsam, mußte er sich ständig den robusteren Maxim als gutes Beispiel vorhalten lassen. Er bewunderte Maxim, der mühelos die maliziösen Scherze seiner Mitschüler abschütteln konnte und dessen Haltung gegenüber der Mutter ihm imponierte. Maxim war korrekt und respektvoll, aber unabhängig, Kostja hingegen war auf Mutters Anerkennung angewiesen. Er war für sie, anders als Maxim, kein Trost, sondern mehr ein Anlaß zur Sorge. Er brachte von der Volksschule und später vom Gymnasium passable Zensuren mit, aber nicht vortreffliche wie Maxim. Und Vortrefflichkeit war es, was seine Mutter verehrte wie Ordnung und Tüchtigkeit. Kostja war nicht sehr tüchtig; er schaffte seine Schularbeiten nicht; er las gern und wanderte gern, und vor allen Dingen träumte er gern mit offenen Augen. Aber immer, wenn er zu spät zum Abendbrot kam, machten ihn der bekümmerte Blick seiner Mutter und die versäumten Hausaufgaben unglücklich. Er war sehr bemüht, sich zu bessern, niemals sicher, ob die bessere Note, die er ihr freudestrahlend zeigte, seine Vergehen gutmachte.

Kostja war dreizehn Jahre alt, als Clara ihn und den damals fünfzehnjährigen Maxim um ihr Einverständnis bat, daß sie den hoffnungsvollen Maler Friedrich Georg Zundel heiratete. Sie behauptete zwar, ihre Entscheidung hinge von der Zustimmung ihrer Söhne ab, aber da Zundel schon seit einem Jahr bei ihnen im Haus wohnte, waren Zweifel erlaubt. Zundel stand dem Alter nach den Jungen näher als seiner einundvierzigjährigen Frau – er war acht beziehungsweise zehn Jahre älter als Maxim und Kostja –, und er verstand sich gut mit ihnen. Enterbt (vermutlich weil er politisch links stand) und völlig mittellos, mit hohem künstlerischem Anspruch, wußte er das Heim, die Familie und vor allem das Atelier zu schätzen, das Clara in ihrem Hause für ihn gebaut hatte. In Sillenbuch, südlich von Stuttgart, war das Haus wunderschön gelegen, mitten in einem großen Obstgarten, ganz in der Nähe malerischer Wälder. Das Haus blieb Kostjas Zuflucht auch in seinen Zwanzigern.

Als Maxim das Gymnasium abgeschlossen hatte, verließ er das Haus, um Medizin zu studieren, und kam nur gelegentlich zu Besuch. Kostja aber wollte nicht zur Universität gehen; er wußte nicht, was er studieren sollte, und war froh, daß er die Schule hinter sich hatte. Clara versuchte ihn immer wieder zu überreden, „etwas zu tun“, aber er mochte sich nicht von ihr und von der Heimat trennen.

1906, als Kostja einundzwanzig wurde, konfrontierte Clara Zetkin ihn schließlich mit einem Entschluß. Da gab es in Berlin eine leere Wohnung, sie gehörte Rosa Luxemburg, die in Warschau war und nicht so bald zurückerwartet wurde. Die Wohnung war für ihn vorzüglich geeignet – er konnte in die Stadt ziehen und sich an der Universität einschreiben. Clara hatte den Plan mit August Bebel und Karl Kautsky besprochen, die Claras Lage kannten und ihren Segen gaben. Also wurde Kostja in Rosa Luxemburgs Wohnung in der Cranachstraße 58 einquartiert.

Rosa Luxemburg kannte Kostja seit seinem dreizehnten Lebensjahr, war ihm im Laufe der Jahre öfter bei Clara begegnet und konnte das Problem, das er für Clara darstellte, nicht übersehen. Als sie im September 1906 nach Berlin zurückkehrte, billigte sie die Nutzung ihrer Wohnung durch ihre Freundin. Clara erzählte ihr das Neueste über ihren jüngeren Sohn. Ohne Beruf und ohne den Wunsch, zu arbeiten, lebe er von ihr, beschwerte sie sich, unbekümmert und sorgenfrei. Weder ihre angespannte finanzielle Lage noch ihr gesellschaftliches Bewußtsein könnten sein müßiges Leben rechtfertigen. Claras dringende Bitten um Hilfe bei der Herausgabe der *Gleichheit* blieben unbeantwortet. Das Büro langweile ihren Sohn und die Bürozeiten vertrügen sich nicht mit seiner Bergsteigerei. Es müsse etwas geschehen.

Da Rosa Luxemburg kurz darauf zum Parteitag der SPD nach Mannheim fahren wollte und für den späteren Herbst Ferien in Italien plante, brachte sie Kostja in Jogiches' Zimmer unter. Im Dezember kehrte sie nach Berlin zurück, entschlossen, Clara zu helfen. Sie würde Kostja dazu bringen, sich an der Universität einzuschreiben oder sich eine Arbeit zu suchen und sein unnützes Dahinleben zu beenden. Wo die Mutter versagt hatte, konnte eine vertraute alte Freundin, noch dazu eine mit Ruf und Autorität, vielleicht mehr ausrichten.

Die Bekehrung, die Rosa Luxemburg sich vorgenommen hatte, nahm eine unerwartete Wendung: Sie und Kostja wurden Liebende. Sie waren wie füreinander geschaffen, so schien es – sie liebten es, den zunehmenden Mond zu betrachten und die aufgehende Sonne; sie liebten die freie Natur und lange Spaziergänge, liebten es, Musik zu hören und Romane zu lesen. Kostja zeigte Interesse an ihrer Arbeit, und sehr bald begann sie, ihm ihre Artikel zu lesen zu geben und ihre Ansichten und Referate mit ihm zu diskutieren. Seine Bewunderung und seine tiefe Verehrung standen in krassem Gegensatz zu Jogiches' ewiger Unzufriedenheit. Dabei war Kostja keineswegs nur ein passiver Zuhörer; er reagierte intelligent und wißbegierig, aber ohne Jogiches' Absolutheitsanspruch. Er war hilfreich ohne Rivalität, stolz auf sie ohne Bitterkeit oder Selbstmitleid, und er entzückte sie mit seiner jugendlichen Begeisterung. Sie ihrerseits linderte seine Selbstzweifel, indem sie ihm versicherte, daß Genies oft Spätentwickler sind, daß sie, um ihren Genius zu erkennen, Unterstützung brauchen, Freiheit und Zeit. Ohne seiner Mutter direkt zu widersprechen, von der er, wie sie wußte, stark abhängig war, begann sie, seine Abhängigkeit zu verlagern.

Kostja wirkte höchst anziehend auf Frauen. Nicht sehr groß, aber mager und kräftig, hatte er den muskulösen Körper eines Sportlers mit wettergegerbter, gebräunter Haut. Sein Gesicht war feingeschnitten und sein Blick nachdenklich. Er hatte etwas Jungenhaftes und doch Ernstes an sich.

Alles an Rosa Luxemburg war anders als bei den Frauen, die Kostja sonst kannte. Keine hatte ihr Funkeln und ihre überschäumende Vitalität. In ihr fand er seine wirkliche Freundin und eine leidenschaftliche Geliebte; er entdeckte die Wonne, von einem sensiblen Intellekt geleitet und von einer zauberhaften Frau angebetet zu werden. Der „arme kleine Kostja", der Eigenbrötler und Müßiggänger, sah sich plötzlich zu ihrem „Zeus" erhoben. War er zu Anfang noch eingeschüchtert von ihrem Geist, ihrem Ruhm, ihrer Position, so merkte er jetzt in ihrer Nähe, daß diese Dinge neben ihrer Zuneigung wenig Bedeutung hatten. Während seine Mutter seine Schwäche beklagte, zelebrierte Rosa seine Kraft und machte ihn stolz auf seine Männlichkeit.

Die Verliebtheit ihres Sohnes konnte Clara Zetkin nicht verborgen bleiben, was Rosa Luxemburg und Kostja sicherlich wußten. Aber alle drei wären sich wohl einig gewesen, daß dies das Beste war, was ihm je hätte passieren können. Kostja wußte, wie tief seine Mutter Rosa Luxemburg bewunderte, und vielleicht hoffte er, ihr zum ersten Mal in seinem Leben imponiert zu haben. Rosa Luxemburg hatte keine Gewissensbisse, denn sie glaubte, ihre Hingabe an Kostja sei nicht geringer als die seiner Mutter, sie sei aber besser gerüstet, ihm in seiner Entwicklung zu helfen. Clara konnte nichts als Erleichterung empfinden, daß ihr Sohn sich nun unter den Fittichen einer außergewöhnlichen Frau befand, die keine Gefahr für sie darstellte. Sie sprach zwar ihr Einverständnis nicht ausdrücklich aus, aber sie legte der Affäre auch nichts in den Weg; sie erhob keine Einwendungen dagegen, daß Kostja bei Rosa Luxemburg wohnen blieb, daß Rosa teure Geschenke für ihn bezahlte und Ferienreisen ins Ausland, oder daß sie Kostja in Sillenbuch besuchte, als er begann, seine Zeit zwischen dort und Berlin zu teilen. Um den Schein zu wahren, verschickte Rosa Luxemburg mehrere ihrer täglichen Briefe an Kostja zusammen in einem Umschlag und erkundigte sich nur dann nach Kostja, wenn Clara das Thema ansprach.

Rosa Luxemburgs Reputation bewahrte sie vor Spekulationen. August Bebel, um Kostjas Lebensverhältnisse besorgt, schrieb Mitte April 1907, als Jogiches nach Berlin zurückgekehrt war, an Karl Kautsky: „Wenn der Freund der Genossin R. L. (Jogiches) dauernd hier bleibt und dann auch bei ihr wohnt, wird Kostja kaum weiter in der Wohnung bleiben können.“[1] Daß niemand die Schicklichkeit der Anwesenheit Kostjas in der Cranachstraße in Frage stellte, zeugt für die äußerste Vorsicht der Liebenden und für Rosas Ansehen bei der Parteielite. Rosa und Kostja trafen sich mit Freunden, kamen und gingen aber immer getrennt; in der Öffentlichkeit redeten sie sich formell an; Kostjas Berlin-Besuche wurden per Brief mit allen Vorsichtsmaßnahmen sorgfältig bis ins kleinste Detail geplant. Breiten Raum widmet Luise Kautsky in ihren Erinnerungen an Rosa Luxemburg Rosas Freundschaft mit Hans Diefenbach, Kostjas Altersgenossen und gutem Freund, Kostjas Name aber bleibt auffallend ungenannt. Ob Luise Kautsky nichts von der Art des Verhältnisses wußte oder ob sie Rosa Luxemburgs Geheimnis bewahrte, ist nicht bekannt. Hans Diefenbach, jahrelang Schutzschild der heimlichen Liaison, ist als einer der „intimsten Freunde Rosa Luxemburgs“ in die Geschichte eingegangen.[2] Kostja Zetkin blieb unsichtbar.

Im dritten Jahr der Affäre bat Rosa Luxemburg, man möge Kostja in den Lehrkörper der SPD-Parteischule berufen, an der sie seit Oktober 1907 einen Lehrstuhl für Nationalökonomie innehatte. Der Antrag, den Clara Zetkin und Rosa gemeinsam stellten, brachte Bebel und Kautsky auf. „Das Tollste, was jene verlangen konnten, war doch, der Clara Sohn zum Lehrer an der Parteischule zu machen“, schrieb Bebel an Kautsky. „Er, den niemand kannte, der bisher nicht die geringste Probe seines Könnens abgelegt, ... soll an eine erste Stelle in der Partei treten mit all der Verantwortung, die diese mit sich bringt.“ Weder die „Affenliebe einer Mutter“ noch die „blinde Voreingenommenheit einer Freundin“ könnten den Antrag entschuldigen, meinte Bebel.[3] Das zeigte auch, daß das Geheimnis gut gehütet worden war, denn Rosa Luxemburgs Unterstützung für Kostja wurde allein als ein Freundschaftsdienst für Clara gedeutet.

Vor allen Dingen lag Rosa Luxemburg Kostjas intellektuelle Entwicklung am Herzen. Sie wollte seine Seele formen und ihn zu ihrem Partner machen. Sie hatte nicht vor, ihn in einen Parteifunktionär zu verwandeln, denn „der Parteikampf ist nichts für eine Natur wie Du; es ist ein Leben unter ständigen Beleidigungen dessen, was im Menschen fein und nobel ist."[4] Er solle sich dem Studium der Philosophie, der Nationalökonomie und der Geschichte widmen, ohne sein Interesse an der Kunst zu vernachlässigen. Er mit seinem hellen Kopf könnte Großes erreichen, versicherte sie ihm: „Du wirst ein wissenschaftliches Werk schreiben".[5] Um den Lernprozeß zu erleichtern, versorgte sie ihn mit der eigenen Interpretation der Französischen Revolution und der Geschichte des Proletariats. Seite um Seite ihrer Briefe war mit Überlegungen zu den revolutionären Bewegungen Europas und zu ökonomischen und sozialen Konflikten gefüllt. In schöner Ausgewogenheit von Belehrung und Unterhaltung nannte die Literaturliste Kant, Babeuf und Marx, Tolstoj, Dostojewski, Stendhal und Balzac.

Kostja war kein begeisterter Schüler. Marx triebe ihn zur Verzweiflung, beklagte er sich. Er müsse Geduld haben, riet sie, lesen, wieder lesen und noch einmal lesen: „Du mußt zum Marx Deinen eigenen Weg finden, und Du wirst ihn finden."[6] Wenn Babeuf zu schwierig sei, könnte ein französisches Wörterbuch helfen. Ja, ernste Literatur sei quälend und könne einen in Stücke reißen. Aber, meinte sie, dann sei es *gute* Literatur – sie rühre tiefinnen etwas an, und wer einen guten Roman gelesen habe, sei nicht mehr derselbe. Sie beschwor ihn, die Bücher auf der Literaturliste zu lesen. Einige davon las Kostja wirklich und war mehr von Tolstoj fasziniert als von Marx. Rosa Luxemburg staunte: „Von allen, mit denen ich über den *Tod des Iwan Iljitsch* gesprochen habe (mich selbst eingeschlossen), hast Du die Frage am tiefsten erfaßt."[7] Daß Tolstoj in Kostja eine Saite anschlug, war ein Beweis seiner geistigen Tiefe, an der sie allein nie gezweifelt hatte. Kein Wunder, daß Kostja nie einen Platz für sich gefunden hatte unter Leuten, deren mangelnde Sensibilität sie schon lange beklagte.

Als Kostja nicht weiterkam mit der Wahl eines Studienfachs oder der Suche nach einer Arbeit, beschloß Rosa Luxemburg, er müßte Romanschriftsteller werden. „Ich möchte, daß Du anfängst, die großen Romane zu schreiben", ermunterte sie ihn und drängte: „Ich denke, Du *mußt* schreiben. Du würdest wundervoll schreiben."[8] Artikel für *Die Gleichheit* zu schreiben, während er Romane schreiben müßte, wäre Zeitverschwendung. Kostja protestierte, er könne nicht schreiben. Das macht nichts, tröstete sie ihn; ein Mann, der in kein Schema passe, werde früher oder später seine eigentliche Bestimmung entdecken. Als überzeugendes Argument eröffnete sie ihm Jogiches' schmerzlichstes Unvermögen: „Nur einen analogen Fall will ich Dir erzählen. Leo ist trotz seiner außerordentlichen Begabung und Geistesschärfe einfach unfähig zu schreiben; sowie er seine Gedanken schriftlich niederlegen soll, ist er wie gelähmt. Das war der Fluch seines Daseins während eines Dutzends von Jahren . . . Sein Leben schien definitiv verpfuscht, und er war doch schon Ende der dreißiger Jahre!" schrieb sie an ihren jungen Geliebten. „Da kam die Revolution (1905), und er errang sich nicht nur ganz plötzlich die Stellung des Führers in der polnischen Bewegung, sondern auch in der russischen . . . er schreibt nach wie vor selbst nicht eine Zeile, aber er ist die Seele der Parteiliteratur."[9] Offenbar fiel Rosa Luxemburg nicht ein, daß sie vielleicht in beiden Männern eine latente Angst erweckt haben könnte. Bis ans Ende seiner Tage lehnte Kostja Zetkin es ab, sich dem Papier anzuvertrauen.

Er sei vielseitig wie ein Renaissancemensch, beharrte Rosa Luxemburg; als der Plan einer schriftstellerischen Karriere also beiseitegelegt war, drängte sie Kostja, Maler oder Bildhauer zu werden. Er solle professionell vorgehen, sich unter den Dorfjungen ein Modell suchen – sie bot an, die Kosten zu tragen – und gründlich die Anatomie des menschlichen Körpers, die Kunst der Ägypter und Zeichnen studieren. Auch sie habe ein Modell beschäftigt, ein junges Mädchen namens Gretel, und das habe ihr sehr geholfen, sich zu verbessern. Die polnischen Kornfelder regten ihre Phantasie an; sie hoffe, daß die Natur, die er so liebe, auch seine anregen würde. Wenn sie es tat, dann allerdings nicht lange; nach ein paar Monaten verlor Kostja das Interesse am Malen.

Kostja lebte weiter im Hause seiner Mutter, stattete Berlin kurze Besuche ab und führte einen lebhaften Briefwechsel mit Rosa. Seine Briefe gäben ihr Ruhe, schrieb sie ihm. Sie trage sie immer bei sich, und es sei „der einzige schöne Moment am Tage, wo ich zur Post abholen gehe."[10] Seine Besuche waren ein Fest; obwohl er nicht immer bei ihr wohnen konnte, kam er nach Dunkelwerden und hatte den Tee für sie fertig, wenn sie nach Hause kam. Erst als sie das Mädchen wegschickte, waren sie beide „ganz allein und frei".[11]

In einem kurzen Postscriptum zu einem Brief vom 20. März 1907 teilte Rosa Luxemburg Kostja mit, daß Jogiches aus dem Gefängnis entwichen sei und wohl bald in Berlin auftauchen werde. Ein paar Tage später, noch im Ungewissen über Jogiches' Schicksal, schrieb sie, daß es ihr nicht so unheimlich wäre in der Nacht, wenn der „kleine Kostja" in „seinem Zimmerchen" wäre, das heißt in Jogiches' Zimmer. Wenn es sie gestört hat, daß die Affäre begann, während Jogiches für ihre gemeinsame Sache im Gefängnis schmachtete, dann hat sie es nie ausgesprochen.

Jogiches war im Januar 1907 wegen krimineller Verschwörung zum Sturz der russischen Regierung zu acht Jahren Zuchthaus verurteilt und in das berüchtigte Mokotów-Gefängnis in Warschau gebracht worden. Dort gelang es ihm, einen Wachmann zu seiner Sache zu bekehren, und der organisierte unter Einsatz seines Lebens Jogiches' Flucht. Am 15. März war Jogiches draußen. Sofort stand er auf der Fahndungsliste und tauchte für etwa fünf Wochen unter, meist in dem illegalen Redaktionsbüro der *Roten Fahne*. Entsetzt über die schlampige Redaktionsarbeit korrigierte er die letzte Ausgabe und hinterließ schriftliche Instruktionen zur Niveauverbesserung des Blattes. Wie es heißt, soll Jogiches eine Liebesaffäre gehabt haben, während er sich versteckte. Aber Irena Szer-Siemkowska, seine angebliche Geliebte, war zu der Zeit in Haft und wurde erst entlassen, als Jogiches nach Berlin zurückgekehrt war. Diese Tatsache brachte allerdings die Gerüchte nicht zum Verstummen und auch nicht die Schlußfolgerung, Rosa Luxemburg sei die Betrogene gewesen, nicht Jogiches, sie sei tief verletzt gewesen und habe ihm auf typisch weibliche Art die Tür gewiesen.* Richtig ist, daß Rosa Luxemburg und Kostja Zetkin Anfang 1907 ein Liebespaar wurden, *vor* Jogiches' Flucht aus dem Gefängnis und seiner angeblichen Affäre.

Jogiches ging Anfang April 1907 illegal über die polnische Grenze. Mitte des Monats erreichte er Berlin, um von Rosa Luxemburg zu erfahren, daß ihre Ehe ohne Trauschein beendet sei. Jogiches' heftige

* Zu den Erkenntnissen von J. P. Nettl, Rosa Luxemburgs Biographen, führt Hannah Arendt aus: „Der tödlich ernste Streit, der durch Jogiches' kurze Liebesaffäre mit einer anderen Frau hervorgerufen und durch Rosas wütende Reaktion darauf unendlich kompliziert wurde, war für ihre Zeit und ihr Milieu sehr typisch. . . . Diese ganze Generation glaubte noch fest daran, daß es nur eine große Liebe im Leben gibt . . . Nettls Unterlagen zeigen, daß Rosa Freunde und Bewunderer hatte . . ., aber es geht kaum daraus hervor, daß es jemals noch einen anderen Mann in ihrem Leben gegeben hatte." Hannah Arendt, Rosa Luxemburg, in: *Der Monat* 20/1968, Heft 243, 28–40: 34.

Reaktion entsetzte und ängstigte sie. Natürlich erwartete sie einen gewissen Widerstand, sie stellte ihn schließlich vor vollendete Tatsachen; aber Gewaltanwendung hatte sie nicht erwartet. Wieder zeigte sich, wie wenig sie Jogiches kannte. Nach einem Jahr Haft kam er zu ihr, nur um weggeschickt zu werden. Sie schleuderte ihm ihre Zurückweisung ins Gesicht, nahm ihm alles, was er hatte, sie, und war dann erstaunt über seine wilde Wut. Sie sagte ihm nicht, daß es einen anderen Mann gab, aber er nahm an, daß W. wieder auf der Bildfläche erschienen sei. Vielleicht hatte Jogiches erfahren, daß W. im August 1906 in Kuokkala war, zur selben Zeit wie Rosa Luxemburg, und daß er dann wie sie nach Berlin kam. Obwohl W. im Oktober 1906 auf dem Rückweg nach Warschau verhaftet worden war, sprach der Anschein für Jogiches' Verdacht. W., 1908 aus der Haft entlassen – Rosa Luxemburg besorgte die Kaution –, kam zurück nach Berlin. Das einzige, was er von Rosa wollte, war, daß sie ihm seine alten Briefe zurückgab.*

Jogiches weigerte sich, aus der Wohnung auszuziehen. Rosa Luxemburg besorgte sich einen Revolver, wie sie Luise Kautsky anvertraute, denn Jogiches habe gedroht, sie umzubringen. Aber das Schlimmste sollte noch kommen. Einige Wochen später, Anfang Mai, mußten sie und Jogiches als Delegierte der Polnischen Sozialdemokratie (SDKPiL) am Fünften Parteitag der Russischen Sozialdemokratischen Arbeiterpartei in London teilnehmen.**

Rosa Luxemburg vertrat auch die deutsche Sozialdemokratische Partei (SPD). Sie reisten zusammen, denn Jogiches drohte mit einem öffentlichen Skandal, wenn Rosa Luxemburg sich weigerte, mit ihm zu fahren. „Das Schiff ist leider nicht untergegangen", schrieb sie in scheinbarem Ernst; dies sollte der letzte leichte Ton in ihren Mitteilungen aus London sein.[12] Jogiches ließe sie nicht für einen Augenblick allein, beschwerte sie sich bei Kostja; sie wohnten im selben Hotel, führen mit demselben Bus zur Versammlung, wo sie sich korrekt, wenn nicht gar herzlich benehmen müßten, und die Abende verbrächten sie mit alten Genossen, die sie immer noch für eng befreundet hielten. Eines Tages dann öffnete und las Jogiches einen nicht unterschriebenen Brief von Kostja. Er würde sie und ihren Liebsten umbringen, kündigte er an. Er

* Rosa Luxemburgs Briefe an W. konnten nicht ausfindig gemacht werden.
** Die SDKPiL hatte sich im April 1906 mit der Russischen Sozialdemokratischen Arbeiterpartei vereinigt.

beobachte sie Tag und Nacht, berichtete sie ihrem „geliebten Bubi", und er wolle sie unter keinen Umständen allein nach Berlin zurückkehren lassen. Sie wollte, daß Kostja wüßte, daß sie um seine Sicherheit fürchte und daß sie sogar bereit sei, sich mit Jogiches zu versöhnen, damit Kostja außer Gefahr wäre. Rosa Luxemburg schwelgte in Dramatik; sie ahne zwar eine Katastrophe, aber sie sei entschlossen, um ihrer beider Glück zu kämpfen, schrieb sie Kostja. In einem Brief nach dem anderen rollte sie das Drama mit Genuß wieder auf – den abgefangenen Brief von Kostja, Jogiches' Raserei, eine Szene im Restaurant.

Diese Szene fand in einem eleganten Hotel statt, in das ihr Bruder Natan, der in London lebte, sie und Jogiches zum Essen eingeladen hatte. Die luxuriöse Umgebung und eine Kapelle, die die Arie der *Carmen* spielte, bildeten den Hintergrund. Rosas Bruder, von der Situation nichts ahnend, geleitete das Paar ins Restaurant; Rosa zwang sich zu einem Lächeln, während Jogiches ihr ins Ohr flüsterte: „Eher bringe ich Dich um, als daß ich Dich zurückfahren lasse."[13] Sie hatte Angst, gestand sie Kostja, aber nichts könne sie davon abhalten, wieder zu ihm zu kommen oder Briefe an ihn hinauszuschmuggeln – „To give my Love good-morrow".[14] Hätte Jogiches sie dabei erwischt, wie sie an Kostja schrieb, behauptete sie, dann hätte sie vielleicht mit ihrem Leben bezahlt.

Jogiches ließ sie allein nach Berlin zurückfahren. Vielleicht überzeugte ihn ihr öffentliches Auftreten auf dem Parteitag, daß sie nicht in der Stimmung für private Zugeständnisse war. In ihren Reden, die sie vorher mit ihm diskutiert hatte, legte sie ihre Interpretation des Marxismus und seiner Bedeutung dar. Sie wandte sich gegen Lenins Überschätzung des „bewaffneten Aufstands" und stellte seiner „mechanistischen Auffassung von der Revolution" die der polnischen Partei entgegen, die sich erfolgreich auf die Tatkraft des Proletariats gestützt habe. Der Marxismus, sagte sie, ist kein Dogma, sondern eine wissenschaftliche Methode, die sich ständig verändernde Realität zu analysieren; das sklavische Festhalten am *Kommunistischen Manifest*, vor mehr als einem halben Jahrhundert geschrieben, sei „ein krasses Beispiel für metaphysisches Denken", eine Verdrehung des Marxismus.[15*] Ihre kompromißlose Haltung, ihre Unerschrockenheit, ihre Herausforde-

* Joseph Stalin, achtundzwanzig Jahre alt, hörte Rosa Luxemburg aufmerksam zu. 1931 sollte Stalin Rosa Luxemburg exkommunizieren, weil sie aus Marx' Revolutionsbegriff eine „Karikatur" gemacht habe.

rung prominenter marxistischer Theoretiker könnten von dem Privatkrieg, den sie gleichzeitig führte, noch gefördert worden sein. Rosa Luxemburg trotzte dem marxistischen Establishment und sie trotzte Jogiches, und diese Sprache verstand er gut.

Als strahlende Siegerin kehrte sie nach Berlin zurück. Kostja erwartete sie am Bahnhof, wie sie gewünscht hatte. Mit zwei Siegen im Gepäck, einem öffentlichen und einem privaten, fühlte sie sich überschäumend, jung, „wie ein zwanzigjähriges Mädchen".[16]

Das Drama zwischen ihr und Jogiches machte sie in Kostjas Augen noch begehrenswerter und geheimnisvoller. Sie ließ keine Gelegenheit aus, ihrem Liebsten in feurigen und farbigen Worten die Gefahr zu schildern, der sie sich seinetwegen aussetzte. Kostja, der donquichottische Ritter, war nur schwer davon abzubringen, ihr zu Hilfe zu eilen.

Keine zwei Wochen nach dem Londoner Parteitag ging Rosa Luxemburg in Berlin ins Gefängnis, um eine zweimonatige Haftstrafe abzusitzen, die sie für „Aufhetzung zur Gewaltanwendung" in einer Rede auf dem Jenaer SPD-Parteitag 1905 erhalten hatte. Aus der Zelle schrieb sie Kostja über die Hoffnungen, die sie für ihn und für sie beide hegte. Aber das Gefängnis hatte den Reiz des Neuen verloren; sie hatte ein Jahr zuvor in Warschau mehr als ihr Teil an Heldentum hinter Gittern gehabt; jetzt bedeutete eingesperrt sein, die Freiheit und Kostja zu entbehren.* Ihre Arbeit an einem Buch über Nationalökonomie hinderte sie nicht, „jede freie Sekunde" an ihren Liebsten zu denken. Bestimmt werde er verhungern, wo sich doch niemand ordentlich um ihn kümmere; gesunde Ernährung und frische Luft seien ein Muß für seine Gesundheit, erinnerte sie ihn, weil er ja noch wachse. Froh, daß Kostja Spaß an einem neuen Spielzeug hatte, dem Automobil, das Claras Mann jüngst erworben hatte, dachte Rosa daran, wie schön es wäre, zusammen auszufahren. Aber, betonte sie, vor allen Dingen müsse er ans Arbeiten denken. Einige Monate vorher hatte sie Kostja dazu gebracht, Nationalökonomie zu lesen und Russisch zu lernen, „es wird dies bald die Sprache des Lebens sein"; jetzt war sie besorgt, ob er auch weiter lernte in ihrer Abwesenheit.[17]

* J. P. Nettl schreibt ihre vermutete Niedergeschlagenheit Jogiches zu, der sie angeblich mit einer anderen Frau betrogen und damit ihrem Stolz einen schweren Schlag versetzt habe; Nettl vertritt die Ansicht, im Unterschied zu der Zeit, die sie 1904 so stolz und ungeduldig abgesessen hätte, sei sie jetzt bedrückt und verschlossen gewesen. J. P. Nettl, Rosa Luxemburg, Köln: Kiepenheuer u. Witsch, 1967, 364.

Als sie das Gefängnis verließ, mußte sie sich Jogiches stellen, der sich schlicht weigerte, aus seinem Zimmer auszuziehen. Im August 1907 informierte sie Kostja, daß Jogiches Berlin in zwei Tagen verlassen werde. Mitte September schließlich fuhr Jogiches nach Finnland, zum Sitz des Zentralkomitees der Russischen Sozialdemokratischen Arbeiterpartei (RSDRP), in das er auf dem Londoner Parteitag gewählt worden war. Bis dahin lebte Rosa Luxemburg in ständiger Angst; sie vernichtete Kostjas Briefe und riet ihm, auch ihre zu vernichten. Sie holte ihre Post beim Postamt ab, damit sie nicht Jogiches in die Hände fiel. Ihre nervöse Erschöpfung jedoch, so versicherte sie Kostja, käme von der Londonreise, von der Haft und vom Kongreß der Sozialistischen Internationale in Stuttgart, was ja alles in den letzten drei Monaten stattgefunden habe.

Im Januar 1908 kam Jogiches wieder zurück nach Berlin. Er zog in ein kleines Hotel, das Schloßpark-Hotel in Steglitz. Aber er zog nicht aus Rosa Luxemburgs Leben aus. Im Grunde seines Herzens konnte er nicht glauben, daß ein anderer Mann ihn verdrängt hatte; unfähig, Rosas Entscheidung als endgültig zu akzeptieren, war er entschlossen, sie zurückzugewinnen. Wie er es versuchte, war allerdings katastrophal. Er spionierte ihr nach, stürzte in die Wohnung, um sie *in flagranti* zu erwischen, verfolgte sie auf der Straße, die Hand am Revolver in der Tasche. Einmal, als er in die Wohnung stürmte, stand sie wie gelähmt, unfähig, ein Wort hervorzubringen, und floh schließlich zu den Kautskys; als sie am Morgen wiederkam, fand sie ihre Post geöffnet vor, ihre Schlüssel waren weg. Um es noch schlimmer zu machen, traf sie Jogiches zufällig auf der Straße: „Er wisse schon, schrie er, mit wem ich die Nacht verbracht habe.“[18] Das alles berichtete sie Kostja getreulich.

Angst vor dem Skandal und ihr zwanghaftes Bedürfnis, sich abzuschirmen, ketteten Rosa Luxemburg und Jogiches in ihrem lautlosen Kampf aneinander. Luise Kautsky wollte den Sturm als vorübergehenden Krach wegerklären, trotz Rosas vielsagender Forderung: „An L. (Leo) wende Dich nicht wegen der Schlüssel“, womit sie ihre Wohnungsschlüssel meinte, „überhaupt erwähne nie mich und nichts über mich gegen ihn (meine Ankunft und dergleichen), sonst kannst Du mir unbewußt einbrocken.“[19]

Jogiches setzte den Zermürbungskrieg fast zwei Jahre lang fort, bis 1909. Rosa Luxemburg konnte keinen sauberen Bruch herbeiführen, weil sie beide an der Spitze der polnischen Sozialdemokratie standen. Ob sie wollte oder nicht, sie mußte mit ihm Kontakt halten. Auch wurde ihre intellektuelle Abhängigkeit von ihm nicht geringer. Selbst wenn sie Kostja ihre Artikel zu lesen gab oder ihm über den Fortgang ihrer Arbeit berichtete, blieb doch Jogiches' Autorität in der Parteipolitik unangefochten. Ihre Korrespondenz mit Jogiches, unterbrochen im Dezember 1905, als sie nach Warschau fuhr, wurde im Februar 1908 wieder aufgenommen. Aus dem Heim, das sie einst gemeinsam hatten, schickte Rosa Vermerke und Berichte an Leo in seinem Hotel. Diese Mitteilungen, sorgfältig unpersönlich gehalten, weder mit Gruß noch Unterschrift versehen, knapp und ungeduldig, machten ihm mehr als alles andere nach und nach klar, daß er sie verloren hatte. Aber er ließ nicht locker. Die Bibliothek, die sie im Laufe der Jahre zusammengetragen hatten, sei für seine Arbeit unerläßlich, behauptete er. Im Herbst 1908 erfuhr Kostja von Rosa Luxemburg: „L(eo) macht es jetzt so, daß er zur Nacht fortgeht, hingegen bei Tag hier sitzt und arbeitet ... Er war hier, während ich in N(ürnberg) war, jetzt ist er in K(rakau), aber heute wurde mir gesagt, zum Winter kommt er nach Berlin, vielleicht schon in 1 Monat.“[20]

Auch das half nicht. Ein Jahr später, im September 1909, schrieb sie an Jogiches: „Ich muß zum wer weiß wievielten Male bitten, Geschäftliches mit mir schriftlich zu erledigen, damit ich in meinem Winkel Ruhe habe. Ich brauche das Zimmer nicht und betrete es nicht, und wenn jemand von außerhalb zu Besuch kommt, dann halse ich ihn mir im Schlafzimmer auf, um das Zimmer nicht zu benutzen. Aber ich muß in meiner eigenen Wohnung sein und in keinem Hotel, wo man ohne meine Zustimmung ein- und ausgehen kann. Ich habe keine Kraft mehr, dieses Gezerre noch länger zu ertragen ... ich will einen Winkel für mich allein haben. Wenn ich das in keiner Weise erreichen kann, dann will ich lieber die ganze Wohnung abgeben zusammen mit dem Dienstmädchen und mir irgendwo ein möbliertes Zimmer nehmen ... Ich erbitte eine Antwort, ob das so weitergehen soll, damit ich weiß, was ich mit mir machen soll.“[21] Jogiches ließ sich erweichen.

Mit dem Abflauen des Trojanischen Krieges um Kostja legte sich, wie vielleicht vorherzusehen, auch Kostjas blinde Verliebtheit. Jogiches' finsteres Wüten beeindruckte Kostja nicht weniger als Rosa Luxemburgs kalte Entschlossenheit. Und so aufregend es war, von einer Frau geliebt zu werden, die in einem Mann von Jogiches' Statur rasende Eifersucht zu erwecken vermochte – nun Jogiches' Erbe anzutreten und seine Aufgaben zu übernehmen, das war doch etwas ganz anderes.

„Warum, warum muß ich im Leben durch lauter stechende und schneidende Eindrücke gehen, wo in mir ewig die Sehnsucht nach ruhiger Harmonie weint? Warum stürze ich mich immer wieder in die Gefahren und Schrecken neuer Situationen?“[22] Man kann vermuten, was Kostja Zetkin durch den Kopf ging, als er dies las. Vielleicht verblüffte ihn der Ausbruch, vielleicht kam er ins Grübeln über Rosas divergierende Motive und Geschicke und über seine eigene Rolle in diesem Wirrwarr. Solange Rosa Luxemburg ihn wie ein Kind behandelte – „studiert der kleine Junge brav seinen Marx?“ – oder wie einen Gefährten, mit dem sie ihre Eindrücke von Kunst, Musik und Literatur teilen konnte, wußte er, wo er stand.[23] Mag sein, daß Rosa Luxemburg Kostjas Idol war seit Kindertagen, mag auch sein, daß das bis ins Erwachsenenalter so blieb. Jetzt aber dämmerte Kostja langsam, daß Rosas Glück oder Unglück von ihm abhing, von seiner Leistung als Liebhaber, nicht so sehr als Kind. Für ihn gehörte Rosa Luxemburg noch zu Jogiches; warum sonst sollte sie Jogiches und seine Kränkungen ertragen, warum ihm, Kostja, raten, seine Handschrift zu verstellen, damit Jogiches sie nicht erkannte, und sich wie eine Frau benehmen, die ihren Mann betrügt? Dahinter steckte mehr als die politische Gemeinsamkeit, die die beiden verband, wie er ganz richtig vermutete.

Fast seit dem ersten Augenblick ihrer Beziehung zu Kostja war Rosa Luxemburg im Zweifel gewesen. Der Altersunterschied von fünfzehn Jahren stand wie ein unüberwindliches Hindernis zwischen ihnen, obwohl Clara Zetkin und ihr Mann, achtzehn Jahre jünger als sie, sich seit vielen Jahren einer glücklichen Ehe erfreuten. Rosa Luxemburg mangelte es an Claras Zuversicht, und außerdem liebte sie die Liebe. Der Alltag entblätterte den Traum des Traums; die leuchtenden Farben wurden zu Grau, der Sturm zum Nieselregen. Immer möglichst gut auszusehen, um gegen Frauen in Kostjas Alter zu bestehen, war eine Plage; gegen ihr Hinken anzukämpfen, war eine Qual: „Warum hast Du nicht auf mich gewartet? Warst Du böse? Unzufrieden? . . . du bist in der Menge verschwunden . . . bist davongelaufen und ich konnte Dich nicht mehr sehen.“[24]

Rosas tiefsitzende Angst, Kostja zu verlieren, könnte an sich schon der Grund für seinen Rückzug gewesen sein. Jedes Zeichen seiner Aufmerksamkeit wurde mit einem Ausbruch der Seelenpein entgolten, seine Schmeicheleien mit schlimmen Ahnungen. Sie beschnupperte seine Briefe nach „fremdem“ Parfüm und durchforschte seine Worte nach versteckten Hintersinn. Er kam zu der Erkenntnis, daß der Konflikt zwischen der Harmonie, die sie suchte, und den Schrecken, in die sie stürzte, ihr Leben beherrschte und daß er dabei war, in diesen Konflikt hineingezogen zu werden.

Mit ihren steigenden Ängsten wurde die Bürde auf seinen Schultern schwerer, bis sie nicht mehr tragbar war. Durfte er zuerst schreiben, wann er wollte, wurden seine Briefe innerhalb eines Jahres „meine Luft, mein Sauerstoff, mein *raison d'être*, meine *einzige* Freude" für Rosa Luxemburg.[25] Die ausgeklügelten Pläne, die sie für ihre Treffen machte – zum Beispiel ein Ferienaufenthalt mit Luise Kautsky und ihren Jungen als Deckung –, einst vergnüglich, verloren ihre Anziehungskraft. Höchst bedrückend war ihr wachsender Besitzanspruch. Für sie sei jede Minute, die sie mit anderen Leuten verbrächte, Verschwendung; ginge es ihm nicht auch so? Alles habe sie satt, die Oper, das Autofahren, die Leute; er nicht auch? Wenn sie ihn nur neben sich haben könnte bei der Arbeit, und wenn er sie auch nicht mehr liebte, dann wäre sie glücklich; könnte er das verstehen? Würde er sie für immer und ewig lieben, auch wenn sie alt sei und ihr Haar grau würde und sie immer dicker?

Kostja bekam keine Luft mehr. Die Freiheit, die sie ihm geschenkt hatte, war ein vergiftetes Bonbon. 1909 arbeitete er für seine Mutter, las Korrektur für *Die Gleichheit*, vielleicht um weniger abhängig von Rosa zu sein, von seiner Geliebten aber bekam er zu hören, daß ihr kleiner Schmetterling mit solch langweiliger Arbeit keine Zeit verschwenden dürfe, daß er ein „freier Geist" bleiben müsse. Aber war er es denn? Waren sie wirklich zwei „glückliche Kinder", wie sie behauptete? Er sah es nicht mehr so. Die Ketten, wie sie seine Arbeit nannte, schienen ihm weniger bedrohlich als ihre Unersättlichkeit.

Im August 1909, nach einem kurzen Urlaub mit Rosa, begann Kostja Zetkin ungeschickt, sich abzusetzen. Sie reagierte sofort: „Was macht Niuniu?" fragte sie angstvoll. „Ich fürchte, er ist traurig, und ich weiß nicht, warum. ... Hat er mich nicht mehr lieb?"[26] Es mußte eines Tages so kommen, half sie nach; wenn er sie nicht liebe, solle er es sagen. Er gehorchte. In einem Brief, den sie Mitte August 1909 erhielt, während sie in der Schweiz Ferien machte, schrieb er, daß die Beziehung zu einer ungeheuren Last geworden sei, die er nicht mehr tragen könne. Er fühle sich in der Schlinge, verloren, unglücklich. Er wolle frei sein.

Rosa Luxemburg reagierte mit Würde. Sie müsse sich sehr anstrengen, überhaupt zu schreiben, sagte sie, aber sie sei es ihm schuldig, einiges klarzustellen. Sie sei es, die seine Gefangene gewesen sei, nicht umgekehrt; er sei es, der sie beschworen habe, ihm treu zu sein, der sie gebeten habe, ihn nie zu verlassen, der ihr seine Liebe aufgezwungen habe. Sie hätte sich schon lange von ihm getrennt, nur aus Angst, das Vertrauen zu enttäuschen, das er in sie setzte, hätte sie es nicht getan. Seine „falschen" Briefe zu lesen, seine Unbestimmtheit zu ertragen, in sein zorniges Gesicht zu blicken sei eine Qual, aber sie habe es auf sich genommen, um ihr Versprechen zu halten, weil ihr Bund ihr heilig sei. Die Nachricht habe sie keineswegs überrascht, sie sei durchaus darauf vorbereitet gewesen, schließlich sei alles genau so gekommen, wie sie vorhergesehen habe. Noch bevor sein Brief gekommen sei, hätte sie schon beschlossen, mehr Strenge, mehr Klarheit, mehr Keuschheit in ihr Leben zu bringen. Jetzt sei er frei. Sie stünde ihm nicht mehr im Wege.

Ihr Brief an ihn war nicht der Brief einer Geliebten. Sie schrieb als gute Freundin, auf deren Treue er sich verlassen konnte. Er sei nur ein hilfloses Kind, sagte sie, dem sie aus Mitgefühl das wunderbare Geschenk ihrer Freundschaft angeboten habe. Daß er das mißverstanden habe, sei seiner Unreife zuzuschreiben.

Die Wirkung ihrer Antwort war vorherzusehen. Er hatte seine einzige wahre Freundin verletzt, war die verspätete Erkenntnis Kostja Zetkins. Kein Mensch auf der Welt war so fürsorglich und hingebungsvoll, niemand konnte Rosa ersetzen. Nun war er wieder allein, mißverstanden und verkannt. Beschämt und entschuldigend schrieb er zurück und bettelte um ihre Vergebung, ihre Freundschaft und die Fortsetzung ihrer Korrespondenz. Sie willigte ein. Aber warum? Anscheinend weil sie ihn als Bestätigung ihrer Weiblichkeit brauchte und weil sie eine Niederlage nicht ertrug. Eines Tages, das muß ihr klar gewesen sein, würden sie sich trennen – aber sie würde den Schritt tun, nicht er.

Kostja Zetkins Verrat berührte jeden Nerv in ihr. Unter der scheinbar ruhigen Oberfläche brach ein Vulkan aus. In den Jahren 1910 bis 1913 lieferte sich Rosa Luxemburg erbitterte Kämpfe mit Karl Kautsky, August Bebel, Lenin, Karl Radek und einem Schwarm politischer Parteien. Die Nachsicht, die sie in diesen Jahren gegenüber Kostja zeigte, stand in krassem Gegensatz zu ihrer Unbeugsamkeit und Intoleranz gegenüber anderen. Inwieweit hier private Frustration in politischen Kämpfen verarbeitet wurde, läßt sich nicht sagen, aber daß beides zeitlich zusammenfiel, kann nicht als Zufall abgetan werden.

Drei Jahre, bis 1912, setzten sich die Beziehungen Rosas und Kostjas noch fort, aber es waren nicht mehr dieselben. Rosa war wachsam und auf der Hut, Kostja schuldbewußt und ängstlich. Er verdankte ihr alles: die Freiheit, wenn auch an der Leine, zu tun, was ihm gefiel, die Chance, „ein großer Künstler" zu werden, die Partnerschaft bei ihrer politischen Arbeit, die Lossprechung von der Sünde, seine Mutter enttäuscht zu haben. Er fürchtete, Rosa zu verlieren, aber an Intimitäten dachte er mit Unbehagen; er wartete ungeduldig auf ihre Briefe wie früher Jogiches, aber er wäre mit einer Beziehung aus der Distanz zufrieden gewesen. Nicht so Rosa Luxemburg. Ihre Leidenschaft hatte nicht nachgelassen, aber sie hatte gelernt, sie zu zügeln und zu warten. Monatelang war Kostja verboten, sie „Liebe" zu nennen – „Du hast das Recht dazu ... verspielt", ... Du batest um Freundschaft, und ich werde sie Dir halten" – bis sie sich im Herbst 1910 versöhnten.[27] Es gab keinen Brief mehr ohne Gruß oder Unterschrift wie die Briefe, die sie damals an Jogiches schrieb; Kostja war wieder „mein liebster Niunius" und sie war seine „Niunia" oder „Jaguga". Aber die glühenden, unverhohlen leidenschaftlichen Bekenntnisse hörten auf. Statt dessen erzählte sie von Hugo Faisst, einem Pianisten und Sänger, der ihr innerhalb von drei Tagen drei lange Briefe, zwei Postkarten und ein „ungeheuer langes" Telegramm geschickt, sie mit Konzertkarten versorgt und um ein Rendezvous gebeten hatte; sie sagte Kostja, daß sie ihn gern auf eine Reise in den Süden schicken würde, wenn sie Geld hätte, und ließ ihn wissen, daß sie keine Angst hätte, er könnte eine andere Frau kennenlernen.

Sie machte eine gewaltige, wenn auch kurzlebige Anstrengung, nicht in ihn zu dringen. Wenn er schrieb, antwortete sie; wenn er schwieg, ersann sie Entschuldigungen für ihn. Ihre Briefe ergingen sich in langen Beschreibungen von Blumen und Bäumen und vor allen Dingen ihrer Katze Mimi, des einzig sicheren Sammelbeckens für ihre überströmenden Gefühle. „Könnte ich doch mit meiner Mimi ruhig für mich leben, sie hat mich so gern, und wir verstehen uns so gut."[28] Sie schilderte, wie Mimi mit Lenin flirtete – sie rollte sich auf den Rücken und leckte ihn, aber als er versuchte, sie zu berühren, schlug sie mit der Tatze nach ihm und fauchte wie ein Tiger. Mimi war es, die Rosa vermißte, wenn sie als Rednerin unterwegs war, Mimi, die auf sie wartete, wenn sie nach Hause kam, Mimi, die sie, wie früher Kostja, beim Spaziergang begleitete. Und Mimi vermißte Kostja und schickte ihm einen Kuß, Mimi beschnüffelte seine Briefe und las sie. Es hieß „Mimi und ich" und „Grüße von uns beiden". Berichte über Mimis Gesundheitsprobleme – entzündete Augen, Verstopfung, Erkältung, Ausschlag – klangen, als schriebe eine besorgte Mutter an einen fernen Vater. Rosa schrieb, Kostja könne reines, echtes Glück finden, wenn er nur den weichen Körper seiner Katze streichele. Ihr Briefwechsel über Katzen, traurig und wie besessen, ermöglichte es beiden, Gefühle mitzuteilen, die auszudrücken sie sich nicht mehr frei fühlten.

Rosa Luxemburg fühlte sich nie wieder wie ein zwanzigjähriges Mädchen. Sie wußte, die Zeit arbeitete gegen sie. Kostja Zetkin wurde immer unwohler in seiner Abhängigkeit von ihr, er war zu schwach, sich zu lösen, aber nicht mehr begierig, seine Rolle als Liebhaber zu spielen. Er kam zu Besuch, von seiner Mutter als Schutzschild begleitet. Manchmal, als Reaktion auf Rosas hoffnungslos traurigen Briefe, kam er ohne Clara. Aber seine Besuche machten sie noch schwermütiger; das Haus sei leer, seit er gegangen wäre, schrieb sie ihm, sie sei einsam und niemand sei da, der sie tröste.

Sie verheimlichte Jogiches ihren Zustand nicht. Nach zwei Jahren verloren ihre Briefe an ihn die harte Unpersönlichkeit. In knappen, deutlichen Worten bekannte sie, sie litte „unter einer solchen physischen und moralischen Depression, daß ich nicht imstande bin, auch nur *einen einzigen Satz zu schreiben.*“ Natürlich offenbarte sie nicht die Ursache. Jogiches' besorgte Nachfrage wurde abgewiesen mit „es ist nichts geschehen; es ist eine Depression reinsten Wassers, ohne jede Ursache und um so ermüdender.“[29]

Bei Kostja Zetkin war sie ehrlich. Sie schrieb ihm, daß „die Ida“* immer merke, „in welcher Stimmung ich am Morgen bin, je nachdem, was die Post bringt.“[30] Kostja schrieb selten. Ihre düstere Stimmung erschreckte ihn; er fühlte sich betrogen und schuldig zugleich. Er schickte Blumen aus Mutters Garten, er schickte Bücher. Aber ihre Laune besserte sich kaum. Ihre Briefe, manchmal mit Gina Stendhal unterschrieben, waren ohne Leben, monoton – sie spielte mit Mimi, beendete einen Artikel, las Tolstoj, ging in die Oper, verbrachte einen langweiligen Nachmittag mit Hans Diefenbach. Sonntage waren ganz überflüssig; sie wußte nichts mit sich anzufangen. Der einzige Trost war Mimi, „sie hat es am liebsten, wenn sie allein mit Mama ist.“[31] Rosa wartete weiter darauf, daß Kostja den ehrlichen Wunsch ausspräche, sie zu

* Ida Radnin ersetzte vorübergehend Rosa Luxemburgs Haushälterin Gertrud Zlottko.

Rosa Luxemburg mit Kostja Zetkin
vor ihrer Wohnung in Berlin-Steglitz

Clara Zetkin

Kostja Zetkin mit seiner fast erblindeten Mutter auf dem Weg in den Reichstag, Berlin 1930

Rosa Luxemburg 1907

Leo Jogiches, vermutlich 1908

Rosa Luxemburg während einer Rede auf dem Kongreß der Zweiten Internationale 1907 in Stuttgart. Links neben ihr sitzt Clara Zetkin.

Rosa Luxemburg und Karl Kautsky jr. mit einer Kohlezeichnung Rosas (Porträt Karl Kautsky jr.), Weihnachten 1907.

Rosa Luxemburg auf einem Kostümfest 1909

Selbstporträt Rosa Luxemburgs, um 1911

sehen. Als er sie dann ins Haus seiner Mutter einlud, schrieb sie nicht ohne Bosheit: „Ich glaubte, daß Du mich hauptsächlich aus Zartgefühl und Rücksicht einlädst, weil wir jetzt doch auch so mit Briefen gut auskommen. Jetzt scheint mir, daß Du wirklich den Wunsch hast, mich zu sehen. Dann werde ich kommen."[32] Mit schöner Regelmäßigkeit wiederholte sie: „fühl Dich frei wie ein Vogel", aber wenn der Vogel das Gefieder plusterte, kam die Panik: „Ich höre soeben, daß Dich neulich wieder einmal Fräulein Manja besucht hat, also zum dritten Mal in diesem Sommer. . . . Viel Vergnügen!"[33]

Rosa litt unter akuter Schlaflosigkeit und war in einem Maße erschöpft, daß sie in einer Bar einkehren und einen Schnaps trinken mußte, bevor sie in ihre Vorlesung ging. Hin- und hergerissen zwischen Kapitulation und Leidenschaft fand sie keinen Ausweg. Hans Diefenbach, den sie bis dahin kaum geduldet hatte – ein Langweiler und eine Plage, wie sie in ihren Briefen an Kostja oft sagte –, wurde ihr ständiger Begleiter. Der junge Arzt, gutmütig, intelligent und umwerfend hübsch, brachte Rosa ehrliche Bewunderung und Zuneigung entgegen. Aber er ging ihr auf die Nerven, vielleicht weil er, ein Altersgenosse Kostjas, eine erfolgreiche Karriere als Arzt mit vielseitigen intellektuellen Interessen verbunden hatte, vielleicht war sie auch eifersüchtig auf die Freundschaft zwischen den beiden Männern. Bei seinen harmlosen Bemerkungen über Kostja, „unser kleiner Cherub", wie Diefenbach ihn scherzend nannte, biß Rosa die Zähne zusammen.

Hans Diefenbach, der die Wahrheit über Rosa und Kostja geahnt haben mag, wurde ein täglicher Gast, er begleitete Rosa in Konzerte und Theatervorstellungen, brachte ihr Bücher und versorgte Mimi. Rosa Luxemburg nahm seine Huldigungen aus Einsamkeit und Eitelkeit an. „Als Rosa einmal von Diefenbach erfuhr, daß er von Justinus Kerner abstamme, war sie wie elektrisiert", erinnerte sich Luise Kautsky.[34] Diefenbachs nobler Stammbaum, dem sein Aussehen und seine Manieren entsprachen, und sein Geschmack an Literatur und Musik gewannen ihm schließlich Rosa Luxemburgs Wertschätzung, aber mehr nicht. Mag sein, daß sein mangelndes Interesse an ihr als Frau sie verletzte, obwohl es scheint, als hätte es in seinem Leben keine Frauen gegeben. Seine „ewig kalten Hände" und sein „semmelblondes Temperament" störten sie, desgleichen seine vollkommen unbegreifliche Verehrung der Juden und sein Interesse an deren Sache, für die er in seinem Testament eine Summe hinterließ.

Der endgültige Entscheidungskampf zwischen Rosa und Kostja kam drei Jahre nach dem ersten Bruch, im August 1912, fast auf den Tag genau. Kostja Zetkins Schwäche für attraktive Frauen mußte früher oder später zutage treten. Da er wußte, wie empfindlich Rosa Luxemburg war, hatte er sich immer bemüht, ihre Gefühle zu schonen, aber sie bewegten sich in denselben Kreisen und der Klatsch drang leicht zu ihr durch. Seit April hatte Rosa Pläne gemacht, mit ihm wieder nach Korsika zu fahren, wo sie im Oktober 1911 zusammen Ferien gemacht hatten, aber Kostja zögerte und die Reise fiel ins Wasser. Was noch schlimmer war, eine junge Freundin von ihm scheint auf der Bildfläche erschienen zu sein. Diesmal schrieb Rosa Luxemburg ihm einen kurzen Brief, der besagte, sie sehe in seinem Leben keinen Platz mehr für sich und könne „das Unaufrichtige und Unklare in Deinem Verhältnis zu mir einfach nicht mehr aushalten." Obwohl ihr sein Verhalten große Qual bereite, wolle sie ihm keinen Vorwurf machen oder sein Privatleben antasten, „das allein Dir gehört."[35]

Jetzt hatte Kostja noch mehr Angst, sie zu verlieren, als drei Jahre zuvor. Mit siebenundzwanzig, immer noch ziellos treibend, war er noch abhängiger von Rosa geworden. Noch einmal bettelte er um ihre Freundschaft. Sie fuhr fort, ihm freundliche, wenn auch oft melancholische Briefe zu schreiben, die sich um seine Mutter, Mimi, die Arbeit und seine Zukunft drehten. Seit dem Riß im Jahre 1909 identifizierte sich Rosa Luxemburg in ihrem Bild von Kostja zunehmend mit Clara Zetkin. „Deine Mutter und ich" war ein immer wiederkehrendes Motiv. Er war ihr unglückliches Kind, mit sich und der ganzen Welt unzufrieden. „Deine Melancholie ist wirklich ein krankhafter Zustand", beschwerte sie sich ungeduldig, offenbar ohne eine Parallele zu den Vorwürfen zu ziehen, die sie Jogiches ein Jahrzehnt früher wegen seiner „selbstzerstörerischen Ader" gemacht hatte, die zum „seelischen Selbstmord" führe. So wie Jogiches damals allein wegen des Todes seiner Mutter Mitgefühl verdiente, hatte Kostja nur „einen einzigen ernsten Grund", mit „schwerem Herzen herumzulaufen", und das war „der Zustand der Mutter".[36] Und seine Mutter litte am meisten, weil er unglücklich sei, schrieb sie ihm, wobei sie durchaus wußte, daß der Zusammenbruch ihrer Ehe mit Zundel und nicht ihr Sohn Claras Tragödie war.

Wenn es ein erkennbares Muster in Rosa Luxemburgs Verhalten gegenüber Kostja gibt, dann ist es ein Mangel an Beständigkeit, der ihn erbittert und verwirrt haben muß. Je nachdem, wie er sich benahm, pflegte sie ihn überschwenglich zu loben oder scharf zu tadeln. Einmal sagte sie ihm, er brauche sich um Geld nicht zu kümmern – „Geldfrage ist gelöst, für uns beide“ – oder er solle nicht sein Talent vergeuden und für *Die Gleichheit* arbeiten, er könne doch ein Gelehrter oder ein großer Künstler werden und „genauso schreiben wie Tolstoj“.[37] Ein andermal sagte sie, er müsse durchhalten bei der *Gleichheit*. Als es so aussah, als behielte sie Kostja, überschüttete Rosa ihn mit Schmeicheleien und bestärkte ihn in seinen unrealistischen Träumen. Als er begann, sich ihr zu entziehen, wurde die nachsichtige Geliebte zur strengen Mutter.

1909, nach seiner Lossagung, drängte sie ihn, einen Lehrauftrag an der Parteischule zu übernehmen, und sagte ihm ohne Umschweife, daß die Leute wenigstens aufhören würden, sich den Kopf zu zerbrechen, „was aus Kostja wird“.[38] Um ihm zu helfen, sein Bestes zu geben, arbeitete sie eine Skizze für vierundzwanzig Vorträge über die Geschichte des Sozialismus in Europa, Rußland und den Vereinigten Staaten aus. Noch ehe der SPD-Vorstand Gelegenheit hatte, ihn abzulehnen, lehnte Kostja selbst ab. Rosa Luxemburg schimpfte mit ihm, obwohl sie sich zweifellos ebenso wie er über die Fragwürdigkeit seiner Referenzen für diese Tätigkeit im Klaren war. Er solle entweder aufhören, sich zu beklagen, sagte sie, oder die Position annehmen. Wäre ihm der Posten tatsächlich angeboten worden und hätte er ihn angenommen, dann hätte er nach Berlin ziehen und notgedrungen eng mit ihr zusammenarbeiten müssen. Dann vielleicht hätte sie ihn wiederbekommen. Als er ein paar Monate später den Posten des Wissenschaftsredakteurs einer Parteizeitung in Dortmund, für den er unvergleichlich besser geeignet war, ablehnte, spendete sie seinem Entschluß Beifall: „Ich möchte Dir auch all das Häßliche und Schwere ersparen.“[39] Ohne Frage, das stimmte, und es war die Wurzel ihres Konflikts. Rosa wußte, daß er erwachsen werden müßte, aber wenn er es wurde, könnte er sie verlassen. Solange er mit Philosophie oder Kunst herumspielte, Romane las und auf Berge kletterte, war er auf ihre geistige und materielle Unterstützung angewiesen; solange er in seiner Traumwelt lebte, blieb sie ein Teil des Traums. Deshalb pries sie an ihm all das, was sie an Jogiches verurteilt hatte – Unentschlossenheit, ein unordentliches Leben, die Vergeudung von Zeit, die Vergeudung seines Geistes. Fünfzehn Jahre lang hatte sie versucht, Jogiches zu ändern, weil sie einen Mann und einen Ehemann wollte; in den folgenden sieben Jahren päppelte sie Kostja Zetkins Schwäche, weil sie sich einen Geliebten und ein Kind wünschte.

Rosa Luxemburg hatte auf der Höhe ihres Ruhmes gestanden, als sie Kostja Zetkin begegnete. Doch der öffentliche Erfolg verlieh ihr im Privatleben kein Selbstvertrauen. Sollte sie je die Idee gehabt haben, offen mit Kostja zusammenzuleben, gibt es dafür keinen Beleg. Da es ihr immer leichter gefallen ist, sich schriftlich zu offenbaren als von Angesicht zu Angesicht, wären solche Gedanken in ihrer Korrespondenz mit Kostja Zetkin aufgetaucht. Vielleicht hat sie es nicht vorzuschlagen gewagt aus Angst, abgewiesen zu werden, vielleicht hat ihr Bild des Kindes Kostja das eines Ehemannes Kostja überdeckt. Der Anspruch, den Jogiches in den beiden ersten glücklichen Jahren mit Kostja auf sie erhob, könnte ihre Haltung ebenfalls beeinflußt haben; Jogiches hatte eine gewisse Macht über sie wiedergewonnen, und sie hatte vielleicht das vage Gefühl, ihm immer noch zu gehören. Auf jeden Fall war sie nicht imstande, mit der Konvention zu brechen. Sie wollte die gesellschaftlichen Verhältnisse revolutionieren, aber ihre menschlichen Werte blieben traditionell, wie auch ihr Literatur-, Musik- und Kunstgeschmack zeigte. Ihr starker Intellekt konnte die Grenzen der eigenen Existenz nicht durchbrechen. Ihr Verlangen, den „Schöpfungsakt einzufangen“, könnte ein weiterer Grund gewesen sein, daß sie Kostja zu ihrem „Sohn“ machte, nicht zum vollgültigen Partner. Hätte sie das Kind gehabt, das sie sich so wünschte, wäre dieses Verlangen vielleicht befriedigt gewesen. So unerreichbar ein erfülltes Privatleben für sie blieb, so unerreichbar war auch der Schöpfungsakt. Als kleines Mädchen hätte sie einmal zusehen wollen, wie eine Rose sich öffnet, schrieb sie eines Tages an Kostja, und sie habe gewartet und gewartet, bis man sie ins Bett schickte, und als sie dann am Morgen aufstand, war die Rose schon aufgeblüht.

Es wäre schwierig zu bestimmen, wann Rosa Luxemburg oder Kostja Zetkin erkannten, daß die beiden Menschen, die ihr Leben zuvor beherrscht hatten, ihnen blieben. Den Drang zu entkommen hatten sie gemeinsam, wenn auch aus unterschiedlichen Motiven. Träume, miteinander auszureißen in ein fernes Land, waren in ihrem Briefwechsel ein wiederkehrendes Thema. Sie studierten Landkarten und legten Fahrtrouten fest und schenkten einander Reiseführer, aber sie kamen nie über kurze Ferienreisen in Europa hinaus. Und am Ende kehrten sie heim – Rosa Luxemburg zu Jogiches und Kostja zu seiner Mutter.

Rosa Luxemburgs Passion für Kostja Zetkin war nicht rein sinnlich. Er personifizierte Deutschland – den starken nordischen Typ und

Goethes empfindsamen Werther. Als sie sich von Jogiches löste, versuchte sie nicht nur mit dem Mann zu brechen, der „nicht weiß, wie man liebt", sondern auch von dem Teil ihrer Vergangenheit, mit dem sie nie fertig geworden war. Und wenn sie die „preußischen Philister" noch so heftig kritisierte, sie sehnte sich nach sentimentaler Liebe, bewunderte Tüchtigkeit und fühlte sich den romantischen deutschen Dichtern verbunden. Mit Kostja Zetkin hatte sie nicht ihr ungeliebtes jüdisches Erbe gemeinsam, sondern den Geist der deutschen Kultur. Sie sprachen und korrespondierten deutsch, in seiner Muttersprache, während sie mit Jogiches Russisch sprach und in Briefen an ihn ein mit Jiddisch durchsetztes Polnisch benutzte. Begeistert ging sie auf alles ein, was an Kostja Zetkin deutsch war: seine Liebe zur Natur, seine Realitätsferne, sein Gefühlsüberschwang – die Werteskala des deutschen Romantizismus. Seine Verzückungen, vor allem wenn sie ihr galten, seine Sehnsüchte und sogar die Zusammenhanglosigkeit seines Lebens waren für sie nun so unwiderstehlich wie fünfzehn Jahre zuvor Jogiches' dostojewskische Düsternis. Kostja Zetkin brachte sie zurück zur Poesie, während in Jogiches' rationaler Welt wenig Platz war für Schönheit. In ihren Briefen an Jogiches erwähnte sie beiläufig ein Konzert, das sie besucht hatte; Kostja Zetkin beschrieb sie ausführlich die Tiefe der *Matthäus-Passion* von Bach oder die lyrische Dramatik der Symphonien Beethovens. Was Jogiches bei ihr zu trennen suchte – Prosa und Poesie des Lebens –, das half ihr Kostja Zetkin zu vereinen.

Die beiden Männer waren Kinder zweier Kulturen, die Rosa Luxemburg zugleich bewunderte und verabscheute. Nichts wünschte sie sich mehr, als mit Jogiches Goethe und mit Zetkin Tolstoj zu lesen. Daß Zetkin die Großstadt nicht mochte, kam ihr nicht als Eskapismus vor oder als Unvermögen, mit Alltagsproblemen fertig zu werden, sondern als ein romantisches Sehnen, das Jogiches traurig vermissen ließ. Kostja Zetkins Weltschmerz, den sie förderte, war in Wirklichkeit nicht weniger zerstörerisch als Jogiches' „seelischer Selbstmord", den sie verhöhnte. Sie beklagte Jogiches' „Roheit" und fand Zetkins „Sanftmut" anbetungswürdig, ohne zu merken, daß diese Eigenschaften einem Minderwertigkeitsgefühl entsprangen. Beide Männer waren von russisch-jüdischen Vätern gezeugt, die sie aus ihrem Leben gestrichen hatten; beide hatten Narben davongetragen, weil sie in der Kindheit vaterlos zurückgelassen wurden; beide idealisierten ihre Mütter. In Rosa Luxemburg suchten sie die Kraft, die ihnen fehlte, und Rosa Luxemburg versagte sie ihnen, weil sie nicht geben konnte, was sie selbst nicht hätte – ein starkes Bewußtsein der eigenen Identität, verwurzelt in der Bejahung der eigenen Vergangenheit. Rosa versuchte, beiden Männern die Symptome ihres inneren Aufruhrs auszutreiben, ohne deren Ursprung zu begreifen. Sie war fähig, Veränderungen im Bewußtsein der Arbeiterschaft zu bewirken, und glaubte, sie könnte auch einen unglücklichen Mann in einen glücklichen Mann verwandeln. Der Unterschied zwischen der gesichtslosen Menge, die sie so mühelos in Bann schlug, und dem Individuum entging ihr, desgleichen die Besonderheiten, die verschiedenen Kulturen und gesellschaftlichen Verhältnissen eigen sind; sie sah die Menschheit, aber nicht den einzelnen Menschen. „Die Berührung mit den Massen gibt mir immer Mut und Elastizität“, schrieb sie, aber Jogiches oder Zetkin weckten solche Empfindungen selten.[40] Bei ihnen fühlte sie sich nicht geliebt, nicht anerkannt und nicht gebraucht, bestenfalls lebte sie stets in der Angst, nicht geliebt, nicht anerkannt, nicht gebraucht zu werden. Einsam, mit kranker Seele suchte sie zunehmend bei der Menschheit die Ganzheit und Geborgenheit, die ihr Vaterhaus und ihre Geliebten ihr nicht zu geben vermochten.*

* Die Geschichte der Familie Zetkin stellt eine gedrängte Übersicht über die Wechselfälle in hundert Jahren Sozialismus dar.

Clara Zetkin, erste kommunistische Abgeordnete im Deutschen Reichstag, verbrachte ihre letzten Lebensjahre in Moskau. Dort unterhielt die alte Frau auf Befehl Stalins ausländische Besucher mit Geschichten über die aufsehenerregenden Errungenschaften der Russischen Revolution und lächelte mit ihren blinden Augen in die Kamera. Sie starb 1933 und wurde mit dem aufwendigen Pomp begraben, den Stalin, einer der Sargträger, den Prominenten vorbehielt, die er zu ihren Lebzeiten gebrochen und zum Schweigen gebracht hatte.

Konstantin (Kostja) Zetkin diente im Ersten Weltkrieg im deutschen Heer. Danach studierte er Medizin, machte aber keinen Abschluß. 1940 heiratete er Dr. Gertrud Bardenheuer, überzeugte Sozialistin wie er. Im selben Jahr gelangte das Paar über eine Sonderquote für besonders gefährdete Hitleropfer, zu denen der Sohn Clara Zetkins zählte, in die Vereinigten Staaten. Ein Jahr lang arbeitete er auf einer Farm in Maine (gegen Verpflegung und Unterkunft), aber als er, verzweifelt, seinem Gastgeber den Korb voll Eier, die er gerade eingesammelt hatte, an den Kopf warf, mußten die Zetkins gehen. Später übte seine Frau ihren ärztlichen Beruf aus, aber sie durfte nur als Laborassistentin arbeiten. 1950 zog sich das Paar nach Britisch-Kolumbien in die kanadische Provinz zurück, wo Kostja Zetkin 1980 im Alter von fünfundneunzig Jahren starb.

Maxim Zetkin, Arzt und Sozialist, ging bei Hitlers Aufstieg in die Sowjetunion und ließ seine Frau Anna und ihren halbwüchsigen Sohn zurück. Nach dem Zweiten Weltkrieg wurde er Gesundheitsminister in der Deutschen Demokratischen Republik. Sein Sohn (Clara und Ossip Zetkins einziger Enkel), Soldat in der Nazi-Wehrmacht, fiel an der russischen Front.

12 *Neue Feuer, neue Kämpfe*

1908–1913

Mit ihrem schlechter werdenden Verhältnis zu Kostja Zetkin änderte sich Rosa Luxemburgs Einstellung zu Jogiches. Ihre Empörung legte sich, ihre Abhängigkeit wuchs. Nach dem ersten Zwist mit Kostja im Jahre 1909 machten der unterdrückte Groll, die abgehackte Sprache und der streitsüchtige Ton in ihren Briefen einer gedämpften Hochachtung Platz. Ihr Ton blieb mehr oder weniger stolz und fern, aber 1912, nach dem endgültigen Bruch mit Kostja Zetkin, löste Frieden den ungemütlichen Waffenstillstand ab.

Anders als die liebevollen und sentimentalen Briefe an Kostja Zetkin, in denen Rosa Luxemburg oftmals die edelmütige Freundin spielte und versuchte, ihre Enttäuschungen zu verbergen, offenbarten die nüchternen und unverschnörkelten Briefe an Jogiches ihre Not. Die Korrespondenz der Jahre 1908 bis 1914 stammt aus einer sehr kritischen Phase in Rosa Luxemburgs privatem und öffentlichem Leben. Diese Phase zerfällt gewissermaßen von selbst in zwei Teile: den ersten, in dem sie alles versuchte, um Jogiches aus ihrem Leben zu streichen, und den zweiten, in dem sie zu begreifen begann, daß ihr das nie gelingen würde.

Im Jahre 1908 schrieb Rosa Luxemburg acht Briefe an Jogiches; 1909 schrieb sie ihm etwa zwanzig, bis Kostja Zetkin im August seine

Freiheit verlangte, danach noch ungefähr vierzig. 1910 schrieb sie Jogiches annähernd neunzig Briefe, 1911 sechzig, 1912 mehr als vierzig und 1913 über siebzig. Mehr als solche nackten Zahlen spiegelten Ton und Inhalt der Briefe ihre Stimmungen wider. In den ersten zwei Jahren vermied sie es, Jogiches auch nur anzureden. Man könnte versucht sein, das als Gleichgültigkeit abzutun; liest man aber ihr Polnisch genau, dann erkennt man einen angestrengten Kampf um Worte, die als Barriere zwischen ihnen dienen konnten. Wäre Leo Rosa wirklich gleichgültig gewesen, hätte sie sich solcher Mühe nicht unterzogen. Es wäre viel einfacher gewesen, formelle Briefe zu schreiben, als einen besonderen Stil ausschließlich für ihn zu erfinden. Diese Briefe waren in gewissem Sinne intimer als die vor dem Bruch geschriebenen, denn sie konnte nur Jogiches ohne weiteres verstehen. Rosa schrieb „man muß sie von Steglitz aus im Auge behalten" oder „daß man ihm Einzelheiten von Steglitz aus schreibt" – Steglitz war der Bezirk, in dem Jogiches wohnte –, aber sie brachte kein einziges „Du" (oder „Sie") zu Papier.[1] Seine Reaktion beweist, daß ihre Mühe an ihm nicht verloren war.

Es ist bezeichnend, daß Rosa Luxemburg bis August 1909 in ihren Briefen an Jogiches nur Geschäftliches erörterte. Im September stand den farblosen Briefen, die sie Kostja Zetkin schickte, die heftig emotionale Bitte an Jogiches gegenüber, nicht in ihre Wohnung einzudringen. Als Kostja Zetkin sich zurückgezogen hatte, beklagte sie sich bei Jogiches über Depression und Erschöpfung und hielt ihn über ihre Stimmung auf dem Laufenden – aber nur, wenn sie schlecht war.

Sie war meistens schlecht. Rosa war nun vierzig Jahre alt und ihr Privatleben war ein Trümmerhaufen. Die platonische Freundschaft mit Hans Diefenbach kam zur falschen Zeit; sie gemahnte sie ständig an ihr Alter und an Kostja Zetkins Verrat. Die Erkenntnis, daß kein Mann Jogiches ersetzen konnte, daß er der Felsen blieb, der er immer gewesen war, seit sie ihn kannte, der einzige Mensch, der sie verstand und an dem ihr lag, machte alles noch schlimmer. Sie gedachte nicht zu ihm zurückzugehen, nicht Kostja Zetkins wegen oder aus Stolz, sondern weil sie nicht bereit war, nur Kamerad zu sein. Sie wußte nicht, daß Jogiches sich eine Geliebte zugelegt hatte, eine junge Verkäuferin ohne geistige Ansprüche. Die grammatiklosen Briefe, die sie ihm schrieb, lassen darauf schließen, daß dies keine Partnerschaft von Ebenbürtigen war. Aber Jogiches zog es vor, sein Sexualleben an die Peripherie zu verlegen, und das war Rosa Luxemburgs Wesen vollkommen fremd.

Nach dem Bruch mit Kostja Zetkin im Jahre 1912, als Rosa Luxemburg es am nötigsten brauchte, gab Jogiches ihrem Leben etwas Stabilität. Daß sie wieder Alltägliches miteinander besprachen – Geld, Kleidung, Ferien –, war für sie ein Halt. Auch seine manchmal harsche Kritik, sein Antreiben und Kommandieren waren Beweis dafür, daß er noch der alte war, daß sich nichts geändert hatte, und paradoxerweise war das eine Erleichterung. Seine Anforderung eines Artikels „spätestens" innerhalb von achtundvierzig Stunden ermöglichte ihr, ihm zu erzählen, wie krank sie sei, und seine unverzügliche Aufmerksamkeit zu bekommen. Dasselbe erlaubte ihr seine Kritik: „Daß ich nicht gut schreibe, was soll's, bei dieser Eile und meiner augenblicklichen Erschöpfung *kann* ich nicht besser. Gestern hatte ich wieder Schwierigkeiten mit dem Herzen, ... so daß ich mich gleich ins Bett legen mußte."[2] Oder sie war „so niedergeschlagen", daß sie nicht einschlafen konnte, oder so nervös, daß sie nicht arbeiten konnte. Er blieb sich treu und reagierte mit Besorgnis, aber unnachsichtig.

Rosa Luxemburgs Angehörige erfuhren nie vom Bruch mit Jogiches. Um den Schein zu wahren, war Jogiches in ihrer Wohnung anwesend, als Rosas Bruder Maksymilian 1910 Frau und Kinder nach Berlin mitbrachte, um sie ihr vorzustellen. „Da habe ich Onkel Leo kennengelernt", erinnerte sich Rosas Nichte Halina Luxemburg-Wieckowska.[3] Ob Rosa Luxemburg ihre Familie nicht in ihre Privatangelegenheiten einweihen wollte oder ob sie keinen Fehlschlag eingestehen mochte (oft schickte sie Zeitungsausschnitte nach Warschau, die ihre beruflichen Triumphe feierten), Jogiches jedenfalls verstand und spielte mit. Von Rosa Luxemburg an den bevorstehenden Hochzeitstag ihrer Schwester erinnert,* schrieb er Glückwünsche; auf ihre Bitte hin schickte er Rosas kleinem Neffen in Warschau ein Geburtstagsgeschenk; nach ihren Instruktionen schrieb er ein paar „herzliche" Zeilen für ihren Bruder und sagte ihrer Schwägerin guten Tag, die einen Besuch in Berlin machte. In den ersten sieben Jahren ihres Zusammenlebens hatte die Familie nichts von seiner Existenz gewußt; dann erfand Rosa die Hochzeitsfeier in der Schweiz und täuschte schließlich ein Eheleben vor, das es gar nicht gab.

Offiziell zog Jogiches nie aus ihrer Wohnung in der Cranachstraße

* Anna Luksenburg (1858–1932) heiratete im Jahre 1909 im Alter von einundfünfzig Jahren.

aus. Um die Fiktion aufrechtzuerhalten, daß er noch dort wohnte, mietete er unter dem Namen K. Krzystałowicz ein Zimmer im Schloß-park-Hotel. Wie viele andere auch glaubte sein Schneider C. Wiethölter, Jogiches wohne in der Cranachstraße. Er lieferte seine Anzüge und Rechnungen immer dort ab und regelte die komplizierten Abrechnungen mit Rosa Luxemburg. Der Schneider wurde in monatlichen Raten bezahlt, aber gelegentlich war Jogiches im Rückstand. „Wiethölter verfolgt mich", teilte Rosa Luxemburg ihm 1910 gelassen mit, wohl wissend, daß die Verzögerung auf finanzielle Schwierigkeiten zurückzuführen war. Oder Jogiches vermißte seinen Anzug, irgendwo unterwegs verlorengegangen. „Wiethölter schwört, daß er den Anzug nicht hat. Hätte er ihn gehabt, dann hätte er ihn längst zurückgegeben. Vielleicht hängt er hier im Schrank? Oder vielleicht ist es der, den ich ... nach Steglitz geschickt habe?" Oder er wollte seinen Mantel repariert haben: „Im Schrank habe ich nur einen *Gummi*mantel gefunden. Wiethölter fragt, was er damit machen soll, denn er ist ‚tadellos' (im Orig. deutsch). Überhaupt gibt es im Schrank an Kleidung ... nichts mehr."[4]

Zuerst pflegte Rosa Luxemburg, immer wenn sie in ihren Briefen ein privates Thema ansprach, dann abrupt zum nächstliegenden Geschäftlichen überzugehen, als wollte sie den Unterschied verwischen. Mit der Zeit wurde sie weniger besorgt um die Form. Im Dezember 1910 schrieb sie Jogiches: „Auf Ferien zu verzichten, rate ich auf keinen Fall." Die Arbeit würde nicht leiden, da sie ihre Ferien auf seine abstimmen werde. „Sogar Julek (Marchlewski) hat mich gebeten, daß ich Sie (Anm. d. Übers.: R. L. spricht Jogiches hier als Genossen an) in die Ferien treibe", fügte sie hinzu, als wollte sie dem Eindruck der persönlichen Sorge entgegentreten.[5] Eine kurze Notiz, die sie Jogiches im August 1910 aus ihren Schweizer Ferien schickte, ist ein Gradmesser für den Fortschritt in ihrer Wiederannäherung: „Eine Bitte: Krakus soll mir *umgehend* ein paar neuere polnische Titel aus der Belletristik ... schicken. Ich habe *kein Stück* Belletristik!" Innerhalb von zwei Tagen schrieb Jogiches aus Berlin an Feliks Dzierzyński in Krakau: „Könnten Sie ... zwei bis drei belletristische Bücher leihen, die ich Ihnen nenne, und sie Rosa in die Schweiz schicken? Die Auslagen erstatte ich Ihnen natürlich gern."[6]

Ein weiteres Band war das Geld. Jogiches bezog sein Einkommen ausschließlich aus dem Familienunternehmen in Wilna. Entweder ging das Geschäft durch harte Zeiten zurück oder die Gesundheit von Leos Bruder Pavel versagte, Jogiches jedenfalls war 1909 in finanziellen Schwierigkeiten. Sein Geld wurde aus Wilna an Maksymilian Luksenburg in Warschau geschickt, der es an Rosa weiterleitete, sie wußte also, wieviel Jogiches erhielt und wann. Ohne es Leo zu sagen, bat sie im November 1909 ihren Bruder, bei Pavel Jogiches auf Erhöhung der Summe für Leo zu drängen. Maksymilian, der Leo Geld schuldete, bezahlte daraufhin seine Schulden – jedenfalls erzählte Rosa Luxemburg das Jogiches. Da sie ihn zugleich bat, mit Maksymilian nicht darüber zu sprechen, vermutete Jogiches, daß sie selbst die Schulden ihres Bruders zurückgezahlt hätte. Er schickte das Geld zurück mit einer Anmerkung, die Rosa Luxemburg in Wut brachte. „Ich verstehe das alles nicht", schäumte sie. „Wenn Sie Ihr Geld nicht wollen, dann schicken Sie es doch Munio (Maksymilian) zurück." Jogiches antwortete: „Bitte mir in diesem Falle den Überweisungsabschnitt zu geben." Rosa Luxemburg schoß zurück: „Ich kann Überweisungsabschnitte nicht im Mülleimer suchen. Bitte sich mit Munio in Verbindung zu setzen und mich nicht weiter zu belästigen."[7]

Es spielt keine Rolle, ob Rosa Luxemburg die Schulden ihres Bruders bezahlt hat. Klar werden in dem Wortwechsel über Geld Fürsorglichkeit und Verantwortungsgefühl. Diese Auseinandersetzung fand 1909 statt, drei Monate nach Kostja Zetkins Rückzug. Vielleicht zum ersten Mal verglich Rosa Luxemburg das Verhalten des Mannes mit dem des Jungen.

Die Rückkehr in die Vergangenheit, wenn auch eingeschränkt, stellte Rosas Gleichgewicht wieder her, das die Affäre mit Kostja Zetkin gestört hatte. Jogiches' Einseitigkeit, seine ausschließliche Konzentration auf die Bewegung, so quälend, als sie mit ihm zusammenlebte, halfen ihr nun, mit einer Reihe politischer Rückschläge fertig zu werden.

Während die Revolution von 1905 Rosa Luxemburgs militante Haltung gefestigt hatte, wuchs in der deutschen Sozialdemokratischen Partei (SPD) die Angst vor einer Revolution nach russischer Art oder auch einem Aufstand wie in Polen. Revolution war etwas, das man diskutierte, nicht machte. Es ginge jetzt darum, im Reichstag stärker zu werden, meinte die SPD-Führung. Je deutlicher sich Rosa Luxemburg für „revolutionären Marxismus" einsetzte, um so isolierter wurde sie.

Die polnische Tradition des Heroismus und Märtyrertums und die deutsche Tradition des Konformismus und Konservatismus waren unversöhnlich.

Rosa Luxemburg glorifizierte zwar die Russische Revolution von 1905 vor ihren deutschen Genossen, aber daraus folgte nicht, daß sie mit den Russen übereinstimmte. Deren interne Parteikämpfe irritierten die Deutschen und brachten Rosa Luxemburg in Harnisch. „Ich habe mich ganz einfach geschämt, Kautsky über diesen Casus zu berichten," schrieb sie 1909 einem russischen Genossen mit Blick auf eine weitere Spaltung der bolschewistischen Fraktion.[8] Maxim Gorki, mit Lenins Ansichten nicht einverstanden, lehnte es ab, dessen *Materialismus und Empirio-Kritizismus* in der St. Petersburger Zeitschrift *Znanie* (*Wissen*) zu veröffentlichen. Lenin bat Rosa Luxemburg, eine Besprechung dieses Werkes für *Die Neue Zeit* zu schreiben, was sie tat; aber die freundliche Geste konnte die internen Kämpfe der Russen nicht stoppen. Eingeladen, in der – unter Gorkis Ägide arbeitenden – Schule der Russischen Sozialdemokratischen Arbeiterpartei auf Capri Vorträge zu halten, wußte sie nicht, so schrieb sie Jogiches, ob sie zusagen sollte angesichts der Feindseligkeit zwischen der Capri-Kolonie und Lenin. Das Tauziehen zwischen den Russen untergrabe deren Autorität in Westeuropa immer weiter. Ihr „tatarischer Marxismus" wecke das Bedürfnis, ihre Arroganz zu bändigen. Sie diskutierte die Strategie der polnischen Sozialdemokratie (SDKPiL) mit Jogiches und schrieb: „Inwiefern die Beki (Bolschewiken) jetzt wirklich gefährlich für die Einheit der Partei sind und sich zuviel herausnehmen, kann ich schwer beurteilen; bislang sehe ich das noch nicht . . . dann verstehe ich nicht, welchen Sinn es hat, sich aus den zentralen Institutionen (der Russischen Sozialdemokratischen Arbeiterpartei) zurückzuziehen, statt ihnen dort entgegenzuwirken. Ein offener Krieg mit den Beki scheint mir *für uns* überhaupt sehr schwierig zu sein . . . unser Bruch mit den Beki wird eindeutig das Chaos in der Partei vergrößern . . . und am meisten den Meki (Menschewiken) nützen, die für die Partei die gefährlichere Seuche sind."[9]

Als Ausgleich für die „mongolische Wildheit" der Russen, den behutsamen Pragmatismus der Deutschen und die Spannungen in der Internationale zwischen Sozialisten verschiedener Nationalitäten brauchte Rosa Luxemburg Jogiches' politischen Sachverstand und seine moralische Unterstützung. Zu Beginn ihrer Laufbahn brauchte sie ihn, weil sie unbekannt war und vor der mächtigen SPD zitterte; jetzt brauchte sie ihn, weil sie bekannt war und entschlossen, diese Partei zu bekämpfen. Sie hatte ihren eigenen Sozialismus geschaffen, zusammen mit Jogiches, und er allein verstand, warum dieser Sozialismus weder in die deutsche noch in die russische Parteilinie paßte.

Rosa Luxemburgs Sozialismusbegriff entstand aus ihren Differenzen mit Marx, der SPD und Lenin. Seine Grundlinien sind, wenn auch fragmentarisch, in ihrer kritischen Würdigung der Russischen Revolution aus dem Jahre 1918 formuliert und durchziehen ihr gesamtes Werk. Der gemeinsame Nenner in Rosa Luxemburgs Sozialismusbegriff ist die „Freiheit des Andersdenkenden". Ihr Einsatz für die Revolution war im Grunde eine Sache der Moral – die Pflicht, für eine menschlichere Gesellschaftsordnung zu kämpfen. Der Fortschritt der Menschheit sei unabänderlich an moralische Werte gebunden. *Realpolitik*, sei sie von Marx, Kautsky oder Lenin erdacht, sei unmoralisch und deshalb wertlos. Sie betonte die ethische Dimension und den Idealismus der Arbeiterschaft, während Marx die ehernen Gesetze der Geschichte, Kautsky die Wohlfahrt der Arbeiter und Lenin die Diktatur des Proletariats in den Vordergrund stellten. Weil Rosa Luxemburg kein umfassendes Werk über die Veränderung der Gesellschaft geschaffen hat, wurde sie als Theoretikerin oder kreativer politischer Kopf weithin unterschätzt. Doch ihr Beitrag zur nationalen Frage war theoretisch nicht weniger gültig als der Lenins; und er war zweifellos eine konsequente Weiterentwicklung der Marxschen Lehren.

Ihre Gedanken tauchen in diversen Publikationen und Erklärungen auf. Der Artikel „Organisationsfragen der Russischen Sozialdemokratie" aus dem Jahre 1904 widerlegte Lenins Grunddoktrinen, die für sie ein „Zerrbild des revolutionären Marxismus" waren. In ihrer Broschüre *Massenstreik, Partei und Gewerkschaften* erweiterte sie 1906 ihre Kritik an der „Leitung der Parteizentralen" im Gegensatz zu spontanen Massenstreiks – Ausdruck des Willens der Arbeiterschaft, ihr Schicksal selbst in die Hand zu nehmen. In einer Rede, die sie 1907 auf dem Fünften Parteitag der Russischen Sozialdemokratischen Arbeiterpartei in London hielt, polemisierte sie gegen den bewaffneten Aufstand und andere „künstliche" Mittel, eine Revolution „auszulösen". Und 1908 verurteilte sie in ihrem polnischen Aufsatz *Die Nationale Frage und die Autonomie* den Nationalismus als entzweiendes Element.

Der wissenschaftliche Sozialismus, argumentierte Rosa Luxemburg, erblickt „in der Revolution vor allem eine tiefgehende innere

Umwälzung in den sozialen Klassenverhältnissen", die Bewußtsein und Verhalten des Volkes verändere.[10] „Der Marxismus enthält zwei wesentliche Elemente: Das Element der Analyse und Kritik und das Element des tätigen Willens der Arbeiterklasse ... Der Marxist muß die Verhältnisse überschauen, nicht indem er in den Tiefen der täglichen und stündlichen Konjunktur herumkriecht, sondern von einer bestimmten theoretischen Höhe aus." Marx' Theorie, meinte sie, werde von seinen Interpreten in einen „hilflosen Brei" verwandelt, und sie machte es sich zur Aufgabe, sein Werk nach ihrem Verständnis fortzusetzen.[11] Sie begriff den Marxismus als eine humanistische Philosophie, die geeignet sei, die Entfremdung des Menschen aufzuheben. Die marxistische Terminologie, die Stoff für Demagogen liefere und den Verstand korrumpiere, fand sie irreführend und gefährlich. „Rosa Luxemburg", schrieb Georg Lukács, sei „der einzige Schüler von Marx gewesen, der sein Lebenswerk sowohl im *sachlich-ökonomischen* wie im *methodisch-ökonomischen Sinne* wirklich weitergeführt ... hat."[12]

Man kann einwenden, daß Rosa Luxemburgs Gedanken nicht originell waren, daß Anarchisten schon vor ihr den Massenstreik befürwortet haben, daß sie den Internationalismusgedanken von Marx und den Gedanken der sozialen Gerechtigkeit von Moses hatte. Sie hat bereitwillig anerkannt, was sie Denkern und Philosophen, der gesamten westlichen Tradition verdankte, und hat oft die historische Analyse als Ausgangspunkt gewählt. Dennoch hat sie ihren eigenen Sozialismusbegriff geschaffen, einen vom Volke selbst verlangten Sozialismus, wie er in den spontanen Revolutionen 1956 in Ungarn, 1968 in der Tschechoslowakei und 1980 in Polen zum Ausdruck kam.

Während die Internationale sich mit wachsenden Nationalismen auseinanderzusetzen hatte, während die deutschen Sozialisten die zunehmende Macht des preußischen Staates stützten und Lenin für nationale Selbstbestimmung eintrat, arbeitete Rosa Luxemburg an *„Die Nationale Frage und Autonomie"*, einer polnischen Artikelserie im *Sozialdemokratischen Überblick*, die 1908 erschien. Rosa Luxemburg stand nicht allein mit ihrer Überzeugung, daß der Nationalismus in Europa auf dem Abstieg sei. „Keiner der Propheten des neunzehnten Jahrhunderts hat, soweit ich sehe, ... (die Aufwallung nationalistischer Leidenschaft) vorausgesehen", schrieb Isaiah Berlin 1972. „Die meisten politischen Denker ... sahen (im Nationalismus) eine notwendige Phase der sozialen Entwicklung." Rosa Luxemburg wußte natürlich, daß

Menschen das Bedürfnis haben, zu einer Gruppe zu gehören. Diese Gruppe mußte ihrer Ansicht nach das Weltproletariat sein, geprägt von einer gemeinsamen Lebensform, nicht durch Nation, Rasse oder Erbe bestimmt, sondern durch die Gemeinsamkeit der Interessen. Den Gedanken hatte sie von Marx' Proletariern übernommen – Menschen ohne nationale Bindung.

Daß ihre Artikel zur nationalen Frage Lenin ziemlich aggressiv widersprachen, trübte Rosa Luxemburgs persönliches Verhältnis zu ihm nicht. Lenin kannte ihre Position in der deutschen Sozialdemokratie und ihren Einfluß bei Kautsky, welcher noch nicht die Ehre verdiente, der „Renegat Kautsky" zu sein, als den ihn Generationen junger Sowjetmenschen kennenlernen sollten. Die SPD hatte Einfluß und Geld – beides brauchten die Bolschewiken dringend –, und außerdem gehörte Rosa Luxemburg zur Führung der polnischen Sozialdemokratie (SDKPiL), deren Unterstützung sie ebenfalls nötig hatten. Aber Lenins respektvolle Haltung gegenüber Rosa Luxemburg entsprang nicht nur eigennützigen Motiven – er erkannte sie als guten Kopf an. Zusammen mit seiner Frau Krupskaja besuchte er sie, als sie an *Die Nationale Frage* letzte Hand anlegte, und 1909, als die Arbeit erschienen war, schickte er Rosa sein Werk *Materialismus und Empiriokritizismus* mit einer freundlichen Widmung.

Der Nationalismus beschäftigte Rosa Luxemburg ihr Leben lang. Der eigentliche Grund für die Schaffung der SDKPiL war, daß Rosa Luxemburg in der Frage der Unabhängigkeit Polens nicht mit der Polnischen Sozialistischen Partei übereinstimmte. Ihre ersten Artikel zu diesem Thema erschienen 1893, und ihre Doktorarbeit lieferte die ökonomischen Gründe, die gegen die Trennung Polens von Rußland sprachen. In *Die Nationale Frage* versuchte sie, ihrer Argumentation gegen den Nationalismus universelle Gültigkeit zu geben. Die sozialistische Weltrevolution werde nationale Herrschaft beenden, so wie sie der Ausbeutung, der sozialen Ungleichheit der Geschlechter und der rassischen Unterdrückung ein Ende setzen werde. So wie das „Recht auf Arbeit" keine leere Phrase mehr sei, wenn der Kapitalismus mit seiner immanenten Arbeitslosigkeit erst abgeschafft wäre, so würde das „Recht auf Freiheit" für eine Nation Wirklichkeit. „In einer Klassengesellschaft gibt es ‚die Nation' als homogene soziopolitische Einheit nicht." Innerhalb einer Nation gebe es nur Klassen „mit antagonistischen Interessen und ‚Rechten'."[14]

Ausgangspunkt der Überlegungen Rosa Luxemburgs war zwar immer Polen, wo, argumentierte sie, die Interessen des Proletariats mit dem Nationalismus des Adels und des Kleinbürgertums zusammenstießen, aber das Ziel ihrer Kritik war die Sozialdemokratie. Die Sozialdemokratie, sagte sie, sei verpflichtet, „nicht das Selbstbestimmungsrecht der Nationen, sondern nur das Recht der Arbeiterklasse . . . auf Selbstbestimmung zu verwirklichen."[15] Die Analogie, die zwischen dem nationalen Selbstbestimmungsrecht und dem Recht der Rede-, Presse-, Vereinigungs- und Versammlungsfreiheit gezogen werde, sei irreführend, meinte sie; beides hätte „äußerlich eine gewisse Ähnlichkeit", läge aber auf „verschiedenen historischen Ebenen". Die letztgenannten Rechte seien „Rechtsnormen für das Leben in einer entwickelten bürgerlichen Gesellschaft", während das Selbstbestimmungsrecht der „metaphysische Ausdruck" einer Idee sei, die „in der bürgerlichen Gesellschaft vollkommen fehlt und nur in einer sozialistischen Ordnung verwirklicht werden kann."[16] Daß Marx für Polens Unabhängigkeit einträte, zeige nur, „wie sehr Marx irrte", denn er habe auch das Verschwinden der Tschechen prophezeit, „deren Lebendigkeit die Österreicher heute so störend finden." Aber schließlich habe „Marx nie behauptet, daß er unfehlbar sei."[17]

Eine sozialistische Ordnung, in der die Einzelnen durch „Harmonie und Solidarität" verbunden sind, würde eine „Nation" durch allgemeinen Konsens schaffen. Der Begriff des Selbstbestimmungsrechts einer Nation ist ein abstrakter Begriff, denn wir wissen nicht, wer diese „Nation" bildet oder wer autorisiert und berechtigt ist, für sie zu sprechen. „Wie können wir feststellen, was die ‚Nation' eigentlich will? Gibt es denn eine politische Partei, die für sich beanspruchen würde, allein . . . den wirklichen Willen der ‚Nation' auszudrücken?" Auch die deutsche Sozialdemokratie „ist nicht die Verkörperung des Mehrheitswillens und behauptet das auch nicht. Sie drückt nur den Willen und das Bewußtsein der fortgeschrittensten und revolutionärsten Schicht des städtisch-industriellen Proletariats aus." Diese Partei mit ihren dreieinviertel Millionen Wählern sei zwar die stärkste in Deutschland, doch sei sie „eine Minderheit, verglichen mit den acht Millionen Wählern der bürgerlichen Parteien und den dreißig Millionen, die wahlberechtigt sind . . . Die deutsche Nation ‚bestimmt sich' also dadurch, daß sie eine Mehrheit von Konservativen, Klerikalen und Freidenkern wählt und ihr politisches Schicksal in ihre Hände legt."[18]

Es genügt, sich die lange Liste der sozialistischen Parteien Rußlands anzusehen, die 1904 auf einer Konferenz in Paris vertreten waren, um zu verstehen, warum Rosa Luxemburg gegen Lenins Konzept vom nationalen Selbstbestimmungsrecht war. Teilnehmer waren die litauische Sozialdemokratie, die ukrainische Sozialistische Partei, die georgischen Sozialrevolutionären Föderalisten, die armenische Sozialdemokratie, die bjelo-russische Hromada und der armenische Revolutionäre Bund. Viele andere Nationalitäten und ethnische Gruppen im russischen Reich waren nicht dabei. Am anderen Ende des ethnischen Spektrums, erklärte Rosa Luxemburg, stünden die Vereinigten Staaten von Amerika, wo ein „lockerer und freiwilliger Bund" mit der Verfassung von 1787 in einen „geeinten Staat mit zentraler Legislative und zentraler Exekutive" verwandelt wurde.[19]

Für ihren extremen Antinationalismus sind Rosa Luxemburg die unterschiedlichsten Motive unterstellt worden. Lange bevor Stalin das Bild vom „wurzellosen Kosmopoliten" erfand – des Juden, der dem Nationalgefühl der Arbeiterklasse feindlich gegenübersteht –, verwiesen einige Leute auf Rosa Luxemburgs jüdischen Ursprung, andere auf ihren Status als Staatenlose (es gab keinen polnischen Staat), wieder andere auf ihr gemischtes Erbe. Rosa Luxemburg betrachtete sich selbst als Weltbürgerin und wollte Sozialismus ohne Nationalismus. Dies ergab sich folgerichtig aus ihrem jugendlichen Glauben an die Ideale Adam Mickiewicz', der sich entwickelte, als weltpolitische Realität nach konkreten Lösungen verlangte. Wenn es eine Hoffnung gab, Ausbeutung und Blutvergießen zu beenden, dann lag sie in der internationalen Brüderlichkeit der Arbeiter. Daß Rosa Luxemburg keine Sympathien für nationale Bestrebungen hatte, mag an ihren Erfahrungen als Polin und Jüdin gelegen haben. Doch auch Julian Marchlewski, ein halber Deutscher, und Feliks Dzierzyński, ein litauischer Pole, unterstützten Polens Unabhängigkeit nicht. Für Deutsche, Franzosen oder Russen war der Internationalismus ein theoretischer Begriff; er bedeutete nicht den Verzicht auf nationale Unabhängigkeit. Marx oder Kautsky, Lenin oder Jaurès konnten sich philosophischen Disputen über die Vorzüge des Internationalismus hingeben, ohne ihren eigenen Status oder den ihrer Länder mit einzubeziehen. Rosa Luxemburg konnte das nicht.

Natürlich unterschätzte Rosa Luxemburg, zusammen mit anderen, die Stärke der nationalistischen Gefühle und überschätzte die

Solidarität der Arbeiter. Als jedoch Stalin 1918 erklärte, „das Prinzip der Selbstbestimmung muß ein Instrument des Kampfes für den Sozialismus sein und muß den Prinzipien des Sozialismus untergeordnet werden", wurde sie auf traurige Weise bestätigt.[20]

Bis zum Ausbruch des Ersten Weltkrieges gewann Rosa Luxemburg weiter an Statur – „Es ist doch ein eigentümliches Gefühl, sich im Mittelpunkt der Geschichte zu fühlen", hat einmal jemand zu ihr gesagt.[21] Ihr Ruf breitete sich über ganz Europa aus und reichte bis in die Vereinigten Staaten. Sie hatte Freunde und Genossen, ein reichhaltiges gesellschaftliches Leben, eine schön eingerichtete Wohnung mit Dienstmädchen und Schoßtier und finanzielle Sicherheit. Italien und die Schweiz waren ihre bevorzugten Ferienziele, Malen und Gärtnern ihre liebsten Freizeitbeschäftigungen. Sie lief Schlittschuh und lernte Englisch, ging in Museen und Ausstellungen, las mit Vergnügen Romane und Lyrik in fünf Sprachen, genoß die Gesellschaft von Künstlern und Intellektuellen und liebte das Autofahren. Elegant gekleidet besuchte sie Konzerte, Schauspiel und Oper in Begleitung von Hans Diefenbach, dem Maler Hans Kautsky (Karls Bruder) oder einem anderen ihrer Künstlerfreunde. Niemand war so beliebt bei den Arbeitern wie sie; keiner mobilisierte so große Menschenmengen. Die Position in der Parteischule erhöhte ihr Prestige und sorgte für ein hübsches Einkommen und für eine weitere Gruppe von Bewunderern – die Schüler. Als Journalistin erfreute sie sich einer breiten Leserschaft, als Rednerin eines begeisterten Publikums. Ihr Leben, privat und öffentlich, war allem Anschein nach glücklich und erfüllt.

Das war wieder eine der Illusionen, die Rosa Luxemburg so geschickt für die Außenwelt schuf. Es verschlang ungeheure Energien, dieses Bild aufzubauen. Sie bezahlte es mit schlaflosen Nächten, Anfällen von Depression und einer Einsamkeit, die in ihr wuchs wie Unkraut. Das Rollenspiel war eine enorme Beanspruchung ihrer psychischen und körperlichen Kräfte; außer bei Jogiches stand sie immer auf der Bühne, in Kostüm und Maske, perfekt.

Das Schmerzlichste war vielleicht die Erkenntnis, daß sie nach all diesen Jahren nirgendwo hingehörte. Sie hatte sich heimisch gemacht in einem Land, in dem sie eine Außenseiterin blieb. Goethe und Bach mochten sie begeistern, aber die Deutschen begeisterten sie nicht. Bei einem Beethovenkonzert wurde ihr übel von der Reaktion des Publikums; ihr Vorschlag, die *Anna Karenina* mit ihren Schülern zu besprechen, wurde mit der Bemerkung abgelehnt, in dem Roman sei „zu viel von Liebe" die Rede; Tolstoj habe nichts gemein mit Kultur und Kunst, erklärten ihr „diese Erben der klassischen Philosophie".[22] Und deren Einstellung zur Veränderung der Gesellschaft war ähnlich. Für die Polen war keine große Idee zu unrealistisch, keine große Sache ihr Opfer nicht wert. Sie fühlte sich abgestoßen von den deutschen Sozialistenführern, die keine Lust hatten, ihre gemütlichen Häuser mit den Barrikaden zu vertauschen. Aufgewühlt, weil sie sich entfremdete, geplagt von ihren unerfüllten Träumen wurde Rosa Luxemburg noch kompromißloser und kämpferischer.

Die bloße Zahl der Kämpfe, die sie in den Jahren 1910 bis 1913 ausfocht, läßt ihre Stimmung ahnen. Kautsky und Bebel, Lenin und Radek, die deutsche Sozialdemokratie und die Russische Sozialdemokratische Arbeiterpartei, die Opposition in der polnischen Sozialdemokratie und die polnischen Nationalisten – jede Person und jede Gruppe, die ihr in die Quere kam, wurde von ihr rücksichtslos und manchmal boshaft abgefertigt.

Obwohl Karl Kautsky ihr Förderer und persönlicher Freund war, schien Rosa Luxemburg die Meinung von Marx über den angesehenen Theoretiker zu teilen: „kleingeistige Mittelmäßigkeit", meinte Marx, „um die Hälfte zu schlau, auf gewisse Art fleißig, beschäftigt sich mit Statistiken, denen er nichts Intelligentes entnimmt, gehört von Natur aus zum Stamm der Philister."[23] Immerhin, zu Beginn ihrer Laufbahn in Deutschland waren sie und Kautsky die einzigen Sprecher der extremen Linken, und gemeinsame politische Grundsätze brachten sie zusammen. Kautsky spielte eine entscheidende Rolle bei ihrem Erfolg, und seine Freundschaft ebnete ihr den Weg an die Spitze. Auf seine Empfehlung hin wurde ihr 1907 die Dozentenstelle an der Parteischule angeboten – der einzigen Frau in diesem ehrenwerten Kollegium.

Die Auseinandersetzung mit Kautsky, die ihre Freundschaft beendete, begann mit seiner Weigerung, Rosa Luxemburgs Artikel über den Massenstreik in der *Neuen Zeit* zu veröffentlichen, wenn sie nicht eine Passage strich, die die Errichtung einer Republik in Deutschland forderte. Der Artikel „Was weiter?" wurde vom *Vorwärts* abgelehnt und erschien schließlich im März 1910 in der *Dortmunder Arbeiterzeitung* ohne den Passus. Kautsky verletzte sie nicht mit der Weigerung, den

Artikel zu drucken – das war auch früher schon vorgekommen –, sondern weil er mit ihrer politischen Position nicht einverstanden war. „Ich überlege“, schrieb sie an Luise Kautsky, „ob ich nicht nächstens die Schule hinschmeiße und ins Land ziehe, um überall einzuheizen“; sie überlegte, wie sie zurückschlagen konnte.[24] In der Debatte, die sich anschloß, zeigte sich Rosa Luxemburg von ihrer bissigsten Seite. Daß die Popularität ihres Massenstreikgedankens bei den Arbeitern sie bestätigte, beschwichtigte sie nicht.* Wie ihre Briefe an Jogiches und Kostja Zetkin zeigen, war sie Tag und Nacht damit beschäftigt, Gegenschläge vorzubereiten. Ihrem „Was weiter?“ antwortete Kautsky mit „Was nun?“, seinem „Weg zur Macht“ setzte sie „Ermattung oder Kampf?“ entgegen. Darauf erwiderte Kautsky mit „Zwischen Baden und Luxemburg“, indem er ihren Namen für ein Wortspiel benutzte.

In dem Kampf ging es allerdings nicht um Worte, es ging um eine inhaltliche Neubestimmung. Rosa Luxemburg vertrat in ihren Artikeln die Ansicht, daß die Arbeiter ermutigt werden müßten, ihr Schicksal selbst in die Hand zu nehmen, wobei der Massenstreik ihre wichtigste Waffe sei. Die Parteiführung müsse ihre Macht anerkennen und ihnen als Vorhut der Arbeiterschaft helfen, der Herrschaft der ökonomischen und politischen Kräfte, von denen sie manipuliert würden, ein Ende zu bereiten. Die SPD müßte ihre Rolle neu überdenken; noch immer versäume sie, eine Republik zu fordern, und damit spiele sie einer Einheitsfront der bürgerlichen Parteien in die Hände.

Rosa Luxemburg forderte das SPD-Establishment offen heraus, und sie bezahlte dafür. Redakteure, die sich bis dahin um Artikel von ihr gerissen hatten, wiesen sie nun zurück. „Ich stehe schön da“, schrieb sie an Jogiches. „Der *Vorwärts* hat die Annahme meines Artikels ... abgelehnt ... die *Neue Zeit* hat die Annahme meiner Entgegnung ...

* Folgenden Zeitungsausschnitt schickte Rosa ihrer Familie in Warschau: „Waren schon bei dem Erscheinen der Genossin Luxemburg im Saale begeisterte Hochrufe auf die Genossin aufgeklungen, wurden oftmals die Ausführungen durch stürmische Zustimmungs- und Beifallskundgebungen unterbrochen, so brach am Schlusse des Vortrages die Versammlung in eine Begeisterung aus, wie sie wohl selten in einer Gewerkschaftsversammlung in Hagen zu verzeichnen gewesen ist. Selbst auf der Straße wurden der Genossin Luxemburg noch begeisterte Ovationen zuteil, und ihr Weg nach dem Hotel glich einem wahren Triumphzuge.

Der Verlauf der Versammlung und die Stimmung der Versammelten hat gezeigt, daß die Hagener Arbeiterschaft über die Frage des Massenstreiks sich ein anderes Urteil erlaubt, als wie es in manchen Kreisen der Gewerkschaftsführer zu verzeichnen ist.“ (*Leipziger Volkszeitung* Nr. 231 v. 5. 10. 1910, S. 2) abgelehnt." Und ein paar Tage später: „Die *Dortmunder* (*Arbeiterzeitung*) hat meinen Artikel ... nicht angenommen und – nach Bremen weitergeschickt. Ob Bremen annimmt, weiß der Teufel."[25]

Der Streit Luxemburg-Kautsky ist weniger wegen seines intellektuellen Niveaus oder des Wertes und Unwertes von Massenstreiks in die Parteigeschichte eingegangen, sondern weil er mit solcher Rachsucht ausgetragen wurde. Monatelang war er das Skandalstück, das Akt um Akt für Aufregung sorgte. Die alten Gegner Rosa Luxemburgs rieben sich die Hände. „Sieh Dir die liebe Rosa an", schrieb der österreichische Sozialistenführer Victor Adler an August Bebel, „was Karl (Kautsky) jetzt an seiner Freundin erlebt ... das giftige Luder wird noch sehr viel Schaden anrichten, um so größeren, weil sie blitzgescheit ist."[26] Rosa Luxemburg beschwerte sich bei Luise Kautsky, ihr Mann habe ihr, Rosa, das Messer in den Rücken gestoßen, Kautsky schrieb an seine Mutter, jetzt würde das „schwerste Geschütz" aufgefahren, während Bebel Kautsky erklärte, der ganze Streit sei nichts als Korn für die Mühlen des Feindes. „Ich habe den Eindruck, daß Du hochgradig nervös bist und Deine Nerven nicht mehr in der Gewalt hast", schrieb ihm Bebel. „Ohne diese Nervosität wäre die Geschichte mit der Rosa anders ausgefallen. ... Du hättest die Sache wesentlich dadurch ändern können, daß Du der Rosa erklärtest: gut, Deine Artikel nehme ich auf, aber *wann* ich es für *zweckmäßig* halte. Dann konnte sie sich beschweren, aber nicht über Parteilichkeit klagen und während einiger Monate hatten wir Ruhe. Du hast doch andere auch hangen und bangen lassen."[27] Aber es gab kein Zurück, und Rosa Luxemburg konnte zu Recht „klagen", daß ihre eigene Partei versuchte, sie zum Schweigen zu bringen. Fairerweise gab Bebel zu, daß zwar „alle Welt lacht über den Konflikt", daß aber Rosa wichtig sei für die Partei und ganz gewiß für die Parteischule, wo sie als beste Lehrerin verehrt werde. Kautsky seinerseits war froh, daß man ihn und Rosa Luxemburg nicht länger „für eine Art siamesischer Zwillinge hielt."[28]

Der Sturm legte sich, als Kautsky im August 1910 einen Nervenzusammenbruch erlitt und einige Monate im Sanatorium verbrachte. „Einige Leute haben mir schon zu verstehen gegeben, daß das meine Schuld sei", schrieb Rosa Luxemburg an Jogiches.[29] Zu dieser Zeit äußerte Bebel in einem Brief an Luise Kautsky die Meinung, der Zustand ihres Mannes sei auf den zwei Jahre zurückliegenden Versuch Rosa

Luxemburgs zurückzuführen, ihre Ehe zu zerstören.* Zwar sprachen weder Zeit noch Umstände für Bebels Beschuldigung, doch ist es möglich, daß Kautsky unter Rosa Luxemburgs ätzenden Attacken zusammenbrach. Mag sein, daß sie in ihm das Symbol des Verfalls in der SPD sah, und ihn traf die volle Wucht ihrer Haßliebe zu Deutschland und den Deutschen. Sie sprachen nicht mehr miteinander bis zur letzten Sitzung der Internationale im Juli 1914.

Noch lag der Streit mit Kautsky in der Luft, als Rosa Luxemburg einen erbitterten Zwist mit dem ehrwürdigen August Bebel hatte. Streitpunkt war die „Marokko-Krise". Das Erscheinen des deutschen Kreuzers *Panther* vor Agadir im Juli 1911 wurde von Teilen der öffentlichen Meinung Europas als Provokation gegenüber Frankreich betrachtet, die möglicherweise zum Kriege führte. Das Internationale Sozialistische Bureau hielt die Lage für so gefährlich, daß es eine Krisensitzung einberief. Die SPD war am Vorabend der Reichstagswahl mehr darauf bedacht, um Stimmen zu werben, als den Zwischenfall aufzubauschen. Hermann Molkenbuhr teilte dem Büro im Auftrag der SPD brieflich mit, eine Marokko-Konferenz sei zum gegenwärtigen Zeitpunkt kaum vorrangig. Die Sitzung fand nicht statt und die Krise legte sich; nicht aber Rosa Luxemburgs Entrüstung. Erstens war sie entsetzt über das zunehmend vorherrschende Bestreben der SPD, im Reichstag vertreten zu sein; zweitens lehnte sie es ab, einen möglicherweise explosiven internationalen Zwischenfall aus innenpolitischen Gründen herunterzuspielen; und drittens erhob sie Einspruch dagegen, daß die SPD-Führung wichtige Entschlüsse faßte, ohne die Arbeiter zu fragen. Nach langer Seelenforschung veröffentlichte sie Molkenbuhrs Brief zusammen mit einer knappen Kritik. Bebel war empört. Auf dem Jenaer Parteitag im September 1911 warf er Rosa Luxemburg öffentlich eine „schwere Indiskretion" und unehrenhaftes Verhalten vor, was eindeutig darauf abzielte, ihre politische Glaubwürdigkeit zu zerstören. Ihre unerschütterliche Gegendarstellung und die Antikriegsstimmung, die hohe Wellen

* Anfang 1908 verließ Luise Kautsky ihre Familie und fuhr nach Wien. Ihre Briefe an ihren Mann offenbaren, daß sie daran dachte, ihn wegen seines Bruders Hans zu verlassen. Sie flehte ihren Mann an, ihr den jüngsten Sohn Benedikt zu geben. Am Ende kehrte Luise Kautsky allerdings zur Familie zurück. Ihre Briefe beweisen, daß nicht Rosa Luxemburg, sondern Luises persönlicher Konflikt zum vorübergehenden Bruch der Kautskyschen Ehe führte. (Internationales Institut für Sozialgeschichte, Amsterdam, Sammlung Kautsky.)

schlug, bewahrten Rosa Luxemburg vor dem Scherbengericht. Aber sie vergaß Bebels Angriff nicht. Einige Monate später schrieb sie an Kostja Zetkin: „Ich will dieser Bande gegenüber nicht ruhig sitzen. Gestern hier in der grandiosen Versammlung . . . habe ich scharf gegen Bebel gesprochen, und die Leute stimmten begeistert zu. Nächste Woche rede ich ebenso in Berlin im 1. Wahlkreis, womöglich noch schärfer."[30]

So scharf sie auch gegen Bebel sprach, einen vertrauten alten Freund, im berüchtigten „Fall Radek" kannte sie jedenfalls überhaupt keine Hemmungen. Karl Radek, ein junger polnischer Jude und ungewöhnlich begabt als Journalist und Redner (sein richtiger Name war Sobelson), war ein treuer Gefolgsmann Rosa Luxemburgs. Seine Feder erregte schon 1905 ihre Aufmerksamkeit. „Beachte, wie ausgezeichnet dieser Radek für uns schreibt!" weckte sie Jogiches' Interesse. „Er wird dir vermutlich gefallen", schrieb sie, „sein Aussehen ist sehr originell, mit seinen ‚Locken' erinnert er mich leicht an Trotzki." Sie selbst behandelte den zwanzigjährigen Jungen „ziemlich kühl oder eher reserviert", wie sie sagte, aber sie bat Jogiches, „großmütig" mit ihm zu sein.[32] Sie mochte Radeks „rauhe" Debattiersprache und Manieren nicht, und obwohl sie diese Neuerwerbung einer Partei, die unter chronischem Mangel an guten Schreibern litt, nicht vor den Kopf stoßen wollte, hielt sie ihn sich doch auf Armeslänge vom Leibe. 1910 war er zwar immer noch „sehr folgsam", nahm sich aber „selbst zu wichtig."[33] Ein Jahr später kam es zur Spaltung der SDKPiL und damit zum Sturz Radeks.

Mit ihren politischen Spannungen lebte die SDKPiL jahrelang am Rande der Spaltung. „Die Hauptursache der Unzufriedenheit und Proteste gegen die Politik der Parteiführung, in der Tyszkas dominierender Einfluß nach der August-Konferenz noch zunahm", schrieb Zdzislaw Leder, Jogiches' enger Mitarbeiter, „blieb nach wie vor die Art und Weise, in der diese Führung die Parteitagsbeschlüsse . . . in der Praxis anwandte."[34] Das Fehlen starker Bindungen zwischen der Führung in Berlin, die die Befehle ausgab, und der Parteiorganisation in Warschau, von der ihre Ausführung erwartet wurde, verschärften die Gegensätze. Selbst die Genossen seiner unmittelbaren Umgebung muckten gegen Jogiches' eiserne Hand auf. Julian Marchlewski weigerte sich, mit ihm zu arbeiten und schlug die Versetzung Adolf Warszawskis von Paris nach Berlin vor, weil „er es vielleicht besser verstehen wird, mit Leo zu arbeiten", schrieb er an Feliks Dzierzyński, „ich kann es nämlich nicht, und fühle, daß die Saite bald platzen wird. Nichts zu machen: Leo hat seine Arbeitsmethoden, ich habe die meinigen."[35] „Sie sollten sich etwas beherrschen", mahnte Rosa Luxemburg Jogiches, „Adolf (Warszawski) erniedrigen und malträtieren Sie, als wäre er Ihr Lakai. . . . ich befürchte, daß sich in ihm Bitterkeit sammelt."[36] Diese Probleme waren zwar unerfreulich, aber Lappalien im Vergleich zu den politischen Differenzen zwischen Berlin und Warschau, die um 1908 zutage traten und zur Spaltung der SDKPiL im Jahre 1912 führten.

Radek schloß sich den „Spaltern" an, das heißt der im Warschauer Vorstand konzentrierten und gegen den Berliner Hauptvorstand der SDKPiL gerichteten Opposition. Erstaunlich viel Zeit und Energie schien Rosa Luxemburg darauf zu verwenden, Radek zu vernichten. Er hatte kaum Einfluß in der polnischen oder deutschen Bewegung, er war auch keine unersetzliche Stütze oder potentielle Gefahr. Dennoch war die Anti-Radek-Kampagne, die Rosa Luxemburg auslöste, einzigartig in den Annalen beider Parteien. Sie wollte, daß nach dem Ausschluß Radeks aus der SDKPiL auch die SPD ihn verstieß. Mehr als ein Jahr lang beschäftigte Radek sie in ihren Briefen an Jogiches wie eine fixe Idee. „Schreiben Sie mir gleich, was Sie gegen Radek für nötig halten: Soll ich im *Vorwärts* antworten, oder wird der Hauptvorstand gleich auch für mich antworten oder wie", schrieb sie im September 1912. „*Wenn* es gelänge, den Deutschen Radeks Schuld ‚einwandfrei' (im Orig. deutsch) zu beweisen, (wäre) das für uns eine Erlösung", lautete eine andere Botschaft. „Lesen Sie sich den beigefügten ‚Bericht' (im Orig. deutsch) im Fall Radek aufmerksam durch!! Es ist klar, daß wir sofort reagieren müssen", drängte sie. „Wenn der ‚Vorstand' (der SPD, im Orig. deutsch) den versprochenen Brief . . . schreibt, dann halte ich das für einen großen Sieg: der von uns veröffentlichte Brief wird für R(adek) eine neue Ohrfeige sein."[37] Und so ging es weiter, Brief für Brief, atemberaubend, eindringlich, gnadenlos. Eine Kommission der SDKPiL wurde im September 1913 nach Paris einberufen; die Russische Sozialdemokratische Arbeiterpartei (RSDRP), der Bund und die lettische Sozialdemokratie nahmen an der Untersuchung im Fall Radek teil. Die Anschuldigungen gegen Radek reichten vom angeblichen Diebstahl eines Mantels während seiner Krakauer Studentenzeit bis hin zur Veruntreuung von Parteigeldern und Nichtzahlung von Parteibeiträgen. Formalien, etwa daß Radek es versäumt hatte, einen ordnungsgemäßen Aufnahmeantrag bei der SPD zu stellen, wurden dazu benutzt, um ihm die Türen aller sozialistischen Parteien zu versperren. Keine der Anklagen rührte an den eigentlichen Grund – Radeks Lossagung vom Luxemburg-Lager.

Mit seiner bekannten Schrift *Meine Abrechnung* wies Radek sämtliche Beschuldigungen zurück – vergeblich. Schließlich erlöste ihn die bolschewistische Revolution, er wurde Lenins Deutschlandexperte, Mitglied des Zentralkomitees der Bolschewikenpartei und treibende Kraft in der Dritten (kommunistischen) Internationale. Er war Lenin, Trotzki und Stalin zu Diensten, in dieser Reihenfolge. 1936 wurde ihm der Prozeß gemacht, 1939 verschwand er, ein Musterbeispiel für das Sprichwort „Wer durch das Schwert lebt, wird durch das Schwert umkommen". Nach ihrem Bruch begegnete Rosa Luxemburg ihm erst wieder 1918, als Lenin ihn nach Berlin schickte, um Verbindung mit den Deutschen aufzunehmen. Es bedurfte erheblicher Überredungskünste, bis sie Radek die Hand gab. Das Treffen verlief kühl und ergebnislos – Hauptthema war der Terror. „Uns hat der Terror schließlich nie besiegt", sagte Rosa Luxemburg, als sie hörte, daß Feliks Dzierzyński die Tscheka leitete.* „Warum sollten *wir* darauf angewiesen sein?" Radek setzte sich von seiner neuen hohen Warte aus gewandt für die Anwendung von Terror ein.[38]

Einige Gelehrte haben gemeint, Rosa Luxemburgs Haltung gegenüber Radek sei bestenfalls irrational, schlimmstenfalls paranoid gewesen. Wie so oft jedoch wurde ihr Verhalten im luftleeren Raum untersucht oder so interpretiert, daß es zu dem vorgefaßten Bild des streitsüchtigen Weibes paßte. Ihre vehemente Reaktion auf Radeks Verrat könnte dadurch ausgelöst worden sein, daß sie sich von allen verraten fühlte. Radek war, als er sich den Abtrünnigen anschloß, Jogiches in den Rücken gefallen. Mit ihrer Rache an Radek rächte sie sich für all die Enttäuschungen, die privaten und die öffentlichen, die sie in Jahren erlitten hatte. Dies eine Mal konnte sie die Muskeln spielen lassen, und sie tat es. An Radek selbst war sie kaum interessiert. Aber an Jogiches lag ihr, und er war verraten worden; ihr lag auch an der Einheit der Partei, der polnischen wie der russischen, und die wurde ständig zerrissen. Für sie war Radek ein Symbol der Illoyalität, der Unehrlichkeit und Niedertracht.

* Tscheka: Russisches Kurzwort für die 1917 installierte „Außerordentliche Kommission zum Kampf gegen Konterrevolution, Sabotage und Schwarzhandel", die Vorläuferin von GPU, NKWD und KGB.

Als ihre politische Isolierung zunahm, wurden Wörter wie „zerschlagen“ oder „vernichten“ in ihren Briefen an Jogiches häufiger. Auf die Opposition in der polnischen Sozialdemokratie, auf die deutsche Sozialdemokratie oder auf einzelne Personen gemünzt, lassen sie Rückschlüsse auf Rosa Luxemburgs Seelenverfassung zu. Sie ließ es auch nicht mit Worten bewenden. „Ich habe eine gewisse Idee, von der ich *fast* überzeugt bin, wenn auch noch nicht ganz“, schrieb sie 1912 am Vorabend der Spaltung der SDKPiL. „Der Hauptvorstand (der SDKPiL in Berlin) müßte jetzt sofort auf die Rebellion des Warschauer Komitees (der „Spalter“) . . . mit einer Erklärung antworten, daß das Warschauer Komitee in Händen der Provokation sei, daß man noch keine Personen nennen wolle, aber daß der Hauptvorstand auf der Spur sei, daß der Hauptvorstand zögernd sämtliche Parteikampfmittel gegen diese Seuche ausgeschöpft habe, um dabei nicht die zugrunde zu richten, die nur durch Verblendung in solchen Händen seien. . . . aber jetzt verlange es die Partei*pflicht*. Der Hauptvorstand habe kein Recht, zu zögern, bis Azefs Machenschaften den Geist der Parteiorganisation demoralisiert hätten. ‚Schlag auf Schlag‘ (im Orig. deutsch). Jetzt muß gehandelt werden, ohne sich zu fürchten.“ Rosa Luxemburg dachte, daß Jogiches Bedenken gegen ihre „Idee“ haben könnte, die auf einen ungeheuerlichen Rufmord an einer Gruppe von Sozialisten hinauslief, die nur politischer Differenzen schuldig waren; denn es gab kein scheußlicheres Verbrechen als das Evno Azefs, des berüchtigten Provokateurs, der auf Befehl der zaristischen Polizei in die russische revolutionäre Bewegung eingeschleust worden war. „Es wird ein riesiges Geschrei geben, aber davor darf man keine Angst haben“, warnte sie Jogiches in Vorwegnahme seiner Bedenken.[39] Eigentlich ging es dabei natürlich um Moral, nicht um Angst. Aber Rosa Luxemburg hatte auf den richtigen Knopf gedrückt. Jogiches stimmte zu, wie auch andere Mitglieder der Führung, und Rosa Luxemburgs „gewisse Idee“ – eine Idee, die zu Stalins bevorzugter Methode wurde, politische Gegner zu vernichten – wurde in die Tat umgesetzt. Diese Tat Rosa Luxemburgs ist durch nichts zu rechtfertigen – die falsche Beschuldigung, der Warschauer Vorstand sei mit zaristischen Agenten durchsetzt. Wie sagte Joseph Conrad: „Grundsätze sind nicht genug.“ Rosa Luxemburg wurde nach und nach Teil des Apparates, der die eigenen Kinder frißt.

Luxemburg und Jogiches führten einen Kreuzzug für die Einheit der Russischen Sozialdemokratischen Arbeiterpartei (RSDRP), eine

Sorge, die Lenin nicht teilte, und sie waren unmißverständlich gegen jede Beziehung zur Polnischen Sozialistischen Partei. Der Streit innerhalb der russischen und der polnischen Partei, bei dem Fraktionen innerhalb von Fraktionen und sich befehdende Splittergruppen entstanden, stürzte die Internationale in solche Verwirrung, daß die SDKPiL Lenin bat, „die Angelegenheit verständlicher zu machen für Ausländer, die mit den Verhältnissen in Rußland und bei uns (in Polen) nicht vertraut sind.“[40]

Nach der Spaltung der Polnischen Sozialdemokratie im Jahre 1912 (1916 schlossen sich die Fraktionen wieder zusammen) brach die Fehde zwischen Jogiches und Lenin – mit Rosa Luxemburg mitten zwischen ihnen – offen aus. Bei der Konferenz der Russischen Sozialdemokratischen Arbeiterpartei 1912 in Prag glänzte die SDKPiL durch Abwesenheit. Das Organ der SDKPiL, *Die Rote Fahne*, nannte die Konferenz eine „absurde leninistische Posse“ und schrieb: „Schon 1904 sah sich Gen. Rosa Luxemburg gezwungen, . . . diese Leninsche antimarxistische und rein bürgerliche Ansicht von einer politischen Partei, in der der Führer alles und die Massen nichts sind, heftig zu kritisieren.“[41]

Lenin schenkte solchen Seitenhieben kaum Beachtung, aber er konnte es sich schlecht leisten, eine handfestere Rache, die Jogiches für ihn parat hatte, zu ignorieren. Geld, das wußte Jogiches, war eine mächtige Waffe; und Geld war Lenins beständige Not. Ein wohlhabender Sympathisant der russischen Sozialisten, N. P. Schmit, hatte der Russischen Sozialdemokratischen Arbeiterpartei ein beträchtliches Legat hinterlassen. Das Erbe wurde gegen Lenins Protest 1910 bei der deutschen Sozialdemokratischen Partei deponiert. Clara Zetkin, Karl Kautsky und Franz Mehring hatten Vollmacht, Gelder nach ihrem Ermessen an Fraktionen innerhalb der RSDRP und an die Mitgliedsparteien auszuzahlen. 1911 und 1912 fuhr Lenin mehrfach nach Berlin, um mit Clara Zetkin und Karl Kautsky über die Zuteilung von Geld an die Fraktionen der Bolschewiken in der RSDRP zu verhandeln. Wohl wissend, daß Jogiches ihm feindlich gesonnen war und Einfluß auf Rosa Luxemburg hatte, die mit den Treuhändern befreundet war, stattete Lenin Rosa Luxemburg im Februar 1912 vier Besuche ab, zweifellos um ihre Unterstützung zu gewinnen.

In einem Brief an Kostja Zetkin bestritt Rosa Luxemburg, daß das Geld als Druckmittel gegen die Bolschewiken benutzt würde, um sie zur Verständigung mit den Menschewiken zu zwingen. „Mit den Russen,

Jujuka, irrst Du Dich", schrieb sie. „Man will sie nicht bloß durch das Geld zusammenhalten; die Mehrzahl der Partei will die Einigkeit."[42] Etwas früher hatte sie jedoch an Jogiches geschrieben: „Ich meinerseits muß offen sagen, daß mir diese Geschichte mit der Wegnahme eines Teils ihres Fonds sehr stark mißfällt. ... Diese Geschichte schmeckt, mit Verlaub, stark nach Raub oder Erpressung. Ich denke, daß die Bolschewiki, die letzten Endes das Gefühl haben werden, daß Blutegel an ihrem Körper sitzen, lieber einen offenen Kampf mit den Meki wollen als eine Einheit mit uns am Hals. Sollte die ganze Sache zum Skandal kommen, dann würde unsere Stellung in der russischen Partei sehr ins Wanken gebracht werden."[43] Dennoch gab sie Jogiches' Druck nach und vollzog vielleicht auch selbst einen Sinneswandel, denn ihre folgenden Briefe an Jogiches lassen durchblicken, daß sie versuchte, die Treuhänder zu ungunsten der Bolschewiken zu manipulieren.

Rosa Luxemburg stand allein; sie bekämpfte Kautsky und Bebel, Lenin und Radek, die sozialistischen Parteien, die bürgerlichen Regierungen, Kapitalismus, Nationalismus und Militarismus. Eingekesselt schien sie zufriedener mit dem Leben und mit sich selbst als in den milden Jahren nach ihrer Rückkehr aus der rebellischen Stadt Warschau. Sie kämpfte nicht mehr um Kostja Zetkin oder gegen Leo Jogiches. Sie kämpfte, um die Leere ihres persönlichen Lebens totzuschlagen, sie wollte der Welt zeigen, daß sie unbesiegt sei. Ihre Rage wurde angefacht von den Attacken der radikal nationalistischen polnischen Intelligenz. Deren in Warschau erscheinendes Organ *Myśil Niepodległa* (*Freies Denken*) wurde von Andrzej Niemojewski redigiert und herausgegeben, einem bekannten polnischen Schriftsteller und Journalisten, der vehement gegen die Sozialdemokratie des Königreiches Polen und Litauens schrieb. Die SDKPiL, die aus Aufwiegler-Juden besteht, erklärte das Blatt, „ist durch Rassen- und Familienbande mit allen Juden verknüpft; und diese rein anthropologischen Bindungen sind so stark, daß jeder, der irgendeinen Juden ideologisch angreift, sich sofort einem Bündnis des Talmudjuden, des sozialistischen Juden und des liberalen Juden gegenübersieht."[44] Die Beschuldigung, Juden hätten 1905 bewußt zum Streik angestiftet, um das Blut polnischer Arbeiter zu vergießen, kam fast dem Vorwurf des Ritualmordes gleich.

1910 brachte *Freies Denken* eine Artikelserie, mit der Rosa Luxemburg angegriffen wurde. Ihre Körperbehinderung sei ein Beispiel jüdischer Degeneration, erklärte das Blatt. Rosa Luxemburg wisse nicht einmal, was Nationalgefühl sei, schrieb Niemojewski. „Sie läßt sogar keine Gelegenheit aus, darauf herumzutrampeln, und hat dafür nur Hohn und Spott übrig. Das ist sehr einfach zu erklären. Es ist eine Kategorie von Gefühl, die ihr fremd ist ... Aber was kann ihr Polen dann bedeuten?“[45] Eine andere Attacke stellte fest: „Die Vorfahren dieser Dame haben das gemeine polnische Volk mit Wodka versorgt. Rosa Luxemburg schenkt zwar keinen Schnaps mehr aus, aber was sie dem Volk in Gestalt von Artikeln und Broschüren zu trinken gibt, hat alle Eigenschaften von literarischem Branntwein ... Polen und die polnischen Arbeiter kommen ohne Meister zurecht, ... die uns mit ihrer semitischen Hysterie und ihrem ererbten Haß auf unser Mutterland beglücken.“[46]

Das geistige Niveau der Argumente verdiente kaum Aufmerksamkeit, aber die SDKPiL erhob sich in heller Empörung. Diese Episode zeigte, daß Rosa Luxemburg gegen rassische Schmähungen nicht immun war, wie oft behauptet worden ist. In der Vergangenheit hatte sie unterschiedlich reagiert; sie gab sich besondere Mühe, rassische Verunglimpfungen zu ignorieren. 1901 beim Lübecker Parteitag hatte der Delegierte Richard Fischer ihr vorgeworfen, sie „verfälsche“ und „verdrehe“ die Meinung einiger Genossen. Wolfgang Heine stimmte ein und erklärte, polnische und russische Juden – er meinte Rosa Luxemburg und Alexander Parvus-Helphand – hätten die deutsche Gastfreundschaft mißbraucht. „Wenn jemand als Gast zu uns kommt und uns in die Stube spuckt“, dann könne man sich nur gegen ihn wehren.[47] Rosa Luxemburg ignorierte Heine; aber Fischer forderte sie in einer schriftlichen Erklärung, deren Veröffentlichung Kautsky ablehnte, auf, seine Vorwürfe zu beweisen.

Diesmal nahm sie ihre Verteidigung selbst in die Hand. Als erstes bat die Führung der SDKPiL August Bebel, Karl Kautsky, Franz Mehring, Otto Bauer und Jean Jaurès öffentlich Stellung zu nehmen, und sie entsprachen der Bitte. Ihre Artikel, die den Antisemitismus verurteilten, ohne Rosa Luxemburg namentlich zu nennen, wurden im Herbst 1910 im *Młot* (*Der Hammer*), dem von Jogiches herausgegebenen SDKPiL-Blatt, veröffentlicht. Und dann, zwischen September und Dezember, schrieb Rosa Luxemburg selbst mindestens zehn ungezeichnete Artikel in der polnischen und deutschen Presse als Erwiderung auf Niemojewski.

Zwar betonte sie in ihren Briefen an Jogiches, daß sie ihre Privatangelegenheiten nicht mit denen der Partei identifiziere, aber sie dirigierte persönlich den Gegenangriff. In der ersten Runde mußten Stellungnahmen eingeholt werden: „Die ganzen 10 oder 12 Briefe an den *Młot* zu beschaffen und zu drucken halte ich entschieden für ungut", schrieb sie Jogiches im Oktober 1910. „Etwas anderes ist es, wenn wir beispielsweise Jaurès, Vandervelde, Bebel und Bauer veröffentlichen. Das ist ... Beweis genug, daß die Internationale hinter uns steht."[48] Julian Marchlewski sollte einen Artikel von Kautsky vermitteln und wurde nach Paris geschickt, um einen weiteren von Jaurès einzuholen. Die zweite Runde betraf die Logistik. „Die Nummer des *Młot* ist meiner Meinung nach überladen", schrieb Rosa Luxemburg an Jogiches mit Bezug auf die Ausgabe vom 8. Oktober, die drei Niemojewski gewidmete Artikel brachte. Die nächste Ausgabe vom 15. Oktober enthielt zwei Artikel zum gleichen Thema, beide von ihr geschrieben. „Ich meine, so etwas müßte vermieden werden", erklärte sie Jogiches. „In jeder Nummer darf nur an *einer* Stelle darüber berichtet werden, sonst ermüdet es den Leser regelrecht." Und sie fügte hinzu, „daß Monotonie kein positiver Faktor ist und daß die Leser gewonnen und nicht terrorisiert werden sollen."[49] Wenn sie anonym schrieb, sprach Rosa Luxemburg von sich selbst in der dritten Person – von Frau Rosa Luxemburg – und verlieh der todernsten Debatte einen leicht amüsanten Ton.

Die europäischen Sozialdemokraten waren ehrlich besorgt über die Angriffe auf Rosa Luxemburg und die polnische Sozialdemokratie und waren entsetzt über den schreienden Antisemitismus. Es war eine Sache, wenn August Bebel Karl Kautsky unter vier Augen gestand, daß Rosa Luxemburg antisemitische Gefühle wecke, und eine andere, sie wegen ihrer Herkunft verunglimpft zu sehen. Rosa Luxemburg selbst hatte den Bundisten öffentlich vorgeworfen (auf dem Fünften Parteitag der Russischen Sozialdemokratischen Arbeiterpartei 1907 in London), sich wie Schacherer zu benehmen, und nun fand sie sich mit denen in einen Topf geworfen.

An ihrer Korrespondenz mit Jogiches, die während der Anti-Niemojewski-Kampagne häufig und angeregt war, fällt auf, daß Begriffe wie „Jude" oder „Antisemitismus" nicht vorkommen. *Der Hammer* wird erwähnt, auch Niemojewski und *Freies Denken*; Strategie und Taktik werden diskutiert. Aber Rosa Luxemburgs Briefe, die schließlich alle streng persönlich waren, lassen in keiner Weise erkennen, daß das Thema des „Niemojewski-Streits" irgend etwas anderes als eine ideologische Differenz zwischen dem *Freien Denken* und der SDKPiL gewesen wäre. Die Mühen, die sie auf sich nahm, um nicht das Wort *Jude* schreiben zu müssen, das so unheilvoll klang, wenn Niemojewski es für sie benutzte, offenbaren, wie tief ihre Angst saß. Während der Dreyfus-Affäre überschlug sie sich, um zu beweisen, daß dies eine Sache der französischen Bourgeoisie sei und von Sozialisten zur Festigung ihrer Macht genutzt werden sollte. Ironischerweise bezog sich Jaurès in seinem Appell, der antisemitischen Kampagne in Polen Einhalt zu gebieten, auf die Dreyfus-Affäre und wies darauf hin, daß Frankreich während dieser „nationalistischen Orgie ... Pseudo-Patriotismus und antisemitische Barbarei ... Greueltaten und bedrohlich zügellose Reaktionen ... auslöste."[50] Daß dieselben reaktionären Kräfte gegen Dreyfus und gegen Luxemburg aufstanden, konnte sie nicht einmal sich selbst eingestehen.

Nicht für einen Augenblick verlangsamte Rosa Luxemburg das rasende Tempo ihres Lebens, während sie ihre Kämpfe ausfocht. Der Streit schien ihre Energien eher wieder aufzuladen. Sie hatte Zeit für Muße und Unterhaltung, für Kostja Zetkin und Hans Diefenbach, für Briefe an Jogiches und ihre Familie in Warschau, für die Arbeit an zwei Büchern und rund 270 Artikeln; sie nahm an Kongressen teil, bereiste Deutschland und hielt Reden und gab Unterricht in der Parteischule.

Die Parteischule war 1906 gegründet worden, um Partei- und Gewerkschaftsfunktionären eine solide Ausbildung zu vermitteln. Rosa Luxemburgs Position wurde gut bezahlt – 3000 Mark pro Semester –, verlangte aber auch viel. Von Oktober bis März unterrichtete sie viermal wöchentlich je zwei Stunden Nationalökonomie, marxistische Theorie und Gewerkschaftsgeschichte. Zur Vorbereitung des Unterrichts brauchte sie mehrere Stunden, gewöhnlich am Abend, und die Schule erschöpfte sie. Eine ihrer früheren Schülerinnen, Frau Rosi Frölich, erinnerte diese Stunden als geistigen Genuß.[51] Rosa Luxemburg hatte die Klassiker der Weltliteratur in sich aufgenommen – Shakespeare, Tolstoj, Dostojewski, Mickiewicz, Goethe, Kleist, de Maupassant, Stendhal –, und das verlieh ihrem Unterricht eine neue Dimension. Hätte sie sich in die Beschränkungen des anerkannten Erziehungssystems gefügt, dann hätten ihre Stunden aus Massen trockener Daten und Statistiken bestanden, mit Propagandasoße hinuntergespült. Für sie war die Literatur eine Quelle der Schönheit, ein Spiegelbild des Lebens. Sie erklärte Machtkämpfe anhand der Dramen Shakespeares, die Verderbtheit der Bourgeoisie in Bildern Balzacs und die Heuchelei der besitzenden Klassen mit den Schilderungen Tolstojs, Beispiele für ein amoralisches, ein entmenschlichendes und entwürdigendes System, das der Sozialismus vom Angesicht der Erde wischen werde. Rosa Luxemburg verbot das Mitschreiben im Unterricht, das nur die Aufmerksamkeit der Schüler ablenkte; aber sie verlangte unnachsichtig das Studium der genannten Lektüre und forderte herzlich zur Diskussion mit ihr auf. August Bebels Meinung, Rosa Luxemburg sei der beste Lehrer an der Parteischule, war nicht unbegründet. Zum Lehrkörper gehörten gebildete Männer wie die sozialistischen Theoretiker Franz Mehring und August Bebel und hervorragende Juristen wie Kurt Rosenfeld und Arthur Stadthagen, keiner von ihnen aber hatte die Kreativität und Begeisterungsfähigkeit Rosa Luxemburgs.

Ihre Vorlesungen in Nationalökonomie verwandelten sich langsam in ein Buch, das neben dem Unterricht ihre meiste Zeit in Anspruch nahm. Kostja Zetkin und Leo Jogiches wurden über das Werdende auf dem Laufenden gehalten. Im Frühjahr 1910 teilte Rosa Luxemburg Jogiches mit, daß das Werk unter dem Titel *Einführung in die Nationalökonomie* veröffentlicht würde, sowohl in Buchform als auch in acht Broschüren. Das Manuskript solle im Juni fertig sein, und Verhandlungen über eine deutsche und eine russische Ausgabe seien im Gange. Der deutsche Verleger zahlte einen Vorschuß, und hin und wieder hörte Kostja, mit dem Geld, das dieses Buch einbringen werde, seien sie künftig aller finanziellen Sorgen ledig. Im Oktober war das Manuskript fertig, und sie überprüfte die Zitate und Fußnoten, allerdings war sie noch unzufrieden mit Marx' Analyse der erweiterten Reproduktion. „Die streng ökonomische Beweisführung führte mich zu Marxschen Formeln am Schluß des II. Bandes des Kapitals, die mir längst unheimlich waren", schrieb sie ein Jahr später, im Oktober 1911, an Kostja und kündigte an, sie wolle „eine neue, streng wissenschaftliche Begründung des Imperialismus und seiner Widersprüche" erarbeiten.[52] Diese geistige Turnübung sei ein reines Vergnügen, erklärte sie, aber äußerst mühselig und zeitraubend.

Schließlich wurde das Manuskript der *Einführung* beiseite gelegt, und Rosa Luxemburg nahm statt dessen Nachforschungen auf, aus denen ihr Hauptwerk entstand, das im Januar 1913 erschienene Buch *Die Akkumulation des Kapitals*. Darin entwickelte sie folgende Theorie: Akkumulation kann nur durch kapitalistische Expansion in ausländische Märkte oder in weniger entwickelte Teile desselben Landes stattfinden. Nichtkapitalistische Märkte braucht der Kapitalismus, um funktionieren und letztlich um überleben zu können, aber sie werden als unabhängige Einheiten zerstört; damit beraubt sich das kapitalistische System selbst der Nachfrage, über die es den Mehrwert realisieren muß – eine Vorbedingung für die fortlaufende Akkumulation von Kapital –, und muß wegen des Widerspruchs in den Gesetzen, nach denen Akkumulation sich vollzieht, unweigerlich zusammenbrechen. „Die Zeit, als ich die ‚Akkumulation' schrieb, gehört zu den glücklichsten meines Lebens", bekannte sie später Hans Diefenbach. „Ich lebte wirklich wie im Rausch, sah und hörte Tag und Nacht nichts, als dieses eine Problem, das sich so schön vor mir entfaltete, und ich weiß nicht zu sagen, was mir höhere Freude gewährte: der Prozeß des Denkens, ... oder das Gestalten. ... Wissen Sie, daß ich damals ... (das ganze Buch) in 4 Monaten – unerhörte Sache – niedergeschrieben habe und ohne das Brouillon auch nur einmal durchzulesen direkt in Druck gab?"[53]

Als das Buch herausgekommen war, wurde Rosa Luxemburg von der Rechten und der Linken in der deutschen Sozialdemokratischen Partei unverzüglich zahlreicher Häresien angeklagt. Der Hauptvorwurf war, daß sie den unvermeidlichen, automatischen Zusammenbruch des Kapitalismus prophezeit hätte. In der Tat vertrat sie die Ansicht, daß das Verschwinden nichtkapitalistischer Märkte zu einer tiefen Krise des Kapitalismus führen müsse, die eine siegreiche sozialistische Revolution unausweichlich machen würde. Aber diese „Unausweichlichkeit" war ihr zufolge nicht bloß eine mechanische, „natürliche", „objektive", „automatische" Notwendigkeit; im Gegenteil, sie erfordere auch das bewußte revolutionäre Handeln der Arbeiterklasse.

In den nachfolgenden kritischen Rezensionen wurde sie abwechselnd der Verfälschung oder Verdrehung Marx' geziehen und – von Mehring und Marchlewski – als kenntnisreichste Marxinterpretin seit Engels gepriesen. Jogiches drängte sie, ihren Kritikern zu antworten. Wie es Gelehrten geziemt, akzeptierte sie Franz Mehrings Kritik, dem sie sagte: „Daß das Buch im Allgemeinen zunächst auf Widerstand stoßen wird, war mir wohl bewußt; unser herrschender ‚Marxismus' fürchtet leider jeden Gedankenflug wie ein alter Gichtonkel, und ich rechne damit, erst viel streiten zu müssen."[54]

Bei Miron I. Nachimson, einem Ökonomen und aktiven Bundisten, zeigte sie solche Einsicht nicht, „weil eine Verteidigung gegen den

Itzig N(achimson) nur kompromittierend wäre."[55] Die Kontroverse um das Buch veranlaßte Rosa Luxemburg, die *Antikritik* zu schreiben, die als Fortsetzung der Akkumulation des Kapitals galt.[56]

Während des Ersten Weltkrieges begann Rosa Luxemburg an der *Antikritik* zu arbeiten, „die mich sicher überleben wird", wie sie Hans Diefenbach schrieb. „Sie ist viel reifer als die *Akkumulation* selbst." Sie sei ein Muster an Klarheit und Einfachheit, „nackt wie ein Marmorblock", fand sie, anders als der erste Band des Marxschen *Kapitals* „mit seiner Überladung an Rokoko-Ornamenten im Hegelschen Stil", der ihr „ein Greuel ist" – ein Verbrechen, scherzte sie, „wofür vom Parteistandpunkt 5 Jahre Zuchthaus und 10 J. Ehrverlust verwirkt sind."[57] In der *Antikritik* erklärte Rosa Luxemburg: „Marx selbst hat die Frage der Akkumulation des Gesamtkapitals nur gestellt, aber nicht mehr beantwortet."[58] Sie erklärte, daß es im Marxismus keine „Sachverständigen" gäbe, und „Marx selbst war jedenfalls kein ‚Sachverständiger'." Mit anderen Worten: Sie verteidigte das kreative Denken gegen das Dogma. „Es war seit jeher den Epigonen vorbehalten, befruchtende Hypothesen des Meisters in starres Dogma zu verwandeln und satte Beruhigung zu finden, wo ein bahnbrechender Geist schöpferische Zweifel empfand."[59]

13 *Krieg dem Kriege*

1914

Im August 1911 bezog Rosa Luxemburg die Wohnung, die ihr letztes Zuhause werden sollte. Schon lange hatte sie die Cranachstraße und ihre quälenden Erinnerungen hinter sich lassen wollen. Der Umzug von Friedenau nach Südende hieß Abschied nehmen von den Kautskys, die zehn Jahre lang ihre Familie waren, deren Haus ihr aber nun verschlossen war. Sie verließ ein Heim, das sie mit Jogiches geteilt hatte. Hier waren auch sie und Kostja Zetkin ein Liebespaar geworden. Noch einmal begann sie ein neues Leben.

Die Wohnung in der Lindenstraße Nr. 2, in einem ruhigen, baumgesäumten Viertel am Rande Berlins, war die geräumigste, die Rosa Luxemburg je hatte – fünf Zimmer und Küche. Sie war nett eingerichtet und bekam später auch Telefon. Um Haushalt und Katze Mimi kümmerte sich Gertrud Zlottko, die von 1909 bis 1915 bei Rosa blieb. Sie interessierte sich mehr fürs Malen und für die Botanik als für Kochen und Putzen, und sie wurde bald zum Gegenstand der privaten Theorie Rosa Luxemburgs über die Frauenemanzipation. Sie bestand darauf, daß Gertrud Zlottko Schreibmaschine schreiben und Buchhaltung lernte, um sich für eine angemessenere Stellung zu qualifizieren, und drängte sie, zu lesen und sich fortzubilden.

Jogiches hatte die Schlüssel zu der neuen Wohnung, zumindest wenn Rosa Luxemburg nicht da war. Auch andere alte Gemeinsamkeiten wurden wiederhergestellt. Sie bat ihn, sich „etwas einfallen zu lassen", Ideen, die sie dann ausarbeiten konnte, und er las die Korrekturfahnen für *Die Akkumulation des Kapitals*, wie bei ihrem ersten Buch fünfzehn Jahre zuvor. Streitereien über das Layout oder den Inhalt der polnischen Parteiblätter verliefen weniger ungestüm und weniger erbittert als früher. „Ich bin nicht der Meinung, daß es gut wäre, eine Zeitschrift so symmetrisch zu glätten wie es ein englischer geschorener Park ist. Sie soll lieber ein wenig ungehobelt sein, wie ein wilder Garten, damit Leben hervorquillt und die jungen Talente sichtbar sind."[1]

Rosa Luxemburg schlug weiter ihre Schlachten an der deutschen und der russischen Front, selbstbewußter denn je. Wenn es gut ging, gab es Zeiten relativer Ruhe, wenn nicht, gab es scharfe Wortgefechte. Gegen Ende des Jahres 1913, nach langwierigem Kampf, verließen Rosa Luxemburg, Walter Mehring und Julian Marchlewski die *Leipziger Volkszeitung*, deren Redaktionspolitik mit ihren extrem linken Auffassungen kollidierte, und gründeten die *Sozialdemokratische Korrespondenz*, die Vorläuferin der *Spartakusbriefe*.

Dieses Ereignis war nur ein Symptom des tiefer werdenden Risses in der SPD. Im Sommer 1913 stimmten die SPD-Abgeordneten im Reichstag für ein Gesetz zur Vermögensbesteuerung, das unverhohlen und direkt dem Zweck der Rüstungsfinanzierung diente. Rosa Luxemburg reagierte mit einer Artikelserie unter dem Titel „Die Reichstagsfraktion und die Militärvorlage", einem scharfen Angriff gegen die SPD und ihre Unterstützung der Rüstungsausgaben. „Ich brauche keinen Antreiber", schrieb sie an Jogiches, dem sie wie gewöhnlich zu langsam arbeitete. „Ich will diese Artikel genauso schnell wie Sie."[2]

Bei der Bureausitzung der Internationale im Dezember 1913 in London stand das Dauerthema der Einheit der Russischen Sozialdemokratischen Arbeiterpartei auf der Tagesordnung, hauptsächlich weil Rosa Luxemburg darauf bestanden hatte. „Auf der Sitzung haben wir, scheint es, eine komplette Niederlage erlitten", schrieb sie Jogiches. „Plechanow ist nicht gekommen, Lenin ist nicht gekommen. Die Beki vertrat irgendein perfekter Idiot [M. Litwinow], dafür war ein Haufen Meki da, und Kautsky legte (im Namen des deutschen ‚Vorstandes' (im Orig.deutsch) gleich von vornherein eine Resolution vor, die der Exekutive des Bureaus empfahl, sich ‚mit allen, die sich Sozialdemokraten nennen‘ (im Orig.deutsch), zu verständigen! Mir blieb nichts übrig, als dagegen Opposition zu machen, aber ich war ganz allein.“ Schließlich gab es zwei Anträge: einen von Kautsky, der ein Treffen aller sozialdemokratischen Fraktionen Rußlands forderte, und einen von Luxemburg, die einen Kongreß zur Vereinigung von Bolschewiken und Menschewiken wollte. Ihre Niederlage bestünde nicht bloß darin, daß ihr Antrag abgelehnt worden sei, erklärte sie Jogiches, sondern vielmehr in der Annahme des Kautsky-Antrages. „Die alte Partei ist tot“, erklärte Kautsky, „und wir können sie nicht mehr wiederherstellen.“[3] Rosa Luxemburg allerdings glaubte, daß man das könnte und müßte.

Zuvor, im September 1913, hatte Rosa Luxemburg in der Nähe von Frankfurt am Main gesprochen und die deutschen Arbeiter aufgerufen, nicht die Waffen gegen die Arbeiter anderer Völker zu erheben. Fünf Monate später, am 20. Februar 1914, stand sie wegen Aufreizung zum öffentlichen Ungehorsam vor der 2. Frankfurter Strafkammer, wurde schuldig gesprochen und zu einem Jahr Gefängnis verurteilt, wogegen sie Berufung einlegte. Ihre Verteidiger waren Paul Levi, ein dreißigjähriger Anwalt aus Frankfurt, und Kurt Rosenfeld, ein prominenter Berliner Jurist. Im Prozeß hielt sie selbst eine Verteidigungsrede, mit der sie praktisch das preußische Gericht auf die Anklagebank setzte und den Gerichtssaal in ein Sozialdemokratisches Forum verwandelte. Ihre Rede, unter dem Titel „Militarismus, Krieg und Arbeiterklasse“ veröffentlicht, war ein brillantes Stück Rhetorik über Krieg und Frieden und das Recht des Volkes, sein Schicksal zu bestimmen.

„Herr Staatsanwalt“, sagte Rosa Luxemburg gegen Schluß ihrer Rede, „wenn ich bei Ihnen die geringste Fähigkeit voraussetzen könnte, auf die Gedankengänge der Sozialdemokratie, auf eine edlere historische Auffassung eingehen zu können, so würde ich Ihnen auseinandersetzen, was ich in jeder Volksversammlung mit Erfolg darlege, daß Massenstreiks . . . nicht ‚gemacht‘ werden, so wenig wie die Revolutionen ‚gemacht‘ werden. Die Massenstreiks sind eine *Etappe des Klassenkampfes*, zu der allerdings unsere heutige Entwicklung mit Naturnotwendigkeit führt. Unsere, der Sozialdemokratie, ganze Rolle ihnen gegenüber besteht darin, diese *Tendenz der Entwicklung der Arbeiterklasse zum Bewußtsein zu bringen*, damit die Arbeiter auf der Höhe ihrer Aufgaben sind, als eine geschulte, disziplinierte, reife, entschlossene und tatkräftige Volksmasse.“ Sie setzte der Regierungspolitik die Politik der Sozialdemokraten entgegen und sagte: „*Wir sind der Auf-*

fassung, daß Kriege nur dann und nur so lange geführt werden können, als die arbeitende Masse sie entweder begeistert mitmacht, weil sie sie für eine gerechte und notwendige Sache hält, oder wenigstens duldend erträgt. Wenn hingegen die große Mehrheit des werktätigen Volkes zu der Überzeugung gelangt, – und in ihr diese Überzeugung ... zu wekken, ist gerade die Aufgabe, die wir Sozialdemokraten uns stellen –, wenn, sage ich, *die Mehrheit des Volkes zu der Überzeugung gelangt, daß Kriege eine barbarische, tief unsittliche, reaktionäre und volksfeindliche Erscheinung sind, dann sind Kriege unmöglich geworden ...* Nach der Auffassung des Staatsanwalts ist die *Armee* die kriegführende Partei, nach *unserer* Auffassung ist es *das gesamte Volk*. Dieses hat zu entscheiden, ob Kriege zustande kommen oder nicht, bei der Masse der arbeitenden Männer und Frauen, alten und jungen liegt die Entscheidung, ... nicht bei dem kleinen Teilchen dieses Volkes, der im sogenannten Rock des Königs steckt." Abschließend verteidigte sie ihre persönliche Ehre: „Der Staatsanwalt hat ... gesagt ..., er beantrage meine sofortige Verhaftung, denn ‚es wäre ja unbegreiflich, wenn die Angeklagte nicht die Flucht ergreifen würde'. Das heißt mit anderen Worten: Wenn ich, der Staatsanwalt, ein Jahr Gefängnis abzubüßen hätte, dann würde ich die Flucht ergreifen. *Herr Staatsanwalt, ich glaube Ihnen, Sie würden fliehen. Ein Sozialdemokrat flieht nicht. Er steht zu seinen Taten und lacht Ihrer Strafen.*"[4]

Über Nacht wurde Rosa Luxemburg eine Berühmtheit. Ihr Mut, ihr Trotz und ihr Witz brachte die richtige Saite zum Klingen – die einen waren begeistert, die anderen erregt, manche beschämt. Falls sie von süßer Rache geträumt hatte – für das praktische Verbot ihrer Artikel, für die Auslegung ihrer Ansichten als Verrat, für die Schmähungen, mit denen sie überhäuft wurde –, dann konnte sie diese jetzt genießen. Die SPD-Zeitungen übertrafen sich gegenseitig im Wettstreit um ihre Arbeiten. Und ihr öffentlicher Erfolg wurde noch unterstrichen durch eine andere Art von Sieg – sie und Paul Levi, ihr Anwalt, verliebten sich ineinander.

Die Liebesaffare mit Paul Levi war kurz und heftig. Sie begann im Februar 1914 im Schatten des Prozesses und dauerte etwa ein halbes Jahr. Daß sich die Briefe Rosa Luxemburgs an Paul Levi nach dem Juli 1914 in Ton und Inhalt abrupt änderten, läßt darauf schließen, daß die Intimität aufgehört hatte; ihre Freundschaft blieb bis ans Lebensende erhalten.

Paul Levi spielte eine ungewöhnliche Rolle im Leben Rosa Luxemburgs, eine ganz andere als Leo Jogiches oder Kostja Zetkin. Als sie ihn zum Geliebten erkor, entschied sie sich für eine erwachsene Beziehung zu einem erwachsenen Mann. Sie nahm ihn so, wie er war: reif, stark und ebenbürtig in jeder Hinsicht. Sie hat nie versucht, Paul Levi zu erziehen, zu formen oder zu beeinflussen. Ihre Briefe an ihn, zwischen Februar und November 1914 geschrieben, unterscheiden sich erheblich von denen, die sie an ihre verflossenen Liebhaber schrieb. Intime, selbsterfundene Kosenamen machten deutschen Standardausdrücken Platz – Liebling, oft mit Ausrufungszeichen am Ende des Briefes, manchmal auch Geliebter. Diese Briefe sind nie lockend oder kokett, nie Kontrollinstrument oder Waffe; selbst in Augenblicken des Entzückens behalten sie die Frische trockenen Weines.

Paul Levi wurde 1883 in Hechingen bei Stuttgart in eine wohlhabende jüdische Familie geboren. Noch während seiner Schulzeit auf einem Stuttgarter Gymnasium machten ihn sein Interesse für Politik und Recht zum Sozialisten. Sein vielseitiger, forschender Geist ließ ihn die Kultur der Griechen und Römer und solche scheinbar unvereinbaren Gebiete wie französische und englische Staatskunst und Literatur studieren. „Levi, das psychische Rätsel", sagte Karl Radek, „der Mensch mit seinem Widerspruch . . . beschäftigte sich mit Vasensammeln, den Problemen der Cheopspyramide und brachte dafür . . . fruchtlose Skepsis und Unglauben mit in die Partei."[5] Er hörte an den Universitäten Berlin und Grenoble Jura, promovierte an der Universität Heidelberg, eröffnete eine Praxis in Frankfurt und betätigte sich in der radikalen Linken der SPD.

Zwei Fotos sind erhalten geblieben, die seinen Aufstieg und Niedergang veranschaulichen. Das erste, 1914 in Berlin aufgenommen, zeigt einen langen, schlaksigen, gutangezogenen Mann mit kantigem, ausdrucksvollem Gesicht, vollen Lippen und bebrillten Augen unter buschigen Augenbrauen. Neben ihm geht eine Frau mit einem Wust schwarzer Haare unter dem breitrandigen Hut, die ihm kaum bis zur Schulter reicht. Auf dem anderen Bild, 1920 in Moskau gemacht, sitzt derselbe Mann, nun gealtert und kahl werdend, hinter Stößen von Papier an einem Tisch, gedankenverloren, scheinbar ohne die drei Männer wahrzunehmen, die neben ihm stehen und sich unterhalten: Lenin, Bucharin und Sinowjew. Rosa Luxemburg hatte Teil an seinem Aufstieg; Lenin besorgte seinen Sturz.

Für Levi war die Beziehung zu Rosa Luxemburg fortan lebensbestimmend. Er heiratete nie, obwohl er Begleiterinnen hatte, denen man Geist, Schönheit und Eleganz nachsagte. Er widmete sein Leben der Fortsetzung von Rosa Luxemburgs Werk. Für Rosa Luxemburg bedeutete die kurze Romanze mit Paul Levi keine Veränderung ihres Privatlebens. Allerdings wurde er zu einem wichtigen politischen Verbündeten zu einer Zeit, in der sie mit ihrem kompromißlosen Radikalismus beinahe in einem Vakuum stand.

1914 befand sich Rosa Luxemburg innerhalb und außerhalb der SPD immer noch auf dem Kriegspfad. Sie schien stolz zu sein auf ihre Isolation, vielleicht weil Paul Levi sie bewunderte und unterstützte, vielleicht weil ihre Popularität in der Arbeiterschaft ständig wuchs. Daß sie bei der Parteielite schwand, machte ihr nichts aus. Die Freunde blieben ihr treu – Luise Kautsky und Clara Zetkin, Hans Diefenbach und Kostja –, allerdings war nur Clara in der Lage, politische Unterstützung zu geben. Rosa Luxemburg, die der Frauenbewegung nie sehr freundlich gesonnen war, hatte selten für Claras Zeitschrift geschrieben. „Heute war eine Russin bei mir . . ., die mich sehr bittet, (der *Prawda*) einen Artikel ‚über den Frauentag' (im Orig.deutsch) zu schreiben", schrieb sie an Jogiches. „Lohnt das? Ob ich das nicht besser der Zetkin gebe?"[6] 1912 jedoch, als sie Schwierigkeiten hatte, eine Arbeit unterzubringen, erschienen fünf von neun Artikeln, die sie auf Deutsch schrieb, in Clara Zetkins *Gleichheit*. Einer widmete sich den Frauen, „Frauenwahlrecht und Klassenkampf", so wie der Artikel „Die Proletarierin", der 1914 in der *Sozialdemokratischen Korrespondenz* erschien. Obwohl sie einigen Frauen tief verbunden war, nahm sie allgemein den Frauen gegenüber eine leicht gönnerhafte Haltung ein; ihr Respekt war hauptsächlich Männern vorbehalten. Sie ertrug eine Miß Twining, Sozialistin aus Colorado, weil sie ihr half, ihr Englisch aufzufrischen, wie sie sagte. Diese „Schachtel", schrieb sie an Kostja, fand Deutschland zu klein und fragte, ob es nicht für die Bewegung „besser wäre, wenn Deutschland größer wäre".[7] Der außergewöhnliche Erfolg Rosa Luxemburgs und die Unterstützung von Leo Jogiches, Kostja Zetkin und Paul Levi hatten ihr das übliche Los ihrer Zeitgenossinnen erspart, und ihre Welt war eine andere. Der Krieg, so scheint es, sollte ihre Vorstellung ein wenig verändern. Da erkannte sie, daß Frauen nicht gegen ihre untergeordnete Stellung ankämpften, sondern gegen deren Ergebnis – die Machtlosigkeit. Ohne politischen Einfluß waren sie unfähig, Entscheidungen für sich, ihre Kinder oder ihr Land zu treffen. 1915 entschloß sie sich, an der internationalen Frauenkonferenz in Bern teilzunehmen, aber man sperrte sie ein und vereitelte ihre Pläne.

Während in Frankfurt das Berufungsverfahren bevorstand, beschuldigte Rosa Luxemburg im März 1914 in einer öffentlichen Rede in Freiburg das deutsche Militär, Soldaten zu schinden und sie psychisch und physisch zu mißhandeln. Kriegsminister General von Falkenhayn ließ Anklage wegen Soldatenbeleidigung gegen sie erheben. Wieder fungierten Kurt Rosenfeld und Paul Levi als Verteidiger. Zunächst sah es für Rosa Luxemburg nicht sehr rosig aus. Nur zögernd meldeten sich Zeugen. Aber zwei Wochen vor Prozeßeröffnung teilte sie Jogiches mit: „Bisher etwa 145. Wir bringen es auf 200 . . .“[8] Es war für beide Seiten eine Überraschung: 1013 Opfer von Soldatenmißhandlung meldeten sich freiwillig als Zeugen der Verteidigung.

Der Prozeß, der am 29. Juni 1914 in Berlin begann, wurde einer der größten Siege Rosa Luxemburgs. Er wurde nach zwei Tagen vertagt, weil im selben Monat drei Redakteure des *Vorwärts*, die einen Bericht über Korruption unter hohen Offizieren veröffentlicht hatten, vor Gericht gestellt wurden, und daß die beiden eng ineinandergreifenden Prozesse gegnerische Propagandawirkung haben würden, war sicher. Rosa Luxemburgs Prozeß, am 3. Juli wieder aufgenommen, wurde gegen ihre vehementen Proteste wieder vertagt, diesmal auf Dauer. Sie blieb Siegerin; die Anklage, die sehr ungern eine solch enorme Zahl von Soldaten in den Zeugenstand rief, gab sich stillschweigend geschlagen. Wieder hatte Rosa Luxemburg die Rollen im Gerichtssaal vertauscht. Ein Satiremagazin brachte eine Karikatur, auf der eine kleine Frau einen riesenhaften General auf der Anklagebank ins Gebet nahm und auf der Zeugenbank uniformierte Gerippe saßen.

In dem vorausgegangenen Frankfurter Prozeß war Rosa Luxemburg zwar zu einem Jahr Gefängnis verurteilt worden, aber sie konnte ihre Gedanken noch weiter verbreiten, weil das Berufungsverfahren Monate in Anspruch nahm. Doch wer berühmt ist, zieht sich auch Feinde. Daß das „skandalöse Benehmen“ dieses „unverschämten Weibsbilds“ von den Behörden geduldet wurde, empörte die Konservativen. Sie hatte sich erdreistet, von der „kommenden deutschen Republik“ zu reden, und das war der umstürzlerischste Gedanke, den man sich vorstellen konnte.

Es war keineswegs Hoffnungslosigkeit oder Verzweiflung, daß

Rosa Luxemburg am Vorabend des Kriegsausbruchs gegen die Aufrüstung in Deutschland kämpfte, auf die wachsende Rivalität zwischen den Flotten Deutschlands und Englands hinwies und zu öffentlichem Ungehorsam aufrief. Ihr Glaube an die internationale Solidarität der Arbeiter war so unerschütterlich wie ihr Glaube an die moralische Kraft und Autorität der Internationale. Diesen Glauben untermauerte seit Jahren die Resolution gegen den Krieg, die mit einer gemeinsam von Rosa Luxemburg und Lenin eingebrachten Ergänzung vom Kongreß der Internationale 1907 in Stuttgart angenommen worden war. Diese Resolution stellt fest, daß die arbeitenden Klassen im Kriegsfall verpflichtet seien, das Volk aufzurütteln und dadurch die Beseitigung der kapitalistischen Klassenherrschaft zu beschleunigen. Anders als August Bebel, der die Grenzen für Ideale, Theorien und Resolutionen kannte, konnte Rosa Luxemburg sich nicht zu der Erkenntnis durchringen, daß Resolutionen keinen Krieg verhindern können. Krieg war unpopulär, wie die Marokko-Krise 1911 bewiesen hatte, und Rosa Luxemburg war überzeugt, daß ein Generalstreik internationalen Ausmaßes den Krieg abwenden könnte. Würden die stehenden Heere abgeschafft, würden die Arbeiter, ihrer Macht bewußt, das Kämpfen verweigern, dann gäbe es keinen Krieg.

Wie untauglich die Internationale war und wie wenig ihre Mitglieder bereit oder fähig waren, ihre Ohnmacht zu erkennen, war 1910 beim Kongreß in Kopenhagen unmißverständlich klar geworden. Als sich die serbischen Delegierten bitterlich beschwerten, daß die Internationale nichts unternommen und nur vage protestiert hätte, als Österreich zwei Jahre zuvor Bosnien annektierte, nahm die Versammlung das nur zur Kenntnis. Die Annektion war nicht einmal ein Tagesordnungspunkt. In einem Brief an Kostja Zetkin bezeichnete Rosa Luxemburg den Kongreß als „nichtig und zwecklos", während sie Jogiches eine Vielfalt von Themen nannte, die diskutiert wurden, aber das eine Thema, das vier Jahre später den Ersten Weltkrieg auslösen sollte, dabei stillschweigend überging.[9]

Die Sozialdemokratische Partei Deutschlands galt bei den europäischen Sozialisten weiter als eine mächtige Kraft, vielleicht als Retter in der Not. Daß diese Kraft, ihre Erfolge und ihr Einfluß zunehmend dem Staate und nicht der Internationale dienstbar gemacht wurden, wie Rosa Luxemburg so oft hervorhob, schien die Parteiführung nicht sehr zu stören. 1912 gab es 110 SPD-Abgeordnete im Reichstag; das heißt, von drei Wählern wählte einer sozialistisch, was der Partei eine Macht verlieh, die in keinem anderen Lande ihresgleichen hatte. August Bebel formulierte kurz und bündig: Das Herz des Volkes schlage für die Sozialdemokraten, weil sie sich seiner täglichen Not annähmen.[10] Rosa Luxemburg aber glaubte an den Proletarier, „für den sogar das höchste Gut, nämlich das Leben, geschweige denn das materielle Wohlsein, im Vergleich mit den Kampfidealen geringen Wert besitzt."[11]

Der erste Balkankrieg im Sommer 1912 demonstrierte erneut, wie unbegründet das Vertrauen der Internationale in ihre Fähigkeit war, Kriege erfolgreich zu verhindern. Auf dem außerordentlichen Kongreß, den das Bureau der Internationale im November nach Basel einberief, gab es Reden und Resolutionen, Appelle, Erklärungen und Manifeste, Demonstrationsmärsche und Kundgebungen. „Krieg dem Kriege, Frieden für die Welt" lautete das Motto. August Bebel, von Krankheit gezeichnet, trat zum letzten Mal auf. Er war einer der wenigen, die ernsthaft beunruhigt waren von der Aussicht auf einen internationalen Konflikt großen Ausmaßes, den er für unausweichlich hielt. An die begeisternde Rede von Jean Jaurès, die kraftvoll für die Verteidigung universeller menschlicher Werte gegen barbarische Kriegstreiberei eintrat, erinnerte man sich noch lange. Sie schwemmte mühelos die unangenehme Wahrheit hinweg, die der österreichische Sozialist Victor Adler in die Worte kleidete, niemand wisse, was das Proletariat tun würde, wenn es Krieg gäbe, ob es sich nicht wie eine Herde frommer Schafe „stumm zur Schlachtbank führen" ließe.[12]

Der russisch-japanische Krieg von 1905, die österreichische Annektion Bosniens und der Herzegowina 1908, die italienische Besitzergreifung von Tripoli 1911 und die beiden Balkankriege von 1912 und 1913 – zehn Jahre der „begrenzten" internationalen Konflikte – hatten die Menschen an die Ausübung von Gewalt gewöhnt, an ihre relative Harmlosigkeit und an ihre Straflosigkeit. Das und der Optimismus, den die Internationale ausstrahlte, lullte die öffentliche Meinung so ein, daß die meisten Leute auf den Kriegsausbruch 1914 völlig unvorbereitet waren.

Rosa Luxemburg, deren Verurteilung zu einem Jahr Gefängnis auf die Berufungsinstanz wartete und deren Berliner Prozeß im Juni beginnen sollte, fuhr im April 1914 nach Clarens, um Ferien zu machen, die ihre letzten sein sollten. Wahrscheinlich verbrachte sie sie mit Paul Levi in demselben kleinen Ort am Genfer See, der zwanzig Jahre früher

Zuflucht für sie und Jogiches gewesen war. Sie, die passionierte Briefschreiberin, schickte eine Postkarte an ihre Haushälterin und einen Brief an Jogiches, um ihn vor der Polizei zu warnen, die Julian Marchlewski festgenommen hatte. Man überschütte sie mit Einladungen zu Referaten in verschiedenen Bezirken Berlins, berichtete sie, „eine regelrechte Palastrevolution".[13] Tatsächlich hielt Rosa Luxemburg im Mai und Juni 1914 eine Reihe von Reden, die sich auf den Militarismus konzentrierten und sie für ihre Auseinandersetzung mit den höchsten deutschen Militärs im Gerichtssaal anwärmten.

Am 28. Juni 1914, einen Tag vor Eröffnung des Prozesses in Berlin, wurden der österreichische Erzherzog Franz Ferdinand und seine Frau in Sarajewo ermordet. Attentate auf Majestäten und prominente Persönlichkeiten waren zur damaligen Zeit nichts Ungewöhnliches, und der Mord erzeugte nichts weiter als ein kurzes Erschrecken. Mehr als drei Wochen sollten vergehen, bis Österreich Serbien ein Ultimatum stellte. Juni wurde zu Juli, Rosas Freunde fuhren in die Sommerfrische, sie aber mußte „an das heiße schwüle Berlin gekettet bleiben", schrieb sie Luise Kautsky am 11. Juli, „wie Prometheus an den Felsen, obwohl ich niemandem nichts gestohlen habe."[14] Luise, die in Rom mit einer schlimmen typhösen Infektion im Krankenhaus lag, erhielt Rosas nächsten Brief mit Datum 18. Juli aus Brüssel von einer Sitzung des Bureaus der Internationale, die einberufen worden war, um über die Vereinigung der russischen Sozialdemokraten zu diskutieren. Am 19. Juli kehrte Rosa Luxemburg nach Berlin zurück, um neun Tage später, am 28. Juli, dringend wieder nach Brüssel gerufen zu werden, als Österreich Serbien den Krieg erklärte. In Österreich hatte die Mobilisierung begonnen, aber „die Exekutive war in unseren gesamten Beratungen nicht davon zu überzeugen, daß Krieg zwischen Österreich und Serbien einen allgemeinen Weltkrieg bedeutete", erinnerte sich später Angelika Balabanoff, prominente russische Sozialistin. „Unsere Hoffnungslosigkeit und Verzweiflung stieg immer höher", um so mehr, als der österreichische Sozialistenführer Victor Adler „mit keinem einzigen Wort zu erkennen gab, daß wir auf die Erhebung der österreichischen Massen hoffen konnten ... Er gab sich keine Mühe, seinen tiefen Pessimismus zu verbergen. Daß die Arbeiterschaft sich passiv verhalten würde, galt als feststehende Tatsache!"[15] Angelika Balabanoff sollte noch merken, daß die Arbeiter, gleich welcher Nationalität, alles andere als passiv waren. Sie verwandelten sich im Gegenteil über Nacht in unversöhnliche Feinde, zogen ihre Uniform an und marschierten unter Absingen patriotischer Lieder los, um die Ehre des Vaterlandes zu verteidigen. Nur eins erwarteten die Soldaten von ihren sozialistischen Führern: Für die Bewilligung der Kriegskredite zu stimmen. „Rückblickend", schrieb Angelika Balabanoff, „scheinen mir Jean Jaurès und Rosa Luxemburg als einzige Delegierte neben Victor Adler die Unvermeidlichkeit des Weltkrieges ganz erkannt zu haben."[16]

Rosa Luxemburgs Reaktion auf den Kriegsausbruch wird unterschiedlich dargestellt. Einige Delegierte erinnern sich, daß sie beredt wie immer gesprochen habe, andere, daß sie wie betäubt gewesen sei. Clara Zetkin soll gestanden haben, daß sie beide am Rande des Selbstmordes waren. Rosa Luxemburg brauchte drei Jahre und die Einsamkeit einer Zelle, um sich zu ihrer Verzweiflung in jenen Julitagen zu bekennen, als ihr Glaube an den Klasseninstinkt und den Idealismus des Proletariats in sich zusammenfiel. Ihre Hilflosigkeit, ihre „ganze blamable Schwäche", wie sie 1917 ironisch an Hans Diefenbach schrieb, machte aus der zehn Jahre alten Feindschaft zwischen ihr und dem belgischen Sozialisten Camille Huysmans eine Art freundschaftlicher Beziehung. Huysmans hatte Rosa Luxemburgs Kraft und Unabhängigkeit nie recht ertragen können. Diesmal hatte er sie „endlich schwach gesehen". Bei der Brüsseler Sitzung überschüttete er sie mit Aufmerksamkeiten, lud sie „zu sich zu einem Souper" ein und „spielte und sang mir Mozart und Schubert vor", brachte sie zum Zug (sie verließ Brüssel mit dem letzten Zug vor dem Einmarsch der Deutschen in Belgien) und seufzte: *‚Mais il est impossible de vous laisser voyager seule!'* (Aber es ist unmöglich, Sie allein reisen zu lassen!)[17]

Wenn Rosa Luxemburg je Heldenmut bewiesen hat, dann nicht so sehr im revolutionären Warschau von 1908 oder später im besiegten Berlin von 1918, sondern in den Monaten nach der Kriegserklärung von 1914. Als geborene Kämpferin war sie in ihrem Element; als Geschlagene weiterzukämpfen, das war unvergleichliche Tapferkeit. „Daß die Partei und die Internationale kaputt sind, gründlich kaputt, unterliegt keinem Zweifel", schrieb sie im November 1914 an Hans Diefenbach. Aber jetzt sei die Heftigkeit des ersten Schlages abgestumpft und sie habe „wieder einmal vor, ein neues Leben zu beginnen", schrieb sie mit leichtem Spott: Am Manuskript der *Einführung in die Nationalökonomie* weiterarbeiten, über den Krieg schreiben, sich um Mimi und den Haushalt kümmern. Da die Parteischule geschlossen worden war, schrumpfte ihr Einkommen, und Diefenbach bot an, ihr 100 Mark monatlich zu geben. Sie sagte, ihr sei es lieber, wenn er das Geld einem „jungen Kerl, der studieren will, höchst begabt ist und keine Mittel hat" zukommen ließe.[18] Sie meinte wohl Kostja Zetkin.

Die Sozialdemokraten – deutsche, französische und österreichische – (Lenin nahm an der Brüsseler Sitzung nicht teil und distanzierte sich von den Maßnahmen seiner Regierung) erklärten sich, als der Krieg nun da war, für den Krieg und ihre Regierungen, indem sie für die Bewilligung der Kriegskredite stimmten. Die Brüderlichkeit des Proletariats, die übernationale Einheit hörten auf zu existieren. Rosa Luxemburg wollte jetzt nur eins: sich offiziell von der Sozialdemokratischen Partei Deutschlands trennen. Am 30. Oktober 1914 brachte die Schweizer Zeitung *Berner Tagwacht* eine von Clara Zetkin, Franz Mehring, Karl Liebknecht und Rosa Luxemburg unterzeichnete „Erklärung". In einem kurzen Absatz schworen sie der offiziellen Parteilinie ab und versicherten den ausländischen Genossen, daß sie wie viele andere deutsche Sozialdemokraten über „den Krieg, seinen Ursprung und sein Wesen" anders dächten als die SPD. Karl Kautskys bissige Bemerkung, daß Rosa Luxemburg auch „lieber der erste im Dorf als der zweite in Rom" sein wolle, war eine kaum verhohlene Rechtfertigung seiner positiven Haltung zum Kriege.[19]

Rosa Luxemburgs Zorn auf das Land, in dem sie immer „Ausländerin" war, brach nun voll auf. Auch an Komik fehlte es nicht völlig. Sie ging in Buchläden, musterte die leeren Regale und fragte unschuldig nach französischen und englischen Büchern, die selbstverständlich eilig entfernt worden waren – „das Fräulein" sah aus, „als wenn sie mich ohrfeigen wollte". Während sie ein Beethovenkonzert hörte, „reifte in mir wieder der kalte Haß", schrieb sie an Kostja Zetkin. „Ich fühle, jetzt muß über das, was vorgeht, ein Buch geschrieben werden, . . . ein Buch, das mit Keulenschlägen auf diese Herde einschlüge."[20] „Dieses geborene Kanonenfutter" ließ sie zittern vor Wut, und sie dachte schon daran, nach dem Kriege Deutschland zu verlassen und „nach dem Süden" zu gehen – „aber natürlich erst die Abrechnung."[21] Bei der Lektüre von Cervantes dachte sie über die Sklavenseelen der Deutschen nach, ihren tödlichen Gehorsam, und verglich sie mit Menschen von freiem Geist und freier Seele. Phantasie und Wirklichkeit lagen bei ihr nie weit auseinander, bei dem Backfisch im Warschauer Gymnasium so wenig wie bei der fünfundvierzigjährigen Frau an der Berliner Kampffront.

Rosa Luxemburgs Zeit lief ab. Die in Frankfurt verhängte Haftstrafe mußte sie im Dezember antreten. Sie dachte noch nicht an die bevorstehende Zwangsstillegung; innerlich kochend wünschte sie sich, das feindliche Lager zu sprengen – die SPD. Am 4. August traf sich in ihrer Wohnung eine kleine Gruppe – Leo Jogiches, Franz Mehring, Julian Marchlewski, Käthe und Hermann Duncker, Wilhelm Pieck und ein paar andere, der Kern, der zur Gruppe Internationale und später, 1916, zum *Spartakusbund* wurde. Sie diskutierten, wie man die SPD-Abgeordneten daran hindern könnte, für die Kriegskredite zu stimmen, aber auf den Appell, den sie an rund dreihundert führende Sozialisten richteten, antwortete außer Clara Zetkin niemand. Die einzigen Waffen, über die Rosa Luxemburg verfügte, waren ihre Rhetorik und ihre Feder. Sie eilte von einer Versammlung zur nächsten, „überzeugt, daß die Arbeitermassen sich uns anschließen werden, sobald nur die Möglichkeit gegeben ist, ihnen die Frage darzulegen."[22] Aber sie war im Irrtum. Das deutsche Heer errang seine ersten Siege und der Nationalstolz schlug hohe Wellen. Doch so wie Rosa Luxemburg an der winzigen Polnischen Sozialdemokratischen Partei (SDKPiL) festhielt, die für Polens Bestrebungen in keiner Weise repräsentativ war, so war sie nun entschlossen, die Opposition aufzubauen, repräsentativ oder nicht. Im Oktober fuhr Karl Liebknecht nach Lüttich, traf sich mit dem Sekretär der Internationale, Huysmans, sah die Verheerungen, die seine Landsleute angerichtet hatten, und fuhr wieder ab mit den Worten: „Jetzt weiß ich, was sich abgespielt hat, und ich werde meine Pflicht tun."[23] Im Dezember lehnte er, eine einsame Stimme, die Erneuerung der Kriegskredite ab. Kontakte zu Antikriegsgruppen im Ausland wurden geknüpft in der vagen Hoffnung, daß dem Gemetzel irgendwie noch Einhalt geboten werden konnte.

Nach Kriegsausbruch hatte Rosa Luxemburg der russischen Sozialistin Alexandra Kollontai erklärt, für konspirative Arbeit sei es zu früh, aber wenige Monate später gab es keine andere Möglichkeit mehr, als in den Untergrund zu gehen. „Die erste Sendung (der ‚unterirdischen' Korrespondenz der Generalkommission der Gewerkschaften) ist schon eingetroffen, befindet sich bei Karl Liebknecht", schrieb Rosa Luxemburg im Januar 1915 an Marta Rosenbaum, die ihre gute Freundin wurde. „Sie geht von ihm an Mehring, später an Sie und von Ihnen an Kurt (Rosenfeld) . . . Wollen Sie nun so gut sein – da ich ja ausscheide –, die Regelung der Sache und der Finanzen zu übernehmen?"[24] Die Instruktionen, die sie ausgab, bevor sie ins Gefängnis ging, nicht unähnlich denen, die Jogiches über ihr auszuschütten pflegte, sollten die Fortsetzung der Arbeit, die sie begonnen hatte, sicherstellen. Das Wichtigste war das neue Organ der Gruppe, *Die Internationale*, die die *Sozialdemokratische Korrespondenz* ablöste, ein Lieblingsziel der Zensoren. Rosa Luxemburg war der treibende Geist hinter diesem Unternehmen, sie baute es aus dem Nichts heraus auf, beschaffte Geld, Papier und Drucker – ein Unternehmen, das sie vielleicht an die Pariser Tage zweiundzwanzig Jahre zuvor erinnerte, in denen sie das polnische Organ *Die Sache der Arbeiter* zusammenstellte. *Die Internationale* erschien mit ihrer ersten und letzten Ausgabe im April 1915. Sie enthielt einen Artikel von Rosa Luxemburg, „Der Wiederaufbau der Internationale", in dem sie eine ergänzte Fassung des Schlußappells des Kommunistischen Manifestes vorschlug: „Proletarier aller Länder, vereinigt euch im Frieden, und schneidet euch die Gurgeln ab im Kriege!"[25]

Die hektische Aktivität, die ständige Gegenwart von Leuten, die sie nicht mochte und gleichzeitig brauchte, waren ihre Verteidigung gegen die tragischste Niederlage, die sie in ihrem Leben erlitt. Eigensinnig machte sie die Niederlage zum Sieg, wenn auch einem geistigen und nicht materiellen, denn besiegt konnte sie nicht atmen. Sie glaubte, wie sie seit ihrer Kindheit geglaubt hatte, daß das Hindernis noch so unüberwindlich sein mochte, am Ende würde sie erfolgreich sein.

Im Dezember kam Rosa Luxemburg mit extremer nervöser und physischer Erschöpfung ins Krankenhaus. Ihr Haftantritt, der für Dezember vorgesehen war, wurde auf den 31. März 1915 verschoben, aber am 18. Februar erschienen zwei Kriminalbeamte in ihrer Wohnung und brachten sie mit dem Auto zur Polizeidirektion am Alexanderplatz. Nach ordnungsgemäßer Erledigung der Formalitäten wurde sie in eine Grüne Minna geladen und ins Königlich-Preußische Frauengefängnis Berlin gebracht.

14 *Im Gefängnis ein und aus*

1915–1918

FÜR SOZIALISTEN WAR DAS GEFÄNGNIS ein normaler Bestandteil des Lebens. Die einen entließ es gebrochen oder entmutigt, die anderen entschlossener und gebildeter als zuvor. Wer besonders langjährige Haftstrafen in abgelegenen russischen Gefängnissen absaß, konnte die alten Meister Marx und Engels studieren und neue Strategien für die Fortsetzung des Kampfes entwerfen. Als die alte Welt und der internationale Sozialismus im Ersten Weltkrieg untergegangen waren, wurde das Gefängnis für politische Missetäter wirklich zum Schrecken; bis dahin aber war es eine Meßgröße des revolutionären Geistes und wurde gewissermaßen als Universität betrachtet. 1907 beim Kongreß der Internationale in Stuttgart fand folgender Wortwechsel statt:

> *Gustav Hervé*: Ich liebe die braven Deutschen, diese bedächtigen, gutmütigen Leute. Ich bewundere eure Wissenschaft, eure Organisation, eure großen Kämpfer. Aber ihr seid nicht mehr als ein bewundernswerter Apparat zum Einsammeln von Stimmen und Mitgliedsbeiträgen. Ihr habt keine revolutionäre Konzeption. Ihr könnt tief in die Geheimnisse der Seele eindringen, aber vor der Staatsgewalt weicht ihr zurück, da versucht ihr, Schwierigkeiten aus dem Wege zu gehen. Ihr habt Angst vor dem Gefängnis.

Rosa Luxemburg: Nein.
Hervé: Sie nicht, das stimmt.[1]

Die kurze Haftzeit Rosa Luxemburgs in Warschau ein Jahr zuvor war noch gut in Erinnerung; sie hatte ihr in Friedenszeiten eine Sonderstellung verschafft. Im Kriege aber kümmerte es außer dem kleinen Kreis ihrer Freunde und Genossen kaum einen, daß sie saß. Ihre Haft im Jahre 1915 war anders als ihre früheren Haftzeiten – nicht wie die ziemlich aufregende Feuertaufe von 1904, auch nicht wie die stolz durchgestandene 1906 in Warschau, auf die Hervé anspielte. Damals war das Leben voller Hoffnungen; jetzt war alle Hoffnung dahin.

Während des Krieges brachte Rosa Luxemburg drei Jahre und vier Monate im Gefängnis zu: Ein Jahr Strafhaft wegen Aufrufs zum öffentlichen Ungehorsam im Jahre 1914, und den Rest in Schutzhaft, für die es keine zeitliche Begrenzung gab. Die verhängten zwölf Monate endeten am 18. Februar 1916; fünf Monate später wurde Rosa Luxemburg festgenommen und ohne Verfahren für die Dauer des Krieges eingesperrt. Im Gefängnis führte sie ein Tagebuch, in dem sie bunt durcheinander ihr Gewicht, abgeschickte und empfangene Briefe, Zitate aus Büchern und Bemerkungen über Vögel, Pflanzen und das Wetter notierte. Während der einjährigen Strafhaft strich sie die Tage, Wochen und Monate ab und hielt den Ablauf der Zeit auch auf verschiedene andere Weise fest. Am 18. April 1915 war es „zwei Monate, 1/6", am 18. August „halb", am 19. August „26 Wochen" und so fort. Aus diesen Eintragungen spricht ihre Ungeduld und vor allem die Gewißheit, daß ein Ende in Sicht war; in den Kalendern der Jahre 1917 und 1918 gibt es solche Eintragungen nicht.

Mehrere Sammlungen von Briefen Rosa Luxemburgs, darunter viele Briefe aus dem Gefängnis, sind veröffentlicht worden. Sie sind unvollständig, denn sowohl die Empfänger der Briefe als auch die Herausgeber der Sammlungen übten Diskretion; viele Briefe waren verschlüsselt und wurden vernichtet. Die übrigen zeugen davon, wie wichtig Briefe für Rosa waren, als sie sich in der Isolation befand. Der Macht ihrer Feder immer bewußt, setzte sie sich hin und schrieb, wenn das gesprochene Wort trügerisch oder unzulänglich schien; jetzt, da Briefe den persönlichen Kontakt ersetzten, entwickelte sie ihre Begabung zu einer Kunst. Die sorgfältig komponierten und doch scheinbar mühelosen Briefe zogen deren Empfänger zu ihr in die Zelle. Bereitwillig gingen ihre Freunde auf ihre Gedanken, ihre Freundlichkeit, ihre Sehnsucht ein. In manchem Leben sicherte sie sich jetzt einen festeren Platz als früher persönlich. Die Briefe bekundeten Stolz und Festigkeit, eine Kampfansage an die Schwäche – die immer gefürchtete Gefahr. Das Gefängnis hatte nichts zu sagen, lautete die Botschaft zwischen den Zeilen, sie war stark genug, ihre Freunde zu stützen und zu beschützen, sie zu erheitern und mit ihnen zu lachen. Aber zwischen den Zeilen, ob sie lyrisch, zornig, fröhlich oder traurig waren, unter der Hingabe an Natur, Kunst und Literatur klang eine Verzweiflung auf, die sie nicht unterdrücken konnte.

Die Menschen, an die sich Rosa Luxemburg jetzt wandte, waren meist neue Freunde. Ob sie sich wohler fühlte mit Leuten, die sie nur flüchtig kannten, oder ob sie Bestätigung ihrer Fähigkeit brauchte, Bewunderer zu gewinnen, ihre Kriegskorrespondenz führte sie überwiegend mit Menschen, die sie erst in der letzten Zeit kennengelernt hatte. Sonja Liebknecht, der Frau von Karl, dem wohlhabenden Anwalt und Sohn des Mitbegründers der SPD, war sie 1912 zum ersten Mal begegnet.* Mathilde Jacob, die sie gelegentlich als Schreibkraft beschäftigt hatte, kannte sie seit 1913; Marta Rosenbaum seit 1914. Hans Diefenbach war ein alter Freund, aber in Rosas Briefen an ihn änderte sich 1917 sein Status völlig. Sie korrespondierte mit Clara Zetkin, Luise Kautsky, Mathilde Wurm, Franz Mehring und Leo Jogiches, aber es waren nicht diese alten und eng vertrauten Freunde, die sie fesseln wollte.

Jeder ihrer Briefpartner kannte eine andere Rosa Luxemburg. Für Sonja Liebknecht war sie die treue ältere Freundin, beschützend, nichts verlangend; für Mathilde Jacob die gestrenge Herrin, gewöhnt, Befehle zu geben und sie ausgeführt zu sehen, dennoch verletzlich und oft verzagt; für Marta Rosenbaum eine liebevolle, bescheidene, der Menschlichkeit verpflichtete Person; für Hans Diefenbach eine anziehende Frau, gefühlvoll und generös, eine Frau, die er zuvor nicht gekannt hatte. Chamäleonartig paßte sich Rosa Luxemburg den Bedürfnissen und Erwartungen anderer an. Jedem von ihnen war eine bestimmte Rolle in ihrem Drama zugeteilt, und jeder war ein Rettungsring. Sie gab sich Mühe, weniger dominierend zu sein – „Ich habe gar kein Bedürfnis an Menschen, die mir lieb sind, zu schulmeistern", schrieb sie, „ich habe Sie

* Sophie (Sonja) Ryss (1884–1964), russisch-jüdischer Herkunft, studierte in Deutschland Kunstgeschichte. 1912 heiratete sie den einundvierzigjährigen Karl Liebknecht, seit kurzem Witwer und Vater von drei kleinen Kindern.

gern, so wie Sie sind" –, aber nicht sehr erfolgreich.[2] Alte und neue Freunde gleichermaßen mußten sich endlose Vorträge über die Kunst zu leben anhören, erhielten unaufhörlich Ratschläge, welche Bücher sie lesen, welche Konzerte sie besuchen, wie sie die Schönheit an Blumen und Insekten entdecken, wie den Fallstricken der Depression entgehen sollten. Je mehr sie aus dem Gleichgewicht war, desto aggressiver drängte sie sich anderen als ein Bild der Fröhlichkeit auf, ihren wirklichen Zustand gab sie nur in Augenblicken der akuten Krise zu. Doch indem sie ihre Freunde von den schönen Seiten des Lebens und der Tugend der Geduld überzeugte, bewahrte sie sich selbst vor dem Versinken.

So verzerrt das Bild Rosa Luxemburgs sein mag, das sich aus der unvollständigen Gefängniskorrespondenz ergibt, so sind doch ihre Briefe und das ein wenig unzuverlässige Gedächtnis Mathilde Jacobs die Hauptquellen, aus denen das Leben Rosa Luxemburgs in den Jahren 1915 bis 1918 rekonstruiert werden kann.

Mathilde Jacob war die ganze Haftzeit hindurch Rosa Luxemburgs wichtigste Verbindung zur Außenwelt, und sie hat weit mehr Briefe erhalten als irgend jemand sonst. Franz Mehring hatte 1913 Mathilde Jacob als tüchtige Maschineschreiberin empfohlen, und die Begegnung mit Rosa Luxemburg wurde zum Wendepunkt ihres Lebens. „Niemals vorher hatte eine Frau einen so tiefen Eindruck auf mich gemacht", schrieb Mathilde Jacob in ihren Erinnerungen. „Ihre großen, leuchtenden Augen, die alles zu verstehen schienen . . ., ließen mein Herz für sie höher schlagen."[3] Mathilde Jacob, drei Jahre jünger als Rosa Luxemburg, hatte leicht ergrautes, sich lichtendes Haar, welke, bleiche Haut und ein anspruchsloses Äußeres. Sie stammte aus einer assimilierten jüdischen Familie, die nach dem frühen Tode des Vaters mittellos zurückblieb. Mathilde, die ältere der beiden Töchter, mußte ihre Träume von höherer Bildung aufgeben, um für Mutter und Schwester eine Existenz aufzubauen. Das kleine Schreibbüro, das sie mit einer Angestellten eröffnete, war die einzige Einnahmequelle der Familie.

Mathilde Jacob hinterließ Memoiren, vorgeblich Erinnerungen an Rosa Luxemburg, in Wirklichkeit das rührende, ungelenke Bekenntnis eines Gefühls, das über ihre Kraft ging. Die unveröffentlichten Memoiren, getippt, bearbeitet und neu getippt, sind in mehreren Fassungen erhalten geblieben.* Mathilde Jacob brachte es am Ende nicht fertig, diesen Beweis ihrer unterdrückten Liebe zu Rosa zu vernichten; bevor sie abgeholt und in ein Konzentrationslager der Nazis geschafft wurde, gelang es der alten Frau, ihre Memoiren und die Briefe, die Rosa Luxemburg ihr geschrieben hatte, aus Deutschland hinauszuschmuggeln.

Rosa Luxemburgs Haft veränderte das Leben der bescheidenen Typistin. Auf Vorschlag Jogiches' meldete sie sich bei der Gefängnisverwaltung als Rosa Luxemburgs Sekretärin, was ihr den Zugang zu der Gefangenen wesentlich erleichterte. Über Nacht stand die ausgesprochen unpolitische Mathilde Jacob aktiv in der illegalen Arbeit; sie überbrachte Rosa Luxemburg die mündlichen Botschaften von Jogiches und schmuggelte verschlüsselte Briefe und Rosa Luxemburgs Manuskripte hinein und hinaus. Sie wurde in den Kreis der Freunde Rosa Luxemburgs aufgenommen, eine große Auszeichnung: Clara Zetkin, Luise Kautsky, Hans Diefenbach, Paul Levi und andere verständigten sich über sie mit Rosa Luxemburg. Mathilde Jacob sorgte für die persönlichen Bedürfnisse Rosa Luxemburgs – Kleidung, Ernährung, Bücher –, und ihr wurde Mimi, die Katze, anvertraut, „die höchste Ehre, die ich einem Sterblichen antun kann", schrieb Rosa.[4] „Unsere Tochter", wie Rosa Luxemburg Mimi nannte, war fester Bestandteil ihrer Korrespondenz, bis die Katze 1917 starb. Nur Mimi konnte Rosa Luxemburg zornig auf Mathilde machen. „Die Mimi im Korb getragen, für einen Tag mitgenommen und dann wieder abgeliefert! Wie wenn es sich um eine gewöhnliche Kreatur aus der Gattung felis domestica handelte!" So begrüßte sie Mathilde Jacobs harmlosen Vorschlag, die Katze zu einem Besuch bei ihr mitzubringen. Sie müsse wissen, „daß Mimi eine kleine Mimose, ein hypernervöses Prinzeßchen im Katzenfell ist, das schon als ich, ihre eigene Mutter, sie einmal mit Gewalt aus dem Haus heraustragen wollte, Krämpfe gekriegt hat vor Aufregung und mir in den Armen steif geworden ist . . . Sie haben keine Ahnung, was mein Mutterherz schon durchgemacht hat."[5]

Rosa Luxemburg nannte Mathilde Jacob ihren „guten Geist", aber bei aller Anhänglichkeit blieb dieser gute Geist doch eine Untergebene. Es ist zu bezweifeln, daß sie nach Höherem strebte als Rosa Luxemburgs

* Erst 1988 wurden sie veröffentlicht: Mathilde Jacob, *Von Rosa Luxemburg und ihren Freunden in Krieg und Revolution 1914–1919*, herausgegeben und eingeleitet von Sibylle Quack und Rüdiger Zimmermann, in: IWK 24/1988, Heft 4, S. 435–515.

Artikel zu tippen und ihre Botschaften zu schmuggeln. Ein Dasein in Rosa Luxemburgs Schatten, das Recht, ihr die Wünsche von den Augen abzulesen und sie mit Geschenken zu überhäufen, waren Lohn genug. Dazu kam noch die Freude, daß Rosa Luxemburg sich für sie interessierte: „Hoffentlich sind Sie tapfer und gehen bei jedem Wetter"; „Waren Sie nun endlich im Botanischen oder nicht?"; „Lesen Sie in jeder freien Minute was Gutes."[6] Aber das Interesse Rosa Luxemburgs drückte keine Gleichstellung aus. Nie kritisierte Rosa Luxemburg ihre Freunde bei Mathilde Jacob, so wie sie Sonja Liebknecht bei Luise Kautsky, Clara Zetkin bei Hans Diefenbach oder Hans Diefenbach bei Kostja Zetkin kritisierte. Die Grenzen waren klar gezogen, und wenn Mathilde Jacob sie zu überschreiten versuchte, wurde sie prompt zur Ordnung gerufen.

Während der ersten Haftstrafe (Februar 1915 bis Februar 1916) schrieb Rosa Luxemburg zweiundzwanzig Briefe an Mathilde Jacob, neun an Clara Zetkin, drei an Marta Rosenbaum und zwei an Luise Kautsky. Die an Mathilde Jacob sind entspannter als die an ihre Freunde und frei von Schauspielerei. Mathilde Jacob brauchte nicht umworben zu werden und war, wie Jogiches, in Rosa Luxemburgs schwache Momente eingeweiht. Es ist möglich, daß Jogiches die Briefe an Mathilde Jacob las und daß Rosa Luxemburg das wußte. Ihr Flehen um Wärme und Zuneigung, die Schilderungen ihres traurigen und trostlosen Lebens und ihrer emotionalen und körperlichen Leiden erinnern an ihre frühen Briefe an ihn. Wenn sie anmerkt, „daß der Charakter einer Frau sich zeigt, nicht wo die Liebe beginnt, sondern wo sie endet", hat sie sich vielleicht vorgestellt, daß Jogiches Mathilde Jacob beim Lesen über die Schulter blickte.[7]

Mathilde Jacob war für Rosa Luxemburg und Leo Jogiches die vollendete Vermittlerin. Sie erleichterte ihre Versöhnung. Sie verehrte beide und nahm es, ohne Näheres zu wissen, als Selbstverständlichkeit, daß sich beide sehr liebten. So zwingend ist das Bild der gegenseitigen Anhänglichkeit der beiden in ihren Memoiren, daß ein Mensch, der von dem knapp beendeten siebenjährigen Krieg nichts wußte, nie auf die Idee käme, daß es da irgend einen Konflikt gäbe. Und die beiden paßten sich diesem idealisierten Bilde an. Mathilde Jacob ahnte nicht, daß sie die Brücke zwischen Vergangenheit und Gegenwart für beide war, aber dadurch, daß sie mit ihr und durch sie redeten, waren sie endlich fähig, die menschlichen Schwächen des anderen zu akzeptieren.

Zwischen Mathilde Jacob und Leo Jogiches entwickelte sich ein seltsames Verhältnis. Sie war einer der wenigen Menschen, die sich von ihm weder einschüchtern noch täuschen ließen, und mit ihr sprach er über sein Leben mit Rosa Luxemburg. „Ich will Ihnen von Rosa erzählen, etwas worüber Sie lachen werden", unterbrach er die nächtliche Arbeit mit Mathilde Jacob, die seinen Bericht an Rosa in Geheimschrift schrieb. „Als wir in Paris lebten, hatten wir entfernt wohnende Freunde besucht. Auf dem Heimweg wurde Rosa müde und rief einem Fiaker zu, was die Fahrt nach Hause koste. Die genannte Summe war hoch, man konnte sie nicht ausgeben. *Oh, Monsieur*, rief Rosa, *nous sommes pauvres* (wir sind arm)! Darauf der Kutscher: *Ce n'est pas ma faute, Madame* (dafür kann ich nichts, Madame)! Diese Antwort belustigte Rosa so, daß sie sich auf die Erde setzte, sehr lachte und keine Müdigkeit mehr während des Marsches verspürte."[8] Die Anekdote sagt nicht so viel aus wie Jogiches' Bereitschaft, offen über das Zusammenleben mit Rosa Luxemburg, das gemeinsame Reisen, die gemeinsamen Freunde, Wohnungen und Ausgaben zu sprechen. Bei Mathilde Jacob verflog seine Heimlichtuerei. Der Jogiches, der ihren Memoiren entsteigt, freundlich, großzügig, witzig und offen, hat wenig Ähnlichkeit mit dem Manne, den alle anderen kannten. Ob er sich tatsächlich in Rosa Luxemburgs Abwesenheit oder in Mathilde Jacobs Anwesenheit so veränderte, läßt sich nur mutmaßen. Auf jeden Fall hat sich in diesem unkonventionellen Trio keiner bedroht gefühlt.

„‚Des Lebens kleine Zierden zu entbehren', sagte Marias Amme, die Lady Kennedy, sei härter als große Prüfungen zu ertragen."[9] Diese Worte aus Schillers *Maria Stuart* zitierte Rosa Luxemburg mit gewohnter Treffsicherheit in ihrem ersten Brief aus dem Gefängnis (im Februar 1915) an Mathilde Jacob, der anzeigte, daß sie den Mut nicht sinken ließ. „Gott strafe England und verzeihe mir, daß ich mich mit einer englischen Königin vergleiche", scherzte sie. Unversehens hatte man sie aus ihrer Wohnung geholt, ohne Nachthemd, Seife oder Kamm, zweimal hatte sie sich „aufs Hemd ausziehen und betasten lassen" müssen, so daß sie nur mit Mühe die Tränen zurückhalten konnte. „Des Lebens kleine Zierden" wurden ihr schnell ausgehändigt. Die großen Prüfungen lagen noch vor ihr.

Kurz nach ihrer Einlieferung ins Gefängnis gewährte das Gericht ihr zwei Tage Hafturlaub zur Regelung ihrer persönlichen Angelegenheiten. Paul Levi kam aus Frankfurt, um bei ihr zu sein; Leo Jogiches, Karl Liebknecht, Walter Mehring und Mathilde Jacob waren ebenfalls da. Das kurze Treffen war chaotisch und freudlos. Instruktionen und Informationen wurden ausgetauscht, Verbindungswege festgelegt, finanzielle Dinge geregelt. „Ich war zu jener Zeit (nicht) davon unterrichtet, daß Rosa Luxemburg vermögenslos war“, erinnerte sich Mathilde Jacob.[10] Die Gebühr von 60 Mark monatlich, die Gefangene für das Privileg der „Selbstbeschäftigung“ anstelle zugeteilter Arbeit entrichten mußten, wurde von der SPD übernommen; die Miete für die Wohnung wurde laut Mathilde Jacob von einem wohlhabenden Parteifreund bezahlt, wahrscheinlich von Hans Diefenbach.

Eine strikte Zeiteinteilung war, wie Rosa wußte, das Beste, um das vor ihr liegende Jahr zu überleben. Nach der Gefängnisordnung stand sie um 5.40 Uhr auf und legte sich um 9.00 Uhr abends schlafen, eine beträchtliche Umstellung ihrer Gewohnheiten, die ihr, wie sie sagte, nichts ausmachte. Der Tag war mit Schreiben und Lesen und der Pflege des kleinen Gartens vor ihrer Zelle ausgefüllt. Sie begann, wieder zu botanisieren, ein Hobby, mit dem sie zwei Jahre zuvor angefangen hatte, um vier Monate „buchstäblich nichts anderes“ zu machen, wie sie Luise Kautsky schrieb. „So muß ich immer etwas haben, was mich mit Haut und Haar verschlingt.“[11] Daß ihr gestattet war, zu arbeiten und eigene Bücher zu besitzen, war eine große Erleichterung. Sie schrieb an der *Antikritik*, ihrer Antwort auf die Kritik an der *Akkumulation des Kapitals*; „Groß (Jogiches) beruhigen Sie“, sagte sie Mathilde Jacob, „meine Arbeit wird nicht wirtschaftshistorisch, sondern vorwiegend theoretisch sein.“[12] Jogiches hatte Sorge, daß ihre Entgegnung ohne seine Anleitung einer führenden marxistischen Theoretikerin nicht würdig sein werde.

Im April 1915 hatte Rosa Luxemburg ihre kraftvollste Stellungnahme gegen Krieg und Militarismus fertiggestellt, *Die Krise der Sozialdemokratie*, mit „Junius“ gezeichnet und als *Junius-Broschüre* bekannt geworden. „Vorbei ist der Rausch“, schrieb Rosa Luxemburg. „Die Reservistenzüge werden nicht mehr vom lauten Jubel der nachstürzenden Jungfrauen begleitet ... In der nüchternen Atmosphäre des bleichen Tages tönt ein anderer Chorus: der heisere Schrei der Geier und Hyänen des Schlachtfeldes. Zehntausend Zeltbahnen garantiert vorschriftsmäßig! 100 000 Kilo Speck, Kakaopulver, Kaffee-Ersatz, nur per Kasse, sofort lieferbar! Granaten, Drehbänke, Patronentaschen, Heiratsvermittlung für Witwen der Gefallenen ... nur ernst gemeinte Offerten! Das ... patriotisch angehochte Kanonenfutter verwest ... in Totenäckern ... Geschändet, entehrt, im Blute watend, von Schmutz triefend – so steht die bürgerliche Gesellschaft da, so ist sie. Nicht wenn sie, geleckt und sittsam, Kultur, Philosophie und Ethik, Ordnung, Frieden und Rechtsstaat nimmt, – als reißende Bestie, als Hexensabbat der Anarchie, als Pesthauch für Kultur und Menschheit, so zeigt sie sich in ihrer wahren Gestalt. Mitten in diesem Hexensabbat vollzog sich eine weltgeschichtliche Katastrophe: die Kapitulation der internationalen Sozialdemokratie."[13]

Die Junius-Broschüre war Rosa Luxemburgs schärfste Anklage gegen die Sozialdemokratische Partei Deutschlands, das „denkende Hirn" und die „Vorhut" der Internationale. Seit der Krieg von 1870 den Schwerpunkt der europäischen Arbeiterbewegung von Frankreich nach Deutschland verlagerte, habe, so zitiert Rosa Luxemburg Friedrich Engels, „die deutsche Sozialdemokratie eine besondere Stellung und damit ... auch eine besondere Aufgabe." In der zweiten Internationale, führte Rosa Luxemburg aus, spielten die Deutschen in der Tat „die ausschlaggebende Rolle. Auf den Kongressen, in den Sitzungen des Internationalen Sozialistischen Büros wartete alles auf die deutsche Meinung ... Mit blindem Vertrauen ergab (die Internationale) sich der Führung der bewunderten, mächtigen deutschen Sozialdemokratie: diese war der Stolz jedes Sozialisten und der Schrecken der herrschenden Klassen in allen Ländern." Aber als die große historische Probe kam, brach die SPD schmählich zusammen: „Nirgends ist die Organisation des Proletariats so gänzlich in den Dienst des Imperialismus gespannt, nirgends wird der Belagerungszustand so widerstandslos ertragen, nirgends die Presse so geknebelt, die öffentliche Meinung so erwürgt."[14] Nur die deutsche Sozialdemokratie, meinte Rosa Luxemburg, die größte Hoffnung und die größte Enttäuschung des Weltproletariats, könnte den Sozialismus retten, wenn sie mit schonungsloser Analyse und Selbstkritik voranginge. Das sei die Ehrenpflicht der gefallenen Führerin des Proletariats.

Bei aller Kritik an der SPD war Rosa Luxemburg unbedingt gegen eine formale Spaltung. „Eine Zersplitterung der Marxisten (nicht zu verwechseln mit Meinungsverschiedenheiten) ist fatal", hatte sie ihrer Freundin, der holländischen Sozialistin Henriette Roland-Holst, 1908 geschrieben.[15] Die Spaltung der russischen Sozialdemokratie und die

Spaltung der polnischen Sozialdemokratie bestärkten sie in dieser Überzeugung. Aber Einheit hieß nicht Uniformität; ersteres war fruchtbar, letzteres tödlich. Ihr „nicht zu verwechseln mit Meinungsverschiedenheiten" war genauso wichtig wie der übrige Satz. Die kleine, radikale Gruppe Internationale (später *Spartakusbund*) arbeitete eben deshalb innerhalb der SPD, um die „fatale" Zersplitterung zu vermeiden.

Die politische Linie Rosa Luxemburgs nach dem Versagen der Internationale wurde in Artikeln dargelegt, die in den Jahren 1916 bis 1918 in den *Spartakusbriefen* erschienen, und in einem Dokument mit dem Titel „Leitsätze über die Aufgaben der Internationalen Sozialdemokratie", das im Dezember 1915 aus dem Gefängnis geschmuggelt wurde. Die zwölf Leitsätze und sechs Vorschläge faßten den wesentlichen Inhalt der Juniusbroschüre in knappe, präzise Formulierungen und lieferten Grundlagen für den Neuaufbau der internationalen Arbeiterbewegung. Zum Ersten Weltkrieg sagte Rosa Luxemburg: „Der heutige Weltkrieg bedeutet ... bei jeder Niederlage und bei jedem Sieg eine Niederlage des Sozialismus und der Demokratie. Er treibt bei jedem Ausgang – ausgenommen die revolutionären Interventionen des internationalen Proletariats – zur Stärkung des Militarismus, der internationalen Gegensätze, der weltwirtschaftlichen Rivalitäten ... Der heutige Weltkrieg entwickelt so zugleich alle Voraussetzungen neuer Kriege."[16]

Anders als Lenin, der den Krieg als ein Mittel zur Erreichung der Revolution akzeptierte, hielt Rosa Luxemburg Krieg, gleich mit welchem Ergebnis, für einen Rückfall in die Barbarei. Ihre Leitsätze sprachen auch von der Schaffung einer neuen Internationale. Diese Frage war im September 1915 bei einer Konferenz in Zimmerwald in der Schweiz diskutiert worden. Rosa Luxemburg hatte einen Entwurf ausgearbeitet, aber er erreichte die Konferenz nicht mehr rechtzeitig. Sie schlug ein oberstes Führungsgremium vor, das die Taktiken der nationalen Parteien in Fragen der allgemeinen, der Wirtschafts- und der Rüstungspolitik zu bestimmen hätte. Es sollte sich aus der Asche der alten Internationale erheben, von ihren Schwächen gereinigt und gegen nationale Bestrebungen gefeit. Wieder war Rosa Luxemburg uneins mit Lenin. Der Vorschlag, den Lenin der Konferenz vorlegte, nämlich den imperialistischen Krieg in einen Bürgerkrieg zu verwandeln und eine neue Internationale zu schaffen, wurde von den meisten Teilnehmern abgelehnt, darunter Adolf Warszawski und Bertha Thalheimer, Vertreter der Gruppe Internationale. „Ich bedauere sehr, daß man mich nicht rechtzeitig vom Zimmerwald-Plan in Kenntnis gesetzt hat", zitierte Jogiches in seinem Brief an Thalheimer Rosa Luxemburg, „ich halte die ganze Angelegenheit nicht nur für verfehlt, sondern sogar für einen katastrophalen Fehler, der von vornherein die gesamte Entwicklung ... aufs falsche Gleis schiebt."[17] Es war nichts Ungewöhnliches, daß Rosa Luxemburg und Leo Jogiches in parteipolitischen Fragen mit einer Stimme redeten. Ungewöhnlich war, daß Jogiches offen vor dem deutschen Forum für Rosa Luxemburg sprach.

Gefängnis für Rosa Luxemburg hieß Freiheit für Jogiches. Es war die größte Ironie ihrer verschlungenen Schicksale, daß ein Krieg nötig war, damit Jogiches frei wurde.

Seit Rosa Luxemburg ihn 1907 verlassen hatte, war Jogiches allein und zu einer Randexistenz verurteilt in einem Lande, in dem er ein Fremder blieb und ein Nichts. Er ging bei Kriegsausbruch auf die Fünfzig zu und hatte resigniert. Dann wurde klar, daß die linke Opposition in den Untergrund gehen mußte; seine Stunde schlug. Konspiration, für Russen und Polen das tägliche Brot, war den gesetzestreuen Deutschen immer schon suspekt gewesen; sie verstieß gegen ihren Ehrenkodex und ihre Ordnungsliebe. Jogiches hatte also keine Konkurrenz auf deutschem Boden. Mag sein, daß sein Alter und die verlorenen Jahre ihn etwas ruhiger gemacht hatten, vielleicht bewunderten die Deutschen aber auch gerade den autoritären Zug an ihm, den die Polen nicht ausstehen konnten. Auf jeden Fall zollten ihm die Deutschen die Anerkennung, die er so lange vermissen mußte.

Die linke Opposition, die 1916 unter dem Namen *Spartakusbund* bekannt wurde, brauchte eine Publikation, um ihre politischen Ansichten zu verbreiten. Am 27. Januar erschien ein *Politischer Brief* mit der Unterschrift „Spartakus", ein paar Hundert getippte Exemplare, der erste schwache Versuch von Leuten, die mit illegaler Arbeit nicht vertraut waren. Nachdem Jogiches die Untergrundarbeit in die Hand genommen hatte, erschien die Septembernummer der *Spartakusbriefe* in einer Auflage von mehreren Tausend, und spätere Nummern wurden in Auflagen bis zu 30 000 Exemplaren verteilt. Noch 1915 verzweifelte Rosa Luxemburg an seiner „kriminellen" Zeitverschwendung, doch einmal losgelassen arbeitete er Tag und Nacht. Unter seiner redaktionellen Leitung waren die *Spartakusbriefe* „das beste politische Organ der Kriegszeit" und wurden „zum geistigen Zentrum, ihr Vertrieb hielt die linke Opposition organisatorisch zusammen."[18]

An Jogiches' Stil änderte sich nichts. Er trat nie öffentlich in Erscheinung, und was er tat, wußten nur wenige – Mehring, Liebknecht, Paul Levi und einige andere. Mathilde Jacob besorgte seine Kontakte. „Leo Jogiches pflegte an Tagen, wo er nicht zu mir kam, sich telephonisch zu melden. Er sagte mir, wo er zu erreichen war, da alle, die ihn sprechen wollten, sich an mich wandten."[19] Gewöhnlich traf er nicht mehr als eine Person gleichzeitig, vorzugsweise bei Tageslicht und an einem gutbesuchten Ort. Er, der eilige Mann mit tiefen Augenhöhlen und ergrauendem Haar, der lässig seinen nie fehlenden Regenschirm schwenkte, erregte eher die Aufmerksamkeit der Frauen als die der Polizisten. Man kannte ihn unter verschiedenen Namen – Grozowski, Krummbügel, Gross, Kraft, Krzyształowicz –, und seine Adresse kannte außer Franz Mehring und Mathilde Jacob niemand. Incognito zu leben war, das wußte er, sein größtes Kapital.

Direkt unter den Augen der Polizei, die immer nervöser auf die gefährlich um sich greifende Publikation reagierte, baute Jogiches ein beeindruckendes Untergrundnetz auf. Oft brachte er die Nacht damit zu, einen Bericht für Rosa Luxemburg zu diktieren oder die Drucker zu beaufsichtigen, um dann zur Mittagszeit frisch und elegant in einem vornehmen Café seine Kontaktperson zu treffen und wieder zu verschwinden.

Im Laufe des Krieges nahm auch Jogiches' Privatleben eine andere Wendung. Er zog aus dem Schloßpark-Hotel in Steglitz aus und mietete ein möbliertes Zimmer in der Wohnung einer deutschen Kriegerwitwe. Die junge Hausfrau verliebte sich in ihren Untermieter. Laut Mathilde Jacob, dem anscheinend einzigen Menschen, der von der Liaison wußte, war Jogiches' Geliebte zwar treu und ergeben, aber auch höchst eifersüchtig und inquisitorisch. Sie spionierte ihm nach, erzählte Mathilde Jacob, machte ihm Szenen, öffnete seine Post und bat den Inhaber des benachbarten Tabakladens, dessen Telefon Jogiches oft benutzte, die Ohren offenzuhalten. „Da Leo Jogiches . . ., wenn ich am Telefon war, mich mit Mathilde anredete, . . . so ruhte die Frau nicht, bis sie meine Personalien völlig herausbekommen hatte", schrieb Mathilde Jacob in ihren Erinnerungen. „Triumphierend sagte sie Leo Jogiches eines Tages, mit wem er immer telefoniere. Da ich Schreibmaschinenarbeiten anfertigte, gab er an, eine größere Arbeit für einen seiner Freunde bei mir schreiben zu lassen. zog es aber fortab vor, Telefongespräche nicht mehr in der Nachbarschaft zu führen. Selbstredend wußte die Wirtin nichts von Jogiches politischen Interessen, auch kannte sie die Menschen nicht, mit denen er zu tun hatte. ... Als ich die Wirtin aufsuchte, führte ich mich unter falschem Namen bei ihr ein. Sie fragte sogleich, ob ich die Frau des alten Herrn mit dem weißen Bart (Mehring) wäre, was ich der Einfachheit halber bestätigte." Jogiches störte das Benehmen seiner Wirtin offenbar nicht. Wiederholt sagte er zu Mathilde Jacob: „Also, wenn mir etwas passiert, setzen Sie sich mit meiner Wirtin in Verbindung, sie wird alles Nötige für mich tun."[20]

Die fünf Monate zwischen Rosa Luxemburgs Haftentlassung am 18. Februar 1916 und ihrer erneuten Festnahme am 10. Juli waren die letzten, in denen sie ein normales Leben führte. Am Tage ihrer Entlassung versammelten sich die sozialistischen Frauen Berlins in großer Zahl vor dem Gefängnis, um sie zu begrüßen, aber Rosa Luxemburg verließ das Gebäude in Begleitung von Mathilde Jacob und Karl Liebknecht durch einen Hinterausgang. Die Menge holte sie ein, Freunde und Gratulanten kamen in ihre Wohnung und gingen gegen Abend erst, als sie selbstgebackenes Brot und viele andere Geschenke entgegengenommen hatte. Endlich konnte sie ihre Wohnung und Mimi genießen. Sie war viel kränker aus dem Gefängnis gekommen, als sie wußten, erinnerte sich Mathilde Jacob. „Trotzdem arbeitete sie, ohne sich Erholung zu gönnen, oft ... unter heftigen Schmerzen. Sagte ich dann: ‚Rosa, vielleicht ruhen Sie ein wenig', so antwortete sie: ‚Ich nehme keine Notiz von den Schmerzen. Ich tue so, als ob sie mich nichts angingen und kann dann sehr gut arbeiten.'"[21] Im Frühling machte Rosa Luxemburg einen Besuch bei Clara Zetkin, die auch kurz zuvor aus dem Gefängnis entlassen worden war, und verbrachte ein paar Tage bei ihr auf dem Lande; es sollte das letzte Mal sein, daß sie Clara sah. Sie fuhr nach Königstein zu Paul Levi, der Krankenurlaub vom Kriegsdienst hatte. Hans Diefenbach reichte Urlaub ein, um sie besuchen zu kommen. Nach und nach besserte sich ihr Zustand, und sie unternahm einige Reisen, um an illegalen Versammlungen von Genossen und Arbeitern teilzunehmen. In Berlin waren Jogiches und Liebknecht ständig an ihrer Seite. Obwohl ihre Beziehung zu Liebknecht enger wurde, kritisierte sie doch seine unüberlegten Aktionen, die zwar Aufsehen erregten, die sie aber manchmal für nutzlos, wenn nicht gar schädlich hielt. „Ich muß mich ständig noch gegen Karl L(iebknecht) wehren“, schrieb sie 1915 an Kostja Zetkin, „der das Bestreben hat, mich täglich mit sich herumzuschleppen, alle Zeit- und Raumdispositionen durcheinanderzuwirbeln und mit besten Absichten, aus denen aber schließlich fast nichts herauskommt (als) seine und meine Tage totzuschlagen.“[22] Wenn sie ihn bat, vorsichtiger zu sein, pochte Liebknecht auf seine Immunität als Parlamentarier; dennoch beunruhigte Rosa Luxemburg, daß er Menschen in Gefahr brachte, die davon gar nicht begeistert waren. Aber sie verteidigte Liebknecht: „Vergleicht ihn nicht mit Leo Jogiches, wie ihr es zu tun pflegt, vergleicht ihn mit deutschen Genossen und ihr werdet sehen, wie hoch er über ihnen steht.“[23]

Eine große Anstrengung unternahmen die Spartakisten zum 1. Mai 1916. Rosa Luxemburg schrieb die Flugblätter, die in den Fabriken verteilt wurden, und 10 000 Antikriegs-Demonstranten versammelten sich auf dem Potsdamer Platz. An der Spitze der Demonstration stand Karl Liebknecht, neben ihm Rosa Luxemburg. Liebknecht rief: „Nieder mit dem Krieg! Nieder mit der Regierung!“ Er wurde auf der Stelle verhaftet, seine Immunität wurde aufgehoben und man verurteilte ihn zu vier Jahren und einem Monat Zuchthaus. Rosa Luxemburg stand seitdem unter ständiger polizeilicher Überwachung.

Am Sonntag, dem 9. Juli 1916, klingelten zwei Männer in Zivil an Rosa Luxemburgs Wohnungstür und stellten sich Mathilde Jacob als Genossen aus dem Bezirk Neukölln vor. Rosa Luxemburg werde am Abend aus Leipzig zurückerwartet, teilte sie den beiden mit. Am anderen Morgen schlief Rosa Luxemburg noch, als Mathilde Jacob die Männer hereinließ. Sie half Rosa beim Anziehen, machte ihr Frühstück und begleitete sie mit der Vorortbahn zum Potsdamer Platz. Dort mußte sie sie der Polizei überlassen. Rosa Luxemburg wurde in das „Weibergefängnis“ in der Barnimstraße gebracht, das sie im Februar erst verlassen hatte.

Da es an Belastungsmaterial fehlte, wurde sie in „Schutzhaft“ genommen, was einige Vorteile hatte: sie durfte Lebensmittel, Bücher, Blumen und Briefe bekommen. Mathilde Jacob durfte sie jede Woche für eine Stunde besuchen. Bei einem dieser Besuche, im September, erklärte der Aufsichtsbeamte nach zehn Minuten, die Stunde sei um, und unterbrach immer wieder ihr Gespräch. Rosa Luxemburg verlor die Beherrschung, warf eine Tafel Schokolade nach ihm und nannte ihn

„dreckiger Spitzel". Am späten Abend brachte man sie in die Polizeizentrale am Alexanderplatz und sperrte sie in eine winzige, dunkle Zelle. „Der anderthalbmonatliche Aufenthalt dort hat auf meinem Kopf graue Haare und in meinen Nerven Risse zurückgelassen, die ich nie verwinden werde", schrieb sie später an Hans Diefenbach.[24] Ihre Zelle war unbeleuchtet, und wenn es am Nachmittag dunkel wurde, lag sie auf einer Eisenpritsche direkt unter der Stadtbahn, deren Züge Tag und Nacht mit „teuflischem Konzert" vorbeiratterten. Ende Oktober 1916 wurde sie nach Wronke bei Poznań im preußisch annektierten Polen verlegt. Es war das vierte Gefängnis, das sie innerhalb eines Jahres sah.

Wronke, ein abweisender, massiver Festungskomplex, lag in einer schönen Landschaft. In einem separaten kleinen Haus innerhalb der Festung wurde Rosa Luxemburg ein Schlaf- und ein Wohnraum zugewiesen. Ein Gang führte in einen kleinen Garten hinaus, ein unverhofftes Geschenk. Die Nähe der Natur, die Bäume, die Vögel und der offene Himmel gaben ihr das Gefühl, wieder zu leben. Die Berührung mit der Natur war ihr immer ein Bedürfnis gewesen, eine Zuflucht vor privatem und politischem Zank und Streit. Sie fing wieder an zu botanisieren und vertiefte sich in das Studium pflanzlichen Lebens.

In ihrem ersten Brief aus Wronke, den sie Mathilde Jacob am 31. Oktober 1916 schrieb, bat sie um Geld für ihren Transport „nebst zwei Begleitern" nach Wronke, den sie bezahlen mußte, und für ihre Verpflegung (4,20 Mark täglich). Auch Bücher, Kleider, Seife und eine Blumenvase wollte sie geschickt haben. „Reisen Sie nach, Mathilde", schlug Jogiches vor. „Sie wird sich freuen, wenn Sie nach ihr Umschau halten; sie wird es sogar erwarten."[25] Ja, sie erwartete es. „Ich hatte gehofft, jemand von euch würde gleich nach Wronke kommen, um sich nach mir umzusehen", rief sie. Als sie sich im Besucherraum über die Barriere hinweg umarmten, flüsterte Rosa Mathilde zu: „Bringen Sie nichts von Leo?" Mathilde steckte ihr einen Kassiber zu.

Dr. Dossmar, der Gefängnisdirektor, und seine Beauftragte für die weiblichen Gefangenen, Else Schrick, waren nette Menschen. Trotz der Schwierigkeiten der Kriegswirtschaft wurde ein Zaun gebaut, der Rosa Luxemburgs Garten vom Gefängnishof trennte, so daß sie ihn benutzen durfte; bald schickte Clara Zetkin Vogelfutter für Rosas Lieblinge. Else Schrick, von Rosa Luxemburg tief beeindruckt, tat alles, um ihr das Leben leichter zu machen. Zwar verließ sie ihren Posten zwei Monate nachdem Rosa Luxemburg eingetroffen war, aber sie hielt Kontakt zu

Mathilde Jacob, sie konnte Rosa Luxemburg nicht vergessen, wie sie schrieb.

„Schutzhaft", vermutete Rosa Luxemburg zu recht, war eine vorübergehende Maßnahme, und so behielt sie die Hoffnung, wieder freizukommen. In der Tat war der Gewahrsam gesetzlich auf drei Monate beschränkt, aber die Behörden konnten ihn nach eigenem Ermessen verlängern. Knapp drei Wochen nach ihrer Einlieferung dachte Rosa, die Freiheit stünde vor der Tür; und im März 1917 hoffte sie, Ende April wieder zu Hause zu sein. Die Ungewißheit war zermürbend. Jede Verlängerung war ein neuer Schlag, und ihre völlige Hilflosigkeit ließ sie langsam in Depression versinken. Nie zuvor war sie Opfer von Kräften gewesen, die sie nicht beherrschen oder auch nur bekämpfen konnte.

Jetzt wußte sie, was es bedeutete, ein Paria zu sein, rechtlos und ungeschützt. Manchmal wanderten ihre Gedanken in die ferne Vergangenheit und zu ihren Eltern zurück; sie hatte nie Zeit gehabt für ihren Vater, weil sie so sehr mit der Menschheit beschäftigt war, sagte sie zu Hans Diefenbach. Einst hatte sie es lustig gefunden, daß ihre Mutter glaubte, König Salomon habe die Sprache der Vögel verstanden, schrieb sie an Sonja Liebknecht; jetzt gab sie ihrer Mutter recht – auch sie selbst verstand die Sprache der Vögel. Manchmal kam es ihr vor, als verlöre sie den Verstand: „Ich leide an seelischen Depressionen", schrieb sie an Mathilde Jacob, „es ist manchmal so schlimm, daß ich arge Befürchtungen habe." Am meisten fürchtete sie, ihre Fähigkeit zu verlieren, Menschen zu erreichen. „Wenn ich mich hier vor Sehnsucht verzehre, dann habe ich einfach das Bedürfnis, irgendwie schnell mit der Außenwelt in Berührung zu treten und dann will ich telephonieren, telegraphieren, Eilbriefe senden ..."[27] Alpträume quälten sie. „Mir träumte, ich sollte in einem von Faisst* arrangierten Konzert Hugo Wolf ... singen und mich dazu selbst auf dem Klavier begleiten. Plötzlich erinnere ich mich um 7 Uhr abends, daß ich ja gar nicht Klavier spielen kann, wie soll ich mich denn begleiten? Ich schneide mich daraufhin in den Finger, daß er blutet, um eine Ausrede zu haben ... Nein, um Gottes willen, rief ich. Faisst würde ja mit mir brechen vor Ärger. Ich muß sehen, daß ich schnell meine Nichte für die Begleitung gewinne! Da erinnere ich mich, daß meine Nichte ja auch gar nicht Klavier, sondern Geige spielt und erwache vor Schreck ..."[28]

* Hugo Faisst, mit Rosa Luxemburg befreundeter Sänger, starb 1914.

Der Zweck der „Schutzhaft" war klar: Rosa Luxemburgs psychische Widerstandskraft sollte gebrochen werden. Amtlich galt Rosa Luxemburg als subversives Element „ohne jede Rücksicht auf vaterländische Interessen", eine „Gefahr für die Sicherheit des Reiches" um so mehr, als sie „für eine gewandte, erfahrene und besonders einflußreiche Agitatorin gilt."[29] Und wirklich, die Bestrafung war wirksam. „Wenn ich dann zu Besuch kam", schrieb Mathilde Jacob in ihren Erinnerungen, „setzte Rosa sich auf meinen Schoß, lehnte den Kopf an meine Schulter, ließ sich Zärtlichkeiten gern gefallen, während sie diese sonst nicht duldete. Sie war krank und hilflos."[30]

Aber Rosa Luxemburg nahm alle Kraft zusammen. Sie wollte nicht zulassen, daß sie die Herrschaft über ihre erschöpfte Seele und ihren kranken Körper verlor, sie wollte keine Mühe scheuen, um ihre Gefangenschaft zu beenden oder, wenn sie das nicht schaffte, deren Wirkungen zu entschärfen. Zwölf Jahre zuvor hatte sich Rosa gegen eine Amnestie gewehrt; zehn Jahre zuvor hatte sie ihren Angehörigen verboten, bei der deutschen Regierung um ihre Freilassung aus dem Warschauer Gefängnis zu bitten; 1914 noch protestierte sie gegen die Vertagung ihres Prozesses. Jetzt bombardierten ihre Anwälte die Regierung mit Petitionen für sie; ihre Freunde entwarfen einen Plan, sie aus medizinischen Gründen frei zu bekommen, und sie machte mit, wenn auch widerwillig, weil „mir das Lärmmachen mit meiner körperlichen Schwäche gerade darum widersteht, weil ich eine Frau bin."[31] Krankheit vortäuschen wollte sie zwar nicht, aber sie beantragte Hafturlaub und legte formell Beschwerde gegen die lange Schutzhaft ein. Beides wurde abgewiesen. 1917 nach der Februar-Revolution in Rußland erwog sie, ihre russische Staatsbürgerschaft zurückzuverlangen und sich abschieben zu lassen. Einst hatte sie vor dem preußischen Gericht gesagt: „Ein Sozialdemokrat flieht nicht. Er steht zu seinen Taten und lacht Ihrer Strafen." Die Zeit des Lachens war vorbei.

Nur ihre Feder konnte die Isolierung durchbrechen. Angestrengter, hartnäckiger und kühner als während der Haft 1915–1916 bediente sie sich ihrer, um die Freunde um sich zu scharen, um sie in ihr Leben einzubeziehen. Wenn sie ihren Erwartungen nicht gerecht wurden, schob sie ihnen unverblümt die Schuld in die Schuhe. „In sotaner Stimmung wartete ich natürlich mit Sehnsucht auf einen herzhaften warmen Brief; aber meine Freunde warteten leider immer nur auf Anstoß und Auftakt von mir", beschwerte sie sich nicht ganz zu recht bei Luise

Kautsky.[32] Oder sie appellierte an das bessere Ich ihrer Freundinnen: „... so hoffe ich, wenn es Euch möglich wird, jeden Monat zwei Besuche zu haben. Dann hoffe ich abwechselnd Sie, Mathilde und Luise K(autsky) zu sehen ... und ... Sonja“, schrieb sie im April 1917 an Marta Rosenbaum. „Das ist freilich ein großes Opfer, das ich von Euch, meine Lieben, verlange, aber ich fühle mich manchmal ganz wund, wenn ich so lange allein bin und segne jede Minute, die ich mit Freunden verbringen kann.“[33] *Sehnsucht* ist ein Wort, das in ihren Briefen wieder und wieder vorkommt; ihr Verlangen, das Band zwischen ihr und dem Leben zu sehen, zu berühren und zu bestätigen, war das eigentliche Motiv für die Beziehungen, die sie jetzt entwickelte. Aber sie wollte nicht in der Schuld ihrer Freunde stehen. Aus der fernen Zelle heraus suchte sie sie zu überzeugen, daß die Freunde sie ebensosehr brauchten wie sie die Freunde.

Hans Diefenbach spürte ihren Hunger nach Leben deutlicher als andere. Zwei Jahre lang schrieb er ihr, ohne Antwort zu erhalten. Dann, am 7. Januar 1917, brach sie ihr Schweigen, um ihre letzte romantische Affäre zu beginnen. Es war kaum das Mitgefühl für den einsamen Soldaten, das sie dazu bewog. Ihre Briefe, von erotischen Anspielungen durchzogen, zeugen für etwas anderes. Shakespeare, Goethe und Mörike dienten als Boten in diesem amourösen Spiel. Warum erwählte sie sich den gehemmten jungen Mann – „Ihr Hofnarr“, wie er selbst sich nannte – zum fahrenden Ritter?[34] Diefenbach, Abkömmling einer noblen deutschen Familie, konnte ihr ein Zugehörigkeitsgefühl geben und eine Hoffnung für die Zukunft. Er konnte ihr den Glauben an sich selbst bewahren und das Bewußtsein, eine Frau zu sein, ein Bedürfnis, das mit Alter und Einsamkeit zunehmend stärker wurde. Daß er keinen Schwung und keine Phantasie, daß er „ewig kühle Hände“ und ein „semmelblondes Temperament“ hatte, machte kaum etwas aus bei einer Affäre, die es nur auf dem Papier gab. Auf was es ankam, das waren die Bewunderung und die Anerkennung eines Mannes aus gutem deutschen Hause. „Sie stammen also von Justinus Kerner* ab? Bei Gott, ein fürnehmer Ahnherr!“ schrieb sie an Diefenbach.[35] Es war typisch für die Widersprüchlichkeit ihres Wesens, daß sie von einem Namen beeindruckt war, während sie für die namenlose Masse im Gefängnis schmachtete.

* Justinus Kerner (1786–1862), prominenter Arzt, Dichter und Romanautor.

„Hänschen, schlafen Sie?" schrieb sie. „Ich komme mit einem langen Strohhalm, um Sie am Ohr zu kitzeln.* Ich brauche Gesellschaft, ich bin traurig, ich will beichten."[36] Falls Diefenbach verblüfft oder empört gewesen sein sollte, muß er doch auf die neue Rosa Luxemburg so eingegangen sein, daß sie ihn weiterhin „kitzeln" konnte. Ob sie Anakreons Lyrik zitierte – „Ich liebe dich, ich bleibe Dein" – oder sich über „Was Ihr wollt" ausließ, ihre brillante Feder entwarf prickelnde Bilder von sinnlicher Vertrautheit.[37] In einem „wunderschönen, sehr lebhaften Traum" war „irgend jemand lieber" bei ihr, sie berührte mit dem Finger seine Lippen und fragte: „Wessen Mund ist das?" „Meiner", kam die Antwort. „Ach nein, rief ich lachend, dieser Mund gehört doch *mir*!"[38] Oder sie sprach von einem ihrer scharfen Gegner, dessen „Kritik nichts als Rache für lange vergebliche und schroff von mir zurückgewiesene Anfreundungsversuche" gewesen sei und der einmal in Anspielung auf ihre „Liliputgestalt . . . lächelnd das Wolfsche Lied ‚Auch kleine Dinge können uns entzücken' (murmelte) . . ."[39]

Die Literatur war der Ort ihrer Stelldicheins; hier traf sie sich mit Hans Diefenbach, warf ihm einen Blick zu, neckte ihn und kokettierte mit ihm. Den Essay, schrieb sie ihm, diese glänzende Leistung des französischen und englischen Geistes, läßt die deutsche Literatur traurig vermissen, das ist die deutsche Gründlichkeit und die fehlende geistige Grazie. Da Hänschen, wie sie ihn liebevoll nannte, diese Grazie besäße, sei er geradezu dafür geschaffen, den Essay in die deutsche Literatur einzuführen. Er solle sich unverzüglich die Tauchnitz-Ausgabe von Macaulay beschaffen und genau ansehen. Er sei es seinen bedeutenden Vorfahren schuldig, etwas aus sich zu machen. *Sie* sei dafür bestimmt, ein Buch über Tolstoj zu schreiben, erwiderte er, aber ihr sagte die Idee „nicht ein bißchen zu. Für wen? . . . Alle Leute können doch Tolstojs Bücher lesen, und wem die Bücher nicht selbst den starken Lebensodem geben, dem werde ich es auch nicht durch Kommentare beibringen. Kann man jemand ‚erklären', was Mozartsche Musik ist? Kann man ‚erklären', worin der Zauber des Lebens besteht . . .?"[40] Romain Rolland? „Ich fürchte, Sie zu kränken, will aber, wie immer, ganz ehrlich sein" – nein, Rollands *Jean Christophe* sei „kein eigentliches Kunstwerk", sondern „mehr ein Pamphlet als Roman . . .", und ihr könne „die

* Rosa Luxemburg redete Hans Diefenbach immer formell mit „Sie" an, während sie bei Jogiches, Kostja Zetkin und Paul Levi das persönliche „Du" benutzte.

schönste Tendenz das einfache göttliche Genie nicht ersetzen."[41] Dieser Brief vom 27. August 1917 war der letzte, den Hans Diefenbach noch erhielt, bevor er fiel. An Luise Kautsky schrieb Rosa später, „daß H(annes) für den Romain Rolland schwärmte . . . Ich lernte ihn auch lieben und schlug Hannesle vor, nach dem Kriege entweder eine gemeinsame Fahrt nach Paris zu machen, um R. R. kennenzulernen, oder aber ihn nach Deutschland einzuladen."[42] Hans Diefenbach erfuhr nicht mehr vom Sinneswandel Rosa Luxemburgs oder von ihren neuen Plänen. Das hatte nichts zu sagen – Reales und Irreales mischten sich im Tode wie im Leben. Die Bewunderung für einen Schriftsteller überschritt die Grenzen der Wirklichkeit und materialisierte sich als gemeinsame Reise nach Paris.

Die räumliche Distanz erlaubte Rosa Luxemburg, sich selbst in Pastelltönen darzustellen. Hans Diefenbach kannte ihr Ungestüm; nun ließ sie ihn ihre andere Seite sehen. Unendlich geduldig und taktvoll hörte sie sich seine Wehklagen an. „Im Ernst, Hänschen, Ihre Depression . . . hat mir lebhaft Sorge gemacht", erwiderte sie auf einen Jammerbrief, bei dem sie sich gewunden hätte, wäre er von Jogiches oder später von Kostja Zetkin gekommen.[43] Selbst Diefenbachs Leidenschaftslosigkeit wurde nun zu einer Tugend. „Gesegnet sei die Temperamentlosigkeit, wenn sie mir dafür Bürge ist, daß sie nie über das Glück und den Frieden anderer Menschen wie ein Panther dahinstürmen werden. Aber das hat mit Temperament auch nichts zu tun", schränkte sie sofort wieder ein. „Sie wissen, daß ich davon genug besitze, um eine Prairie in Brand zu stecken, und doch ist mir der Friede und der einfache Wunsch jedes anderen Menschen ein Heiligtum."[44] Der letzte Teil des Satzes, dem zuzustimmen wohl den meisten Freunden Rosa Luxemburgs etwas schwer gefallen wäre, bot genau das Bild von ihr dar, das sie Hans Diefenbach vermitteln wollte.

Hans Diefenbach fühlte sich von Rosa Luxemburg eingeschüchtert, und offenbar hat er trotz seiner Zurückhaltung in einem seiner Briefe eine Bemerkung über ihre Stärke gemacht. „Wenn, wie Sie in Ihrem letzten Brief schrieben, dem starken Geschlecht die Frauen am meisten gefallen, wenn sie sich schwach zeigen, dann müßten Sie jetzt von mir entzückt sein", schrieb sie halb scherzend zurück. „Ich bin hier ach! so schwach, mehr als mir lieb ist."[45] Freimütig sagte sie ihm, wie sehr sie sich wünschte, daß er sie besuchen käme (er tat es), und sie flehte ihn an: Seien Sie „lieb und geduldig mit mir, wenn ich's auch nicht wert bin." Diefenbach sang das Loblied ihrer Jugendlichkeit und Lebensfreude, aber so sehr sie sich nach seinen Komplimenten sehnte, so sehr wünschte sie sich seine Sympathie. „Jeder Tag, den ich herunterleben muß, wird ein kleiner Berg, der mühsam bestiegen wird."[46] Als das Jahr sich dahinschleppte, brauchte sie seine Bestätigung und Schmeichelei immer nötiger: „Hänschen, guten Tag, hier bin ich wieder. Ich fühle mich heute so einsam."[47]

Hans Diefenbach fiel im Oktober 1917 an der Front. In knapp zehn Monaten hatte Rosa Luxemburg ihm neunzehn Briefe geschrieben – ein lyrisches Zeugnis ihrer Sehnsüchte. Sein Tod war ein furchtbarer Schlag für sie. Hans Diefenbach gab ihr, auch ohne körperlich anwesend zu sein, das Gefühl, eine attraktive Frau zu sein.

Es ging das Gerücht, daß Hans Diefenbach wegen seines engen Kontakts zu der politischen Gefangenen an die Front geschickt worden sei; damit machte man Rosa Luxemburg für seinen Tod verantwortlich. Sie hat, wenn ihr das Gerücht überhaupt zu Ohren gekommen ist, nie ein Wort dazu verlauten lassen. Luise Kautsky aber vertraute sie nach Diefenbachs Tod an: „Wir hatten tausend Pläne für die Zeit nach dem Kriege."[48] Er sei ihr liebster Freund gewesen, sagte sie, der wie kein anderer jedes ihrer Gefühle verstanden und mitgefühlt habe.

Was Jogiches betrifft, hatte Rosa Luxemburg immer Verschwiegenheit gewahrt, nun aber brach sie dieses Schweigen. Jogiches weiß nicht, „wie man liebt", schrieb sie an Luise Kautsky.[49] Jogiches hatte das Weihnachtsgeschenk, das sie ihm aus dem Gefängnis geschickt hatte, die Reproduktion eines Turner-Gemäldes, zurückgeschickt mit der Bemerkung, es sei „Vandalismus", das Bild aus der Mappe zu nehmen (die ein Geschenk von Kostja Zetkin war), und dem Befehl, es zurückzulegen, wohin es gehörte. „Echter Leo, nicht wahr?" grollte sie.[50]

Obwohl Rosa Luxemburg mit Luise Kautsky kaum je über Jogiches gesprochen hatte, konnte Luise eigentlich nicht der Meinung sein, daß Hans Diefenbach „Rosa so nahe stand wie kaum ein zweiter Mensch."[51] Luise Kautsky strickte weiter an der Legende von der überragenden Rolle, die Hans Diefenbach in Rosa Luxemburgs Leben gespielt habe, so wie sie die Legende von Rosa Luxemburgs Jugend und Familie verbreitete. In ihren Erinnerungen an Rosa widmete sie Hans Diefenbach unverhältnismäßig viel mehr Raum als Leo Jogiches.

Die romantische Affäre hatte übrigens noch ein ganz unromantisches Nachspiel. In seinem Testament vermachte Hans Diefenbach Rosa

Luxemburg 50 000 Mark, übergab sie aber seiner Schwester in treuhänderische Verwaltung. Seine ausgezeichnete Freundin, sagte er, sei in der Privatökonomie vielleicht keine ganz so geniale Meisterin wie in der Nationalökonomie. Er „hatte Angst, ich könnte das Geld für die Partei ausgeben", erläuterte Rosa Luxemburg ein bißchen ärgerlich diese Auflage.[52] Sie erhielt nur vier Prozent Zinsen vom Kapital zum Leben, und das deckte kaum die Hälfte ihres Budgets, wie sie erklärte – ihrer Kosten im Gefängnis und der Miete für ihre Wohnung. Ihr gefiel Hans Diefenbachs Vorsichtsmaßnahme nicht. Wenn sie gab, dann gab sie mit vollen Händen, ohne Vorbehalte.

Rosa Luxemburgs Verhältnis zu Luise Kautsky veränderte sich weiter, je stärker Rosa in das Leben ihrer Freunde einzugreifen suchte. Damals, als Luise mit dem Gedanken gespielt hatte, ihren Mann zu verlassen und zu ihrem Schwager zu gehen, hatte Rosa Luxemburg hartnäckig bestritten, Luise dazu gedrängt zu haben. Jetzt aber, schriftlich, brachte sie unaufhörlich Luise mit Hans Kautsky in Verbindung. Sie bat beide, sie zu besuchen (was sie taten), und kam immer wieder auf die gemeinsamen Erlebnisse und die gemeinsamen Interessen der beiden zurück. In aller Ausführlichkeit erwog sie die Situation, in der sie sich befanden, und betonte wiederholt, daß Luise geradezu verpflichtet sei, bei Hans zu bleiben und seiner kleinbürgerlichen Existenz eine geistige Dimension zu verleihen.

Es sieht so aus, als hätte zwischen Rosa Luxemburgs Beziehung zu Hans Diefenbach und Luise Kautskys Beziehung zu Hans Kautsky ein Zusammenhang bestanden, und diesen Zusammenhang stellte Rosa Luxemburg her. Luise sollte Hans Kautskys Leben einen höheren Sinn geben und Rosa Luxemburg wollte Hans Diefenbach helfen, seine Angst vor der grausamen Wirklichkeit zu überwinden. So würden die Frauen dem Leben der beiden Männer mehr Qualität geben und vielleicht ihr Schicksal ändern. Viele Jahre früher hatte Rosa Luxemburg verlangt, daß Luise ihr intellektuell nacheiferte; jetzt konnte ihr Verhältnis zu Hans Diefenbach Vorbild sein für Luise, die in einer konventionellen Ehe gefangen war.

Luise Kautsky war für sie ein „Hafen", eine Zuflucht vor dem Schlag, den der Krieg ihrem Glauben versetzt hatte. Bei Luise, der Mutter und Ehefrau, regte sich in Rosa das Gefühl der Verlorenheit, noch verschärft durch die politische Katastrophe. „Aber ich muß doch jemanden haben, der mir glaubt, daß ich nur aus Versehen im Strudel der

Weltgeschichte herumkreisle", schrieb sie, „eigentlich aber zum Gänsehüten geboren bin."[53] Die Gefängnishaft ließ sie nicht unversehrt, das wußte sie. Im Juli 1918 schilderte sie Luise die „Gedanken, Gespenster", die Zwangsvorstellungen, die sie verfolgten: „Diese Psychologie entwikkelt sich unwillkürlich, wenn man lange im Gefängnis sitzt."[54] Es war ihr letzter Brief an Luise. Sie haben sich nie wiedergesehen.

Als Hans Diefenbach im Felde gefallen war, schrieb Rosa an Sonja Liebknecht, sie fühle sich wohl trotz des Schmerzes um Hans, sie lebe in einer Traumwelt, „in der er gar nicht gestorben ist."[55] Luise Kautsky beschrieb sie die Qual ihrer schlaflosen Nächte und ihrer Alpträume; Sonja schrieb sie: „Ich lächle im Dunkeln dem Leben, und dabei suche ich selbst nach einem Grund zu dieser Freude ... Die tiefe nächtliche Finsternis ist so schön und weich wie Sammet, wenn man nur richtig schaut." Andere Freunde kannten Rosas wachsende Verzweiflung, Sonja Liebknecht aber hörte gegen Ende 1917 von ihr: „Je länger das dauert, ... um so ruhiger und fester werde ich."[56]

Die „arme Sonja", wie Rosa Luxemburg sagte, die junge, schöne Frau des im Gefängnis sitzenden Karl Liebknecht, war Empfängerin kleiner Meisterwerke der Briefschreibekunst, angefüllt mit Schilderungen der Natur und durchtränkt vom Mitleid mit all ihren leidenden Kreaturen. Aus den Briefen sprach die unvergleichliche Kraft der Autorin gegenüber allen Widrigkeiten und eine bewundernswerte Toleranz. „Ich habe Sie so gern als Hausfrau", schrieb die legendäre Gestalt an das „Backfischfigürchen".[57] Sie erklärte Sonja, wie sie selbst mit den Prüfungen des Lebens fertig würde, und riet ihr: „Man muß es immer mit allem nehmen und *alles* schön und gut finden. Ich tue es wenigstens so. Nicht durch ausgeklügelte Weisheit, sondern einfach so aus meiner Natur. Ich fühle instinktiv, daß das die einzige, richtige Art ist, das Leben zu nehmen und fühle mich deshalb wirklich glücklich in jeder Lage."[58] Rosa Luxemburg war durchaus nicht „in jeder Lage" glücklich, und als sie dies schrieb, im Frühjahr 1917, kämpfte sie gerade mit einer depressiven Phase. Sonja Liebknecht aber blieb für sie eine leicht verwöhnte, hübsche Puppe, eine Bekannte, der sie großzügig Trost und Zuneigung spendete, die sie aber nicht als Ebenbürtige behandelte. In dem Mitgefühl schwang unbeabsichtigt, aber hörbar Herablassung mit. Immerhin, manchmal ließ Rosa Luxemburg die lyrischen Essays beiseite und behandelte Sonja wie eine Freundin.

„Clara (Zetkin) schrieb mir begeistert über den *Reichen Mann* (von John Galsworthy)," schrieb sie an Sonja, „Aber wie puritanisch-herb ist ihr Urteil über unsere – Ihre und meine – Irene, dieses entzükkende Geschöpf, das zu schwach ist, um sich mit den Ellbogen den Weg durch die Welt zu bahnen, und wie eine zertretene Blume am Wege liegenbleibt. Für solche ‚Damen', die nur ‚Geschlechts- und Verdauungsapparate' seien, fehle ihr, Clara, das Verständnis. Als ob jede Frau eine ‚Agitatorin' oder Stenotypistin oder Telephonistin oder so was ‚Nützliches' werden könnte! Und als ob schöne Frauen – zur Schönheit gehört freilich nicht nur eine gute Maske, sondern auch innere Feinheit und Grazie –, als ob schöne Frauen nicht schon deshalb ein Geschenk des Himmels wären, weil sie unsere Augen erfreuen! . . ."[59] Besser hätte Rosa Luxemburg nicht ausdrücken können, daß es nicht die Claras sind, die das Leben schön machen.

1917 war für Rosa Luxemburg in mancher Hinsicht ein kritisches Jahr. Die Nachrichten aus Rußland, die ihr im April Auftrieb gegeben hatten, begannen sie gegen Jahresende zu beunruhigen. Die Haftverschonung wegen Krankheit, die sie erwartete, wurde nicht genehmigt, schlimmer noch, aus dem relativen Komfort der Festung Wronke verlegte man sie nach Breslau, in wieder ein anderes Gefängnis. Sie litt unter heftigen Stimmungsschwankungen; gestern hell entzückt über eine aufgehende Blüte, fiel sie heute in dumpfes Brüten über deren kurzes Leben. Sie beklagte sich bitterlich bei Luise Kautsky über das Schweigen ihrer Freunde, während dieselben Freunde Briefe schrieben, Bücher, Lebensmittel, Süßigkeiten und Blumen schickten. Ihre Familie schickte ihr aus Warschau Tee und Seife. Aber sie war nicht leicht zufriedenzustellen. Sonjas Briefe klangen wie „gesprungenes Glas"; Luises Briefe waren „verdächtig griesgrämig"; jeder, der ihr schrieb, wolle nur „jammern und klagen"; keiner hätte Goethes Lebensauffassung oder strebte auch nur danach – „den Universalismus der Interessen, die innere Harmonie." Die innere Harmonie, der unerreichbare Traum, schien für sie eher erreichbar als für ihre Freunde; sie verglich die eigene Stärke mit ihrer Schwachheit und das eigene reiche Innenleben mit ihrer geistigen Armut. Je länger die Haft dauerte, um so abwehrender wurde sie.

Im Juli 1917 setzte der Staatsanwalt sie von der bevorstehenden Verlegung in ein anderes Gefängnis in Kenntnis. Es gäbe in Deutschland nur zwei Frauengefängnisse, teilte man ihr mit, und ihre Zelle werde für eine andere Frau gebraucht. Die Entscheidung kam als böse Überraschung. Während der acht Monate in Wronke hatte sich Rosa Luxemburg an die Zelle gewöhnt, die mit ihren Büchern und Habseligkeiten gefüllt war, besonders aber an den Garten, den sie liebte. Auch suchte sie regelmäßig einen Privatarzt in Poznań auf, der sie psychologisch und medizinisch behandelte, und die Fahrten in die Stadt boten eine willkommene Abwechslung. Jetzt war das bißchen Stabilität erschüttert, das so wichtig war für ihr seelisches Gleichgewicht. Sie mußte packen, gehen und von vorn anfangen.

Mathilde Jacob war gerade in Wronke, als der Bescheid kam. Sie verbrachte, wie es ihre Gewohnheit war, ihre Ferien in der Nähe der Festung, um näher bei Rosa zu sein. Die Gefängnisleitung, erschrocken über Rosa Luxemburgs depressive Stimmung, hatte sogar erlaubt, daß sie Mathilde Jacob öfter sah. Das erregte sofort Rosa Luxemburgs Argwohn. Weil sie befürchtete, daß Mathilde Jacob für sie Sondervergünstigungen erbeten hätte, weigerte sie sich einmal, Mathilde zu empfangen und gab erst nach, als sie sich vergewissert hatte, daß ihr Verdacht unbegründet war.

Zunächst erfuhr Rosa Luxemburg nicht, wann und wohin sie verlegt werden sollte. Aber die kluge Mathilde begann sofort, auf Vorrat Lebensmittel zu besorgen, die auf dem Lande leichter zu haben waren, und sie sicherte sich die Hilfe eines Wachmannes und einiger russischer Kriegsgefangener, um Kisten zu beschaffen, Bücher, Kleider, Küchengerät zu verpacken und alles so rasch wie möglich wegzuschaffen; sie wußte, eine nackte Zelle würde Rosa Luxemburg abstoßen. Kurz vor der Abfahrt wurde Rosa Luxemburg mitgeteilt, sie käme nach Breslau. Die Abfahrtzeit wurde geheimgehalten, damit Mathilde Jacob nicht denselben Zug benutzte, wie Rosa Luxemburg sie angstvoll gebeten hatte. Der Staatsanwalt war bereit, die Zeit preiszugeben, wenn Mathilde Jacob verspräche, nicht zum Bahnhof zu kommen. Lieber ginge sie jeden Tag zweimal dorthin und wartete auf jeden Zug nach Breslau, gab Mathilde Jacob zurück, als daß sie es sich nehmen ließe, Rosa Luxemburg zu verabschieden. Am Nachmittag des 22. Juli 1917 wurde Rosa Luxemburg schließlich vom Staatsanwalt und Mathilde Jacob gemeinsam an den Zug gebracht.

Mathilde Jacob folgte Rosa Luxemburg mit dem nächsten Zug und befand sich in einem Breslauer Hotel, um den ersten Brief Rosa Luxemburgs in Empfang zu nehmen. Es war ein verzweifelter Brief.

Schon die Reise war eine Qual; die Leute, der Lärm, der Verkehr brachten Rosa vollkommen durcheinander. Es war fast auf den Tag genau drei Jahre her, daß sie vom letzten Kongreß der Internationale in Brüssel heimgefahren war, mitten durch das Schmettern der Kriegsfanfaren und Züge voll lärmender Soldaten, und in Berlin war sie voller Tatendrang eingetroffen. Jetzt entnervten sie schon der bloße Anblick fremder Leute und die Geräusche der Stadt. Ihre schlimmsten Befürchtungen wurden bestätigt: das neue Gefängnis, schrieb sie, sei schrecklich. „Ich werde hier zugrunde gehen", sagte sie zu Mathilde, als sie sich zum ersten Mal sahen.[60] Sie war bereit, um ihre Verlegung zu bitten.

Das Breslauer Gefängnis sollte das letzte Stadium ihrer Gefangenschaft sein. Sie blieb dort ein Jahr und vier Monate, die längste Zeit, die sie in einem ihrer Gefängnisse zubringen mußte. Die Haftbedingungen erwiesen sich als nicht ganz so schlimm, wie sie befürchtete. Mathilde Jacob fand die Arbeiterfrau Selma Schlich, die sich bereit erklärte, das Essen zu kochen und ins Gefängnis zu bringen. Rosa Luxemburg bekam zwei Räume zugewiesen. „Zwei Räume sind nämlich schön, wenn man zu ihnen Zutritt hat", schrieb sie an Mathilde Jacob. „Ich bin aber immer fest eingesperrt und bis ich in meine andere Zelle gelange, muß ich klopfen und die Aufseherin in Bewegung setzen."[61] Eine aus Berlin herbeigerufene Kommission befand, dies sei tatsächlich eine unbillige Härte, und man riß eine Wand ein, um die beiden Räume miteinander zu verbinden. Ausgestattet mit ihrer Habe, Bildern, einem Teppich und einem Sessel, bekamen die Räume eine persönliche Note. Rosa Luxemburg konnte in ihrer Zelle Besuch empfangen und fühlte sich „in der Rolle der Wirtin", erinnerte sich Mathilde Jacob.[62] Man gestattete ihr, auf dem Hof spazierenzugehen, so lange sie wollte. Der Gefängnisarzt, ein Bewunderer Goethes und bald auch Rosa Luxemburgs, verschaffte ihr eine Lesekarte für die Breslauer Universitätsbibliothek. Jetzt konnte sie den russischen Autor Wladimir Korolenko lesen, dessen Autobiographie sie ins Deutsche übersetzte. In seinen Geschichten schilderte Korolenko Juden; im praktischen Leben kämpfte er für ihre Rechte. Ohne es zu wollen, wurde Rosa Luxemburg in ihre Welt hineingezogen.

Im Laufe ihrer Gefängnisjahre wurde Rosa Luxemburgs Einstellung zu den Juden differenzierter. Dafür mag es verschiedene Gründe geben, von Korolenkos Interesse an den Juden bis hin zum Überfluß an Zeit zum Nachdenken. Sowohl ein Brief, den Rosa Luxemburg am 16. Februar 1917 an ihre deutsche Freundin und Genossin Mathilde Wurm schrieb, als auch ihr Vorwort zu Korolenkos Autobiographie läßt erkennen, wie tief der Konflikt bei ihr ging. Der Brief enthält einen Passus, der häufig zitiert wird, um entweder ihre widersprüchliche Haltung gegenüber den Juden oder ihren offenen Antisemitismus zu beweisen. Der Passus lautet: „Was willst Du mit den speziellen Judenschmerzen? Mir sind die armen Opfer der Gummiplantagen in Putumayo, die Neger in Afrika, mit deren Körper die Europäer Fangball spielen, ebenso nahe."[63]

In einem früheren Brief an Mathilde Wurm hatte Rosa Luxemburg gegen die deutschen Sozialdemokraten gewettert, die „elenden Kleinkrämerseelen", die bereit wären, „auch ein bißchen ‚Heldentum' feilzubieten, aber nur ‚gegen bar' ... aber man soll gleich einen ‚Nutzen' auf dem Ladentisch sehen."[64] Mathilde Wurm, vielleicht empört wegen dieser Anspielung auf ein jüdisches Klischee, schickte Rosa Luxemburg daraufhin die zu einem Roman verarbeitete Biographie des exkommunizierten jüdischen Philosophen Spinoza. Rosa Luxemburg ihrerseits könnte dieses Geschenk, das sie Kitsch nannte, als den Versuch verstanden haben, ihr eine Lektion zu erteilen, und so reagierte sie gereizt auf die „speziellen Judenschmerzen".

Daß Rosa Luxemburg heftig reagierte, wenn sie mit ihrem Judentum konfrontiert wurde, kann Tadeusz Radwański bezeugen, ein polnischer Sozialist, der sich erinnerte, daß sie einen Wutausbruch hatte, als er erzählte, er habe sich selbst Jiddisch beigebracht, um sich mit jüdischen Arbeitern verständigen zu können. „‚Das ist schon wieder so ein Verrückter in unseren Reihen, der als *goi* den jiddischen Jargon gelernt hat!', rief sie. ‚Literatur im jiddischen Jargon! Was für ein Hohn! Und ganz besonders dieser verrückte, unlesbare (I. L.) Peretz, der sich erdreistet, Heine mit seinen Übersetzungen aus der schönen deutschen Sprache in diese durch ein paar hebräische Brocken und slawische grammatikalische Eigentümlichkeiten verderbte altschwäbische Mundart zu beleidigen!'"[65]

Im Vorwort zu Korolenkos Autobiographie *Die Geschichte meines Zeitgenossen* schrieb Rosa Luxemburg: „Unterdrückung, Willkür, Unrecht, Armut, Abhängigkeit ... modeln die Menschen geistig in bestimmter Weise."[66] Ob sie dies auf sich selbst bezog oder nicht, der Satz ist aufschlußreich im Zusammenhang mit dem Gegenstand, über den sie schrieb. Sie schilderte Korolenkos Kampf für Gerechtigkeit und sprach von dem berüchtigten Kiewer Prozeß von 1911 gegen den jüdischen Maurer Mendel Beílis, dem ein Ritualmord vorgeworfen wurde. Sie aber bezeichnete ihn als den „Kischinjower Ritualmordprozeß", wobei sie offensichtlich den Kischinjower Pogrom von 1903 und den Beílis-Prozeß in Kiew durcheinanderbrachte. Beide Ereignisse galten damals in der gesamten zivilisierten Welt als Symbole der Judenverfolgung; Rosa jedoch verwechselte die Fakten. Man kann das als ein Versehen abtun oder als symptomatisch für ihren Zwiespalt werten.

Nicht weniger faszinierend ist, was Rosa Luxemburg in dem Vorwort über die „Rolle des Sündenbocks" schrieb, die sie als eine „Einrichtung der modernen Zivilisation" betrachtete. In den Vereinigten Staaten dienten die Neger als Sündenböcke; in Westeuropa seien es manchmal die Italiener. Ein Beispiel für letzteres, schrieb Rosa Luxemburg, sei ein „kleiner Italienerpogrom", den es um die Jahrhundertwende aus Anlaß eines Kindermordes in einer Züricher Arbeitervorstadt gab. Sie erwähnte auch, daß in Rußland sieben wotjakische Bauern, „halbe Heiden und halbe Wilde", des Ritualmordes beschuldigt und zu Zuchthausstrafen verurteilt wurden.[67]

Die Reihenfolge, in der Rosa Luxemburg die Minderheiten aufzählte – Neger, Italiener, Wotjaken, Juden – ist sehr vielsagend; desgleichen, daß sie das Wort „Pogrom", das sich normalerweise auf einen Angriff gegen Juden bezieht, für italienische Arbeiter benutzte. Symptomatisch ist auch, daß sie als Sündenböcke Westeuropas die Italiener aussuchte, nicht die Juden, während sie sagte, daß sich in Osteuropa die Unzufriedenheit der Menschen gegen die Juden richtete. Und interessanterweise erinnerte sie an die Dreyfus-Affäre im Zusammenhang mit dem Wotjaken-Prozeß, nicht mit dem Beílis-Fall, obwohl die Parallele zwischen den Fällen Dreyfus und Beílis auf der Hand lag.

Die meiste Zeit widmete Rosa Luxemburg in Wronke der Korolenko-Übersetzung. Aus dem deutschen Gefängnis ins Rußland des neunzehnten Jahrhunderts versetzt, erlebte sie die Hoffnungen und Träume der Russen neu. In ihrem Vorwort skizzierte sie die Entwicklung der Literatur in Rußland auf populäre Art, simplifizierend und ungenau. „Wie über Nacht", schrieb sie, sei die russische Literatur aus Finsternis und Barbarei aufgeblüht, „wie Minerva aus Jupiters Haupte steigt".[68] Ihr überhöhtes Bild von Rußland, wo Wunder geschehen und Zurückgebliebenheit sich über Nacht zu Fortschritt wandelt, hatte eine politische Stütze. Ihre häufigen Äußerungen über deutsche Selbstgefälligkeit und Sklavenmentalität im Gegensatz zum russischen Bedürfnis nach Selbsterkenntnis besagten letztlich, daß die geistige Entwicklung der Deutschen auf dem Abstieg sei und daß Rußland sich zu monumentalen geistigen Höhen aufschwänge. Auf das Leinen der Literatur stickte Rosa Luxemburg die Worte, die sie den Deutschen zehn Jahre zuvor ins Gesicht geschleudert hatte: Wann werdet ihr endlich von den Russen lernen!

Die Technik des Übersetzens war eine neue Herausforderung. Immer ein bißchen besorgt um ihr Deutsch, ließ sie ihre Sprache zuerst von Hans Diefenbach und nach seinem Tode von Luise Kautsky korrigieren, bis sie erkannte, daß auch die Sprache einer Übersetzung ihre eigene sein mußte. Sie lernte, daß sie, um in idiomatisches Deutsch zu übersetzen, vom Originaltext Abstand gewinnen mußte, also legte sie den ersten Entwurf beiseite und ließ einige Zeit verstreichen, bevor sie ihn überarbeitete. Der Übersetzer hat, genau wie der kreative Autor, ein ständig nagendes Gefühl der Unzufriedenheit; damit rechtfertigte sie, daß ihre Arbeit so langsam voranging. In Wirklichkeit arbeitete sie alles andere als langsam; gegen Ende August 1917 hatte sie achtzig Seiten des Manuskripts fertig, Mitte September weitere hundert Seiten. Da die Gefängniszensoren ihre ersten Leser waren, dauerte es sehr lange, bis das Manuskript Mathilde Jacob erreichte, die es tippte. Die Verzögerungen ärgerten Rosa, und oft machte sie sich Sorgen, daß das einzige, handschriftliche Exemplar verlorengehen könnte. Aber die Arbeit machte ihr viel Freude, und sie war stolz, daß die Freunde ihr Deutsch lobten.

Zu Weihnachten 1917, dem dritten und letzten, das sie in der Haft verbringen sollte, erwartete Rosa Luxemburg das alljährliche Festritual. Mathilde Jacob war beauftragt, ein Buch über ägyptische Kunst für Clara Zetkin, Bücher für Sonja Liebknecht und Marta Rosenbaum und ein „Weihnachtsgeschenk, das ich mir selbst machen will", W. R. Ekkardt, *Das Klimaproblem*, zu kaufen.[69] Das war Rosas Art, zu sagen, daß das Leben noch normal sei.

Im März 1918, als sie von Jogiches' Verhaftung erfuhr, zeigte sie keine Gefühlsregung. In all den Jahren seiner illegalen Arbeit für den *Spartakusbund* hatte sie um seine Sicherheit gezittert, erinnerte sich Mathilde Jacob, nun nahm sie das Unabänderliche ruhig auf. Jede weitere Zuwendung von Lebensmitteln der Freunde solle an Jogiches geschickt werden, instruierte sie Mathilde Jacob, und sie kontrollierte, ob ihre Anweisungen strikt befolgt wurden. „Du weißt doch, daß das Essen in den Gefängnissen ungenießbar ist und Leo fast ausschließlich von dem lebt, was Du hineingibst", mahnte sie Mathilde Jacob.[70] Falls Jogiches Wäsche benötigte, könnten ihre Laken verarbeitet werden; aber Jogiches brauchte dringend Zigaretten. Rosa Luxemburg sorgte für Zigaretten. Mathilde Jacob, die nun zwei Häftlinge zu betreuen hatte, pendelte zwischen dem Gefängnis Berlin-Moabit, wo Jogiches einsaß, und Breslau, überbrachte Rosa Luxemburgs Geschenke und übermittelte Nachrichten.

Jogiches war guten Mutes, wußte Rosa von Mathilde. Sie zweifelte nicht daran, daß er seine Häscher überlisten konnte, und das tat er. Bei der Gegenüberstellung mit einem Genossen aus dem *Spartakusbund* sagte Jogiches: „Schade, daß wir uns nicht früher kennengelernt haben." Als man ihm Beweise vorhielt – die letzte Ausgabe der *Spartakusbriefe*, die er selbst redigiert hatte –, bat er den Richter, ihn das lesen zu lassen, und dann erkundigte er sich mit gespielter Neugier, wieviele Ausgaben denn davon erschienen seien.[71]

Nach seiner Verhaftung erwähnte Rosa Luxemburg Jogiches in ihren Briefen an deutsche Freunde nicht. Das war ein Schmerz, mit dem sie allein fertig werden mußte. Aber sie wußte, daß das Leben hinter Gittern für Jogiches tödlich war, und sie wünschte ihm verzweifelt die Freiheit. Der Separatfrieden zwischen Deutschland und Rußland, der im März 1918 unterzeichnet wurde, eröffnete die Möglichkeit eines Gefangenenaustausches. Jogiches, ein Russe, kam dafür in Frage. Deshalb flehte Rosa Luxemburg in Briefen an polnische Genossen in Rußland wieder und wieder: „Rettet Leo!"

Nach der Februar-Revolution 1917 in Rußland meinte Rosa Luxemburg, es sei „ein komischer *change des places*" – ihre alten russischen Freunde kämen frei, während sie hinter Gittern säße –, aber sie sei's zufrieden, „wenn auch meine Chancen gerade dadurch umso schlechter geworden sind . . ."[72] Im April schien sie nicht mehr so mit sich selbst beschäftigt. „Nun, und die herrlichen Dinge in Rußland wirken auf mich auch wie ein Lebenselixier", schrieb sie an Marta Rosenbaum und äußerte zugleich die Befürchtung, daß der Wandel in Rußland in

Deutschland nicht richtig eingeschätzt und verstanden werde. „Das *muß*, das *wird* auf die ganze Welt erlösend wirken, das *muß* ausstrahlen nach ganz Europa, ich bin felsenfest überzeugt, daß eine neue Epoche jetzt beginnt." Dennoch, „auf dauernden Erfolg ist ja dort nicht zu rechnen", mahnte sie, wenn nicht das internationale und besonders das deutsche Proletariat die Russen tatkräftig unterstützten.[73] Ende November, als die Oktoberrevolution die Bolschewiken an die Macht gebracht hatte, schrieb sie an Luise Kautsky: „Freust Du Dich über die Russen? Natürlich werden sie sich in diesem Hexensabbat nicht halten können", und das nicht wegen der rückständigen Wirtschaft, sondern weil die Sozialdemokratie im Westen aus „hundsjämmerlichen Feiglingen besteht", die zusehen würden, wie die Russen verbluten.[74]

Rosa Luxemburg durchforschte die Zeitungen nach den bruchstückhaften und widersprüchlichen Nachrichten aus Rußland, und im Dezember 1917 regte sie sich über die Bolschewiken auf, die entschlossen waren, mit Deutschland Frieden zu schließen. Die Haft wurde zur Folter, als Zweifel in ihr aufzusteigen begannen, Zweifel an dem, was in Rußland vor sich ging. „Überhaupt kam mir heute in den Sinn, während ich mit größter Sorgfalt die Blumen ordnete", schrieb sie im Juli 1918, „daß ich mich selbst bewußt irreführe, mich in den Gedanken hineinwiege, als lebe ich noch ein normales Menschenleben, während um mich herum eigentlich eine Weltuntergangsatmosphäre herrscht. Vielleicht sind es speziell die 200 ‚Sühne-Hinrichtungen' in Moskau, von denen ich gestern in der Zeitung las, die es mir angetan haben . . ."[*][75]

Es besteht kein Zweifel, daß Rosa Luxemburg die Ereignisse in Rußland in ihrer illegalen Korrespondenz mit Jogiches diskutiert hat. Er formulierte seine Position knapp und klar: „Das Wichtigste: Wir sollten keinesfalls öffentlich als Ableger des russischen Bolschewismus auftreten, sondern eher die russischen Verhältnisse von unserem radikalmarxistischen Gesichtspunkt aus beleuchten", schrieb er im November 1917 an den Herausgeber des in Stuttgart erscheinenden *Sozialdemokrat*. „Der letztere deckt sich aber wenigstens in einigen Punkten nicht mit dem Radikalismus Lenins und Genossen. Es sind zwar gute Genossen und aufrichtige Revolutionäre, aber die spezifischen russischen

* Gemeint ist die Strafe, die gegen die linken Sozialrevolutionäre nach deren Umsturzversuch gegen die Sowjetregierung verhängt wurde.

Verhältnisse drängen sie zu gewissen Schlußfolgerungen, die wir wohl nicht werden unterschreiben können."[76]

Rosa Luxemburg, weniger um öffentliches Auftreten als um die Weltrevolution besorgt, beobachtete die russischen Vorgänge weiter. Eine Reihe von Artikeln, die zwischen April 1917 und September 1918 hauptsächlich in den *Spartakusbriefen* erschienen, geben ihre Ansichten wieder. Ihre Bewunderung war wie gewöhnlich den russischen Arbeitern vorbehalten, ihrem unbezwinglichen Mut und ihrer Treue zum Sozialismus. Es war die Führung, die ihr Sorgen machte. Der Friedensvertrag von Brest-Litowsk, von Sowjetrußland und den Mittelmächten unterzeichnet, war „in Wirklichkeit nichts anderes als eine Kapitulation des russischen revolutionären Proletariats vor dem deutschen Imperialismus."[77] Unter dem Titel „Die russische Tragödie" wurde dieser Artikel Rosa Luxemburgs im September 1918 veröffentlicht; er erschien mit einer redaktionellen Fußnote: Die Befürchtungen, die der Artikel ausspreche und die die Redaktion teile, entsprängen aus der *objektiven* Lage der Bolschewiken, nicht aus ihrem *subjektiven* Verhalten. Damit war eine Form der Logik geboren, die im Laufe der Zeit zu einem Instrument der sowjetischen Parteipolitik wurde. Es dauerte drei Jahrzehnte, bis Arthur Koestler der Welt klarmachte: Wer anderer Meinung ist als die Sowjetführung, der ist *objektiv* nachweisbar ein faschistischer Agent, auch wenn ihm *subjektiv* von den Faschisten die Nieren zerquetscht worden sein sollten.

Im Sommer 1918 schrieb Rosa Luxemburg einen Artikel über die russische Revolution. Freunde flehten sie an, auf seine Veröffentlichung zu verzichten, sie wandten ein, daß öffentliche Kritik an dem belagerten, zerbrechlichen Regime der Bolschewiken nicht im Interesse der Revolution sei. Hier wurde möglicherweise zum ersten Mal das Argument benutzt, daß offene Kritik an Sowjetrußland gleichbedeutend sei mit dem Übertritt ins Lager der Feinde. Rosa Luxemburg bestand auf der Veröffentlichung. Im September besuchte Paul Levi sie im Gefängnis, um sie zu einem Sinneswandel zu überreden, und nach einer langen Diskussion willigte sie ein. Überzeugt, daß sie ihre Position klarstellen müsse, setzte sie sich an ein längeres Werk, das unvollendet blieb. Seinen Inhalt teilte sie über eine „vertraute Freundin", sicherlich Mathilde Jacob, Paul Levi mit. Daß Paul Levi und Rosa Luxemburg in ihrer Einschätzung der russischen Revolution differierten, geht aus der Botschaft hervor, die sie ihm ausrichten ließ: „Ich schreibe diese Broschüre für Sie, und wenn ich nur Sie damit überzeugt haben werde, so habe ich diese Arbeit nicht vergeblich geleistet."[78]

Das Los dieses schmalen Bändchens, etwa sechzig Seiten lang, symbolisiert das Los seiner Autorin. Es hat nie aufgehört, Sozialisten und Bolschewiken gleichermaßen zu erregen; es wird entweder als das Werk eines marxistischen Häretikers bezeichnet oder als das eines orthodoxen Marxisten, der die russische Revolution verrät oder sich für sie entschuldigt. Noch bevor die unfertige Broschüre veröffentlicht war, wurden schon Fäden gezogen, um sie zu unterdrücken. Als Levi sie 1922 herausgegeben hatte, wurde er von den kommunistischen Parteien in Moskau und Berlin beschuldigt, Rosa Luxemburgs Werk zu verfälschen. Im Westen wurde sie von der jüngeren Generation, die aus der Sowjetunion ein Heilmittel gegen den Faschismus erhoffte, weithin ignoriert.

Rosa Luxemburgs Analyse der Oktoberrevolution, von den einen als zeitweilige Verirrung verworfen, von den anderen als Prophetie gepriesen, ist doch keines von beidem. Sie ist eine logische Weiterentwicklung ihrer Theorie auf der Grundlage des Gedankens, daß sich die Geschichte auf eine fortgeschrittenere, demokratischere Gesellschaftsordnung zubewegt. Sie begrüßte die Revolution als „das gewaltigste Faktum des Weltkrieges" und stellte fest: Die Lenin-Partei war „die einzige in Rußland, welche die wahren Interessen der Revolution in jener ersten Periode begriff." Aber die Methode Lenins und Trotzkis, die völlige Beseitigung der Demokratie, hielt sie für verhängnisvoll.

Punkt für Punkt legte sie die Fehler der Sowjetregierung dar: Die Besitzergreifung und Aufteilung von Grund und Boden durch die Bauern müsse eine neue, starke Masse von Besitzenden schaffen, von potentiellen Gegnern der Revolution; das Selbstbestimmungsrecht der Nationen einschließlich des Rechtes zur staatlichen Lostrennung von Rußland habe nationalistische Ressentiments geschürt und damit die Einheit des Proletariats untergraben; die Auflösung der konstituierenden Versammlung beraube die Massen ihrer grundlegenden demokratischen Institution; die Abschaffung des allgemeinen Wahlrechts und der wichtigsten demokratischen Garantien – der Pressefreiheit, des Vereins- und Versammlungsrechts – verschütte das aktive politische Leben der breiten Massen.

Im Nachhinein erwies sich Rosa Luxemburgs Kritik an der Agrarpolitik und der Politik der nationalen Selbstbestimmung der Bolschewiken natürlich als sinnlos, weil nichts davon in die Praxis umgesetzt wurde. Aber es spricht für Rosa Luxemburgs Glauben an die moralischen Normen der Revolutionäre, daß sie ihre Worte ernst nahm. Vor ihrem geistigen Auge sah sie Massen von neuen Besitzenden – die russischen Bauern – und eine Nation nach der anderen dem revolutionären Rußland den Rücken kehren. Sie wetterte zwar gegen den „Terror und die Erdrückung der Demokratie", aber sie gab die Sache nicht verloren. Lenin, Trotzki und ihre Freunde waren die ersten, die dem Weltproletariat mit dem Beispiel vorangegangen sind, die einzigen, die stolz sagen können: „Ich hab's gewagt!" Sie haben die Auseinandersetzung zwischen Kapital und Arbeit in der ganzen Welt vorangetrieben. Aber, meinte sie, in Rußland konnte das Problem nur gestellt werden; es konnte nicht in Rußland gelöst werden.

Mit wenigen meisterhaften Strichen verdeutlichte sie, auf was es ihr ankam. Sie stellte klar, „daß der Sozialismus sich seiner Natur nach nicht oktroyieren läßt, durch Ukase einführen ... Lenin ... vergreift sich völlig im Mittel: Dekret, diktatorische Gewalt der Fabrikaufseher, drakonische Strafen, Schreckensherrschaft ... Ohne allgemeine Wahlen, ungehemmte Preß- und Versammlungsfreiheit, freien Meinungskampf erstirbt das Leben in jeder öffentlichen Institution, wird zum Scheinleben, in dem die Bürokratie allein das tätige Element bleibt ... Das öffentliche Leben schläft allmählich ein, einige Dutzend Parteiführer ... dirigieren und regieren, unter ihnen leitet in Wirklichkeit ein Dutzend hervorragender Köpfe und eine Elite der Arbeiterschaft wird von Zeit zu Zeit zu Versammlungen aufgeboten, um den Reden der Führer Beifall zu klatschen, vorgelegten Resolutionen einstimmig zuzustimmen, im Grunde also eine Cliquenwirtschaft – eine Diktatur allerdings, aber nicht die Diktatur des Proletariats, sondern die Diktatur einer Handvoll Politiker." Lenin und seine Genossen haben „dem internationalen Sozialismus wahrhaftig geleistet, was unter so verteufelt schwierigen Verhältnissen zu leisten war. Das Gefährliche beginnt dort, wo sie aus der Not die Tugend machen ... Freiheit nur für die Anhänger der Regierung", erklärte sie, „nur für Mitglieder einer Partei, mögen sie noch so zahlreich sein, ist keine Freiheit. Freiheit ist immer Freiheit des anders Denkenden."[79]

Nichts, was sie je geschrieben hatte und noch schreiben sollte, schrieb sie mit solcher Pein wie ihr Urteil über die russische Revolution.

Hätte Jogiches, wäre er frei gewesen, Rosa Luxemburg ausgeredet, ihre Meinung über die Revolution publik zu machen, so wie Levi es tat?

Sicherlich nicht. Wäre ihre Kritik veröffentlicht worden, wären die Ereignisse im Nachkriegsdeutschland möglicherweise anders verlaufen. Rosa Luxemburg war immer der Meinung gewesen, daß gut informierte Arbeiter zu Entscheidungen fähig seien, daß es Pflicht der Führung sei, sie informiert zu halten. Jetzt ließ sie zu, daß die Wahrheit verschwiegen wurde. Sie ließ sich von Levi umstimmen, der gute Absichten, aber wenig Kenntnisse und Erfahrungen hatte. Ohne Jogiches stand sie ganz allein vor einem Dilemma, dessen große Bedeutung sie nicht ermessen konnte.

Das folgende Nachspiel läßt erahnen, welche Lawine Rosa Luxemburgs Broschüre nach ihrem Tode auslöste.

Im Herbst 1921 brachte Clara Zetkin aus Moskau die Empfehlung Lenins mit, man möge doch Rosa Luxemburgs gesammelte Werke herausgeben. Trotz „Luxemburgs Irrtümern" nannte Lenin sie „den Adler der Revolution".* Zugleich brachte Clara Zetkin aber die Instruktion mit, daß Rosa Luxemburgs Manuskript über die russische Revolution zu verbrennen sei. Angeblich hatte die Autorin ihre Kritik an der Revolution zurückgenommen, hatte ihre Meinung geändert, bevor sie starb. Clara Zetkin sagte, sie wisse das von Jogiches, aber da auch Jogiches tot war, gab es niemanden mehr, der ihre Aussage hätte bestätigen können. Clara Zetkin bat Paul Levi brieflich, von der Veröffentlichung des umstrittenen Manuskripts Abstand zu nehmen. Levi erwiderte, es interessiere ihn nicht, „was ‚Radek sagt' und ‚Sinowjew sagt' und ‚Bucharin sagt'", ein deutlicher Hinweis darauf, daß alle drei Clara Zetkin gedrängt hatten, die Veröffentlichung zu verhindern. „Sie . . . halten es immer noch damit, man müsse weiterschweigen", schrieb Levi in seiner Antwort auf ihre Bitte. „Mir ist fraglich, ob wir recht taten, daß wir so lange schwiegen." Rosa Luxemburg habe Lenins Auffassung seit zwanzig Jahren kritisiert, sagte er, und die Arbeit, um die es ging, sei nur die konsequente Weiterführung ihrer Argumentation. Die „liebe Genossin Clara" tue Rosa ebenso unrecht wie Lenin oder noch viel mehr, wenn sie versuche, „alles nur auf Mißverständnis, schlechte Information – Rosa war sehr gut informiert – oder persönlich

* Lenin war der Meinung, daß Rosa Luxemburg in der Frage der Unabhängigkeit Polens, in ihrer Einschätzung des Menschewismus im Jahre 1903, in ihrer Theorie von der Akkumulation des Kapitals, in ihrer Forderung nach Vereinigung der Bolschewiken und Menschewiken im Jahre 1914 und in ihren Schriften aus dem Gefängnis im Jahre 1918 „irrte".

üble Laune“ zurückzuführen. „Rosa stand nun einmal ... in gewissen Fragen im Gegensatz zu den Bolschewiki, gerade diese Fragen hat der Gang der russischen Revolution in den Vordergrund geschoben ... Den Nachlaß unter Verschweigung dieses Gegensatzes ... herauszugeben ... hieße: erstens überhaupt und für immer auf eine Kritik zu verzichten, ... solange Rußland in seiner jetzigen Verfassung allein steht; zweitens auf einen Weg zu verzichten, auf den die tote Rosa uns schon zu Lebzeiten wies und den ... die Geschichte gebilligt hat; drittens das ganze wunderbar einheitliche Bild von Rosas Weltanschauung zerstören.“[80]

Clara Zetkin ließ nicht locker, ebensowenig Levi. Sie veröffentlichte das Buch *Rosa Luxemburgs Stellung zur russischen Revolution*, Levi schrieb, als *Die russische Revolution* Rosa Luxemburgs bekannt wurde, eine Einleitung dazu, die fast so lang war wie der Text selbst. Clara Zetkin behauptete, Lenin und Luxemburg hätten nie größere Differenzen gehabt; Levi verfocht das Gegenteil. Ausgehend von einem Artikel Rosa Luxemburgs aus dem Jahre 1904, in dem zum ersten Male Meinungsverschiedenheiten ausgesprochen wurden, wies Levi die Folgerichtigkeit der Luxemburgschen Kritik bis hin zum Programm des *Spartakusbundes* nach.

Levi war sich voll bewußt, welchen Sturm die Veröffentlichung auslösen würde: „Man wird mir von zwei Seiten Vorwürfe machen; die einen, daß ich sie *erst* jetzt, die anderen, daß ich sie *schon* jetzt oder überhaupt veröffentliche.“[81] Er bereitete die Herausgabe der Broschüre *Die russische Revolution* nach dem Kronstädter Aufstand 1921 vor – der ersten Revolte des Volkes gegen das bolschewistische Regime. Inzwischen hatte er selbst seine unversöhnlichen Gegensätze zu Lenin und wurde beschuldigt, sich Rosa Luxemburgs zu bedienen, um seine persönlichen Rechnungen zu begleichen. Der Kronstädter Aufstand und dessen erbarmungslose Niederschlagung beschleunigten seine schwierige Entscheidung. Alle Illusionen über den von den Bolschewiken eingeschlagenen Kurs, die er noch gehegt haben mag, waren nun dahin. „Daß *treueste Söhne der Revolution*, ergebenste Anhänger der Bolschewiki, ... die Elite der revolutionären Kämpfer, in hundert Schlachten bewährt“, gegen die Regierung aufstanden, schrieb er, zeuge für eine tiefe Krise in Rußland.[82]

Rosa Luxemburgs „Gefängniskalender“ für das Jahr 1918 zeigt einen Eintrag in Mathilde Jacobs Handschrift: „Prosit Neujahr Rosa. Auf ein gutes Jahr 1918, auf baldiges Wiedersehen in Südende.“[83] Es war der letzte von drei Kalendern, die Rosa Luxemburg im Gefängnis führte, und auch der dunkelste. Tage, Wochen, Monate gingen an ihr vorüber, unterschiedslos und unkontrollierbar. Die verstreuten Eintragungen sind monoton – ein Brief an Mathilde, ein Brief von Mathilde, ein Päckchen an Kostja Zetkin, schönes Wetter, ein Vogel singt. Im April wurde es ein bißchen anders. Als Jogiches verhaftet worden war, erinnerte sie sich, wie sehr ihm ihr Mangel an Disziplin mißfallen hatte, und sie versuchte, sich selbst etwas Disziplin aufzuerlegen. Am 1. April notierte sie, sie hätte einen kleinen Fuchs gesehen, am 2. April betrug die Temperatur um vier Uhr nachmittags 22 Grad im Schatten, am 3. April gab sie zwei Briefe an Mathilde zur Post, am vierten und am sechsten Eilbriefe an Mathilde, am siebenten „3 × an Mathilde“; über den Monat verteilt gibt es noch sechs weitere Eintragungen dieser Art. Im Mai sind es zwei Eintragungen, im Juni eine. Im Juli wog sie 51,1 Kilo, im August bezahlte sie 39 Mark für den Zahnarzt, der 17. September war ein heißer Sommertag, im Oktober schrieb sie einen Brief an die Kommandantur. Am 6. November wurde eine Amnestie für politische Delinquenten erlassen. Am 8. November machte sie ein großes Kreuz mit blauer Tinte und schrieb: „10 Uhr abends.“ Um zehn wurde ihr mitgeteilt, daß sie frei sei.

Sie verließ das Gefängnis sofort und verbrachte die Nacht in den Büros der Eisenbahnergewerkschaft, die für den nächsten Tag eine Demonstration vorbereitete; dort sprach Rosa Luxemburg vom Rathausbalkon aus zu der jubelnden Menge.

Allein fuhr sie nach Berlin zurück, sie hockte auf ihrem Koffer im Gang eines Zuges voller heimkehrender Soldaten. Jogiches, der am 9. November freigekommen war, hatte Mathilde Jacob losgeschickt, um Rosa mit einem Auto zu holen, da der Zugverkehr unsicher war, aber sie verpaßten sich. Rosa Luxemburg stieg am 10. November 1918 in Berlin aus dem Zug. Zwanzig Jahre zuvor war sie in diese Stadt gekommen, um die Welt zu verändern. Jetzt stand sie, grauhaarig und gebrechlich, wieder hier an der Sperre – in derselben Stadt, mit demselben Traum.

15 *Ende und Anfang*

1919

Am 29. Oktober 1918 begab sich Wilhlem II, deutscher Kaiser und König von Preußen, der vom Abdanken nichts hören wollte, von Berlin zum Oberkommando des Heeres in Spa, um sich unter den Schutz des Militärs zu stellen. Am selben Tage revoltierte die Marine, Stolz und Zierde seines Reiches. Die Meuterei der Matrosen in Kiel verwandelte sich in einen allgemeinen Aufstand, als am 4. November sechshundert Matrosen verhaftet wurden. Am 6. November wehten in den Hansestädten Lübeck, Hamburg und Bremen die roten Fahnen, und am folgenden Tag verbreitete sich die revolutionäre Bewegung über das ganze Land. In München, der phlegmatischsten aller deutschen Städte, wurde die bayrische Republik ausgerufen, Arbeiter-, Bauern- und Soldatenräte bildeten sich. Die Truppen schlossen sich den rebellierenden Arbeitern an.

Die deutsche Sommeroffensive war zusammengebrochen, das Oberkommando gestand die Niederlage ein und empfahl die Beendigung des Krieges. Dennoch verlangte Feldmarschall Paul von Hindenburg, daß weiterhin Widerstand geleistet wurde, auch als Anfang Oktober die Waffenstillstandsverhandlungen begonnen hatten. Die Militärs wollten Kampf bis zum letzten Mann – Hitlers Kampf um Berlin fällt einem dabei ein – und hielten die verängstigte und hungernde Bevölkerung bei der Stange. Käthe Kollwitz' Zeichnungen verhungernder deutscher Kinder erschütterten das Gewissen der Welt, nicht aber das der Generale. Der „Steckrübenwinter" von 1917, in dem alles bis hin zu Kaffee, Bier und Zigaretten aus Steckrüben gemacht wurde, verwandelte die Aussicht auf ein weiteres Kriegsjahr in einen Alptraum.

Stabilität und Sicherheit der Friedenszeit hatten die Menschen schlecht auf die Schrecken des Krieges vorbereitet. Das Deutsche Reich war zwar keine parlamentarische Demokratie, ermöglichte aber seinen Staatsbürgern ein gewisses Maß an Freiheit und Optimismus. Die wirtschaftliche Lage der Arbeiter und Bauern hatte sich ständig verbessert. Die Einführung der ersten Unfallversicherung im Jahre 1884 und die großen Erfolge der Sozialdemokraten bei Wahlen zeigten das Interesse des Staates an der Wohlfahrt seiner Bürger. Als es Krieg gab, betrachtete man ihn weithin als eine Gelegenheit, Heldentum zu beweisen, sich als ein einig Volk zu zeigen, sich männlich und patriotisch zu gebärden, nicht aber als einen Eroberungskrieg. Noch hatte man in lebendiger Erinnerung, wie 1871 Wilhelm I, König von Preußen, im Spiegelsaal des Versailler Schlosses zum deutschen Kaiser ausgerufen wurde. Die Deutschen glaubten, was ihnen seit Generationen erzählt wurde: daß ihre Streitkräfte, Prachttruppen in der Tat, unbesiegbar seien. Im Weltkrieg lernte die Bevölkerung Hunger und Krankheit kennen, aber Gewehrfeuer, Schützengräben, Schlachtfelder hatte sie nie erlebt. Ohne jede Vorstellung von den wirklichen Dimensionen der militärischen Katastrophe fielen die Menschen leicht der Propaganda vom sicheren Siege zum Opfer. Deshalb glaubten sie auch bereitwillig, was das Militär nach Kriegsende als Gründe für die Niederlage nannte.

Jahrzehntelang hatte die militaristische Junkerkaste mit Wut und Abscheu zugesehen, wie die Industrialisierung und alles, was sie mit sich brachte – Geschäfte, Geld, Arbeiter, Sozialisten – die Volksseele vergiftete und die Macht der legitimen Herren des Landes untergrub. Der Krieg bot die Chance, nicht nur der Welt zu zeigen, daß der Geist des Eisernen Kanzlers noch lebte, sondern auch das Geschmeiß zu Hause zu zermalmen. Der Sieg würde die Macht wieder denen geben, welchen sie gehörte. Die Flut würde zurückgedrängt, die alten Werte wieder hergestellt. Keiner würde es wagen, wie die Jüdin Rosa Luxemburg Geheiligtes zu schmähen – die Männer in Uniform. Die Niederlage kam, als sie dann eintrat, als totale Überraschung; sie wäre nie passiert ohne die

Schuld eines Haufens entarteter Fremder. Die hatten jahrelang aufrichtige deutsche Patrioten gegen das eigene Land aufgehetzt, und jetzt planten sie eine Verschwörung, um das Land an die Bolschewiken auszuliefern. Der Waffenstillstand bedeutete das Ende der äußeren Feindseligkeiten und den Beginn der inneren Feindseligkeiten in Deutschland. Kaum war der Vertrag unterzeichnet, setzte das Heer auch schon seine berühmte Dolchstoßlegende in die Welt: Sozialisten, Kommunsiten, Liberale, Pazifisten und vor allen anderen die Juden hatten Deutschland den tödlichen Schlag versetzt, indem sie die Moral in der Heimat und an der Front untergruben. Der wahre Schuldige des verlorenen Krieges sei der Jude, sollte Dr. Joseph Goebbels 1930 verkünden.[1]

Die Ereignisse des 9. November 1918 – dramatisch, aber nicht ganz ohne operettenhafte Züge – waren symptomatisch für das Chaos, in das die unerwartete und nicht akzeptierte Niederlage Deutschland gestürzt hatte. Wilhelm II bestand darauf, seine Truppen nach Berlin zu führen, um die Ordnung wiederherzustellen und seinen Untertanen Mut zu machen; die allerdings forderten lauthals seine Abdankung. Der Kanzler Prinz Max von Baden drängte den Kaiser, zugunsten seines ältesten Enkelsohnes auf den Thron zu verzichten. „Mit Hilfe der Sozialisten wäre die Lage auf diese Art noch zu retten, sonst kommt die Republik“, teilte er dem Kaiser mit.[2] Gegen Mittag setzte Prinz Max den Kaiser unter Druck, indem er die Abdankung bekanntgab; erst dann erklärte sich Wilhelm II bereit, als deutscher Kaiser zurückzutreten, nicht aber als König von Preußen. Als man ihn endlich überzeugt hatte, daß das Heer „nicht mehr hinter Euer Majestät steht“, bestieg er den Zug, der ihn nach Holland ins Exil brachte.[3]

Als letzten Versuch zur Rettung der Monarchie ernannte Prinz Max den Sozialdemokraten Friedrich Ebert zum Reichskanzler. Die Sozialdemokraten hatten im monarchischen System beträchtlichen politischen Einfluß gewonnen und dachten jetzt eher an eine parlamentarische Monarchie als an die gänzliche Abschaffung der alten Ordnung. Innerhalb von zwei Stunden jedoch standen sie vor vollendeten Tatsachen – der Ausrufung der deutschen Republik. Während Friedrich Ebert mit seinen Genossen beriet, drang das Gerücht in den Reichstag, Karl Liebknecht sei im Begriff, eine deutsche Sowjetrepublik auszurufen. Angeblich als Reaktion darauf erschien um 14.00 Uhr Philipp Scheidemann, Sozialdemokrat und Mitglied der neuen Regierung, auf dem Balkon des Reichstages und verkündete, ohne Ebert zu konsultieren, die deutsche Republik. Um 16.00 Uhr kam Liebknecht und rief, vielleicht in Erwiderung auf Scheidemann, nicht eine Sowjetrepublik, sondern „die freie sozialistische Republik Deutschland“ aus.[4] Die Ereignisse überschlugen sich, die Verwirrung war in Regierungskreisen nicht geringer als auf den Straßen, so daß es unmöglich ist, den Verlauf des Tages zusammenhängend zu rekonstruieren. Eines ist sicher: die Geburt der Republik war mehr eine Reaktion als eine bewußte Aktion. Und das Überleben der Republik hing vom Militär ab, das sie haßte.

Was hier geschah, wurde durch Hunger und verheerende Kriegsverluste erzwungen, nicht durch ein dringendes Bedürfnis nach Demokratie. Prinz Max von Baden betraute Friedrich Ebert mit der Kanzlerschaft, um die Monarchie zu retten, nicht um sie abzuschaffen. Ebert schloß also ein Bündnis mit Hindenburg. Weil die Republik keinen sauberen Bruch mit der Vergangenheit wagte, trug sie den Keim der eigenen Vernichtung in sich. Krieg war einfacher als Frieden. Solange Krieg war, gab es den Kaiser und die Bismarck-Legende und den unerschütterlichen Glauben an Deutschlands Unbesiegbarkeit. Der Frieden läutete eine Periode des nationalen Verfalls ein, die erst 1945 endete.

Berlin war Ausdruck der Turbulenzen, die das ganze Land ergriffen hatten. Die Straßen wimmelten von bewaffneten Zivilisten. Matrosen und Soldaten drangen ins Reichstagsgebäude ein und machten es sich in eleganten Klubsesseln bequem; sie legten sich auf altehrwürdigen Tischen und Bänken schlafen und traten ihre Zigarettenstummel auf Orientteppichen aus. Unrasiert, mit blutunterlaufenen Augen, das Gewehr über der Schulter weckten sie unangenehme Assoziationen: „Ein Film aus der russischen Revolution“, notierte Harry Graf Kessler in seinem Tagebuch.[5]

Die russische Revolution! Der Keim des roten Schreckgespenstes war gelegt. „Die bolschewistische Gefahr!“ stand auf einem Plakat, das einen Totenschädel mit einem Messer zwischen den nackten Zähnen und im Hintergrund einen Galgen zeigte. „Deutsche Frauen!“ schrie ein anderes Plakat. „Ahnt ihr, womit euch der Bolschewismus und Spartakismus bedroht? Der Bolschewismus will die Sozialisierung der Frauen! ... Jeder Mann, der ein Exemplar des Volkseigentums benutzen will, bedarf einer Bescheinigung vom Arbeiterkomitee ... Jeder ist verpflichtet, die sich widersetzenden Frauen anzuzeigen ... Wendet euch an uns“, forderte die Vereinigung zur Bekämpfung des Bolschewismus alle auf, „wir werden euch den Weg weisen, wie ihr helfen könnt.“[6]

Bei alledem fuhren die Berliner Straßenbahnen pünktlich, das Telefonnetz funktionierte, die Geschäfte waren normal geöffnet, und das Schicksal des Landes wurde in überfüllten Cafés zum Klang von Maschinengewehrfeuer und pfeifenden Kugeln diskutiert. Hin und wieder kamen reguläre Truppen im Stahlhelm vorbei und zeigten, wo die Macht lag.

Die Macht lag bei der Regierung. Am 10. November führten der Chef des Stabes, Generalmajor Wilhelm Groener, und Reichskanzler Friedrich Ebert ein Telefongespräch. Im Ergebnis lief das Gespräch darauf hinaus, daß sie mit Unterstützung des Feldmarschalls von Hindenburg ein Bündnis zur Bekämpfung der Revolution schlossen. „Das erste war", sagte Groener als Zeuge im sogenannten Dolchstoßprozeß 1925 aus, „daß wir uns jeweils abends zwischen 11 und 1 Uhr telefonisch vom Hauptquartier mit der Reichskanzlei auf einem Geheimdraht verständigten. . . . Zehn Divisionen sollten in Berlin einmarschieren. Ebert war damit einverstanden."[7] Ein Zeitgenosse formulierte ungeschminkt: „Wenn Scheidemann am 9. November die Republik ausrief, so hat Ebert sie bereits am 10. November erledigt."[8]

Am 10. November, dem Tag, an dem Rosa Luxemburg nach Berlin heimkehrte, war ihr Todesurteil bereits unterschrieben. Sie hatte noch siebenundsechzig Tage zu leben.

Vier Tage nachdem die Revolution über das Land gestürmt war, einen Tag nach der Ausrufung der Republik traf Rosa Luxemburg in Berlin ein. Die Stadt, die sie im Juli 1916 zum letzten Male gesehen hatte, bevor Hunger und Niederlage ihr Gesicht veränderten, brodelte; in den Straßen drängten sich lärmende Menschenmengen, rote Fahnen wehten überall. Es war für sie ein ehrfurchtgebietender Anblick, der sie zutiefst berühren mußte. Aber die Massen waren trügerisch, das wußte sie, sie konnten sich wie die Fahnen mit dem Winde drehen. Binnen weniger Stunden sollte sie Zeuge solcher Stimmungsumschwünge werden.

Vom Bahnhof aus rief Rosa bei Mathilde Jacob an, nur um von Mathildes Mutter zu erfahren, daß Mathilde nach Breslau unterwegs war. Frau Jacob lud Rosa Luxemburg zu sich ein, die, nachdem sie sich um ihr Gepäck gekümmert hatte, dorthin fuhr. Sie hatte kaum Zeit, sich nach der anstrengenden Reise zu waschen und umzuziehen, als auch schon Leo Jogiches, Karl Liebknecht und Paul Levi kamen und sie sofort in die Redaktion des *Berliner Lokalanzeigers* mitnahmen. In der Nacht zuvor hatte eine Gruppe von Arbeitern die Büros des Rechtsblattes besetzt, einer Lieblingszeitung des Kaisers, und hatte es zum Eigentum des Proletariats erklärt. Die erste Ausgabe der *Roten Fahne*, die zum offiziellen Organ des *Spartakusbundes* und später der Kommunistischen Partei Deutschlands werden sollte, trug das Datum vom 9. November. „Berlin unter der roten Fahne" lautete die riesige Schlagzeile. Die zweite Ausgabe kam am 10. November heraus. Als Rosa Luxemburg eintraf, fiel ihr die Aufgabe zu, mit den Druckern zu verhandeln – ihr erstes, aber keinesfalls letztes erfolgloses Bemühen für die Revolution. Die Drucker weigerten sich, die Zeitung herzustellen, und die Milizen, die sich freiwillig bereiterklärt hatten, die Sicherheit der Spartakisten zu schützen, zielten jetzt auf ihre Köpfe. Auf Anordnung des Scherl-Verlages, Eigner der requirierten Zeitung, drohten die Milizen den Spartakisten mit dem Tode, falls sie versuchen sollten, das Gebäude zu verlassen. Am dritten Tag der Revolution, erinnerte sich Paul Levi später, dachten sie über das Schicksal einer Revolution nach, deren Kämpfer zwischen Frühstück und Mittagessen die Seiten wechselten. Nach langwierigen Verhandlungen durften Rosa Luxemburg und ihre Freunde gehen, und sie begaben sich ins Hotel Excelsior. Als Mathilde Jacob am späten Abend mit Rosa Luxemburgs Gepäck kam, traf sie die vier in trüber Stimmung an; sie diskutierten, was nun zu tun sei.

In der folgenden Woche wohnte Rosa Luxemburg im Hotel Excelsior. Ihr Zimmer wurde gewissermaßen die Zentrale, in der die Spartakistenführer Dauersitzungen abhielten, die Ereignisse diskutierten und Strategien entwarfen. Das Dringendste war, eine Zeitung zu beschaffen. Ohne eine eigene Tageszeitung war der *Spartakusbund* vom Volke abgeschnitten und zur völligen Wirkungslosigkeit verurteilt. Weitere Gespräche mit dem Scherl-Verlag waren fruchtlos; das Unternehmen hatte eine gerichtliche Verfügung erwirkt. Tag für Tag sah sich Rosa Luxemburg nach einem Drucker um. „Ach, die *Rote Fahne* wird auf meinem Grabe wehen", seufzte sie nach einem neuen Fehlschlag. Schließlich einigte man sich mit einer Zeitschrift namens *Das Kleine Journal* in der Königgrätzer Straße. Dort erschien am 18. November die dritte Ausgabe der *Roten Fahne*. Am selben Tag schrieb Rosa Luxemburg aus dem Hotel Moltke (das Excelsior hatte sie gebeten, auszuziehen) an Clara Zetkin, die Jagd sei vorüber und die nervenzerrüttende Frage „Erscheint sie – erscheint sie nicht?" sei gelöst.[10] Offiziell gaben Rosa Luxemburg und Karl Liebknecht die Zeitung gemeinsam heraus; in der Praxis war Liebknecht ständig auf Sitzungen und Konferenzen und sie machte die Zeitung allein. Es gab keine erfahrenen Journalisten, keine Autoren, keine Redakteure, auf die man sich verlassen konnte. Die Situation des Spartakistenblattes spiegelte die Isolierung seiner Führung und die Spaltung innerhalb der Sozialdemokratischen Partei: die älteren Sozialdemokraten blieben fast ausnahmslos in der SPD oder schlossen sich den Unabhängigen Sozialdemokraten (der USPD) an, die 1917 gegründet worden war. Deshalb bestand die Mitgliedschaft des *Spartakusbundes* vorwiegend aus jungen Männern und Frauen, weniger gereift, dafür mit größerem Elan als ihre Führer.

Rosa Luxemburg, die ihr Neugeborenes voll Stolz behütete – „das einzige sozialistische Blatt in Berlin", betonte sie – kannte durchaus seine Unzulänglichkeiten und scheute keine Mühe, jede Ausgabe besser zu machen als die letzte.[11] Sie saß fast den ganzen Tag in der Redaktion und war manchmal so erschöpft, daß sie abends zum Taxi getragen werden mußte. „Ich werde sehr gut schlafen", sagte sie dann vom Bett her zu Mathilde Jacob, „ich habe alles geschafft, was ich mir vorgenommen hatte. Ich bin *so* zufrieden."[12] Sie bat den alten Sozialistenführer Franz Mehring um kritische Kommentare und Clara Zetkin um Beiträge: „Schreibe etwas vielleicht über Frauen, das ist so wichtig jetzt und niemand von uns hier versteht etwas davon."[13] Sie beschwor Clara Zetkin, so kurz wie möglich zu schreiben, denn die Papierknappheit war ein ständiges Problem. Sie plante eine Frauenbeilage, eine Beilage für Soldaten und eine weitere Beilage für junge Leute. Die Zeitung sollte literarisches Niveau haben, vor allem aber sollte sie die Arbeiter aufklären und bilden. In zwei Monaten schrieb Rosa Luxemburg mehr als zwanzig Artikel. Eindringlich und ernst, manchmal lyrisch pulsierten sie vor Leben und Leidenschaft und jenem eigentümlichen Geist des polnischen Kämpfers, der bereit ist, zu sterben, aber nicht, klein beizugeben.

Ein Artikel in der *Roten Fahne* vom 18. November mit dem Titel „Der Anfang" ist ein Beispiel für die Mischung aus Pragmatismus und Idealismus, die Rosa Luxemburgs Reaktion auf die Revolution in Deutschland kennzeichnete. Jetzt sei nicht die Zeit sich zu freuen oder zu triumphieren, schrieb sie, sondern es müßten alle Kräfte aufgeboten werden, um das Werk fortzusetzen, das gerade begonnen habe. Das Erreichte sei mager, denn es habe sich noch nichts Wesentliches geändert. Ein reaktionäres Land kann sich nicht über Nacht in eine revolutionäre Republik verwandeln, warnte sie; die Soldaten, die gestern noch ihre Brüder aus anderen Ländern getötet hätten, und die Arbeiter, die ruhig dabei zugesehen hätten, würden nicht im Handumdrehen zu Sozialisten. Eine Revolution zu schaffen sei eine ungeheure Aufgabe, die nicht mit ein paar Dekreten von oben zu bewältigen sei, nur durch die Tatkraft der Arbeiterschaft. Freier Wille und geistige Reife, nicht Befehl oder Zwang würden die Veränderung der Gesellschaft bewirken. Sie rief auch zu praktischen Schritten auf. Sie forderte, schnellstens einen Weltkongreß der Arbeiter nach Deutschland einzuberufen; eine proletarische Rote Garde und Arbeitermiliz sollten die Revolution schützen; die sofortige Enteignung von dynastischem Reichtum und Grundbesitz sollte den Hunger beenden; neue örtliche Arbeiter- und Soldatenräte müßten gewählt werden und diejenigen ablösen, die sich in den ersten chaotischen Tagen gebildet hätten.

Rosa Luxemburgs Vision der Arbeiterklasse, auf die marxistische Theorie gestützt, zeigt ihre Grenzen. Im Kapitalismus wird die eigentlich kreative menschliche Arbeit zur Plage und zur Last, weil sie dazu benutzt wird, künstlich erzeugte Bedürfnisse zu befriedigen; in der sozialistischen Gesellschaft arbeiten die Menschen freudig, denn sie gewinnen ihre Kreativität zurück. Aber Vision und Wirklichkeit stimmten nicht überein. So wie Rosa Luxemburg die Unterschiede außer Acht ließ, die sich aus divergierenden kulturellen und sozialen Bedingungen ergeben – etwa wenn sie einen osteuropäischen Juden mit einem Schwarzafrikaner gleichsetzte –, so übersah sie auch den Reiz, den „bürgerliche" Werte – Eigentum, Nationalismus, Religion – für die Arbeiterschaft haben konnten. Sie, die echte Kosmopolitin, lehnte Barrieren der Sprache, Nationalität und Religion ab, und sie übertrug die eigene Erfahrung auf das Alltagsleben der Arbeiter.

Während Rosa Luxemburg um die Seelen der deutschen Arbeiter rang, rüstete die Regierung fleißig ihre Divisionen. Zu den etwa dreitausend Marinesoldaten, die der Reichskanzler nach Berlin beorderte, kamen die „Republikanische Soldatenwehr", die „Volkswehr", die „Eiserne Division" und das paramilitärische „Freikorps". Diese Truppen, die aus demobilisierten Soldaten und Offizieren, Arbeitslosen, desillusionierten Junkern, fanatischen Nationalisten und Abenteurern bestanden, schafften alle Rangabzeichen ab und wählten sich ihre militärischen Führer. Stabschef Groener meinte dazu: „Auch Sowjetrußland hat in seinem Heer Drill eingeführt, und sein Heer hat keine selbstgewählten Offiziere."[14] Daß sich ein Angehöriger der alten Militärkaste auf die

Autorität Sowjetrußlands berief, das sonst als Schreckgespenst für alle Zwecke diente, ist Ausdruck des Zynismus, der die Revolution und die Republik zu Fall bringen sollte.

Niemand kannte besser die Besorgnisse und Befürchtungen, die die Bolschewiken bei den Deutschen weckten, als Rosa Luxemburg. Ihr entging auch nicht, daß die Bolschewiken in Deutschland politisches Kapital zu gewinnen suchten und daß die deutsche Regierung Spartakisten und Bolschewiken in einen Topf warf und sich so die Ängste der Deutschen zunutze machte. Die sozialistischen Ziele würden planmäßig falsch dargestellt, schrieb sie. Die Spartakisten zu Bolschewiken zu erklären war zweifellos ein gerissener und kurzfristig erfolgreicher Schachzug. Auf lange Sicht half er, Adolf Hitler den Weg zu ebnen.

Rosa Luxemburg enthielt sich zwar öffentlicher Kritik am Sowjetregime, aber sie huldigte ihm auch nicht. Um zu unterstreichen, daß sich die Spartakisten zu den Zielen und Werten der westlichen Sozialisten bekannten, waren sie und Jogiches dagegen, die eigene Partei der Spartakisten „kommunistisch" zu nennen, sie setzten sich für „sozialistisch" ein, aber sie wurden von der Mehrheit der Führung überstimmt. Um das Streben der Bolschewiken nach Dominanz in der künftigen Internationale zu durchkreuzen, wollte Rosa Luxemburg, daß der Kongreß der internationalen Arbeiterbewegung in Deutschland stattfände. Am Ende gab sie den deutschen Delegierten, die nach Moskau fuhren, die Weisung mit, gegen die Gründung der Dritten Internationale zu stimmen. Am eloquentesten allerdings äußerte sie sich dort, wo es um die Klarstellung der Differenzen zwischen Lenins Revolutionsbegriff und ihrem eigenen ging. Ihrer Meinung nach waren die Mittel, die Lenin anwandte, besonders der Terror, schlimmer als die Krankheit, die sein Regime kurieren sollte. „Die proletarische Revolution bedarf für ihre Ziele keines Terrors, sie haßt und verabscheut den Menschenmord."[15] Terror war für sie die schlimmste Perversion des Sozialismus. „Wir brauchen keinen ‚Kommissar für Bolschewismus'", begrüßte Rosa Luxemburg Lenins Abgesandten Karl Radek im Dezember 1918 in Berlin, „die Bolschewiki mögen mit ihrer Taktik zu Hause bleiben."[16] Wenn Rosa Luxemburg öffentlich die Terrorherrschaft der Bourgeoisie zuschrieb, so wußten doch Freunde, die ihre Ansichten kannten, über ihre nur schwach verhohlene Kritik an Sowjetrußland Bescheid. Auch wenn sie der deutschen Regierung vorhielt, sie stelle sich wohl vor, der Sozialismus könne eingeführt werden, indem man einfach die alte Regierung stürzte und diverse Erlasse herausgebe, spielte sie zweifellos auf die Bolschewiken an. „Der Sozialismus wird nicht gemacht und kann nicht gemacht werden durch Dekrete, auch nicht von einer noch so ausgezeichneten sozialistischen Regierung. Der Sozialismus muß durch die Massen, durch jeden Proletarier gemacht werden . . . Nur das ist Sozialismus, nur so kann Sozialismus gemacht werden."[17]

Trotz aller Ungewißheiten – der Monat November 1918 war eine glückliche Zeit für Rosa Luxemburg. Sie hatte ihre Freiheit wieder, hatte den spontanen Ausbruch der Revolution erlebt und gehofft, diese Revolution würde den Schaden wiedergutmachen, den der Krieg in der internationalen Arbeiterbewegung angerichtet hatte. Mit Jogiches an ihrer Seite war es, als fingen sie gemeinsam neu an. Jogiches' einziger Ehrgeiz war Rosa Luxemburgs Erfolg. Jetzt, da er sich nicht mehr von ihrer fordernden Liebe und ihrem brillanten Geist bedroht fühlte, gab er ihr, was sie am meisten brauchte – Vertrauen. Sein kühler Taktikerverstand sah Rosa Luxemburgs Vision von der geistigen Wiedergeburt der deutschen Arbeiterschaft mit Skepsis; Visionen wurden in dieser Zeit mit Maschinengewehren unterdrückt. Aber er entmutigte sie nicht.

Sie sahen beide nun älter aus, viel älter als nach ihren Jahren. Rosa Luxemburg war achtundvierzig, Jogiches einundfünfzig. Ihr dunkelbraunes Haar war weiß geworden, ihr Gesicht fahl und gefurcht. Er hatte seine Aura von Macht verloren, seine Schultern waren gebeugt, seine Bewegungen schwerfälliger. Beide waren von einem neuen Zartgefühl füreinander erfüllt und von einer Toleranz, die oft mit Humor durchsetzt war. „Ich habe solchen Hunger, gib mir etwas von dem Mitgebrachten", bat Rosa Luxemburg Mathilde Jacob, als sie einmal spätabends im Taxi nach Hause fuhren. „Leo würde zwar sagen, man müsse sich beherrschen, aber ich muß etwas essen."[18] Jogiches mag vermutet haben, daß Paul Levis ständige Anwesenheit an Rosas Seite nicht allein arbeitsbedingt war, und Rosa mag Jogiches' fortdauerndes Verhältnis mit seiner Wirtin nicht verborgen geblieben sein, doch ihrer beider Beziehung, die niemals konventionell war, blieb davon unberührt.

Anders als Karl Liebknecht oder Paul Levi, beide zuverlässige Anhänger der Bolschewiken, begriff Jogiches, wie tief Rosa Luxemburgs Isolierung ging. Sie stand gegen den siegreichen Lenin, der nun ein Programm in die Tat umsetzte, das sie schon 1904 scharf kritisiert hatte, und gegen die siegreichen deutschen Sozialdemokraten, die nach ihrer

Meinung den Sozialismus verraten hatten. Jogiches wußte, daß Rosa weder in der einen noch in der anderen Richtung den leisesten Kompromiß machen würde und daß sie infolgedessen allein und verurteilt war.

Jogiches' Unterstützung für Rosa Luxemburg beschränkte sich nicht auf Beratung. Als Mitglied des Zentralkomitees des *Spartakusbundes* war er für den Aufbau der Spartakistenorganisation im ganzen Lande verantwortlich. Wie immer hielt er seine Distanz und wurde selten außerhalb seines kleinen Zimmers in der Zentrale des *Spartakusbundes* gesehen, in das Arbeiter und Soldaten kamen, um Instruktionen entgegenzunehmen. „Die Soldaten wurden einzeln eingelassen", erinnert sich ein Zeuge. „Man konnte sich des Eindrucks nicht erwehren, daß die Organisation zwar legal war, sich aber für illegal hielt. Die Luft war dick vor Konspiration."[19] Leo Jogiches hatte sich nicht verändert.

Die wiedergewonnene Freiheit wurde Rosa Luxemburg durch das Nomadenleben verdorben, das sie führen mußte, von Hotel zu Hotel mit dem Koffer in der Hand. Die Lage ihrer Wohnung war ungünstig für Kontakte mit Mitarbeitern, für die sie rund um die Uhr erreichbar sein mußte. Tag und Nacht von Menschen umgeben, sehnte sie sich nach der Privatheit ihres Zuhauses und dachte mit leicht übertriebener Nostalgie an die Einsamkeit ihrer Gefängniszelle. Endlich, am 28. November 1918, zog sie wieder in die Wohnung ein, die sie am 10. Juli 1916 verlassen hatte. Es war eine kurze Freude. Die Entfernung zur Redaktion erwies sich als zu großes Hindernis für ihre Arbeit, also folgte eine neue Runde durch die Hotels. „Wenn Du wüßtest, wie viel ich Dir zu sagen hätte und wie ich hier lebe – wie im Hexenkessel!" schrieb sie an Clara Zetkin. „Karl (Liebknecht) und ich (sind) aus sämtlichen Hotels dieser Gegend um den Potsdamer und Anhalter Bahnhof ausgewiesen worden."[20] Manchmal warf ein Hotelbesitzer bloß einen Blick auf Rosa Luxemburg und wies ihr die Tür. So lästig sie das Vagabundenleben und das Abgewiesenwerden fand, der „Hexenkessel" bedeutete mehr als nur das. An Straßenecken und Fahrkartenschaltern, in Zeitungen und Flugblättern, überall fand sie sich als Jüdin beschimpft, als Teufelin, die darauf aus war, das gottesfürchtige deutsche Volk zu vernichten. Der Antisemitismus war losgelassen, und Rosa Luxemburg war zu seiner idealen Zielscheibe geworden. Wie andere jüdische Sozialisten war sie überzeugt, daß die Revolution mit dem Antisemitismus Schluß machen würde. Die Gerüchte über Judenpogrome in Rußland seien schlicht

Lina Luksenburg,
die Mutter

Elias Luksenburg,
der Vater

Zamość im zaristischen Polen – in diesem Haus wohnte die Familie Luksenburg, bis Rosa drei Jahre alt war.

Rosa als Zwölfjährige

Rosa als Gymnasiastin in Warschau

Leo Jogiches in Wilna, vor 1890

Zwei junge Exilanten

Rosa Luxemburg aus Polen

Leo Jogiches aus Litauen

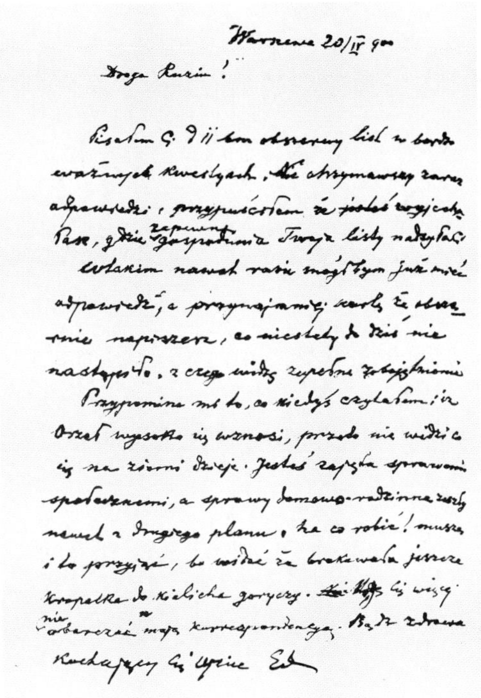

Warszawa 20/IV 900

Droga Różo!

Pisałem Ci 9/II bm obszerny list w bardzo ważnych kwestyach. Nie otrzymawszy zaraz odpowiedzi, przypuściłem że wyjechałaś z Paryża, gdzie zapewne gospodyni Twoje listy nadsyła. W takim nawet razie mógłbym już mieć odpowiedź, a przynajmniej kartkę że obszernie napiszesz, co niestety do dziś nie nastąpiło, z czego widzę zupełne zobojętnienie.

Przypomina mi to, co kiedyś czytałem: iż Orzeł wysoko się wznosi, przeto nie widzi co się na ziemi dzieje. Jesteś zajęta sprawami społecznemi, a sprawy domowo-rodzinne zeszły nawet z drugiego planu. Ha co robić! muszę i to przeżyć, bo widać że brakowało jeszcze kropelka do kielicha goryczy. Nie będę Cię więcej nie obarczać moją korrespondencyą. Bądź zdrowa

Kochający Cię Ojciec El

Elias Luksenburgs letzter Brief an Rosa: „Der Adler erhebt sich so hoch, daß er nicht sieht, was auf der Erde geschieht. . . . Ich kann Dich mit meiner Korrespondenz nicht länger belasten.“ (20. April 1900)

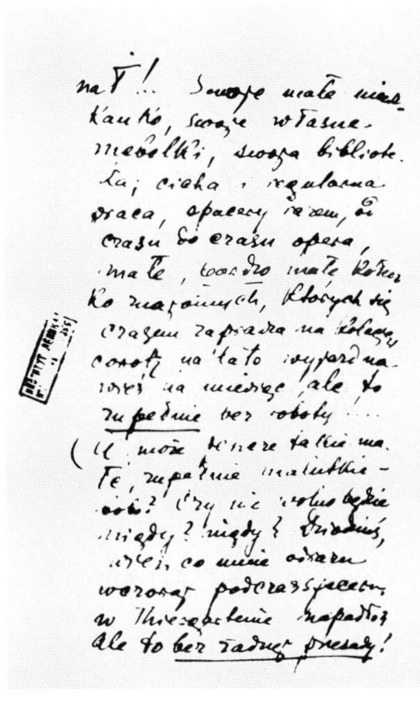

na T!.. Swoje małe mieszkanko, swoje własne mebelki, swoja biblioteka; cicha i regularna praca, spacery razem, od czasu do czasu opera, małe, bardzo małe kółeczko znajomych, których się czasem zaprasza na kolacyę, co rok na lato wyjazd na wieś, ale to zupełnie bez roboty! ...

(a może jeszcze takie małe, zupełnie malutkie ...? Czy nie wolno będzie nigdy? nigdy? Dziodziuś, wiesz, co mnie odrazu wczoraj podczas spaceru w Thiergartenie napadło? ale to bez żadnej przesady!

Rosas Brief an Leo vom 6. März 1899: „Unsere eigene kleine Wohnung, unsere eigenen hübschen Möbel, unsere eigene Bibliothek . . . (Und vielleicht noch dazu ein kleines, klitzekleines Würmchen? Oder dürfen wir nie? Wirklich nie? . . .)“

Luise Kautsky

Berlin, Cranachstraße 28 – hier lebte
Rosa Luxemburg von 1901 bis 1911

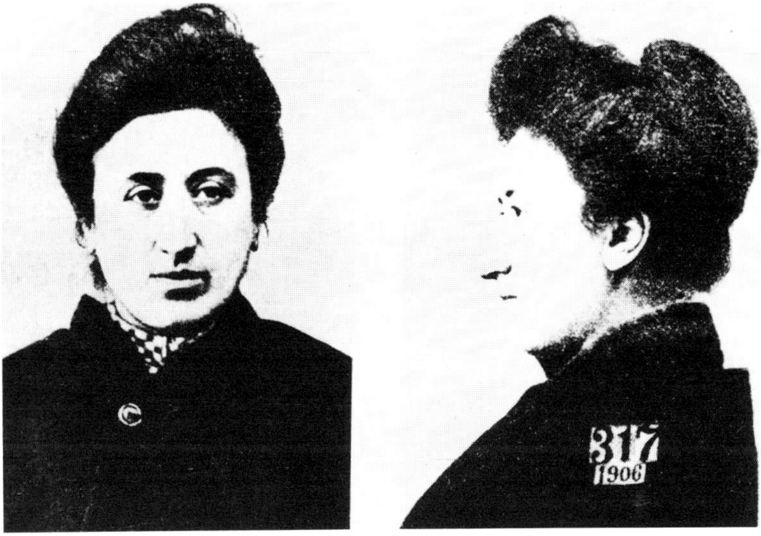

Erkennungsdienstliche Fotos der Warschauer Polizei, 1906

Leo Jogiches in Berlin –
ein Befehlshaber ohne Truppen

Kongreß der Zweiten Internationale 1904 in Amsterdam. Rosa Luxemburg (in der Mitte mit Hut), umgeben von Viktor Adler (Österreich), Georgij Plechanow (Rußland), Sen Katayama (Japan) und Edouard Vaillant (Frankreich) (im Uhrzeigersinn). Karl Kautsky (Deutschland) steht links von Viktor Adler.

erlogen, schrieb sie an Sonja Liebknecht. „In Rußland ist die Zeit der Pogrome ein für allemal vorbei. Dazu ist die Macht der Arbeiter und des Sozialismus dort viel zu stark. Die Revolution hat die Luft drüben so gereinigt . . ., daß Kischinjow für immer passé ist. Eher kann ich mir – in Deutschland noch Judenpogrome vorstellen . . ."[21]

In dem Meer von Haß bildete die kleine Gruppe ihrer Freunde eine Insel, wo sie frei atmen konnte. Aber Luise Kautsky, ihre älteste und engste deutsche Freundin, lehnte es aus Loyalität mit ihrem Manne ab, ihr zu begegnen. Als Rosa Luxemburg aber tot war, schrieb Luise Kautsky rührende Reminiszenzen nieder und glorifizierte die Freundin, die sie im Stich gelassen hatte.

Eine weitere Enttäuschung, unerfreulich und unerwartet, bereitete ihr Mathilde Jacob. Rosa Luxemburg lud eine junge Frau aus Diefenbachs Bekanntenkreis ein, ihre Wohnung zu benutzen. Mathilde Jacob wurde ihrer Eifersucht nicht Herr und zog aus. Es bereitete ihr „eine solche Qual", Rosa Luxemburg auch nur hin und wieder zu sehen, vertraute sie ihren Erinnerungen an, daß sie Rosa ganz aus dem Wege ging und ihre Sekretärinnendienste Jogiches anbot. „Ich freue mich über Deinen guten Geschmack", hänselte Rosa Luxemburg Mathilde, von deren Dilemma nichts ahnend, „aber daß Leo verträglicher als ich sein soll, ist mir unverständlich. Er ist der schwierigste Charakter, den ich kenne, mit mir kann man doch auskommen." „Leider", kommentierte Mathilde Jacob traurig, „konnte ich es damals nicht."[22]

Die Wolken, die sich im Laufe des November auftürmten, wurden im Dezember zum Gewitter. Eine bolschewistische Invasion Deutschlands stünde bevor, wurde erzählt, und in einer Stadt nach der anderen rissen Truppen die roten Fahnen herunter und zündeten sie an. Am 6. Dezember 1918 meldete die Presse „aus gut unterrichteter Quelle", die Alliierten hätten die deutsche Regierung aufgefordert, die Arbeiter- und Soldatenräte aufzulösen, sonst drohe Embargo und Invasion. Über das, was an diesem Tage geschah, wird man die Wahrheit nie erfahren. Eine Version lautet, daß die Spartakisten einen Putsch versucht hätten, was die Regierung dazu veranlaßt habe, die Räume der *Roten Fahne* zu besetzen und später Regierungstruppen auf spartakistische Demonstranten schießen zu lassen. Nach einer anderen Version soll die Regierung den Putsch geplant haben, um einen Vorwand zu haben, die

Spartakisten auszulöschen. Wie auch immer, Regierungstruppen besetzten die Räume der *Roten Fahne* und begegneten einer Spartakistendemonstration mit Maschinengewehrfeuer, das achtzehn Tote und dreißig Verletzte hinterließ. Es war ein bedrohliches Signal, daß es die Einheitsfront der Soldaten und Arbeiter nicht gab – ein Signal, das Rosa Luxemburg ignorierte.

Mit dem Chausseestraßenmassaker, wie es genannt wurde, trat die Revolution in eine neue Phase ein. Am 7. Dezember fand eine spartakistische Demonstration statt, die zum ersten Male von bewaffneten Arbeitern geschützt wurde. Am Tage darauf folgte eine weitere gigantische Demonstration, und am Weihnachtstag kostete ein Feuergefecht zwischen Regierungstruppen und revolutionären Matrosen, die sich im Marstall des Berliner Schlosses verschanzt hatten, elf Matrosen und sechsundfünfzig Soldaten das Leben.

Nun kam es im ganzen Lande zu Zusammenstößen zwischen Arbeitern und Soldaten, und eine Welle von Streiks legte das öffentliche Leben lahm. Spannung und Mißtrauen lagen in der Luft. Im Wettstreit um öffentliche Unterstützung beschuldigten sich die Sozialisten der Sozialdemokratischen Partei und des Spartakusbundes gegenseitig des Verrats an der Revolution. Inmitten tumultartiger Straßendemonstrationen wurde die erste Reichskonferenz der Arbeiter- und Soldatenräte am 16. Dezember in Berlin eröffnet. Sie wurde für die Spartakisten zu einer tiefen Enttäuschung: Rosa Luxemburg und Karl Liebknecht wurden nicht einmal als Gäste mit beratender Stimme zur Konferenz eingeladen. Die große Mehrheit der 489 Delegierten unterstützte die Sozialdemokraten.

Das erste Weihnachtsfest nach dem Kriege beruhigte die Gemüter für eine Weile. Die Stadt zeigte sich festlich mit Verkaufsbuden, hell erleuchteten Schaufenstern und kerzenfunkelnden Tannenbäumen. Die Geschäfte waren gerammelt voll und Soldaten und ließen sich kaum blicken.

Für Stabschef General Groener war diese Pause die „schlimmste Zeit". Die zehn Divisionen, die er nach Berlin beordert hatte, waren ihm „aus der Hand gekommen", wie er 1925 im Dolchstoßprozeß aussagte, und hätten die Spartakisten die Gelegenheit genutzt, die Regierung zu stürzen, hätte „sie niemand daran hindern" können. Aber „merkwürdig", die Spartakisten taten nichts dergleichen. „Herr Liebknecht und Genossen haben Weihnachten gefeiert und haben sich in den Tagen, da in Berlin nicht das mindeste an Truppen war, vollkommen ruhig verhalten“, sagte der General.[23] Zu ihrer Ehre – oder Unehre – sei gesagt, daß die Spartakisten mehr an ideologischen als an bewaffneten Kampf dachten: sollten sie sich von der SPD trennen und eine eigene Partei gründen, und wenn ja, sollte sie „sozialistisch“ oder „kommunistisch“ heißen?* Am Sonntag, dem 29. Dezember, demselben Tag, an dem diese Debatten geführt wurden, befahl Reichskanzler Ebert das Freikorps nach Berlin; nun konnte der Kampf gegen die Spartakisten weitergehen.

Rosa Luxemburg konnte den Gedanken nicht ertragen, das Weihnachtsfest, ihr erstes außerhalb der Gefängnismauern, mit fremden Leuten zu verbringen. Sie ging nach Hause, in die Wohnung, die sie 1911 bezogen hatte. Von hier aus hatte sie im Frühjahr 1914 an Paul Levi geschrieben: „Du kommst also vielleicht Sonntag? ... Ich mag nicht schreiben, sehen will ich Dich.“[24] Damals kam er, um sie zu sehen, und er kam jetzt, um mit ihr den Heiligabend 1918 zu verbringen.

Paul Levi wich selten von Rosa Luxemburgs Seite in den beiden hektischen Monaten zwischen ihrer Haftentlassung und ihrer Festnahme im Januar 1919. „Juda hat nach der Krone gegriffen“, lautete die volkstümliche Parole in Berlin, „wir werden regiert von Levi und Rosa Luxemburg.“[25] Bei einer der ersten legalen Versammlungen des Spartakusbundes im November hielt jedes der „drei großen Ls“, Luxemburg, Liebknecht und Levi, eine Rede über „Die Aufgaben der Revolution“, und später verfaßten Rosa Luxemburg und Paul Levi gemeinsam die programmatische Broschüre „Was will der Spartakusbund?“

Sie hatte noch fünfzehn Tage zu leben.

Am 31. Dezember 1918 hielt Rosa Luxemburg beim Gründungsparteitag der Kommunistischen Partei Deutschlands (KPD) ihre letzte öffentliche Rede. Ein Vierteljahrhundert früher war in einer Versammlung in Zürich eine 23jährige Unbekannte aus Polen auf einen Stuhl geklettert und mit ihrer leidenschaftlichen Ansprache zu einer Sensation geworden. Seit damals hatte sie Hunderte von Reden gehalten, in den Hauptstädten Europas, bei Versammlungen und auf Parteitagen, aber nie hatte sie so schweren Herzens gesprochen wie an diesem Tage. Ihre

* Jogiches war einer der drei Spartakisten, die gegen die Gründung einer eigenen Partei stimmten.

Zustimmung zur Abspaltung von der SPD war ein Akt der Verzweiflung und der einsamste Entschluß ihres Lebens. Nicht einmal Jogiches unterstützte sie darin. Ihre Rede zielte eindeutig darauf ab, die Kluft sichtbar zu machen, die Marx von den Sozialdemokraten trennte, seinen angeblichen Erben. „‚Ich weiß nicht, ob es Pflicht ist, Glück und Leben der Wahrheit aufzuopfern'", zitierte sie Gotthold Ephraim Lessing, „‚aber das, weiß ich, ist Pflicht, wenn man Wahrheit lehren will, sie ganz, oder gar nicht, zu lehren ... Wer nur darauf denkt, die Wahrheit unter allerlei Larven und Schminke an den Mann zu bringen, der möchte wohl gern ihr Kuppler sein, nur ihr Liebhaber ist er nie gewesen.'"[26] Die Wahrheit sei, sagte sie, daß die Sozialdemokraten für den Krieg gewesen seien. Zu keiner Zeit hätten sie ihre Beziehungen zum kaiserlichen Heer abgebrochen, jetzt setzten sie es gegen die deutschen Arbeiter und, gemeinsam mit den Engländern, gegen die russischen Arbeiter ein. Als Mittel, die Revolution voranzubringen, führt sie in der Rede den verstärkten wirtschaftlichen Kampf und die Beteiligung der Arbeiterschaft an der Nationalversammlung (sollte es sie geben) an; sie warnte vor der gefährlichen Illusion, daß die deutsche Arbeiterschaft bereit sei, die Regierung zu übernehmen. Aber die Warnung kam zu spät.

„Und schließlich muß man die Geschichte so nehmen, wie sie laufen will."[27] Diesen fatalistischen Satz äußerte Rosa Luxemburg am 11. Januar inmitten explodierender Granaten, Gewehrfeuer und Kanonendonner. Das Gefecht zwischen Spartakisten und Regierungstruppen ging in den fünften Tag, und Rosa Luxemburg wußte, daß sie und Karl Liebknecht nicht mehr Herr der Lage waren. „Vergiß nicht, daß die Spartakisten zu einem großen Teil eine frische Generation sind, frei von den verblödenden Traditionen der ‚alten bewährten' Partei – und das muß mit Licht und Schattenseiten genommen werden", schrieb sie an Clara Zetkin in dem vergeblichen Versuch, das Blutvergießen zu rechtfertigen.[28] Was sie am meisten gefürchtet hatte, war nun eingetreten: Blinde Gewalt zerschlug ihre Vision zu Scherben. Die neue Generation wollte die Macht jetzt.

Die bewaffnete Auseinandersetzung entzündete sich an der Weigerung des Berliner Polizeipräsidenten Emil Eichhorn, eines Unabhängigen Sozialdemokraten, seinen Posten aufzugeben, nachdem die USPD sich aus der Regierung zurückgezogen hatte. Er sympathisierte mit den radikalen Arbeitern und war, wie die Arbeiter sagten, der einzige in der Regierung, dem sie trauten. Am 4. Januar vom Innenminister amtsenthoben, lehnte er es ab, seinen Posten zu verlassen, und begann stattdessen, Waffen an die Arbeiter auszugeben. Am Sonntag, dem 5. Januar, gingen Tausende von Arbeitern auf die Straße, besetzten das *Vorwärts*-Gebäude, das die SPD-Zeitung beherbergte, und drangen auch in andere Gebäude ein. In der Nacht vom 5. zum 6. Januar bildeten KPD und USPD einen Revolutionsausschuß; am 6. Januar verkündeten sie die „vorübergehende" Übernahme der Regierungsgewalt. Der Ausschuß rief die Arbeiter auf, sich vormittags um elf auf der Siegesallee zu versammeln, was auf einen Aufruf zum Generalstreik hinauslief. Karl Liebknecht genehmigte die Machtübernahme, ohne das Einverständnis der KDP-Führung einzuholen. Rosa Luxemburg, vor vollendete Tatsachen gestellt, verbarg ihr Entsetzen nicht. Am Abend des 6. Januar nahmen KDP und USPD Verhandlungen mit der Regierung über einen Waffenstillstand auf. Aber was die Regierung wollte, war nicht der Waffenstillstand, und es ist alles andere als sicher, daß die KPD ihn wirklich wollte. Die Regierung spielte auf Zeitgewinn. Die sofortige und bedingungslose Übergabe, die sie verlangte, war unrealistisch in Anbetracht des absoluten Chaos in Berlin, der unkontrollierten Straßenkämpfe und der Volkswut. Am 8. Januar wurden die Verhandlungen abgebrochen, und die Offensive gegen die Aufrührer begann mit voller Kraft.

Immer war Rosa Luxemburg der Meinung gewesen, daß jede Spaltung der sozialistischen Reihen verhängnisvoll sei – dennoch stimmte sie der Gründung der Kommunistischen Partei Deutschlands zu; immer hatte sie erklärt, daß es ohne Unterstützung durch die Mehrheit des Proletariats keinen Sozialismus gebe – dennoch ließ sie sich durch mangelnde Unterstützung nicht beirren; immer wieder hatte sie gesagt, daß man den Sozialismus nicht mit Gewalt einführen könne – dennoch unterstützte sie am Ende den Januar-Aufstand. Die Ereignisse überstürzten sich in so verwirrendem Tempo, daß Rosa Luxemburg möglicherweise ihre Bedeutung nicht mehr ganz erfassen konnte. Natürlich war sie kein Neuling, was Gebrauch und Mißbrauch von Macht im Kampf um politisches Überleben anging. Aber Blutvergießen, das wollte sie nicht. Loyalität gegenüber Freunden war ohne Zweifel eine wichtige Überlegung bei ihren Entscheidungen, während Terror und Einschüchterung sie nur noch rebellischer machten. Ihre Theorie der spontanen Revolution wurde auf der Straße praktisch vorgeführt, aber nicht so, wie sie es sich vorgestellt hatte. In diesem Kampf waren Theorie und Realität nicht auf einen Nenner zu bringen.

Der Spartakistenaufstand war spontan, aber er war führungslos, ohne Plan und Organisation. Der Revolutionsausschuß stimmte für die Machtübernahme, bildete eine Reihe von Ausschüssen und verbrachte die meiste Zeit mit Debatten. „Redet nicht! Beratet nicht ewig! Unterhandelt nicht! Handelt!“ drängte Rosa Luxemburg in einem Artikel mit dem deutlichen Titel „Versäumte Pflichten“. „Deutschland war das klassische Land der Organisation und noch mehr des Organisationsfanatismus, ja des Organisationsdünkels“, schrieb sie. „Und was erleben wir heute? In den wichtigsten Momenten der Revolution versagt vorerst das gerühmte ‚Organisationstalent‘ in kläglichster Weise.“[29] Ein Vorfall illustriert, was sie meinte. Der Führer der dreihundert Marinesoldaten, die von den Spartakisten ausgeschickt wurden, das Kriegsministerium zu besetzen, wurde von einem Beamten in dem besetzten Gebäude gebeten, ein Dokument vorzulegen, das die Übernahme legitimierte. Der Führer verließ seine Matrosen, ging zu seiner Zentrale, erhielt den unterschriebenen Befehl und verkaufte ihn an die Regierung.

Den Spartakisten mag es an Organisation gefehlt haben, dem Heer nicht. Gustav Noske, gelernter Korbmacher und sozialdemokratischer Militärexperte, hatte schon seit geraumer Zeit gegen die Spartakisten mobil gemacht. Da sich die regulären Truppen als unzuverlässig erwiesen, stützte sich Noske auf das Freikorps, das es kaum erwarten konnte, die Spartakisten in die Finger zu bekommen. Aus gutem Grund gilt das Freikorps als ein Vorläufer der Einsatzgruppen Hitlers, der mobilen Mordkommandos der SS. Das Freikorps kannte nur ein Ziel: die Aufständischen zu töten. Und sie töteten, mit Vergnügen. Jeder, der eine weiße Fahne trug, wurde auf der Stelle exekutiert; die Arbeiter wurden brutal mißhandelt, ihre Leichen bis zur Unkenntlichkeit verstümmelt. „Wo habt ihr eure Rosa?“ johlten die Freikorpssoldaten, immer zu einem ordentlichen Gelächter bereit, während sie ihre grausige Arbeit verrichteten.[30]

Am 12. Januar wurde die Polizeidirektion, letztes Bollwerk der Aufständischen, genommen, die Schlacht war beendet. Nachdem das Unternehmen in der Hauptsache gescheitert war, kämpften die spartakistischen Scharfschützen, die sich auf Dächern postiert hatten, gegen Artillerie und Maschinengewehre auf verlorenem Posten. Bald war es vorbei, und die Truppen besetzten ganz Berlin. „An jeder Straßenkreuzung stehen Soldaten in der Sturmhaube mit aufgepflanztem Bajonett und einem Koppel voll Handgranaten . . . Jetzt sitzt die Regierung vielleicht noch immer auf schwankenden Überzeugungen, aber auf einer ganzen Anzahl von gehorsamen Bajonetten. Sie stützt sich ganz prosaisch wie jede bisherige Regierung auf die militärische Gewalt", notierte Graf Kessler in seinem Tagebuch.[31]

Unter dem ironischen Titel „Die Ordnung herrscht in Berlin" erschien am 14. Januar 1919 Rosa Luxemburgs letzter Artikel in der *Roten Fahne*. Eine Ordnung, schrieb sie, die periodisch durch blutige Metzeleien aufrecht erhalten werden muß, geht „unaufhaltsam ihrem historischen Geschick, ihrem Untergang entgegen." Sie hatte recht. Der Kampf dauerte noch ein Jahr, mündete in die unruhige Weimarer Republik und endete mit Hitlers Machtergreifung. Der Kampf war Ehrensache der Revolutionäre, sagte sie und drückte damit die Gefühle von Enthusiasten wie Bertolt Brecht und Rainer Maria Rilke aus. Und die Führung habe versagt, betonte sie, nicht die Massen. Die Massen hätten ihre Pflicht getan. Sie hätten ein Glied in der historischen Kette der Revolution gebildet, und die Revolution werde sich immer wieder erheben und verkünden: *„Ich war, ich bin, ich werde sein!"*[32]

Sie hatte noch einen Tag zu leben.

Sie verbrachte diesen Tag im Versteck. Die Familie Marcussohn, die ihr und Karl Liebknecht Unterschlupf bot, brachte sie in einem Kämmerchen im hinteren Teil ihrer Wohnung unter. Rosa klagte über Kopfschmerzen, denn sie wollte allein sein. Sie lag auf dem Bett, halb schlummernd, halb träumend. Tat sie recht, wenn sie es ablehnte, Berlin zu verlassen? Vielleicht nicht. Aber sie konnte nicht die Opfer zurücklassen und sich selbst in Sicherheit bringen. Einst hatte sie aus einer Legende zitiert: „O Adonai, Adonai! Laß uns nie, solange wir leben, . . . die Worte sprechen: Retten wir uns selber und überlassen wir die Schwachen ihrem Schicksal."[33]

Sie hatte keine Vorahnung ihres nahen Endes. Eine neue Gefängnisstrafe wäre eine Erleichterung gewesen. Die letzten zehn Tage waren wie ein Alptraum. Mit jedem Granateneinschlag, mit jeder Gewehrsalve war sie zusammengezuckt. Jetzt war es vorbei. Die Gewehre verstummten, die Metzelei hörte auf.

Am 15. Januar kurz nach neun Uhr abends klingelte es an der Wohnungstür der Marcussohns in der Mannheimer Straße 43. Rosa Luxemburg stand auf, voll angekleidet, nahm Goethes *Faust* vom

Nachttisch und steckte ihn in ihre Handtasche, schloß ihr Köfferchen. Dann setzte sie sich auf die Bettkante und wartete. Durch die geschlossene Tür drangen die Tritte von Nagelstiefeln und schrille Stimmen zu ihr herein und sie hörte, wie ihr Name genannt wurde. Eine erstickte Stimme, wohl die ihres Wirtes, protestierte, und dann öffnete sich ihre Zimmertür. Sie blickte nicht auf. Ein Mann trat auf sie zu, das Gewehr über die Schulter gehängt. Er sagte, den Blick auf ihre Beine geheftet, sie solle ihren Mantel nehmen. Trotzig versuchte sie, ihr Hinken zu beherrschen. Er warf seinen Begleitern einen vielsagenden Blick zu und befahl ihr barsch, mitzukommen. Sie fragte nicht nach einem Haftbefehl; sie wußte, es gab keinen. Sie schlüpfte in ihren Mantel und zog langsam ihre Handschuhe an, erst den linken, dann den rechten. Zum Glück war Jogiches nicht bei ihr. Man hatte ihn am Tage zuvor festgenommen, aber er konnte unerkannt entkommen. Mathilde Jacob und Paul Levi waren ein paar Tage früher verhaftet worden. Aber auf ihren Kopf standen nicht 100 000 Mark, wie bei Rosa Luxemburg und Karl Liebknecht.

Zwei Männer gingen voraus, zwei folgten ihr. Ihr Hinken war in den letzten Wochen stärker geworden und sie bemühte sich tapfer, gerade zu gehen, mit erhobenem Kopf.

Ein Auto wartete vor dem Haus. Einer der Milizmänner öffnete die Tür und winkte ihr, einzusteigen. Sie raffte die Falten ihres Samtkleides zusammen, nahm einen tiefen Atemzug und kletterte in den Wagen. Der Mann schloß die Tür, setzte sich neben den Fahrer und sagte: „Eden."

Das Hotel Eden im Zentrum von Berlin beherbergte vorübergehend das Hauptquartier der Garde-Kavallerie-Schützen-Division. Das Hotel war hell erleuchtet, am Eingang wimmelte es von Soldaten. Schwer bewaffnet, manche in halb zugeknöpften Uniformen und mit Zigarette im Mundwinkel, sahen sie kaum aus wie reguläre Truppen. Sie achteten wenig auf die Zivilisten, Hotelgäste oder Besucher des Hotelrestaurants, die jetzt, da die Schießerei aufgehört hatte, wieder einmal gut essen gingen. Als aber die schwarze Limousine hielt, bildeten die Soldaten, plötzlich hellwach, ein Spalier, das Passanten den Weg versperrte. Rosa Luxemburg, an jeder Seite einen Milizsoldaten, ging hindurch und betrat das Hotel.

In der Halle wurde die lärmende Menge bewaffneter Männer plötzlich still, als sie hereinkam, und dann explodierte sie in dröhnender Fröhlichkeit. „Röschen", schrie einer, als sie vorbeikam, „da geht die alte Hure." Kühl und unnahbar stieg sie die Treppen hinauf, achtete auf jeden Schritt, strengte sich an, nicht zu straucheln. Hauptmann Pabst erwartete sie in seinem Büro. Die Identifizierung war im Handumdrehen erledigt. „Sind Sie Frau Rosa Luxemburg?“ fragte er. Sie blickte an ihm vorbei und antwortete: „Entscheiden Sie bitte selber.“ „Nach dem Bilde müßten Sie es sein“, meinte Pabst. Ihr Blick war immer noch auf die Wand hinter ihm gerichtet. „Wenn Sie es sagen“, gab sie zurück.[34]

Der Hauptmann rief Leutnant Vogel und befahl ihm, Rosa Luxemburg nach unten zu bringen. Sie sollte direkt zu dem Wagen gehen, der sie ins Moabiter Gefängnis bringen würde. Sie knöpfte ihren Mantel zu, nahm ihr Köfferchen und verließ ohne ein Wort das Zimmer des Hauptmannes.

Mittlerweile wurde die Menge in der Hotelhalle größer und pöbelhafter. Die Nachricht, daß die Rote Rosa im Hause sei, breitete sich rasch aus, und nun mischten sich auch Gäste und Hotelpersonal unter die Soldaten. Mit steinernem Gesicht ging Rosa Luxemburg die Treppe hinunter und auf den Ausgang zu. Bevor sie die Drehtür erreichte, riß sich ein Soldat aus der Menge los und schlug ihr mit einer einzigen schnellen Bewegung den Gewehrkolben über den Kopf. Ohne einen Laut sank sie auf den teppichbelegten Fußboden. Soldat Runge schlug noch einmal zu, diesmal an die Schläfe. Er hob das Gewehr zu einem neuen Schlag, aber ein Kamerad hielt ihn zurück: „Hör auf, es ist genug.“[35] Rosa Luxemburg, der Blut aus Nase und Mund floß, wurde vom Fußboden aufgehoben. Ein Schuh fiel herunter und ein Soldat hob ihn auf – eine Trophäe. Sie wurde zum Wagen hinausgetragen über die Straße, die jetzt von Zivilisten freigeräumt war; man legte sie zwischen zwei Soldaten auf den Rücksitz. Der Fahrer startete den Motor und fuhr los.

Der Schuß, der hundert Meter weiter abgefeuert wurde, war im Hotel zu hören. Aller Wahrscheinlichkeit nach wurde er von Leutnant Vogel abgegeben, der auf dem Trittbrett des Wagens stand. Er zog den Revolver, setzte ihn an Rosa Luxemburgs Kopf und drückte ab. Der Revolver hatte Ladehemmung und feuerte erst beim zweiten Versuch. Die Kugel durchschlug Rosa Luxemburgs linke Schläfe. Ihr Körper zuckte einmal und lag dann still. Einer warf ihr ein Tuch über den Kopf.

Der Wagen fuhr weiter. Als er am Spreeufer entlangfuhr, wurde dem Fahrer befohlen, anzuhalten. „Wir wollen die Luxemburg hier herausnehmen“, sagte Leutnant Vogel.[36] Mit Hilfe eines der Soldaten zerrte er die Leiche aus dem Wagen, dann trugen sie sie zum Wasser hinunter. Unterwegs wurden sie von einer Streife aufgehalten, aber als Vogel sich ausgewiesen hatte, durften sie passieren. Einmal verfing sich Rosa Luxemburgs baumelnde Hand im Gebüsch; Vogel faßte die Hand an, was, wie er später sagte, ein unangenehmes Gefühl war. Am Landwehrkanal angekommen, befahl Vogel den Soldaten, die Leiche „ins Wasser zu schmeißen“. Der Befehl wurde pflichtgemäß ausgeführt. „Die alte Sau schwimmt schon“, sagte einer.[37]

Epilog

Als Rosa Luxemburg tot war, atmeten politische Freunde und Feinde gleichermaßen erleichtert auf. Verfrüht. Denn ihre fehlende Leiche löste öffentliche Auseinandersetzungen aus wie ihr Werk. Sie wurde zum Brandmal der Revolutionäre neuen Typs, die Rosa Luxemburgs Vision des Sozialismus zu einer monströsen Karikatur verzerrt hatten.

Die amtliche Darstellung des Mordes an Rosa Luxemburg und Karl Liebknecht wurde am 16. Januar 1919 vom Wolffschen Telegraphenbüro verbreitet und in den Nachmittags- und Abendzeitungen abgedruckt. Dort hieß es, daß Dr. Karl Liebknecht in dem Wagen, der ihn mit der Begleitmannschaft vom Hotel Eden zum Moabiter Gefängnis bringen sollte, von einem unbekannten Täter von hinten einen wuchtigen Schlag auf den Kopf erhalten habe. Der Wagen sei dann mit Motorschaden liegengeblieben und Liebknecht habe den Weg zu Fuß fortsetzen müssen. Der taumelnde und aus seiner Kopfwunde heftig blutende Liebknecht habe zu fliehen versucht und sei erschossen worden.

Die Darstellung des Mordes an Rosa Luxemburg war noch grotesker. Angeblich war sie beim Verlassen des Hotels Eden von einer erregten Menschenmenge tätlich angegriffen worden, ihrer Begleitmannschaft sei es aber gelungen, sie zu retten und sie, bewußtlos, in den wartenden Wagen zu bringen. Als der Wagen sich in Bewegung setzte, sei plötzlich ein Unbekannter auf das Trittbrett gesprungen und habe einen Pistolenschuß auf Rosa Luxemburg abgegeben. Der Wagen sei weitergefahren, bis er in der Nähe des Kanals von einer Menschenmenge zum Anhalten gezwungen wurde. Mit den Rufen „Das ist die Rosa!" sei sie aus dem Wagen gezerrt worden, dann sei die Menge mit ihr in der Dunkelheit verschwunden.[1] Es gab keine Leiche.

„Es ist nicht zu verkennen", kommentierte eine Zeitung, „daß an den beiden terroristischen Führern eine Art Volksgericht vollstreckt worden ist."[2] Das Volk habe grausame Lynchjustiz geübt, schrieb das Blatt, aber sie sei gerechtfertigt. Aus den weiteren Presseartikeln war zu entnehmen, daß der „Verrat", den der Sohn des verehrten Sozialistenführers Wilhelm Liebknecht begangen habe, mehr schockierte als der Rosa Luxemburgs, die schließlich Russin war, Polin, Jüdin.

Leo Jogiches übernahm es, die Wahrheit herauszufinden. Er lehnte es ab, Berlin zu verlassen, obwohl er wußte, daß er damit zweifach gefährdet war: Er stand jetzt an der Spitze der Kommunistischen Partei Deutschlands und, was noch schlimmer war, drohte die fadenscheinige Tarnung der Regierung niederzureißen. Die vierwöchigen amtlichen Ermittlungen blieben ergebnislos, was kaum überraschte; sie lagen in den Händen eines Feldkriegsgerichtes, das entschlossen war, die Fakten zu verschleiern. Aber am 12. Februar 1919, als die Untersuchung endgültig an einem toten Punkt angekommen war, brachte *Die Rote Fahne* einen langen Bericht über die Morde, die in der Nacht des 15. Januar begangen worden waren. Peinlich genau wurden die Vorgänge rekonstruiert und die Täter beim Namen genannt, es wurde dargelegt, daß beide Morde mit Wissen und unter Mitwirkung eben der Militärs geplant und ausgeführt wurden, die jetzt die Untersuchung leiteten. Ein Foto, das am Tage nach den Morden am Hotel Eden aufgenommen worden war und den Soldaten Runge zeigte, der seine Großtat im Kreise seiner Komplizen feierte, wurde ebenfalls veröffentlicht.

Niemand hegte Zweifel, wer hinter dem Versuch steckte, die Schuld dort abzuladen, wo sie hingehörte. Und damit hatte Jogiches sein Schicksal besiegelt. Obwohl Freunde ihn bestürmten, wenigstens die Wohnung zu wechseln, beschied er Mathilde Jacob: „Sie haben ganz recht, aber ich kann meine Wirtin jetzt nicht verlassen."[3] Es überrascht, daß dieser Mann, dem Frauen nie viel zu bedeuten schienen, zweimal sein Leben aufs Spiel gesetzt haben soll – 1906 in Warschau, wo er im selben Hotel wie Rosa Luxemburg wohnte, und jetzt in Berlin, wo er bei seiner Geliebten blieb.

Als sich das Netz um ihn zuzog, machte er einen tollkühnen Ausfall, der an seine jugendlichen Bravourstücke in Wilna erinnerte – er ging in Rosa Luxemburgs Wohnung. „Es ist schön hier", sagte er zu Mathilde Jacob, und sein Blick glitt über die vertrauten Gegenstände. Es war ein seltenes Eingeständnis dieses Mannes, dem ein Feldlager immer das liebste Zuhause gewesen war. „Mir ist, als ob Rosa jeden Augenblick kommen müßte." Als er ging, bat er Mathilde Jacob, ihm einen Gefallen zu tun. „Wir wollen die Wohnung . . . behalten, Mathilde. Machen Sie gleich morgen einen neuen Kontrakt."[4]

Anfang März wurde er von der Polizei gefaßt. Man brachte ihn in die Polizeidirektion, wo er sofort von allen übrigen Festgenommenen getrennt wurde, er war erkennbar für eine Sonderbehandlung vorgesehen. Nur mit Waffengewalt entlockte man ihm seinen Namen und auch erst dann, als seine Forderung nach einem Untersuchungsrichter nur höhnisches Gelächter ausgelöst hatte. Er wurde an seinen letzten Bestimmungsort geführt – in einen Raum voller Offiziere. Lange hallten die Schläge in den Korridoren wider. Wie es amtlich hieß, wurde Jogiches von einem Hauptfeldwebel Ernst Tamschick „auf der Flucht erschossen", von hinten. Im Leichenschauhaus, das Mathilde Jacob zur Identifizierung der Leiche aufsuchte, hielt ein Türhüter, der die gemetzelten Reste Leo Jogiches' gesehen hatte, sie zurück. „Frau, bleiben Sie draußen", sagte er, „den Anblick werden Sie nie wieder los."[5]

Da nun Tatsachen über die Morde an Rosa Luxemburg und Karl Liebknecht öffentlich bekannt waren, sah sich die Regierung gezwungen, die Täter vor Gericht zu stellen. Das Feldkriegsgericht verhandelte den Fall vom 8. bis 14. Mai 1919. Der Anklagevertreter, Kriegsgerichtsrat Paul Jorns (er wurde in der Weimarer Republik zum Reichsanwalt und später zum Reichsanwalt der Nazis am Leipziger Volksgerichtshof befördert), stellte in seinem Schlußplädoyer fest, daß Leutnant Vogel und der Soldat Runge die Festgenommenen „schwer mißhandelt" hätten. Allerdings gäbe es mildernde Umstände: ihre bisherige „tadellose Führung" und die Tatsache, daß sie die „Kriegszeit über unter Waffen gestanden" hätten. Jorns erwähnte auch Runges verminderte Zurechnungsfähigkeit; daß er auf Karl Liebknecht und Rosa Luxemburg „eine ziemliche Wut" hatte, sei ja schließlich „gar kein Wunder". Zu dem Foto, das auf der Wache des Hotels Eden aufgenommen worden war und das Beisammensein zeigte, mit dem offensichtlich die Morde gefeiert wurden, hieß es im Urteil des Feldkriegsgerichts, daß alles reiner Zufall gewesen sei; der Soldat Runge „saß zufällig in der Mitte am Tisch" und hatte gerade friedlich zu Mittag gegessen. Auf dem Tablett der Kellnerin stand zwar tatsächlich eine Weinflasche, aber sie war leer; es war nichts als Bier und Kuchen verzehrt worden, „von einem Zechgelage konnte keine Rede sein." Nachdem Ankläger Jorns ausgeführt hatte, es gäbe keine Möglichkeit zu beweisen, daß Runges Schläge oder Vogels Kugel den Tod Rosa Luxemburgs herbeigeführt habe, obwohl zweifellos „durch die Handlung eines der beiden ... der Tod der Frau Rosa Luxemburg herbeigeführt worden ist", wurde Leutnant Vogel zu zwei Jahren, vier Monaten Gefängnis wegen „erschwerten Wachtverbrechens im Feld", Beiseiteschaffung einer Leiche und vorsätzlich unrichtiger Abstattung einer dienstlichen Meldung verurteilt. Husar Runge erhielt zwei Jahre, zwei Wochen Gefängnis wegen versuchten Totschlages.[6]

Runge erklärte bald darauf: „Die Untersuchung ist eine Komödie gewesen. Ich sprach mit Kriegsgerichtsrat Jorns wiederholt privat und er sagte mir: Nehmen Sie ruhig alles auf sich, vier Monate werden es nur, und Sie können sich dann immer wieder an uns wenden, wenn Sie in Not sind."[7] Ob er den Befehl erhielt oder mit Geld bestochen wurde, Rosa Luxemburg mit dem Gewehrkolben niederzuschlagen, blieb ungeklärt, klar aber war, daß er auf Veranlassung anderer handelte. 1933 kam der Soldat Runge auf seine frühen Verdienste um die Sache Nazi-Deutschlands zurück und verlangte finanzielle Entschädigung für die zu Unrecht erlittene Strafe. „Mein hoher Führer Volkskanzler Adolf Hitler", schrieb er an das preußische Justizministerium, „hat auch seine Idiale mit Gefängnis vertauscht."[8] Die Regierung gewährte ihm eine einmalige Entschädigung von 6000 Reichsmark aus Staatsmitteln.

Hauptmann Waldemar Pabst, der Rosa Luxemburg und Karl Liebknecht im Hotel Eden identifizierte und in den Tod schickte, steuerte in einem Interview, das er 1962 gab, einige Einzelheiten bei. Die beiden waren gefährlich und mußten weg, sagte er, auch wenn es keine Beweise gegen sie gab. „Es lag nur im Interesse unseres Deutschlands", ließ sich der als Waffenhändler zu Reichtum gekommene Pabst 1962 vernehmen, „daß wir es damals vor dem Schicksal bewahrten, das ihm heute Herr

Ulbricht und seine Drahtzieher bereiten möchten, sondern (!) der Sieg des Kommunismus in Deutschland hätte bereits 1919 das gesamte christliche Abendland zum Einsturz gebracht. Die Beendigung dieser Gefahr wog bestimmt wesentlich mehr als die Beseitigung von zwei politischen Verführern." Karl Liebknecht sollte bei einem Fluchtversuch erschossen werden, Rosa Luxemburg sollte die wütende Menge totschlagen. Bei Liebknecht habe der Plan mehr oder weniger funktioniert; bei Rosa Luxemburg sei es schiefgegangen. Aus unbekannten Gründen sei keine „Menschenmenge" zustande gekommen. In einer amtlichen Stellungnahme zu Pabsts Erklärung bezeichnete die Regierung der Bundesrepublik Deutschland im Jahre 1962 die Morde als „standrechtliche Erschießungen".[9]

Die Todesart, die man den beiden Verbrechern zugedacht hatte, war anscheinend mit Rücksicht auf ihren Status ausgewählt worden. Karl Liebknecht mußte erschossen werden – er war ein Deutscher. Der Lynchmord war für Rosa Luxemburg bestimmt – sie, die Jüdin, mußte in einem Pogrom umkommen.

Die Verjährungsfrist für die Ermordung Rosa Luxemburgs wäre in zehn Jahren abgelaufen. Paul Levi war entschlossen, das zu verhindern. 1928 verklagte Reichsanwalt Paul Jorns den Redakteur Josef Bornstein, weil der einen Artikel veröffentlicht hatte, der Jorns der Vertuschung der Vorgänge im Fall Liebknecht-Luxemburg bezichtigte. Paul Levi als Verteidiger des Redakteurs legte die Mittäterschaft Jorns' bei der Vertuschung offen. In einem vierstündigen Plädoyer, das Carl von Ossietzky „die mächtigste deutsche Rede nach Ferdinand Lassalle" nannte, wies Levi nach, daß Jorns in beiden Mordfällen Beweise unterdrückt hatte.[10] Jorns, zur Zeit des Prozesses öffentlicher Ankläger am obersten Gerichtshof der Weimarer Republik, wurde für schuldig befunden, den Mördern Vorschub geleistet zu haben. Im Reichstag stellte Levi die Frage, wie Jorns, eine Schande für seinen Stand, auf einen der höchsten Posten der deutschen Justiz gesetzt werden konnte. Das bestätige seine schlimmsten Befürchtungen für die Zukunft seines Landes.

Albert Einstein schrieb an Levi, es sei „erhebend zu sehen, wie durch Gerechtigkeitsliebe und Scharfsinn ein einzelstehender Mensch ohne Rückhalt die Atmosphäre gereinigt hat, ein wunderbares Pendant zu Zola. In den feinsten unter uns Juden", sagte Einstein, „lebt noch etwas von der sozialen Gerechtigkeit des Alten Testaments."[11] Jorns legte Berufung gegen das Urteil ein – die Nazis entschädigten ihn später für die erlittenen Qualen. Während der langwierigen gerichtlichen Auseinandersetzungen erkrankte Levi an einer schweren Grippe mit hohem Fieber, das mit seinem tragischen Tod endete. „Selbstmord eines Landesverräters" schrien die Schlagzeilen der Rechtspresse. „Er hat seinen eigenen Rassegeruch nicht ertragen können, ist zum Fenster gestürzt – da ist er herausgeflogen", schrieb der *Stürmer*. „Renegat aus Überzeugung" nannte ihn die von Rosa Luxemburg gegründete *Rote Fahne*.[12]

Am Sonnabend, dem 31. Mai 1919, wurde in einer der Schleusen des Berliner Landwehrkanals eine weibliche Leiche gesichtet; man schaffte sie ins städtische Leichenschauhaus. Später am Abend unterbrach der Innenminister in Begleitung des Berliner Polizeipräsidenten eine Abendgesellschaft, an der auch Verteidigungsminister Gustav Noske teilnahm. Sie zogen sich mit Noske in ein stilles Arbeitszimmer zurück, und dort flüsterten sie: „Man hat sie gefunden." Auf Noskes verwunderte Frage „Wen denn?" kam die Antwort: „Die Rosa."[13] Sie beschworen Noske, die Leiche unverzüglich aus dem Leichenschauhaus zu entfernen, damit nicht die leicht erregbaren Sonntagsmassen noch eine Demonstration inszenierten.

Im Schutze der Nacht brachte man den Leichnam mit einem Wagen zum Truppenübungsplatz Zossen, etwa vierzig Kilometer außerhalb Berlins, um ihn dort heimlich zu verscharren. Aber der Plan schlug fehl. Die Presse hatte schnell Wind vom Auftauchen der Leiche bekommen, einer Sensation in Anbetracht der jüngsten Gerichtsurteile. Paul Levi, der nach der Ermordung von Jogiches die Führung der KPD übernommen hatte, verlangte eine unabhängige Identifizierung und Obduktion der Leiche. Drei Ärzte weigerten sich, die Obduktion vorzunehmen, weil sie um ihr Leben fürchteten. Die Obduktion wurde schließlich durchgeführt, und die Polizei machte Fotos von der Leiche. Dr. Martin Zetkin, Claras älterer Bruder, erklärte sich bereit, die Bilder und den Leichnam in Anwesenheit von Mathilde Jacob zu identifizieren. Die Todesursache Rosa Luxemburgs blieb ungeklärt. Die Schädeldecke war trotz der Kolbenschläge, die sie getroffen hatten, unversehrt, und die Wirkung des Pistolenschusses an der linken Stirnseite konnte nicht mehr festgestellt werden, da die Verwesung des Gehirns stark fortgeschritten war. Sie hätte auch noch gelebt haben können, als sie ins Wasser geworfen wurde.

Mathilde Jacob identifizierte die Gegenstände, die der Leichnam noch an sich trug. Die Handschuhe, die sie selbst gekauft hatte, befanden sich noch an Rosas Händen. Mathilde Jacob erkannte die Fetzen des Samtkleides und das goldene Medaillon. Der Leichnam wurde gegen eine Gebühr von drei Mark in ihre Obhut freigegeben. Eine ordnungsgemäß unterschriebene Quittung wurde ihr ausgehändigt.

Am 13. Juni 1919 wurde Rosa Luxemburg auf dem Friedhof Friedrichsfelde bestattet.

Zwanzig Jahre zuvor hatte sie, über den Tod von Leo Jogiches' Mutter nachsinnend, an ihn geschrieben: „Mich durchbohrt jedesmal der Gedanke: Was für ein Leben war das! Was hat dieser Mensch durchgemacht, *wozu* hat er gelebt?"

Durchdrungen von dem Verlangen, ein vollständiges Leben zu leben, verließ Rosa Luxemburg ihr Land, ihr Zuhause, ihre Familie. Sie strebte danach, das Leben aller Menschen zu vervollkommnen, lebenswert zu machen, auch wenn sie wußte, daß „wir sind wie die Juden, und Moses führt uns durch die Wüste."

Anhang

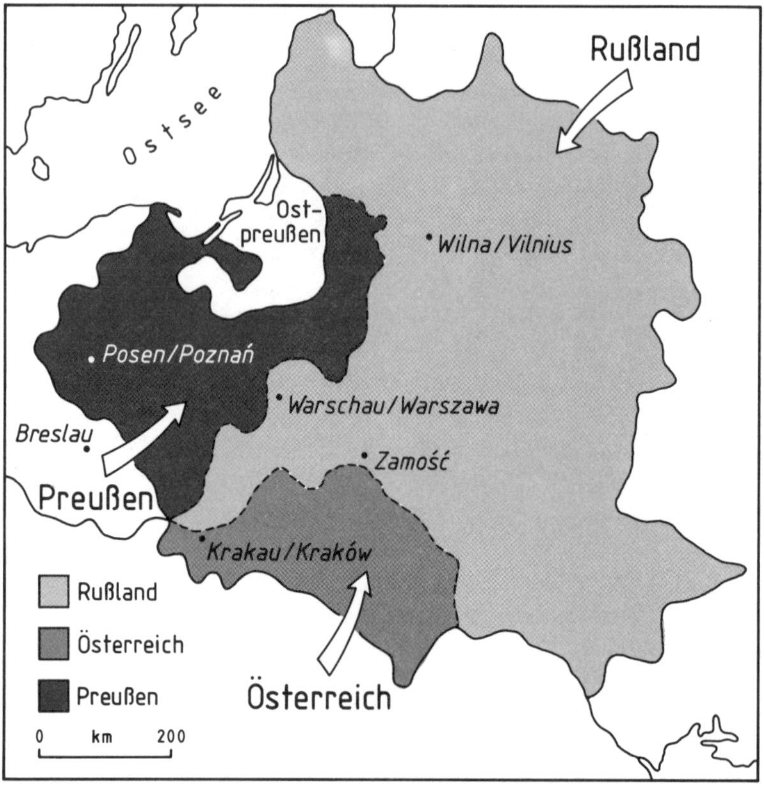

Polen nach der dritten Teilung 1795

Briefe an Rózia in Zürich

1897–1901

DIE FOLGENDEN BRIEFE sind im deutschen Sprachraum bisher noch nicht veröffentlicht worden. Sie wurden in polnischer Sprache geschrieben; die Autorin hat sie ins Englische übertragen, die deutsche Übersetzung aus dem polnischen Original stammt von Jürgen Hensel und Ryszard Turczyn. Sie werden damit zum ersten Male in andere Sprachen übersetzt.

Als Rosa Luxemburg mit neunzehn Jahren zum Studium nach Zürich ging, ließ sie ihre Eltern, eine Schwester und drei Brüder in Polen zurück. Sie führte zwar eine lebhafte Korrespondenz mit ihren Angehörigen, aber sie hob nur die Briefe auf, die ihr Vater und ihre Geschwister von 1897 bis 1901 an sie gerichtet hatten. Sie hatte die Briefe in einer Schachtel verwahrt, und Jahre nach dem Tode der Eltern schrieb die Fünfunddreißigjährige an Leo Jogiches: „Gestern abend habe ich durch einen merkwürdigen Zufall die Schachtel mit den letzten Briefen ... herausgenommen, sie alle durchgelesen, geheult bis ich dicke Augen hatte und mich mit dem großen Wunsch schlafen gelegt, nicht mehr aufzuwachen. Insbesondere hatte ich auch einen Haß auf diese ganze ‚Politik', deretwegen ... ich wochenlang die Briefe von Vater und Mutter nicht beantwortet habe, nie hatte ich Zeit für sie."[1] Und viel später schrieb sie aus dem Gefängnis an ihren Freund Hans Diefenbach, sie mache sich immer noch „bittere Vorwürfe“, ihren alten, kranken Vater vernachlässigt zu haben, weil sie „ja ständig der Menschheit dringende Geschäfte besorgen und die Welt beglücken“ mußte.[2]

Ihre Briefe an Leo Jogiches zeigen, daß sie den Gedanken an ihre Familie wenig Zeit widmete – hin und wieder erwähnte sie, daß ihre „armen Lieben“ ihr einen kleinen Geldbetrag geschickt hätten, wohl wissend, daß es für die Familie eine erkleckliche Summe war – bis ihre Mutter 1897 an Magenkrebs erkrankte. In jenem Jahr zerbrach Rosa Luxemburgs Beziehung zu Leo Jogiches erneut, und das war zum Teil ihrem *summa cum laude*-Doktorat zuzuschreiben. Jogiches machte trotz seiner hohen Intelligenz kaum Fortschritte an der Universität, glaubte er doch mehr an die Kraft des Konspirierens als an formale Bildung. Nichtsdestoweniger fühlte er sich bedroht durch den akademischen Triumph Rosa Luxemburgs, und wenn er sich von ihr bedroht fühlte, wurde er immer kalt, distanziert, unnahbar. Rosa Luxemburg mühte sich verzweifelt, ihr Verhältnis zu retten. Vielleicht war das der Grund, daß sie die einzige Postkarte, die ihre kranke Mutter ihr schrieb, unbeantwortet ließ.

Die Familie in Warschau und besonders die Eltern waren überwältigt von Freude und Stolz über Rosas akademische Lorbeeren, und ein lobpreisender Brief nach dem anderen traf in Zürich ein. Bald jedoch wich die Begeisterung der Verzweiflung über Lina Luksenburgs Krankheit. Sie gaben sich Mühe, Rosa nicht zu erschrecken, informierten sie mit größter Behutsamkeit über den schlechten Zustand der Mutter. Rosas jüngster Bruder Józef (Józio), der Arzt war, deutete vorsichtig an, wie ernst die Krankheit war. Während Józef und der zweite Bruder Maksymilian (Munio), ein Geschäftsmann, ihr gelegentlich schrieben, war ihre ältere Schwester Anna (Andzia) Rosas eifrigste Briefpartnerin. (Ihr dritter Bruder Natan lebte mit seiner Frau und zwei Töchtern in London.)

Anna, die 1897 auf die vierzig zuging, führte im Hause ihrer Eltern ein trauriges Leben. Viele Jahre lang, bis Rosa aus dem Hause ging, hatte sie darauf gewartet, ein eigenes Zimmer zu bekommen; jetzt wurde dieses Zimmer untervermietet – für zehn Rubel, den monatlichen Zuschuß für Rosa. Anna kündigte ein Zeitungsabonnement, zu großer Luxus, aber: „Mama schickt Dir die beiliegenden fünf Rubel.“

Annas Haltung ihrer Schwester gegenüber war mit sehr gemischten Gefühlen durchsetzt, die bis in Rosas früheste Kindheit zurückreichten und im Laufe der Zeit wuchsen. Anna war siebzehn, als die kleine Rosa ein Krüppel wurde, was sie selbst schon ihr Leben lang gewesen war. Später, als die heranwachsende Rosa auf dem Gymnasium Lorbeeren erntete, erfuhr sie eine Ablehnung nach der anderen von den unwilligen Freiern, die ihre Eltern durch Heiratsvermittler beschafften. Rosa war der Stolz ihrer Eltern, Anna ihre Schande. Sie brachte nicht endende Opfer für Rosa im Wettstreit mit den Eltern um Rosas Liebe. Aber niemand, nicht einmal Rosa, schien es zu bemerken. Alles, was Anna tat, wurde als selbstverständlich hingenommen; alles, was Rosa zu tun versäumte, wurde entschuldigt. Sieben lange Monate verbrachte Anna bei Tag und Nacht am Bett ihrer leidenden Mutter, aber Rosa allein, so glaubte die Mutter, „weiß ihre Eltern zu schätzen, alles würde sie mit Vergnügen für uns tun." Annas Schmeichelbriefe an ihre jüngere Schwester verunzierte nur einmal oder zweimal ein ärgerliches „warum beantwortest Du Mamas Postkarte nicht!" und „warum schreibst Du kein einziges Wort!" Aber ihre genauen Beschreibungen, wie ihre Mutter halluzinierte, wie die Sterbende Rosas Namen flüsterte, verraten mehr als nur den Wunsch, ihren Kummer mit Rosa zu teilen.

Hinter Annas übertriebener Vergötterung lauerte ein Groll, den sie niemals direkt ausdrücken konnte. Er zeigte sich jedoch, als sie vorschlug, Rosa solle die beiden halbwüchsigen Töchter Natans adoptieren, um ihnen die richtige Entwicklung zu sichern, eine Forderung, die Rosa ablehnen mußte, wie Anna sehr wohl wußte; er zeigte sich in ihrer scheinbar harmlosen Frage, ob Rosa aus Versehen ihren Nachnamen falsch schriebe; er zeigte sich auch, als sie wiederholt die tiefe Gläubigkeit ihrer Mutter hervorhob, wohl wissend, daß Rosa Atheistin war; und er zeigte sich, als sie das Schreckensbild des Todeskampfes ihrer Mutter zeichnete und Rosa dann anflehte, nicht zu verzweifeln.

Rosa, ganz von Jogiches in Anspruch genommen (ihre Angehörigen wußten weder von seiner Existenz noch daß er sie finanziell unterstützte), verbrachte mit ihm Arbeitsferien in Weggis, einem Ort in den Schweizer Alpen, als ihre Mutter starb. Ihre Familie setzte Himmel und Hölle in Bewegung, um Rosas Züricher Freundin Olympia Lübeck ausfindig zu machen, der sie die Aufgabe anvertraute, Rosa die traurige Nachricht so schonend wie möglich beizubringen. Frau Lübeck regte unter einem Vorwand einen kurzen Besuch in Weggis an, aber Jogiches wollte unbedingt, daß Rosa einen Artikel fertigstellte, und überredete sie, Frau Lübeck abzusagen. Während die Familie in Warschau *Shiwah* saß, Rosas Einsamkeit beklagte und überlegte, wie man sie trösten könnte, wußte Rosa Luxemburg noch nicht einmal, daß ihre Mutter tot war. Etwas später, als die Nachricht sie erreichte, erfuhr sie auch, daß ihr Vater sie unbedingt sehen wollte, ja, daß die Familie beschlossen hatte, er oder Schwester Anna oder auch beide sollten sie besuchen kommen. Aber sie war keineswegs begierig, sie zu sehen. Sie fand eine Entschuldigung nach der anderen, um den Besuch hinauszuschieben, und es dauerte fast zwei Jahre, bis sie ihren Vater einlud, mit ihr zwei Wochen in einem Badeort zu verbringen.

1898, als sie ihre Ehe ohne Trauschein bereits acht Jahre lang führten, gab Jogiches endlich nach und erlaubte Rosa Luxemburg, ihren Angehörigen von seiner Existenz zu erzählen, wenn auch nur unter einem Decknamen. Unerwartet fand sich Rosa Luxemburg eingekeilt zwischen ihrem Liebhaber und ihrem Vater. Um die Fragen des Vaters abzuwehren, wann sie ihren „Verlobten" denn heiraten werde, erfand Rosa Luxemburg die Geschichte von einer Erbschaft Jogiches', die erst geregelt werden müsse, ein vorübergehendes Hindernis für die Hochzeit, erklärte sie ihrem Vater. Die „Erbschaft" war eine freudige Überraschung für den Vater, und er überschüttete Rosa mit Fragen nach dem Kapital, den Zinsen, dem Einkommen, dem Bargeld. Er drängte Rosa, sie solle Jogiches dazu bringen, etwas für die Mitgift ihrer Schwester Anna beizusteuern, für die erst die Mutter und nun der Vater vergeblich einen Ehemann zu finden versuchten.[3] Der alte Mann, der von Rosas ständigen Problemen mit Jogiches und ihren Zweifeln an der Ernsthaftigkeit seiner Gefühle für sie nichts ahnte, erklärte, wenn Leo „ehrliche Absichten hat und *wenn* er Dich liebt", dann würde er auch das Geld aufbringen. Nichts hätte Rosa Luxemburg schwerer treffen können als diese „wenns", die ihr selbst seit Jahren auf der Seele lagen. Dennoch setzte sie bewußt die Autorität ihres Vaters ein, um Druck auf Jogiches auszuüben – der nach ihrem Weggang noch zwei Jahre in Zürich blieb –, damit er zu ihr nach Deutschland käme. Als er schließlich kam, teilte sie ihren Angehörigen mit, die Hochzeit habe in der Schweiz stattgefunden, weil Jogiches Schweizer Staatsbürger sei. Nichts davon war wahr.

Als Elias Luksenburg nach der gemeinsamen Reise mit Rosa wieder in Warschau war, verschlechterte sich sein Gesundheitszustand, und seine finanziellen Schwierigkeiten wuchsen. Ein brandiges Bein hinderte ihn, zu arbeiten, und er konnte nicht mithalten mit seinen jungen, aggressiven Glaubensbrüdern, die sich in ständig steigender Zahl in Warschau niederließen. So erstaunlich es ist, nicht eins seiner fünf Kinder (außer Anna, die ihm den Haushalt führte) unterstützte ihn, als er alt und krank war, und so war er gezwungen, „in Demut" eine kleine Beihilfe anzunehmen, die ihm ein entfernter Verwandter gewährte. Er hat Rosa Luxemburg nie um Geld gebeten, und sie bot ihm keines an.

Mehr noch brachten Elias Luksenburg die langen Perioden auf, in denen seine Tochter schwieg. Rosa ärgerte sich über seine Versuche, sie in seine kleinlichen Finanzpläne einzubeziehen, sie fand seine Bewunderung lästig und seine Entschuldigungen, daß er ihre kostbare Zeit in Anspruch nahm, und sie distanzierte sich, indem sie schwieg. „Ich bitte Dich, erbarme Dich und schreib mir postwendend", flehte er vergeblich. Sie reiste kreuz und quer durch Europa, fuhr zu Versammlungen und Kongressen – das Mosaik der Poststempel auf seinen Briefen, die ihr von Berlin nach Zürich oder wo immer sie gerade war nachgeschickt wurden, sagte nicht weniger aus als deren Inhalt –, sie gab Unterricht, hielt Reden und versprach dem alten Mann, sich „im Frühling" mit ihm zu treffen. Am 22. April 1900, fünf Monate vor seinem Tode, schrieb Elias Luksenburg einen letzten Brief an seine Tochter. Ihre „völlige Gleichgültigkeit", schrieb er, erinnere ihn daran, „was ich einmal gelesen habe, daß der Adler sich hoch erhebt, also sieht er nicht, was auf der Erde geschieht. Du bist mit sozialen Fragen befaßt, und die häuslich-familiären Angelegenheiten sind sogar vom zweiten Platz gerückt, naja, was tun! Ich muß auch das annehmen ... Ich kann Dich mit meiner Korrespondenz nicht mehr belasten."

Es ist eine Ironie, daß der andere Mann, der sie – neunzehn Jahre später – mit einem Adler verglich, Wladimir Iljitsch Lenin war.

(1) *Von Anna Luksenburg*

Warschau, 4. Mai [18]97

Meine liebe einzige Rózia!

Vor einer Stunde kam Dein Brief, nur ich und Mama haben ihn gelesen (der Rest, wie Du weißt, zerstreut sich am Tage), kann ich Dir überhaupt sagen, welchen Eindruck er machte? Mama lachte und weinte abwechselnd, sie will den Brief nicht aus der Hand geben, möchte, daß die ganze Welt weiß, welche Freude und welcher Stolz sie erfüllt.

Ich gratuliere Dir, gratuliere von ganzen Herzen, meine Teure, Gute, und freue mich für Deinen Erfolg wie auch über Deinen Gedanken, der in einem wichtigen Augenblick Deines Lebens zu uns fliegt und in unserer Freude Zufriedenheit schöpft. Wie gerne ich jetzt mit Dir sein möchte! und eigentlich nicht nur in diesem Augenblick, sondern bereits seit einiger Zeit denke ich ständig daran und fühle das Bedürfnis, ausgiebigst mit Dir zu reden.

Der Plan für Mamas Reise verzögert sich noch, weil Natan jetzt sehr beschäftigt in London ist, das ist seine „Saison" um diese Jahreszeit, und allein ließen wir Mama nicht reisen; wie auch immer, Ihr müßt Euch diesen Sommer noch sehen, ich wenigstens strebe danach und wünsche [das] für Dich wie für Mama. Wenn Du Dich schon an Deine neue „Würde" gewöhnt hast, und wir uns ein wenig beruhigen, dann sprechen wir ausführlicher darüber. Im übrigen warte ich auf den versprochenen Brief. Daß Du mich für dieses Mal nicht versetzt, [dafür] bürgt nicht nur Dein beendetes Examen, sondern auch das Datum des 8. Mai*, nicht wahr? Tatko und Munio** kommen erst zum Mittagessen, Józio und Frau sollen zufällig heute abend auch hereinschauen, jetzt ist es aber erst 12 Uhr, also mir zu lange zu warten, um Dir den allgemeinen Eindruck zu beschreiben, daher schicke ich Dir diesen Brief ohne Aufschub und danke Dir noch einmal sehr herzlich für die freudige Nachricht und jeden gutgemeinten Gedanken, den ich zwischen den Zeilen Deines Briefes herauslese. Von Mama inzwischen herzliche Küsse.

Hast Du Natan und Familie Bescheid gesagt? ihre Adresse (obwohl Du sie womöglich kennst) ist 23 Streatley Rd., *Kilburn*, N. W., sie würden sich, vor allem Lilly, sehr freuen.

* Anna's Geburtstag
** Vater und Maksymilian

Bleib gesund, ich küsse und umarme Dich herzlich

Deine A.[nna]

(2) *Von Józef Luksenburg und seiner Frau Gucia*

Warschau, 8. Mai [18]97

Liebe Róziunia! Welche Freude Du uns allen mit der Nachricht vom Abschluß Deines Doktorats gemacht hast, kannst Du Dir nicht vorstellen. Noch einmal sende ich Dir meine herzliche Umarmung und den Wunsch, daß Du alles im Leben so glücklich beendest wie diese Sache.

Ich danke Dir auch, daß Du daran gedacht hast, uns einzeln zu schreiben. Als der Brief kam, war ich nicht zu Hause; ich traf Gucia auf der Straße, als sie mir die Nachricht ins Krankenhaus bringen wollte; wir eilten mit ihr zu den Eltern für den Fall, daß sie sie selbst noch nicht erfahren hatten. Wir fanden schon Deinen Brief vor, der seit seiner Ankunft immer wieder sowohl zu Hause als auch von den Verwandten und allen Bekannten gelesen wird, die unsere Angelegenheiten interessieren. Alle beglückwünschen uns auch.

À propos Diplomkopie, die Du schicken möchtest, so gibt es dafür eine einfache Lösung. Vermutlich macht man das [bei Euch] so wie auch hier, d. h., daß man bei einem Drucker, der den ersten Abzug für die Universität auf Pergament macht, einige Kopien auf gewöhnlichem Papier bestellen kann. Ich rate Dir das ausdrücklich, weil solche Kopien oft nötig sind, entweder für die Behörden oder auch, um sie in anderer Absicht irgendwohin zu schicken. Bei uns ist das üblich. Vernachlässige das nicht und erledige es sofort, solange es noch nicht zu spät ist. Die Kosten sind dabei nicht hoch.

Es gebührt Dir noch ein Dank von uns für die schönen Geschenke – für unseres und das für Dziobek. Es sind wahre Prachtstücke, 100 Küsse dafür! Dziobek ist täglich lieber und entwickelt sich täglich, daß man es sieht, läuft herum, plappert und macht Unfug. Im übrigen gibt es bei uns, außer einem neuen Doktor in der Familie, nichts Neues.

Bleib gesund und fröhlich, vergiß uns nicht und schreib über Deine weiteren Entschlüsse.

[Dein Józef]

Liebe Rózia!

Die Nachricht von Deiner Doktorierung traf ein, als Józio nicht zu Hause war. Im ersten Moment wollte ich zu den Eltern laufen, vielleicht hatten sie noch keinen Brief erhalten. Józio wollte ich die Nachricht nicht durch jemand [anderen] schicken und ging selbst mit ihr ins Krankenhaus; und weil es zum ersten Mal passierte, stieß ich also auch auf Józios gewaltiges Erstaunen, das sich nach der Lektüre Deines Briefes in lebhafte Freude verwandelte. Wir freuen uns also alle. Mama sagen wir, daß sie die „einzige Mutter zweier Doktoren" ist. Der Vater ist furchtbar „stolz" [*im Original deutsch*], und Andzia wiederholt ständig „solches Kind Doktor; Rózia und Józio, die Puppenkleider gewaschen haben, ein Doktorenpaar".

Alle Verwandten und Bekannten beglückwünschen die Eltern, und mir wünschen alle, daß ich an meiner Rózieczka auch soviel Freude habe.

Ich danke Dir herzlich, Rózieczka (so nenne ich meine Kleine), daß Du daran gedacht hast, uns die Nachricht einzeln zu schicken, wir freuen uns riesig und wünschen Dir alles Gute auf Deinem weiteren Weg.

Unsere kleine Rózieczka wird immer größer und spricht und zieht alles runter, was sie nur kann; im Garten spielt sie mit den Kindern und bändelt besonders mit Jungen an, zu denen sie schon eine besondere Anziehung spürt. Die Kleine hat sich in den letzten Wochen gewaltig herausgemacht, sie liebt „babę" [Oma] und „dziadzię" [Opa] und Onkel „Munio" und „Ciocię Ańdzię" [Tante Annchen] sehr, diese Ausdrücke spricht sie völlig deutlich aus. Das Kindchen sieht prächtig aus, was Du [ihr] jetzt auch nachmachen solltest, wie sie Deine Doktorierung vielleicht einmal nachmachen wird.

Ich danke herzlich für die Servietten und Rózieczkas Tuch, wahre Schmuckstücke.

Schreib uns rasch. Herzliche Küsse und Grüße von Deiner Dich liebenden Schwester Gucia.

(3) *Von Anna*

Warschau, 9. Mai [1]897

Meine liebe Rózia!

Ich danke Dir herzlich für die Glückwünsche und für das Buch, das ich bereits erhalten habe. Das Buch freut mich riesig. Du hast es mir sehr recht gemacht, denn gerade in letzter Zeit kaufe ich mir ab und an Bücher und auch Bilder. Ich habe schon einige schöne echte Aquarelle, sie beleben das Zimmer so schön. Und von den Büchern nimmt Deines den ersten Platz in meinem Schrank ein. Aber ich muß mich noch vor Dir loben, daß ich seit Herbst die „Prawda" abonniere. Ich wollte zu Hause eine ernstere Zeitschrift haben, und kenne in dieser Art keine andere. Das Abonnieren von Büchern kam mich teuer, weil ich nicht immer Zeit zum Lesen habe, im übrigen bekomme ich Bücher leichter von Bekannten. Zu Hause lesen alle meine „Prawda" gern, und Józio nimmt jede Woche die gelesene N[umme]r mit zu sich. Vielleicht möchtest Du, daß ich [sie] auch Dir schicke, dann sag es, nur würdest Du in diesem Fall [die Nummern] aus den vergangenen Wochen bekommen, denn nachdem ich die laufende Nummer gelesen habe, nimmt jene Józio, und er wiederum gibt [sie] nicht schnell zurück (mindestens nach einer Woche erst), weil er bei sich zu Hause irgendwie nicht lesen kann.

Sicherlich hast Du meinen Brief vom 4ten erhalten. Du wirst nicht glauben, welche Freude und Aufregung Dein Doktorat bei uns hervorgerufen hat. Unaufhörlich gratuliert man uns allerseits, mitunter scheint es mir, daß eine Verlobung stattgefunden hat, so oft wiederholen sich die Gratulationen aus Anlaß der erfüllten und zu erwartenden Freude.

Tatko und Mama sind deswegen ganz einfach hochmütig geworden. Jeden Tag, bevor Tatko in die Stadt geht, findet dieselbe Beratung statt: soll Dein Brief mit dieser Bekanntgabe im Hause bleiben oder zusammen mit Tatko in der Manteltasche hinauswandern. Und wenn noch jemand kommt, muß man ja [etwas] vorzeigen (und ein solches Dokument ist weit mehr überzeugend als jedwede Erudition [Beredsamkeit]), und da muß Tatko [ihn] „gerade jetzt" wieder einem seiner Bekannten in der Stadt vorlesen. Schade, daß Du diese Auseinandersetzungen nicht selbst hören kannst, und am meisten tut mir leid, daß Du nicht an der Freude teilnehmen kannst, die Du selbst verursacht hast.

Anbei schickt Mama Dir 5 Rubel mit dem ausdrücklichen Wunsch, daß Du dafür genießt, verständlicher gesagt, Dich für ein paar Tage mit Lebensmitteln versorgst und damit Deinen Erholung[saufenthalt] verlängerst.*

Aber, ich wollte schon wiederholt fragen, ob Du jetzt Deinen Namen durch einen Irrtum mit m schreibst, oder auch in Wirklichkeit? In der „Neuen Z.[eit]" habe ich diese Veränderung auch bemerkt und mich gewundert. Rosa [Welt] kam gerade rechtzeitig, als Dein Brief gebracht wurde, sie war maßlos erfreut, und als sie hörte, daß wir telegraphieren,

* Rosa Luxemburg war mit Jogiches, von dessen Existenz die Familie in Warschau nichts ahnte, verreist.

beschloß sie nach der Rückkehr nach Hause sofort ein saftiges Telegr.[amm] an Dich abzufertigen, schon hier, sogar in unserer Anwesenheit, hatte sie ein ganzes Feuerwerk hochgestochener Ausdrücke vorbereitet. Weil Du nicht erwähnst, daß Du es erhalten hast, vermute ich, daß [Rosa] Welt sie in ihrer Begeisterung zurückhielt, weil er [es] sicherlich für unnötig hielt, wo sie keine Nachricht von Dir hatten.

Bleib mir gesund, erhol Dich ordentlich, und wenn Du Zeit hast, dann schreib.

Ich küsse Dich herzlich und danke Dir noch einmal für das Geschenk.

Deine A.[nna]

(Randnotiz Seite 1, oben, umgekehrt)
Mama schickt herzliche Umarmungen, schreibt in Kürze selbst, will jetzt nicht die Post verspäten.
(Randnotiz Seite 2, links)
Wie war das mit der Dissertation, hast Du sie öffentlich verteidigt? oder gibt es dort diesen Brauch vielleicht nicht. Ich erwarte, daß wir schon ein Exemplar erhalten werden.
(Randnotiz Seite 3, links)
Familie Poznański (Henryk) bittet Dich, ihre Gratulationen und Empfehlungen anzunehmen, falls Du Dich noch an sie erinnerst. Doch sie zweifeln daran.
(Randnotiz Seite 4, links)
[...] Mrozowska gratuliert Dir herzlich und grüßt. Sie prahlt laut damit, daß Sie es war, die der „kleinen Doktorin" die ersten französischen Wörter beigebracht hat. Sie fragt beständig, ob Du Dich manchmal an sie erinnerst.

(4) *Von Anna Luksenburg* *Złota 16*

Warschau, 29. Juli 1897

Meine liebe Rózia!

Dein Brief hat uns alle riesig gefreut, insbesondere, versteht sich, Mama, als die an Deinem Plan am meisten Interessierte. Du bist herzensgut, daß Du so an Bequemlichkeit und Erholung für Mama denkst. Ich habe ja schon lange davon geträumt, daß Mama ein bißchen bei Dir sein kann, erst dann bräuchte ich mir keine Sorgen um sie zu machen. Doch jetzt können wir noch nicht an diese Reise denken, weil Mama dafür keine Kraft hat. Seit einigen Wochen geht es Mama wirklich besser, und wir hoffen bei Gott, daß sie wieder gesund wird, aber Mama ist sehr lange schwer krank gewesen und das hat sie sehr erschöpft. Vergiß nicht, meine Liebe, daß in diesem Alter Leiden stark angreift, Mama muß also zuerst völlig gesund sein, um sich ruhig auf den Weg machen und vom Aufenthalt bei Dir profitieren zu können. Dein Plan, das sage ich Dir offen, gefällt mir am besten, denn ich willige nur schweren Herzens und aus Mangel an anderer Möglichkeit in die beabsichtigte Reise nach London, sowohl wegen der Seereise, als auch wegen N.[atan], der sich ja am wenigsten eignet, um Ruhe und Erholung sicherzustellen. Ich habe nur damit gerechnet, weil die Gesellschaft von Lilli und den Mädchen, die Mama so lieb hat, ihr Freude bereitet, und daß sie später von dort zu Dir fährt. Ich bedaure auch sehr, daß Mama jetzt noch nicht fahren kann. Natürlich möchte auch Mama Dich sehr gerne sehen, und in der Zeit, als sie so schwer krank war, verlangte sie unaufhörlich, Dich zu sehen und vergaß sämtliche Entfernungen, sodaß ich, um sie zu beruhigen, öfter versprechen mußte, daß Du hierher kommst, und Mama wartete ungeduldig, und erst jetzt, wo sie sich wesentlich besser fühlt, begreift sie den wirklichen Stand der Dinge, macht ruhig mit uns den Reiseplan und freut sich riesig auf die erhoffte Reise zu Dir. Was ich während Mamas Krankheit durchgemacht habe, meine Liebe, und wie schwer ich es hatte, das kann ich Dir gar nicht sagen. Wieviele Male habe ich danach geseufzt, um Dich jetzt hier zu haben, welche Erleichterung es für Mama und für mich bedeutet hätte. Aber Gott sei Dank, daß es schon besser geht. Ich brauche Dir wohl nicht zu versichern, daß es Mama nicht an Pflege und Fürsorge fehlt, anfangs ging es mir nur schwer von der Hand; denn ich konnte die Haushaltsarbeit nicht mit der Krankenpflege verbinden, aber jetzt bin ich eingeübt und werde mit beidem fertig. Józio hat Mama natürlich eifrig Hilfe geleistet, und wenn es not tat, hat er auch Kollegen dazugeholt. Sie mögen ihn alle sehr und achten ihn. – Mach Dir keine Sorgen, daß Du für diesmal enttäuscht wirst und genieße selbst den Aufenthalt auf dem Land, Mama und ich haben beschlossen, daß, sobald sie nur reisen kann, (*Forts. auf dem linken Rand*) sie sich sofort zu Dir aufmacht, auch wenn das später sein sollte. Dann lassen sich vielleicht auch Deine Aufgaben dem anpassen. Und die Reisekosten werden nicht (*Forts. auf dem oberen Rand, umgekehrt*) im Wege stehen und Du brauchst auch nicht an sie zu denken, daß Du das weißt. Bleib gesund und freu Dich über die gute Nachricht von Mama.

Ich küsse Dich herzlich. Deine A.[nna]

Mama drückt Dich tausendmal. Sie wird Dir schreiben, wenn sie ein wenig mehr bei Kräften ist. *Schick uns sofort Deine neue Adresse.*

(5) *Von Elias Luksenburg (Postkarte)*

W[arschau], 4. August [18]97

Meine liebe, liebste Ruziunia, meine!

Glaub mir aufrichtig, daß ich mich tage- und wochenlang angeschickt habe, an Dich, meine Liebe Ruzia, zu schreiben, aber bei solch schwerer und langwieriger Krankheit der lieben Mamunia, wie sollte ich Geduld haben zu schreiben? Umso mehr, als ich nicht wußte, ob Du, meine l[ie]b[ste] R.[óziunia] von der Krankheit weißt. Dein nun heute erhaltener Brief an Andzia, gelesen auch von L[ie]b[ster] Mama, fordert umgehend eine Karte zurückzuschreiben, also beeile ich mich umgehend, die gute Nachricht mitzuteilen, daß Dr. Strzeszewski eben heute [festgestellt hat], daß es wesentlich über Erwartung der Lb. Mama besser geht. Gott sei Dank, daß ich Dir darüber schreiben kann, aber jetzt werde ich Dich wieder bitten, mir umfangreich über alles ausführlich zu schreiben. – Dein von ganzem Herzen aufrichtig *(Forts. auf dem linken Rand)* Dich liebender und Dein Glück wünschender Vater

EL

(6) *Von Anna Luksenburg*

Warschau, 4. August [18]97

Meine Liebe!

Heute morgen erhielt ich Deinen Brief, für den ich Dir sehr danke. Du nimmst uns übel, daß Du nicht genau von Mamas Krankheit wußtest, aber gib selbst zu, meine Liebste, ob das den geringsten Sinn gehabt hätte, Dich zu beunruhigen, wenn Du in nichts helfen kannst. Du hättest Dich nur gesorgt und gegrämt, und das ohne jeden Nutzen für irgendeinen. Dazu erschreckt aus der Entfernung alles noch mehr, und Deine eigene Hilflosigkeit hätte Dich in diesem Falle zur Verzweiflung treiben können. Wenn es nur nicht so weit weg wäre, aber wo Du dort ganz allein „hinter den Bergen“ sitzt! Ich hätte kein Gewissen, wenn ich Dir solche Nachrichten mitgeteilt hätte, umso mehr, als Du allein an Dich denken mußt und mit einer Arbeit [Dissertation] belastet warst, für die Ruhe eine notwendige Bedingung ist. Dr. Strzeszewski war gerade heute da (ungefähr 10 Tage hatte er Mama nicht gesehen) und fand sie viel besser, heute machte ihm Mama mit ihrem Aussehen eine rechte Freude, wie er sich selbst ausdrückte, und er versicherte uns, daß es immer besser wird. Er verhehlte jedoch nicht, daß viel Zeit nötig ist, bis Mama wieder völlig zu sich kommt, weil sie ein schweres Leiden hinter sich hat und stark geschwächt und erschöpft ist. Ich meine entschieden, daß Mama nur bei Dir auf die Beine kommt, und obwohl ich den Zeitpunkt nicht festzulegen imstande bin, vielleicht in ein, zwei Monaten (Józio wird Dir das letztendlich besser sagen können), auf jeden Fall versichere ich Dir, daß ich danach trachten werde, daß Mama zu Dir fährt, und ich wiederhole Dir strengstens, daß es keine anderen Hindernisse geben wird, sobald Mama nur genug Kraft für diese Reise hat. Dein Plan mich betreffend ist sehr verlockend, ich würde mich nicht lange bittenlassen, ob sich das jedoch durchführen läßt, weiß ich noch nicht, schließlich ist Mama jetzt der Hauptpunkt, über alles andere sprechen wir später. Und jetzt zu Lilli, das kam so. Du weißt doch, daß sie auf Mama gewartet haben und alle ihre Pläne für den Sommer auf Mamas Ankunft hin ausrichten sollten. Um sie nicht länger hinzuhalten, mußte ich schreiben, daß sie vergeblich warten, und da meldete Lilli sich, daß sie bereit sei, hierher zu kommen, bei Mamas Pflege zu helfen und sie anschließend zu sich zu nehmen. Das war in dem Moment, als es Mama sehr schlecht ging, dabei fragte sie hartnäckig nach Dir und nach ihnen allen, wir dachten uns also, daß es zwar Kosten sind und ein großes Opfer, aber es Mama vielleicht gut tut und sie beruhigt, also schrieben wir, daß Mama sie gerne sehen würde. Als Lilli diese Nachricht erhielt, machte sie sich am nächsten Tag mit den Kindern auf den Weg, und zwei Tage später war sie schon da. Das war Ende Juni, und ich habe Dir allein deswegen nicht davon geschrieben, um Dich nicht mit ihrer plötzlichen Anreise zu erschrecken. Mama freute sich so sehr über sie, daß sie sich am Tage ihrer Ankunft zum ersten Male seit zwei Monaten früh morgens ankleidete und auf dem Kanapee sitzend auf sie wartete. Lilli und die Kinder begrüßten Mama sehr zärtlich, überhaupt war die allgemeine Freude groß. Seit jener Zeit besserte Mama sich allmählich etwas, und obwohl das sehr langsam geht, ist doch zu sehen, daß Mama wieder gesund wird. An manchen Tagen ist sie so nervös, daß sie ständig weinen will, sie braucht Stille und Ruhe und ständige Pflege. Unsere Gäste habe ich in dem Zimmer untergebracht, das vermietet war. Wir hatten bisher nur zwei Zimmer belegt, das dritte hatten wir vermietet, wie ich Dir schrieb, für 10 Rubel monatlich, und eben dieses habe ich auf die Schnelle einigermaßen für sie eingerichtet. Wir sind alle sehr gut untergebracht, Lilly und die Kinder würden Mama den Himmel herunterholen. Ich habe jetzt zwar mehr Arbeit im Haushalt, weil ich nicht nur an die Bequemlichkeit unserer Gäste denke, sondern auch in die Stadt gehen muß, was ich niemals gern mochte, und auch in die Küche schauen muß, weil das Dienstmädchen zwar fleißig ist, aber nicht allein mit allem fertig wird, aber es wird mir doch leid tun, wenn sie abfahren, was wohl schon in der nächsten Woche geschieht, weil ihr „Rundreisebillet" verfällt. In Lilly habe ich eine aufrichtige Freundin, mit der ich wenigstens offen reden kann. Sie liebt Dich sehr, hat Dich absichtlich nicht von der Reise wissen lassen, weil sie befürchtete, daß Du Dir dort Sorgen machst. Lilly sieht blendend aus, fast schöner als sie war, und die Kinder sind hübsch, so gewachsen, daß Du sie nicht erkennen würdest, bald erreichen sie ihre Mutter. Die Kinder erzählten mir von Deinen Briefen an sie, über die sie sich riesig gefreut haben. Du müßtest sehen, welche Freude es für sie ist, wenn Grossmama sich für eine Weile auf den Balkon setzt, wie sie im Bedienen wetteifern, wie sie sich bemühen, von den Augen abzulesen, ob sie nicht etwas wünscht. Wirklich herzensgute Kinder und ziemlich entwickelt, nur mit dem Lernen hapert es bei ihnen. Sie sind nicht darauf ausgerichtet, das sieht man. Das ständige Herumwandern und die Unterbrechungen lassen sie nicht vorwärts kommen. Sie haben hier viel Polnisch gelernt, und zur Not lassen sie sich verstehen, nur haben sie einen lustigen Akzent.

Aber wer hat Dir gesagt, daß sie zu uns gekommen sind, doch nicht etwa Bernard? Mama will unbedingt etwas an Dich dazuschreiben, aber das vielleicht das nächste Mal, denn ich schreibe das spät in der Nacht, und will es morgen früh unbedingt abschicken, damit Du nicht unnötig wartest.

Sorge Dich nicht, meine Liebe, das Schlimmste ist schon vorbei, Du wirst sehen, daß es jetzt immer besser geht und Mama, so Gott will, gesund wird. Ich werde Dir oft berichten, und Du erhol Dich dort auf dem Land, weil Du das aufrichtig verdienst, und verderbe Dir nicht die Ruhe mit verschiedenen Gedanken, weil es unnötig ist, und uns machst Du eine Freude, wenn Du in besserer Stimmung bist.

Schreib schnell! Ich küsse Dich herzlich

Deine A.[nna]

(Randnotiz Seite 1, links)
My dear auntie I kiss You very many times [I] am glad to tell you that grandma is better little Rosia [*Józefs kleine Tochter*] was here she is a sweet baby your Jeannie.
(Randnotiz Seite 5, links)
My dearest auntie I send you many hear[t]ly kisses from your ever affectionate niece Annie
(Randnotiz Seite 8, oben, umgekehrt)
Mama küßt Dich tausendmal. Tatko hat Dir gestern die verlangte Karte geschickt.
(Randnotiz Seite 8, unten)
My dearest Rosa, I hope You are quite well & having a quiet time in the country, we are all quite well. Dear Andzia has written You why we are here. With many kisses ever Your affectionate sister Lilly.

(7) *Von Józef Luksenburg*

Warschau, 29. August [18]97

Liebste Róziunia! Ich hätte Dir schon lange schreiben sollen wegen der langen Pausen in Deinen Nachrichten; wir fingen schon an, uns um Dich zu sorgen. Erst kürzlich kam nun ein Brief von Dir, und offenbar bist Du gesund und fühlst Dich wohl. Bei uns hier ist es jedoch nicht so, wie man es sich wünschen sollte. Du weißt schon aus Andzias Briefen, daß unsere liebe Mama seit längerer Zeit leidend ist. Du kannst Dir natürlich vorstellen, daß es Mamunia nicht an ärztlicher Fürsorge fehlt, doch nicht in dem Sinn, daß ich selbst ständig komme, sondern daß auch andere Ärzte Besuche machen. Regelmäßig [kommt] – Dr. Strzeszewski (Du erinnerst Dich sicherlich an ihn), und von Zeit zu Zeit halte ich Rat mit hiesigen ersten Autoritäten, die ich jeden Augenblick [zur Verfügung] habe, sobald auch nur die allergeringste Notwendigkeit eintritt. Die Beratungen sind dadurch erforderlich, daß sich die Natur der Krankheit unglücklicherweise bisher nicht deutlich bestimmen ließ. Es ist ein chronisches Magen- und Darmleiden, verbunden mit Schmerzen und von Zeit zu Zeit mit Appetitmangel und Erschöpfung. Im Krankheitsverlauf gibt es Besserung und Verschlechterung. Wir pflegen Mamunia nach Kräften. Natürlich in erster Linie Andzia, die wortwörtlich keinen Schritt aus dem Hause tut, dann Tatko [Vater]. Munio sieht herein, ich 2–3mal täglich und Gucia. Im Augenblick fühlt Mamunia sich etwas schlechter, und wir erwarten jeden Augenblick, daß es besser wird. Morgen soll ich mit meinem Chef Dr. Sommer, einem erfahrenen Praktiker, kommen. Sobald nur eine Änderung eintritt, erhälst Du Nachricht.

Im übrigen ist alles beim alten. Lilly ist mit den Kindern abgefahren, was wir anfangs als unangenehm empfanden. Wir erhielten von ihnen Nachricht, daß es ihnen gut geht.

Unsere Kleine ist gesund und hübsch; wenn sie zu Mamunia kommt, dann kann sie Sie noch in der größten Erschöpfung aufmuntern. Gucia ist ebenfalls gesund. Mir persönlich geht es nicht schlecht.

Bleib gesund und schreib.

[Dein Józef]

(8) *Von Anna Luksenburg (Postkarte)*

Warschau, Poststempel vom 25. August 1897

Meine Liebe! Montag

Warum antwortest Du nicht auf Mamas Karte? die sie vor etwa 2 Wochen geschrieben hat. Wir dachten uns, daß es Dich freut und Du gleich zurückschreibst. Mama ist sehr beunruhigt über Dein Schweigen, beeil Dich also.

Mama geht es besser und sie spricht ständig von Dir. Sie freut sich sehr auf Dein Treffen mit Rózia und Munia. Beide erkundigen sich ständig fürsorglich nach Mama. Grüße sie herzlich von uns und laß uns gleich wissen, wenn Ihr Euch getroffen habt. Lilly ist schon vor zehn Tagen abgefahren, bei uns wurde es sofort furchtbar still, sie fehlen uns sehr, aber Mama hat diese Ruhe jetzt sehr nötig. – Sie schrieb Dir ausführlich am 6ten, und Du nichts darauf. Ich bitte Dich, laß gleich von Dir hören. Ich küsse Dich herzlich Deine A.[nna] Mama drückt Dich 1000 mal.

(9) *Von Anna Luksenburg*

Warschau, 26. August [18]97

Meine Liebe! 26/8/97.

Ein paar Stunden, nachdem ich eine Karte an Dich geschickt hatte, kam Deine Karte, für die ich Dir sehr danke, weil sie uns beruhigt hat, soweit es Dich betrifft.

Beigelegt findest Du 10 R[u]b[el], die Du gut für Deine Erholung brauchen kannst.

Ich vermute, daß Du Deine erwarteten Gäste schon hast, ich erwarte auch eine baldige Nachricht darüber.

Ich muß zur Post, deswegen schließe ich und küsse Dich herzlich.

Deine Anna

Mama küßt Dich tausend Mal.

(10) *Von J[ulius] W[olf] (Postkarte)*

Zürich, 26. August 1897
(im Original deutsch)

Geehrtes Fräulein!

Besten Dank noch für die Mitteilungen Ihres letzten Briefes, der mir nach St. Blasien nachgeschickt worden ist. Ich verlasse allerdings Zürich mit nächstem Semester. Aber ich hoffe, daß meine Dokoranden bei meinem Nachfolger die gleiche Unterstützung finden werden wie bei mir!

Mit freundl.[ichen] Grüßen
Hochachtungsvoll J. W.

(11) *Von Anna Luksenburg (Postkarte)*

Warschau, 2. September [18]97
2/9 79 (sic!)

Meine Liebe!

Gestern erhielten wir Deinen Brief, und es tut mir sehr leid, daß Du Rózia und Munia nicht sehen konntest.

Die „Kurjer"-Nummern bekommst Du, sogar heute gehen schon ein paar ab, die „Prawda" kann ich Dir leider nicht schicken, weil ich sie seit Juli abbestellt habe, denn ich hatte keine Zeit und den Kopf nicht frei zum Lesen wegen der Krankheit von Mama, um die man ständig sein muß. Ich habe es manchmal schwer, besonders vereinsamt fühle ich mich, seitdem Lilly abgefahren ist. In den letzten paar Wochen leidet Mama wieder am Magen. Gebe Gott, daß sie schon wieder gesund wäre. Ich hatte so schöne Pläne für diese Zeit für Dich und Mama und nichts ist daraus geworden, und dieser Gedanke quält mich dauernd. Schreib schnell! Ich umarme Dich.

Deine Anna.

(Zusatz am linken Rand)
Empfehlungen von Tatko, Mama küßt Dich tausendmal.

(12) *Von Anna Luksenburg (Postkarte)*

Warschau, 5. September [18]97
5/9 97

Meine Liebe! Deine Karte habe ich erhalten und davor den Brief vom 30. Die Kurjer-Nummern hast Du sicherlich schon erhalten, die wir in den letzten Tagen geschickt haben. Über den Gesundheitszustand der Geliebten Mama kann ich Dir nichts Neues sagen als das, was Dir Józio unlängst geschrieben hat. Eine Besserung ist noch nicht eingetreten. Ich habe Dir am 2ten eine Karte geschrieben. Lilli wohnt dort, wo früher, aber am 1ten sind alle auf 2 Wochen an die See gefahren. Empfehlungen von Mama. Ich küsse Dich herzlich Deine A.

(13) *Von Anna Luksenburg (Postkarte)*

Warschau, 12. September [18]97
12/9 79 (sic!)

Meine Liebe!

Ich habe an Dich am 2ten, darauf am 5ten geschrieben, warum antwortest Du kein Wort? Ich bin sehr beunruhigt und bitte Dich, laß *gleich* von Dir hören.

Mama leidet etwas weniger, seit einigen Tagen ist sie auch etwas ruhiger.

Ich erwarte postwendend Nachricht.

Ich umarme Dich herzlich

Deine A.

(14) *Von Józef Luksenburg (Postkarte)*

Warschau, Poststempel vom 1. Oktober 1897
(etwa 18. September 1897)

Meine Liebe! Höchstwahrscheinlich bist Du schon im Besitz des Pakets und der Karte. Dein Brief ist angekommen. – Mich wundert, daß Du nicht erwähnst, ob Du meinen Brief von vor 2–3 Wochen erhalten hast. Mamunia bessert sich leider nicht. Wir sind abwechselnd alle bei Mamunia. Bleib gesund und guten Muts. [Dein Józef].

(in Annas Handschrift:)

Meine Liebe! Am Samstag habe ich Dir eine Karte geschrieben. Ich füge Grüße für Dich bei. Mama umarmt Dich, sie spricht ständig von Dir. Mamunias Lage ständig unverändert. Laß von Dir hören. Ich küsse Dich 1000 mal. Deine A[nna].

(15) *Von Anna Luksenburg (Postkarte)*

Warschau, (Poststempel) 24. September 1897

[*undatiert*] Mittwoch

Meine Liebe! Du hast sicherlich meine Karte vom 12ten erhalten, die sich mit Deiner kreuzte. Es ist genauso, wie ich dir zuletzt geschrieben habe, Besserung nur unbedeutend, aber Mama ist ruhiger. Strzeszewski schaut ab und zu vorbei, aber Józio kommt einige Male am Tag, und es geschieht, was nur möglich ist, um Mama Erleichterung zu bringen. Wie geht es Dir? Schreibe etwas mehr! Mama umarmt dich und ich küsse dich herzlich Deine A.

(Zusatz am linken Rand)

übrigens, das Neujahrsfest ist am Montag und Dienstag, den 27. bzw. 28. Möge es uns allen eine glückliche Wendung bringen und Mama ihre Gesundheit zurückgeben.

(16) *Von Anna Luksenburg*

Warschau, nach dem 30. September 1897

[*undatiert*]

Meine Liebe, Einzige!

Das Herz bricht mir vor Trauer und ich leide doppelt, für mich und für Dich, weil Du jetzt so weit weg bist und allein, weil wir nicht zusammen weinen können und uns nicht verschiedene Erinnerungen und Tausende von Kleinigkeiten aus dem Leben unserer lieben Mama erzählen können.* Sie hat furchtbar, unerträglich gelitten, und das ganze 6 Monate lang, und nur unsere Mama mit ihrem sanften Charakter konnte das ertragen, ohne zu jammern und zu klagen, ohne jemandem in ihrer Umgebung lästig zu werden.

Ich weiß nicht, ob Mama ein tiefer Glaube und die Religion oder Engelsgüte so viel Kraft und Ruhe in der Krankheit gaben, und die Krankheit war schwer, weil es eine Geschwulst im Magen war, aber so tief, daß die Doktoren sie nicht gleich entdecken konnten, und ein Symptom dieser unglückseligen Krankheit war ständiges Erbrechen, und oft wiederholte die arme Mama nach solchem Erbrechen, das sie mit übermenschlicher Kraft herausbrachte, ruhig: Gott sei Dank dafür! Eine ähnliche Demut und Ergebung hat noch niemand gesehen, also erwiesen gleichermaßen Doktoren wie auch alle Besucher unserer Mama nicht nur aufrichtiges Mitgefühl, sondern auch Achtung und Ehre.

* Lina Luksenburg starb am 30. September 1897

In der ersten Nacht zu Ostern, als Mama plötzlich erkrankte, und sich zu erbrechen begann, sagte sie mir gleich, daß sie das Ende nahe fühlte, und sie bat nur um eines: daß wir alle stets in Eintracht lebten, und Dich wollte sie noch einmal sehr sehen. Du kannst Dir vorstellen, wie ich dabei erschrak, wo ich doch bei meiner lange bestehenden Abneigung gegen jedes Wissen um Krankheiten nicht die kleinste Erfahrung hatte und überhaupt nicht wußte, was ich anfangen sollte. Morgens kam Józio, später Strzeszewski und dann andere Doktoren und befanden, daß es vielleicht eine Geschwulst sei oder auch einfach eine starke Aufregung, d. h. eine Hysterie, die sich oft auch auf diese Weise äußert. Wir klammerten uns natürlich an die letztere Diagnose, obwohl es mich kalt überlief, als ich mich daran erinnerte, daß Tante [Retja] sich genauso bis zum Ende erbrach, wie mir erzählt wurde, und was mir jetzt hartnäckig im Gedächtnis und in Gedanken bohrte. Im Juni wurde es jedoch wesentlich besser, Mama bekam sofort Appetit und etwas erträglichere Kreuzschmerzen, dann gewann Mama die Überzeugung, daß die Gefahr vorüber sei, und unter diesem Einfluß schrieb sie Dir die Karte. (*Zusatz am linken Rand*: Sie plante auch die Reise zu Dir, aber diesmal zusammen mit mir. Immer wieder sagte sie „Du mußt mit mir kommen". Sie sagte, daß sie gar nicht verstehen könne, wie sie auf die Idee kommen konnte, ohne mich zu fahren.) Ich begann auch zu glauben, daß es Mama möglich sei, sich herauszuwinden, wobei ich hauptsächlich auf Mamas starke Natur rechnete, aber ich konnte mich leider nicht lange täuschen, weil sie einige Wochen später so schrecklich und sichtbar abzumagern begann, daß es schwer war, noch eine Hoffnung zu haben. Zu meiner Verzweiflung und meiner Angst um Mama kam vom ersten Augenblick an noch der Kummer um Dich, daß Du in dieser Lage nicht bei ihr sein konntest, wo sie doch von Anfang an nach Dir verlangte, und unter dem Einfluß des Morphiums, das man ihr 2 mal täglich spritzte, vergaß sie alle anderen Umstände. Wirklich, daß ich das alles ausgehalten habe, diese schlaflosen, durchwachten Nächte an Mamas Bett, diese ständige Angst und Furcht, die Last des Haushalts trotz allem, dieser Schmerz angesichts von Mamas Leiden und schließlich das größte Unglück: den Verlust unserer teuren, guten, sanften Mama, die sich für uns aufopferte und nur für uns lebte. Jetzt ist es leer und traurig, und ich habe niemanden, den ich ansprechen könnte, und trotzdem lebe ich und bin ironischerweise gesund und stark, was sagst Du dazu!

Die Sendung, die Du zuletzt erhalten hast, habe ich nur infolge von Mamas Drängen abgeschickt, ich hatte weder den Kopf dazu frei, noch Zeit, aber Mama berechnete noch im größten Leiden das Datum der Festtage und rechnete aus, wann sie abzuschicken war, damit sie Dich auch rechtzeitig erreichte. Ich hatte vorgeschlagen, Kuchen in der Konditorei zu kaufen, doch Mama bestand darauf, daß ich selbst für Dich Küchlein buk, anders, so sagte sie, schmeckst Du nicht, daß Du es von zuhause bekommst.

Überhaupt überlegte sich Mama ständig, wie man Dir eine Freude bereiten und die Einsamkeit vergüten könne, sie hätte Dir gerne die Herzenswärme geschickt, die sie für Dich hatte. Sie brüstete sich mit Dir, Deine Briefe gab sie, als sie schon im Bett lag, wohlwollenden [Besuchern] zu lesen und verfolgte ihren Gesichtsausdruck, ob sie sich auskennen. Sie erinnerte mich immer wieder, daß ich Dir die Bettwäsche schickte, für die tatsächlich Stoff im Schrank liegt und den Mama noch im Frühjahr gekauft hatte, nur hatte ich bei diesem Unglück zu nichts Zeit. Zu Neujahr verlangte Mama, daß ich alles richtig zubereitete, damit Tatko zu Hause spürte, daß Feiertage sind, und daß Józio mit seiner Familie sie bei uns verbrachte, was ich natürlich, obwohl es mir gar nicht paßte, zu Mamas Genugtuung willen tat. Mama behielt das Bewußtsein bis zum letzten Augenblick, sie wußte genau, was geschehen wird und wartete darauf voller Ergebung und Ruhe, oft sah ich sie beten, und uns bat sie, daß wir uns nicht entfernten. Von Dir sprach sie immer, und die letzten beiden Tage war sie offensichtlich in Gedanken ständig bei Dir, denn sie sprach immer wieder Deinen Namen. Am letzten Tag fragte sie: „warum kommt Rózia nicht zu mir herein?“ und als ich [sie daran] erinnerte, wo Du bist, wiederholte sie nur: „Rózia! Rózia!“ und so ging es bis zum letzten Atemzug. Mama hat Dir zum Andenken einen Ring hinterlassen mit einer Inschrift auf der Innenseite von „Tatko und Mama“ und dem Abschlußdatum Deiner Examen. Ich habe Dir etwas Haar unserer teuren Mama und ein Klümpchen Erde von ihrem Grabhügel aufgehoben.

Ich kann heute nicht mehr schreiben. Laß von Dir hören, liebe, arme, einzige Rózia, und sei stark in unserem Unglück. Vergiß nicht, daß Mama sehr bekümmert wäre, würde Dir etwas zustoßen. Suche Erleichterung und Trost darin, daß Mama mit ihrem stillen und aufrechten Leben sich die Achtung und Liebe der Verwandten und Bekannten erworben hat, die aus Ehrerbietung für Mamas Gedenken uns Mitgefühl entgegenbringen und uns nicht die Vereinsamung fühlen lassen. Alle unsere Verwandten besuchten ohne Ausnahme die arme Mama ständig während ihrer Krankheit, und jetzt kommen sie zu uns mit aufrichtigen und warmen Worten. Józio, der Arme, *(Forts. auf dem linken Rand)* hat viel durchgemacht. Er kommt mehrmals täglich, um zusammen mit uns zu weinen, an Mamas Worte zu denken und sich die Winkel anzuschauen, die uns so sehr an Sie erinnern *(Forts. am oberen Rand, umgekehrt)* Ich küsse und umarme Dich von ganzem Herzen. Denk an mich und schreib nur schnell!

Stets Deine

A.

(Zusatz auf S. 2, linker Rand)
Später schreibt Dir Tatko. Er hält sich gut, denn in der Stadt und unter Menschen zu sein, ist in einem solchen Fall immer eine große Hilfe.
(Zusatz auf S. 2, oberer Rand, auf dem Kopf)
Briefe mit Beileid laufen von allen Seiten ein, aber sie gehen mich wenig an und ich beantworte sie nicht einmal. Du bist die einzige, von der ich hören möchte.
(Zusatz auf S. 3, linker Rand)
Wie gut hätten wir es, wenn wir jetzt zusammen wären, ich würde Dir ständig von Mama erzählen, und Du würdest mich dagegen mit Deinem starken Charakter und Deiner Energie stützen und zeigen, was ich tun soll in dieser Vereinsamung ohne Ziel und einen Grund zur Existenz.

(17) *Von Anna Luksenburg*

Warschau, nach dem 30. September 1897
[*undatiert*]

Meine liebe, einzige Rózia!

Wir erhielten gestern abend Deinen zweiten Brief und heute morgen zwei. Mein Gott, was mußt Du leiden und bist ganz alleine, und ich dachte, daß die Lübeck wenigstens eine Woche bei Dir bleibt. Nein! länger lasse ich Dich nicht so zurück. Mama hätte es niemals zugelassen, daß Du in einem ähnlichen Unglück einsam und verlassen wärst. Wir waren hier auch nicht einen Augenblick allein, während der Krankheit genauso wie nach Mamunias Begräbnis, alle Verwandten überboten sich, uns ihr Wohlwollen zu bezeigen, ständig, bis zum heutigen Tag besuchen sie uns. Und jetzt erst sehe ich, wie das grausam ist, Dich allein zu lassen mit Deiner Verzweiflung, mein Armes! Ich habe beschlossen, zu Dir zu fahren, oder Tatko zu schicken, wer von uns erst fahren soll, das beraten wir heute bei Józio. Mittel habe ich dafür mehr als reichlich, Du sorg Dich also um nichts, denk daran! Daß ich nicht schon gefahren bin, kommt daher, weil ich wußte, daß Du die Schweiz verläßt, ich wollte [Dich] also schon lieber an Deinem neuen Wohnsitz [treffen], die Reise wäre dann auch billiger und dauerte kürzer. Wenn Du jetzt noch nicht nach Berlin fahren kannst, dann überleg, ob wir uns vielleicht in Wien treffen könnten, aber vielleicht liegt Dir das wieder zu abseits, dann sorg für etwas anderes, ich möchte die Schweiz lieber nicht besuchen, aber vergiß nicht, achte darauf, daß Du Dich durch die Annäherung an mich nicht in größere Kosten stürzt. Ich brenne schon darauf, Dich zu sehen, ich habe Dir soviel zu erzählen, was ich Dir nicht schreiben kann. Ich habe nicht Deine Fähigkeiten, alles was ich fühle und sagen will, zu Papier zu bringen, alles drängt sich im Gehirn und kann nicht ordentlich heraus. Vergiß nur nicht, beruhige Dich etwas, wie kannst Du sagen, daß Du nichts hast, wofür Du leben kannst. Und Tatko! (*Forts. auf dem linken Rand*) und ich! denkst Du, ich rechne nicht auf Dich? Mama hat immer wieder gesagt, daß erst Du unser ganzes Geschlecht erhebst, vergiß also Mamas Worte nicht, die sie von Dir (*Forts. auf dem oberen Rand, auf dem Kopf*) bis zum letzten Augenblick sagte und dachte. Munio will zur Post, leb mir also wohl, meine Teuerste.

Bis ans Grab Deine A.

(Zusatz auf S. 1, linker Rand)
Gestern in der Nacht, gleich nachdem ich Deinen Brief erhielt, schrieb ich Dir eine Karte. *(Forts. oberer Rand, auf dem Kopf)* Daß die verwünschte Post auch solange geht! Schreib schnell zurück, damit ich weiß, wohin ich mich aufmache! *(Forts. unterer Rand)* Ich küsse und umarme Dich, bitte, verzage nicht!

(18) *Von Anna Luksenburg*

Warschau, *(Poststempel)* 2. November 1897
[*undatiert, etwa 28. 10. 97*]

Meine Liebe, Einzige. Wir waren bei Józio, ich komme jetzt von dort zurück, er hat genauso erklärt, daß [jemand] fahren muß, und ich wollte Tatko den Vorrang abtreten, aber Józio meint, daß es passender ist, wenn ich jetzt fahre. Vielleicht ist das auch besser; denn, wenn ich bei Dir bin, dann legen wir Zeit und Ort von Tatkos Ankunft danach fest.

Meine Liebe, seitdem unser Treffen schon beschlossen ist, habe ich keinen Augenblick mehr Ruhe, weiß ich mich vor Ungeduld nicht zu fassen, so sehr möchte ich Dich schon umarmen, an mich drücken und Dir die unendlichen Gespräche mit Mamunia über Dich erzählen. Nur Gott bewahre nicht verzweifeln, vergiß das nicht! Mama war tief religiös, das konnte ich in den letzten Jahren mehr sehen, und immer pflegte sie zu sagen, daß man das annehmen muß, was Gott schickt, daß man nicht klagen darf! Du mußt leben und Du mußt im Geiste unserer Mutter leben und handeln, das ist das beste und edelste Denkmal für Sie. Was kommt Dir nur in den Sinn, Dir Vorwürfe zu machen wegen Deines Verhaltens Mamunia gegenüber, sie war doch immer stolz auf Dich, Deine Briefe machten ihr bis zum letzten die allergrößte Freude, und wenn sie Grund hatte, einmal mit uns hier unzufrieden zu sein, dann pflegte sie zu sagen „Rózia würde sicherlich so und so handeln, wenn ich das von ihr forderte" oder „Rózia ist gescheiter als ihr alle, sie weiß ihre Eltern zu schätzen, alles würde sie mit Vergnügen für uns tun". Als Dein Brief mit der Nachricht vom Abschluß Deiner Examen Anfang Mai ankam, war Mama schon sehr leidend, doch in den größten Qualen vergaß sie nicht, sich mit diesem Brief bei jedem der zahlreichen Besucher zu rühmen. Als Dr. Strzeszewski, der unserem Haus wohlgesonnen ist und Dich kennt, Deinen Brief laut an Mamas Bett gelesen hatte, gratulierte er herzlich und sagte: „Immer wenn Sie sich nervös und traurig fühlen, sollten sollten (*im Orig. doppelt*) Sie diesen Brief Ihrer Tochter lesen, das schafft Ihnen bestimmt Erleichterung und belebt Sie." Wir war Mama darauf stolz! allen Bekannten erzählte sie später Strz[eszewskis] Worte. – Mama hatte überhaupt großes Vertrauen zu ihm, also half er uns öfter, Mama in schwieriger Lage zu beruhigen. Am Anfang gleich der Krankheit, die sofort akut auftrat, mußte man zur Linderung der furchtbaren Schmerzen im Kreuz und in den Seiten Morphium spritzen. Das brachte [ihr] große Erleichterung, zumindest am Anfang für ein Paar Stunden, aber gleichzeitig versetzte es Mama in einen Halluzinationszustand. Sofort schien es Mama in der Nacht, daß sie Dich sieht, und daß wir Dich ins andere Zimmer geschickt hatten, und sie drang [in uns], daß wir Dich zurückholen. Ich vermutete am Anfang, daß es vielleicht infolge des unruhigen Schlafs [war] oder daher, daß sie am Tag fast nur von Dir geredet hatte, doch Mama wiederholte morgens und an den nächsten Tagen dasselbe und verharrte in der Überzeugung, daß wir Dich nicht zu Ihr lassen wollen. Als ich Józio davon erzählte, versuchte er Mama zu überzeugen, daß das nur eine Erscheinung war, und nichts mehr. Aber Mama, die ihm immer so sehr geglaubt und vertraut hatte, sagte verärgert, daß wir uns alle heimlich verabredet haben und weinte, daß „wir Sie Ihr eigenes Kind, auf das Sie so lange gewartet hatte, nicht sehen lassen". Das ging ziemlich lange so weiter, dann erzählte ich Strzeszewski alles unter vier Augen und bat [ihn] hierin um Rat. Nach einer gewöhnlichen Untersuchung lenkte er das Gespräch mit Mama auf diesen Gegenstand und Mamunia vertraute sich ihm natürlich an, welchen Kummer wir Ihr dadurch bereiten, daß wir Dich verstecken, dann versicherte er auf sein Ehrenwort, daß er weiß, daß es nicht so ist, denn wenn Du hier wärest, dann würde er als erster Dich zu Ihr führen. Auf diese Worte sah ihm Mama in die Augen und offensichtlich hatte sie sich aus seinem offenen Blick vergewissert, [daß er die Wahrheit gesagt hatte,] weil sie seitdem nie mehr diesen Vorwurf wiederholte, nur ruhig von Dir sprach und uns stets ermahnte, an Dich zu schreiben, Dir rechtzeitig die Unterstützung zu schicken oder eine gewöhnliche Sendung. Den armen Strzeszewski traf 3 Wochen vor uns das gleiche Unglück, er wurde telegraphisch aufs Land zu seiner Mutter gerufen, die plötzlich erkrankt war, und als er sich nach ein paar Stunden dort einfand, fand er nur ihre Leiche vor. Sie war im besten Alter und bei bester Gesundheit, der Schlagfluß nahm ihr im Handumdrehen das Leben. Er war ganz verzweifelt, außer ihm und noch 2 Söhnen ließ sie 2 unverheiratete Töchter als Waisen zurück, die jetzt überhaupt niemanden mehr haben, denn ihren Vater haben sie schon lange verloren. Sie haben es also noch schwerer als wir. Strz[eszewski] war auf der Beerdigung und später schrieb er uns allen ein paar herzliche und aufrichtig mitfühlende Worte. Ich zeige sie Dir wie auch einige andere Briefe, in denen alle Mama in Verehrung erinnern und aufrichtige Trauer empfinden.

Morgen früh gehen wir wie es sich gehört am „Szlojszym" [*Schloischim*], d. h. vier Wochen nach dem Begräbnis Mamunia besuchen und beten dort und natürlich auch in Deinem Namen. Ich werde Ihr sagen, daß ich bald zu Dir fahre, daß wir Dich in diesem Schmerz und [in der] Trauer um Sie nicht allein lassen, sie wird sicherlich deswegen erfreut sein und diese Absicht segnen. Glaube mir, meine Liebe, daß es mir bis zum heutigen Tage ständig vorkommt, wenn ich an unseren furchtbaren Verlust denke, daß das alles zwar passiert ist und daß ich auch auf einer Beerdigung war, aber bei jemand anderem, und bei uns zu Hause ist alles wie früher und daß Mama wieder auf ihr Kanapee zurückkehrt und wieder in ihrer Lieblingsecke im Schlafzimmer am Fenster mit einem Buch Platz nimmt, in dem Psalmen stehen, besonders interessante, oder mit dem „Tadeusz“ [*Pan Tadeusz*] von Mickiewicz, den sie schon fast auswendig kannte. Aber indes sie kehrt nicht zurück und es ist leer im Haus, obwohl mich die herzensguten Verwandten und wohlmeinende Leute fast nie allein lassen. Aber ich bin nicht imstande mit jemandem darüber zu reden, was ich fühle und was mich schmerzt, so rede ich auch mit ihnen über alles andere, und erst, wenn ich allein bleibe, weine ich und rede mit Mama oder stelle Sie mir zu verschiedenen Zeiten und Augenblicken vor. Erst mit Dir rede ich von Herzen, Du wirst schon sehen, liebes Kind, denke daran, daß Du Dich tapfer hältst, gesund bleibst und nicht den Mut verlierst. Es ist jetzt unsere Pflicht, Mamas Geist weiter zu pflegen, Ihre Gedanken zu hegen, sich die Herzen von Verwandten und Bekannten geneigt zu machen, so wie Mama es verstand, was das allgemeine Mitgefühl für Sie bis zum letzten Augenblick bewies und das aufrichtige und herzliche Mitleid mit für uns jetzt. Selka, Munia und Róża, sie alle interessieren sich für Dich und fragen, wie Du diesen Schlag erträgst. Reginka Fabjan ist für uns wie eine Schwester, sie half mir, die Lübe[c]k ausfindig zu machen und fast jeden Tag fragt sie nach Dir, Rózia. Daniel weint mit uns zusammen und fühlt sich jetzt völlig verwaist.

Jetzt überleg gut, bevor Du schreibst, wo wir uns sehen sollen. Natürlich, wenn in Berlin oder in Wien, wäre das sowohl bequem als auch wesentlich billiger, aber wenn Du so schnell nicht umziehen kannst, dann schreib [das] ausdrücklich, und wir werden wissen, wie [wir] zu entscheiden haben. Ich will keinen Monat warten, und Mittel für die Reise habe ich. Tatko bleibt hier unter guter Obhut, und das Haus habe ich schon in Ordnung gebracht und für den Winter versorgt. Schreib also schnell. Wärest Du irgendwo näher als in der Schweiz, dann wäre es möglich, daß bald nach mir auch Tatko bei Dir eintrifft. Józio soll Dir seine Vorschläge hierzu heute schreiben.

Sicherlich hast Du schon meine Karte, wo ich dir mitteile, daß Józios Hochzeitstag am kommenden Donnerstag ist. Bleib gesund, meine arme, einzige, liebe Rózia. Denk an uns, aber vergiß nicht, beruhige Dich. Mama hat uns das immer befohlen. In den letzten Tagen, als ich die Tränen nicht mehr zurückhalten konnte, und am Fußende des Kanapees bei Mama saß und losheulte, *(Forts. auf dem linken Rand)* sagte sie in aller Ruhe: „Warum das, sicherlich hat Dir der Doktor etwas

Schlimmes gesagt, glaub ihm nicht, sorg Dich nicht, Gott wacht über uns und Ihm alleine vertraue, was Er tut, muß sein." *(Forts. auf dem oberen Rand)* Zu solchen Worten (und) bei solchen Leiden können sich nur große Seelen erheben, nicht wahr? Leb also abermals wohl, ich küsse Dich sehr herzlich

Stets Deine
A.

(19) *Von Józef Luksenburg*

Warschau, 30. Oktober 1897

Meine liebe Róziunia! Meine Liebe, ich umarme und küsse Dich tausendmal, nimm Deine ganze Willenskraft zusammen und beruhige Dich ein wenig. Unser Unglück ist groß und bereits nicht mehr zu ändern. Geblieben sind nur ein großer Schmerz und die Erinnerung von den ältesten Zeiten bis zum letzten Augenblick. Denke nicht, daß nur Du, weil Du fern bist und Dich nicht persönlich von der Katastrophe überzeugt hast, sie im ersten Augenblick nicht geglaubt hast. Nicht nur Du, denn auch wir drei und ich selbst, obwohl ich seit längerer Zeit die bedrohliche Lage kannte – ich selbst wußte im letzten Augenblick nicht, daß es schon zu Ende ist. Und auch am zweiten, am dritten Tag, nach der Beerdigung und noch heute mitunter, wenn ich aufwache, denke ich, da kommt Mamunia vielleicht. Da sehe ich Sie, Ihr süßes Gesicht, wie Sie – nachdem Sie sich gleich nach dem Mittagessen wie zu einem Vergnügen zu unserem Kind aufgemacht hatte – ins Vorzimmer trat und beim Ablegen mit zärtlichem Lächeln ins Zimmer sah, ob die Kleine zur Begrüßung herbeilief; und als das Kind tatsächlich, als es die Stimme der Großmutter erkannt hatte, mit offenen Ärmchen herbeilief und sie um den Hals faßte und „Oma, Oma" wiederholte, sah man den ganzen Stolz daß das Kind die Liebe und Zuneigung spürt, und Mamunia wiederholte: „Seht ihr, Blut ist kein Wasser; sie weiß, daß Oma sie liebt." Diese unsere stille, bescheidene Mama kannte keine Vergnügungen und Unterhaltungen außerhalb des Hauses, außer uns. Solche Besuche waren für Sie ein Festtag. Das sind lebendige Bilder, die mir vor Augen stehen, ich sehe jede Miene, jede Bewegung – diese letzten Augenblicke aus der Zeit, als sie überhaupt noch ausging und sich noch erträglich fühlte. Und diese Augenblicke kehren mir immer wieder ins Gedächtnis zurück und immer noch, wenn jemand läutet, wenn wir noch beim Mittagessen sitzen, drehe ich mich unwillkürlich um. Aber nein, das alles ist verschwunden. Und ich mache mir Vorwürfe, weshalb ich, der ich Sie soviele Jahre so nahehatte, nicht ständig mit Ihr zusammen war, mit Ihr nicht soviel sprach, daß mir das auch für jetzt noch reichte, Ihre Hände nicht so küßte, daß ich sie noch jetzt fühlte, sie nicht auf Händen trug, sie nicht genügend streichelte, nicht so liebte wie Sie uns alle liebte, wie Sie mich, meine Frau und mein Kind liebte.

Nun kann ich aber nichts mehr tun – ich spreche nur täglich in der Synagoge ein *Kaddisch* für Sie, so wie auch Mama es tun würde, wenn ich Sie verlassen hätte. Mamunia war gläubig und während ihrer Krankheit bat Sie, für eine Verbesserung zu beten. Sie ist nicht mehr da. Wir sehen Sie nicht mehr wieder. So sehr Du, Liebe, leidest, weil Du in diesem Augenblick allein bist und Dich nicht einmal mit uns ausweinen kannst, so sehr waren auch wir hier zu allem Unglück mit Mamunia verzweifelt, was mit Dir zu tun sei, wie Dich so allein zu lassen, wie Dich nicht in einem solchen Augenblick zu sehen, wie Dich zu benachrichtigen, daß Du von uns und nicht aus dem Mund Fremder hörtest, was geschehen war, wie Mamunia an Dich dachte, was Sie von Dir sagte. Meine Liebe, ich umarme Dich herzlich und sei uns noch teurer als bisher, denn unsere Mamunia liebte auch Dich besonders. Während der Krankheit, deren Gefährlichkeit sie fühlte, obwohl sie mitunter Hoffnung auf Besserung hatte, unterhielt Sie sich manchmal mit mir unter vier Augen. Einmal sagte sie mir: „Mein Sohn, Dich und Róża liebe ich doch am meisten, an Euch habe ich Freude, um Róża mache ich mir keine Sorgen, aus ihr wird etwas." An die Worte erinnere ich mich ausgezeichnet, wir sprachen über Dich, über Deinen Abschluß, über Ańdzia aus dem Anlaß, daß sich damals gerade Heiratspläne anbahnten, aus denen dann nichts wurde. Mamunia wünschte das damals innig und sagte, wenn Sie das noch erfüllt sähe, dann brauche Sie sich bereits um uns alle keine Sorgen mehr zu machen, daß Sie sich dann auch um ihr Schicksal keine Sorgen zu machen brauche. Leider hat Sie das nicht mehr erlebt. Im übrigen nahmen Mamunias Wünsche immer mehr mit fortschreitender Krankheit ab, denn es gab eine Zeit, in der sie viel litt. Es begann mit Verdauungsstörungen, die aber bei gewöhnlich verabreichten Mitteln nicht aufhörten. Das beunruhigte mich. Ich beriet mich mit Sommer, denn ich hatte die böse Ahnung, daß sich hier etwas Ungutes anbahnte. Das war zu der Zeit, als der erste Plan einer Reise zu Dir entstand. Meine ärztliche Erfahrung machte mich unruhig, und daß Sommer sich nicht für eine Geschwulst, eventuell Magenkrebs aussprach, schrieb ich seiner Rücksichtnahme auf mein Verhältnis zur Kranken zu. Kurz darauf ein neues Konsilium mit anderen Autoritäten. Die bestätigten allgemein meine Ahnungen, über die ich mit ihnen nicht gesprochen hatte, weil ich lieber wollte, daß sie sich irrten, aber etwas rieten. Ich verfluchte den Augenblick, als ich beschlossen hatte, Medizin zu machen. Alle hatten eine Hoffnung, sogar in den schlimmsten Augenblicken, ich allein mußte mit untätigen Händen dastehen und sie in dieser Hoffnung bekräftigen, obwohl mich das Gespenst des nahen Unglücks verzweifelt machte, und Mamunia trösten, Ihr Mut machen und damit Ihr Leiden und Ihre Schmerzen lindern. Und in mich, in meine Hilfe, in meine Anwesenheit setzte Sie ständig Ihre Hoffnung. Sie litt so sehr, daß beschlossen wurde, Morphium zu spritzen. Ich tat das die ganze Zeit, und jedesmal segnete sie mich, küßte mich und dankte mir, und ich wußte, wie elend mein Verdienst war, und ich genoß diese innige Dankbarkeit und wollte fliehen, weil ich mich ihrer schämte. „Du bist doch Doktor, du bist mein Sohn, du führst mich doch aus der Krankheit, ich will keine anderen Doktoren." Das waren furchtbare, entsetzlich schwere Augenblicke, die ich in meinem Leben nicht vergessen werde.

Unter dem Einfluß der ersten Morphiumdosis hatte Sie, wie es häufig vorkommt, leichte Halluzinationen. Also schien es Mama, daß Du angekommen seist und daß wir Dich versteckten: Sie machte uns deswegen Vorwürfe und energisch verlangte sie nach Dir, und wir mußten Sie damit beruhigen, daß Du inzwischen zu uns gegangen seist. Nach einigen Tagen ging das vorüber und wiederhole sich bereits nicht mehr. Überhaupt sprachen wir viel von Dir. Deinen Brief hatte Sie eine Zeitlang bei sich und zeigte ihn voller Stolz denen, die nach Dir fragten. Sie strahlte, wenn Ihr jemand nach der Lektüre gratulierte, besonders zwei von den Ärzten verhielten sich Mamunia gegenüber ungewöhnlich freundlich und voller Herz. Von uns allen überstieg Andzias Aufopferung und Hingabe das Maß dessen, was man in ähnlichen Fällen je gesehen hat. Sieben Monate lang war sie nur einige Male auf der Straße, weil wir sie drängten, und dann auch nur eine kurze Zeit. Sie hat nie eine Nacht durchgeschlafen, sich nicht ein einziges Mal zum Schlafen ausgekleidet!

In der letzten Woche machte die Erschöpfung große Fortschritte. Gewöhnlich wartete Mamunia morgens auf mich, nach dem Spritzen leitete ich Mamunia aus dem Schlafzimmer ins andere Zimmer, das vorher gelüftet worden war, aufs Kanapee, wo Sie bis zum Abend lag, dann kehrten wir wieder ins Schlafzimmer zurück. In den letzten Tagen mußte man [Sie] bereits tragen, einmal tat ich das selbst mit eigenen Händen, danach mit Munio, doch es war Ihr nicht recht, weil Sie darin nichts Gutes sah. Und so machte mir auch am letzten Tag, am Mittwoch, dem 29. September, als ich Sie das letzte Mal, von beiden Seiten unter die Arme gefaßt, aufs Kanapee führte, Mamunias Aussehen Sorge – Sie wurde ohnmächtig. Verzweifelt und ganz alleine mit Ańdzia im Hause, begannen wir, Sie mit Kognak und Wein zu sich zu bringen, Mamunia kam ein wenig zu sich und dann war bereits der ganze Tag so, daß sie mitunter völlig bei sich war und dann wieder ohnmächtig wurde. Dann kam noch das Kind, wie gewohnt als erstes – zur Oma, nimmt Ihre Hand, um sie zu drücken und zu küssen, und Mamunia beugte sich ihr mit Mühe entgegen und küßte sie lächelnd aufs Köpfchen. Es stand schlecht. Mitunter, wenn wir Ihr ein Getränk gaben, dankte sie noch und begeisterte sich, wie gut es sei. Gegen Abend kam auch das schon nicht mehr vor, und ich bat selbst, daß Sie mir dankte und mich küßte. Gegen 12 Uhr legte sich Tatko [der Vater] auf unser Verlangen zur Ruhe. Munio war einige Tage vorher in Geschäften in die Provinz gefahren. Ańdzia war anwesend, ich und Edzio Gliksmann. Gucia hatte ich zum Kind geschickt und ihr versprochen, sie im kritischen Moment zu rufen. Um 1 Uhr nachts verlangte ich noch, daß Mama mich auf die Stirn küßte, was Sie auch tat: sie berührte mich leicht mit den Lippen. Plötzlich ließ der Atem nach, wir weckten Tatko, um 1½ Uhr nach Mitternacht (vom 29. auf den 30. September) wurden wir Waisen.

Mit dem ersten Gedanken waren wir bei Dir, geplagt von der ausweglosen Lage. Den Plan mit der Libekowa [Lübeck] griffen alle begierig auf, daß das nicht so schnell zustande kam, wie wir wollten, das sahen wir nicht voraus. An Mikołaj und Familie schickten wir eine Depesche. Munios Abwesenheit machte den Kummer voll. Von drei Depeschen erreichte ihn die letzte, und das bereits nach dem Begräbnis, das wir so einrichteten, daß er es direkt vom Zug auf den Friedhof schaffen konnte, falls er an diesem Tag ankommen sollte, noch vor der Beerdigung. Er war nicht da. Das Begräbnis fand am Freitag (1. Oktober) um 2 Uhr statt. Munio kam erst am Sonntagmorgen zurück. Er war in einem entsetzlichen Zustand. Er war so lange in der Stadt gewesen und war für 2–3 Tage fortgefahren, und hier trieb ihn einfach das Unglück.

Ich kann nicht mehr schreiben. Morgen schreibe ich Dir sicherlich wieder ein paar Worte.

Ich will noch hinzufügen, daß heute abend bei uns der Plan entstand, daß Tatko oder Ańdzia wohl in einigen Tagen zu Dir fahren. Inzwischen höchstwahrscheinlich Ańdzia. Es geht nur darum – wo Du sein sollst. Mit Deutschland wird es so schnell nichts. Warum sagst Du nichts von Österreich? Können wir dort nicht? Wenn ja, dann könntest Du zum Beispiel nach Krakau kommen, und dann würden wohl Ańdzia und Tatko für einige Tage kommen. Überleg das gut und möglichst in Ruhe. Es geht hier nicht um Kosten, sondern um anderes. Überleg es und falls es irgendwelche Skrupel geben sollte, dann warte lieber in der Schweiz.

Bleib gesund, liebe Róziunia, ich küsse und umarme Dich herzlich, sei stark. Wenn es Dich erschöpft, einzeln zu schreiben, antworte in einem allgemeinen Brief. Gucia schreibt Dir auch, aber ich kann mit diesem Brief nicht mehr warten, denn es ist spät und Zeit, auf die Post zu gehen.

Bleib gesund
Dein
[Józef]

(20) *Von Munio (Maksymilian) Luksenburg*

Warschau, 30. Oktober [18]97
Samstag

Meine liebe Rózia!

Gestern kamen Deine 3 Briefe, und heute morgen erhielten wir wieder 2 Briefe. In ihnen ist soviel tiefes Gefühl und soviel Trauer, daß es schwer fällt, nicht zu weinen, wenn man sie liest. Wir alle empfinden gemeinsam mit Dir diesen großen, durch nichts zu ersetzenden Verlust, nachdem uns Die verlassen hat, Die uns so heiß mit Selbstverleugnung liebte. Denn was war das ganze Leben unserer unvergessenen und angebeteten Mama, wenn nicht Sorge und das Streben, einen jeden von uns glücklich und zufrieden zu sehen. Eben diese Mutterliebe, die unsere Mama so sehr kennzeichnete, empfinden wir umso mehr jetzt, wenn wir uns in grenzenloser Trauer erinnern, daß wir Sie für immer verloren haben. Jetzt, zum ersten Mal im Leben habe ich das Wort „Waisentum" tief empfunden, ein Wort, das mir bisher gleichgültig und nur vom Namen her bekannt war.

Es ist schwer, sehr schwer, sich mit dem Gedanken zu versöhnen, daß wir diese edlen und sanften Züge niemals mehr sehen und diese Hände nicht küssen werden, die soviel Gutes für uns getan haben, aber die harte Wirklichkeit befiehlt uns, daran zu glauben und hinterläßt in unseren Herzen Wehmut und Trauer.

Jetzt bleibt uns eines: Angesichts des tiefen Respekts für die Asche unserer Mama, Ihren letzten Willen heilig in Ehren zu halten: „Ehrt Tatko und lebt alle zusammen in Eintracht."

Das sind die Worte, die unsere Mama, kurz bevor Sie die Augen schloß, zu Andzia und Józio sagte, und Sie rief Dich und auch mich, aber leider, vergeblich. Durch eine merkwürdige Fügung des Schicksals befanden wir uns in der gleichen Lage; denn weil ich die nahe Katastrophe nicht voraussah, ging ich auf Geschäftsreise, die ich wegen Mamas sich hinziehender Krankheit und zeitweiliger Verschlechterung einige Male verschoben hatte. Vor der Abreise pflege ich zu Hause eine Nachricht zu hinterlassen, wo ich welchen Tags sein werde. An jenem unglückseligen Tag war ich in Hrubieszów, wohin man von zu Hause zweimal nach mir telegraphierte, doch die Depeschen wurden mir nicht ausgehändigt, und ohne von etwas zu wissen, begab ich mich nach Kowel (in Wolhynien). Hier erst händigte man mir die nun dritte Depesche aus, und sofort eilte ich nach Warschau. – Es war schon zu spät, da unsere Mama zwei Tage vor meiner Ankunft beerdigt worden war. – Ich kann Dir den Schmerz nicht beschreiben, der mich in diesem unglückseligen Moment unbarmherzig zerriß, als ich mich persönlich überzeugte, daß es unsere Mama nicht mehr gibt. Das ist ein Schmerz, den ich vorher, selbst in den schwersten Augenblicken meines Lebens noch nicht empfunden habe. – Stumm und wie versteinert hörte ich den Bericht über die letzten Augenblicke unserer Teuren Mama und das Begräbnis. – Ich erfuhr daraus, daß bis zum letzten Augenblick Tatko, Andzia, Józio und Edek Glücksman an Mamas Seite waren. Das Begräbnis war stark besucht, und es fehlte niemand, nicht einmal von den entfernteren und flüchtigen Bekannten. Alle zeigten ein aufrichtiges und offenes Mitgefühl und Sympathie. Während der Krankheit hatten alle aus der Familie, ohne jede Ausnahme, [Mama] täglich besucht und [Sie] mit ihrem Wohlwollen bedacht, also: Ju[l]jan mit der ganzen Familie, Glücksmans mit Zofia und allen Jungen, Rosa Welt mit ihren Töchtern Nella und Munia, Moszkowska (?) mit Kindern, Henryk und Natan Poznański mit Familie, Onkel Natan aus Zawiercie, Maurycy mit Frau und Tochter Lunia, die sich damals in Warschau aufhielt, Onkel Max, Pola mit Mann, Lola Latauer kam aus Aleksandrów, Frau Centnerszwer mit den Fruchtmans, Stefa Toklarna mit ihrem kranken Mann und Kindern, der gute Stanisław Fajerajzen und Fräulein Regina Fabina, Staś Lubleski und noch viele [andere], an die ich mich im Moment nicht erinnere. – All das waren tägliche Gäste während Mamas Krankheit. –

Einige Tage nach dem Begräbnis waren wir auf dem Friedhof und sprachen [das] *el mol rachmim* [el male rachamim, *Seelengebet*] für jeden einzeln und natürlich auch für Dich. Morgen sind wir wieder dort, um am Grab zu weinen und unser Leid zu lindern.

Heute abend kommen wir bei Józio zusammen und beraten über Deinen Plan, sich mit Tatko und Andzia zu treffen. –

Andzia ist ungeduldig und möchte das Vorhaben möglichst rasch zum Erfog führen. Und ich habe ebenfalls die Hoffnung, mich nach einiger Zeit mit Dir zu sehen. – Ich schließe, weil ich den Brief heute abfertigen will. In ein paar Tagen schreibe ich wieder.

Ich umarme Dich herzlich.

Stets derselbe Dein

Munio.

(Randnotiz, oben, umgekehrt)

Gucia (von Onkel Juljan) bittet, Dich herzlich von ihr zu grüßen, wenn – so sagt sie – Du Dich noch an sie erinnerst.

(Randnotiz der Schwester Anna, links)

Wenn Du den Ort, an dem wir uns treffen, festlegst, dann fahren Tatko oder ich am selben Tag von hier los. Ich bin ganz und gar bereit und nichts hält mich auf, ich warte nur auf Deine Nachricht!*

Tatko wird Dir noch heute nacht schreiben.

(21) *Von Elias Luksenburg*

Warschau, 30. Oktober [18]97
Samstag abend

Mein liebes und herzlich geliebtes Töchterchen, meine Ruziunia!

Wir erhielten gestern 3 und heute Deine 2 Briefe, zusammen 5. Für solche bis in die Tiefe aufrührenden Briefe muß man wahrlich Deine Fähigkeiten haben, um antworten zu können und den Schmerz nach einem solch empfindlichen Verlust auszudrücken. – Als Mamusia am 17.

* Rosa L. lud Anna erstmals im Juli 1898 nach Berlin ein.

April erkrankte, war sie schon gefährlich [gefährdet], denn es hatte sich Krebs gebildet, wovon wir nicht wußten, natürlich außer Józio, der selbst dreimal täglich kam, häufig Kollegen und Professoren mitbrachte und nächtigte. Es gab Tage, daß es uns schien, es sei besser, aber Józio sagte nichts, und die letzten paar Tage wurde Sie nur künstlich [am Leben] erhalten. Während der Krankheit besuchte [uns] ständig die ganze Familie. Das Mitgefühl der Familie und der guten Bekannten war außerordentlich, wie es sich nur Mamunia durch Ihre Milde erwerben konnte. Wenn Sie gute Tage hatte, unterhielt Sie sich sanft und erzählte dann immer von Dir.

Alle Sachen Mamusias sind unberührt, sie sind für uns ein teures Andenken, Du suchst Dir aus, was Du nur möchtest. –

Was Deinen Plan in einem Monat betrifft, da überlegen wir, aber sich mit Dir, meine Liebe, schnellstens zu sehen, haben wir gerade heute beschlossen, worüber Dir Józio heute schreibt, und wir werden nur Deine Antwort hinsichtlich der Ortschaft erwarten. Mittel für die Reise finden sich.

Jetzt, meine liebe Ruziunia, bitte ich Dich, verzweifle nicht, Gottes Urteile [sind] unerforschlich, wir müssen diesen Schlag mit Gleichmut annehmen, damit wir einträchtig und einmütig handeln können, so wie es Mamusia immer wünschte, Gott behüte, wenn Du krank wirst, würdest Du mich damit töten. – Ich wiederhole und bitte Dich und befehle in Mamunias Namen, weil ich weiß, daß es immer ihr Wunsch war, der auch jetzt für jeden von uns eine heilige Pflicht ist.

Mich wundert, daß die Lübeck so schnell abgefahren ist.* –

Hast Du dort eine nahestehende Freundin. –

Ich küsse Dich herzlich, Dein Dich heiß liebender Vater EL

Erwarten eine Antwort darauf, was Józio Dir schreibt.

(22) *Von Józef Luksenburg (Postkarte)*

Warschau, 31. Oktober [18]97

Meine Liebe! Ich habe [Dir] gestern geschrieben, habe eine kleine Haarlocke beigelegt, was ich vergessen habe, im Brief hinzuzufügen. Ich warte ungeduldig wieder auf einen Brief von Dir. Von Dir waren es 5 und mit meinem 6. Heute früh waren wir alle am Grab in Gedanken bei Dir, meine Teure, Liebe. Sei tapfer, komm zu Dir, der Gedanke, daß Du Dich

* Siehe Seite 92

mit Ańdzia siehst, mag Dich etwas beruhigen. Bleib gesund, schreib. Ich wollte noch etwas schreiben, aber im Augenblick habe ich es wieder vergessen. Im übrigen wollte ich [Dir] nur schreiben. [Dein Józef]

(23) *Von Anna Luksenburg*

Warschau, 2. November [18]97
2/11 97

Meine Teuerste!

Eben gerade erhielt ich Deinen letzten (6ten) Brief. Ich kann mich nicht beruhigen bei dem Gedanken, daß Du so lange auf unsere Briefe warten mußtest. Aber ich erwarte, daß Du gerade heute, d. h. am Montag, zuerst meine Karte bekommen hast und dann die gemeinsamen und einzelnen Briefe von jedem. Du weißt schon, daß unser Treffen beschlossen ist, ich möchte schon auf Flügeln zu Dir eilen und es quält mich schrecklich, daß ich Dich in den ersten schlimmsten Tagen allein gelassen habe. Ich hätte jedoch lieber, wenn das natürlich auf die Schnelle sein kann, daß Du schon näher [an Warschau] wärst. Die Reisekosten wären dann wesentlich geringer, denn Du wirst Dich wohl nie mehr so weit entfernt niederlassen, wie es von uns bis in die Schweiz ist, und die Summe würden wir dann zusammen für etwas Nützlicheres ausgeben als für die Bahn. Aber ich bitte Dich, daß diese Rücksicht Dich nicht daran hindert, gut und genau zu planen, wie und wo Du Dich ständig niederläßt. Antworte nur gleich, was Du über all das denkst.

Weißt Du, daß ich während Mamas Krankheit, besonders in den letzten Monaten, wo sie so schrecklich litt und sichtlich dahinschwand, und obwohl ich den Gedanken nicht zuließ, daß das so endet, wenn ich Mama ansah, ich in Gedanken ständig bei Dir war [?] Ich fühlte mich sozusagen für sie vor Dir verantwortlich und fragte mich ständig, was, wenn Gott behüte ein Unglück geschieht, du dazu sagst? Ich weiß nicht, ob das daher kommt, daß ich mich schrittweise 7 Monate lang an eine solch schreckliche Lage gewöhnt habe oder ob in mir das Gefühl erstarrt ist, aber ich konnte nicht verzweifelt sein und auch nicht weinen, ich hatte sogar keine Zeit dazu, ich weinte und quälte mich alleine nur, wenn ich an Dich dachte. Ich habe so sehr gewünscht, Dich die ganze Zeit hier zu haben, so von Herzen wollte ich das, daß es mir manchmal vorkam, daß Du schon [da] bist, daß Du so und so handelst, daß ich Dich an meiner Stelle [zurück]lasse und ich ruhe mich aus. Es kam vor, daß nach heißen Tagen, als ich spätabends, nachdem die arme Mama endlich eingeschlafen war, auf dem Balkon sitze, am häufigsten mit Stanisław Fajerajzen, und verschiedene Dich betreffende Gedanken und Überlegungen zu erzählen beginne (und er nahm aufrichtig Anteil an meiner Traurigkeit), daß mich dann eine solche Verzweiflung ergriff, daß ich nicht ein noch aus wußte und in Tränen ausbrach. Besonders schmerzhaft war für mich die Ironie, daß ich Dir etwas völlig Anderes schreiben mußte als [das, was] war, denn da ich einmal wußte, daß Du hier nicht sein kannst, hielt ich es für vernünftig, Dir eine schrittweise Benachrichtigung zu ersparen, was meiner Meinung einem langsamen Sterben gleichkommt.

Die arme Lilly hat Dir deswegen nicht geschrieben, weil sie nicht wußte, ob Du schon vom Unglück weißt und es wäre ihr sehr schwer gefallen es zu verbergen, wenn sie geschrieben hätte. Natan haben wir sofort telegraphisch benachrichtigt, damit er *Kaddisch* sprechen kann. Sie antworteten beide sofort und schlugen vor, daß ich zusammen mit Tatko sofort für ein paar Monate fuhr, sozusagen zur Erholung. Es versteht sich, daß N[atan] sämtliche Kosten getragen hätte, sie baten sehr herzlich darum, aber Tatko wie auch ich lehnten ab, Erholung und auch Vergnügen haben wir nicht nötig, und wenn ich mich für einige Zeit von dem Ort trennen sollte, wo Mamas Grab ist, dann führe ich alleine zu Dir. Wie mir scheint, schmollt Natan deswegen, aber auf ihn kommt es hier nicht an. Lilly würde ich gerne sehen, aber nicht jetzt. Ich fühle mich am besten, wenn es bei uns still und ruhig ist und niemand mich stört an Mama zu denken, sie mir in verschiedenen Augenblicken vorzustellen und [mir vorzustellen] wie es war. Die Wohnung habe ich nach so langer Vernachlässigung aufgeräumt und saubergemacht, ich habe nichts darin geändert, im Schlafzimmer ist Mamas Bett genauso gemacht wie es war. Gegenüber steht Tatkos Bett und zwischen den Betten am Fenster ein Tischchen mit einer Tischdecke, darauf Kleinigkeiten darunter steht angelehnt eine Fotographie von Różka [d. h. Rosa Lux.]. Am Tischchen steht der Stuhl, auf dem Mama gewöhnlich Platz nahm, es war Mamas Lieblingsecke, wo sie in der letzten Zeit die Bibel las, sehr belehrend, wie sie mir selbst versicherte, und aus der sie mir sehr gern in deutscher Übersetzung verschiedene Abschnitte vorlas, sobald sie nur sah, daß ich mich ans Nähen setzte. Oder auch Mickiewicz, den sie sehr wegen seiner Dichtung und seines Charakters schätzte. Abends aber, wenn ich die Hängelampe im Eßzimmer angezündet hatte, zog Mama aufs Kanapee um, wo sie den ganzen Abend bei Tee und

Unterhaltung verbrachte. Ich begreife nicht, weswegen Leute gewöhnlich nach solchen Unglücken die Wohnung wechseln. Für mich sind diese Ecken und Winkel sozusagen Heiligtümer, mir kommt es vor, wenn ich im Eßzimmer sitze, daß Mama wie früher auch dort mit dem Buch beim Fenster sitzt, oder wenn ich nach Hause zurückkomme, bin ich sicher, daß Mama auf dem Kanapee liegt mit ihrem Shawl zugedeckt und mit dem Tee auf mich wartet. Daher blicke ich auch zuerst aufs Kanapee, und unbeeindruckt von dieser Leere blicke ich danach ins Schlafzimmer und trotz der ganzen furchtbaren Wirklichkeit beruhigt mich der Anblick dieser Zimmer, wo wie mir scheint, Mamas Geist ständig weilt und über uns wacht. Heute abend, als ich bei Józio war, sagte er mir, daß ihn spätabends, ehe er schlafen geht die unwiderstehliche Lust erfaßt, schnell bei uns vorbeizusehen und ins Schlafzimmer zu schauen.

Das Buch, das Mama so eifrig las und an vielen Stellen mit Zeichen versah, um sie mir später zu zeigen, bewahre ich für Dich auf. Es ist mit einer deutschen Übersetzung, dann wirst Du es lesen. Von den Kleidern gebe ich Dir, was Du willst, ich habe noch nichts angerührt. Mein Gott, kann ich jemals dieses Unrecht wiedergutmachen, daß Du jetzt ganz alleine bist. Es ist ein furchtbarer Gedanke, daß Du ganz allein in Deinem Zimmer sitzt, Dich schlafen legst, morgens aufstehst und niemanden hast, mit dem Du über das sprechen kannst, was Dich erfüllt. Wir waren hier ja bisher keinen Moment allein, in der Bußezeit hat sogar Fajerajzen bei uns übernachtet, und wenn mir dieser Lärm auch oft beschwerlich erschien, sehe ich jetzt wieviel Gutes dieses Mitgefühl und menschliches Wohlwollen uns brachte, wie sanft und herzlich es beeinflußte und einstimmte.

Bleib gesund, meine Liebe, beruhige Dich, denk daran! Wir haben jetzt Verstand und Vernunft sehr nötig, denn wir müssen selbst alles planen. *(Forts. auf dem linken Rand)* Ich umarme Dich herzlich, stets Deine! A.

(S. 2, auf dem linken Rand)

In der letzten Nacht, dieser unglückseligen, als sie nach 24 Stunden unablässigem Stöhnen immer schwächer zu klagen begann, und ich gewahr wurde, daß sie mir einfach dahinschwand, schrie ich schrecklich: wie kann Mama das tun, ohne das Sie vorher Róża gesehen hat! Ich hatte geradezu ein Gefühl, als würde ich der armen Mama deshalb grollen.

(S. 7, auf dem linken Rand)
Józek kommt nach Deinem Brief noch häufiger, und ist noch herzlicher. Rózia D. trauert herzlich mit uns, Mama, so sagt sie, hätte sie ebenfalls als Waise zurückgelassen.

(24) *Von Elias Luksenburg*

Warschau, 2. November [1899]

Liebe Róziunia! Mein Stolz!

Deine lieben Briefe mit den [Zeitungs]Ausschnitten [Deiner Artikel] sowie [die] poste restante [Sendungen] habe ich rechtzeitig erhalten, wofür ich Dir sowie auch für alles herzlich danke. –

Ich bedaure stark, daß ich nicht wußte, wann Herr L.(eo Jogiches) zu Besuch war, denn ich hätte ihn um seine Fotografie gebeten und möglicherweise hätte man leicht unsere Pläne bezüglich seines Bruders angedeutet. Aber nachdem ich es mir überlegt habe, will ich, was die Fotografie betrifft, die ich sehr gern haben möchte, aus anderen Gründen doch lieber warten, und genauso was den Bruder betrifft, überlasse ich [das] Deiner Geschicklichkeit, wie Du als Gastgeberin den geeigneten Augenblick wahrnehmen kannst.*

Was Deine mich betreffenden Pläne für den Sommer angeht, so danke ich Dir herzlich, mein liebes Kind, aber es ist noch Zeit, darüber nachzudenken.

Bei dem hiesigen Klima und der gegenwärtigen Jahreszeit kann es natürlich sowieso nicht ständig so sein wie im Sommer bei Deiner dortigen fürsorglichen Pflege, aber ich halte mich, so gut ich kann.

Die Medizin [*im Original unleserlicher Name eines Medikaments*] nehme ich jetzt nur einmal täglich nach dem Mittagessen, deshalb weil die Flasche zu Ende geht. Wärst Du so freundlich, mir [eine neue] zu schicken, dann würde ich bitten, nur bei Gelegenheit, weil der Empfang ausser Schwierigkeiten etwa 4 Rubel [Zoll] kostet.

Was die Ausschnitte betrifft, so macht es mir Freude und Ehre zu hören, was Freunde dazu sagen. – Schreib [mir] bitte, meine liebe Roziunia, wie geht's, wie steht's, das ist doch meine einzige Freude.

* Rosa Luxemburgs Familienangehörige kannten Leo Jogiches nur unter seinem Pseudonym Grozowski. Da es in Wilno eine Chemische Fabrik Grozowski gab, hielt Elias Luksenburg deren Besitzer für einen Bruder Leo Jogiches', und wollte unbedingt mit diesem ins Geschäft kommen. Rosa Luxemburg wehrte sich dagegen, in „unsere“ Pläne hineingezogen zu werden.

Dein Dich herzlich grüßender und Dich zu sehen wünschender glücklicher Vater EL

Wenn Du an Herrn L.(eo) schreibst, dann füge eine Empfehlung von mir bei.

[*am linken Rand*]

Józios Geburtstag ist am 27. d. M., denke bitte daran, für diesen Tag zu gratulieren. Dein EL

(25) *Von Elias Luksenburg (Postkarte)*

Warschau, 25. Januar [1]900

Bitte höfl[ichst] die Werth[e] Frau Wirtin, Falls Abwesenheit d[es] Adressates, diese Karte gefl[issentlich] sofort nachzusenden. – [*Im Original deutsch*]

Liebe Ruziunia! Da ich so lange keine Nachricht und Antwort auf meine Briefe und meine letzte Karte vom [*Tagesdatum fehlt*] d. M. habe, bin ich sehr beunruhigt. Ich liege schon die dritte Woche im Bett. Ich bitte Dich, erbarme Dich und schreib mir postwendend über alles, worum bittet

Dein Dich liebender Vater EL

(26) *Von Elias Luksenburg*

Warschau, 22. Februar [1]900
Dienstag

Liebe Roziuna!

Deine Briefe und zuletzt die Karte an Ańdzias Adresse, in denen Du nach mir fragst, haben wir zur rechten Zeit erhalten, wofür ich Dir danke. – Was mich betrifft, so hat mir der Doktor nach 6wöchiger ununterbrochener Bettlägerigkeit wegen meinem Bein jetzt in der 7. Woche erlaubt, im Zimmer zu gehen und sogar ein wenig in die Stadt, und gestern ging ich kurz bei gutem Wetter aus.

Ich bin kontent, [zufrieden] aus Deiner Korrespondenz zu sehen, daß Du nicht herumfährst, denn ich vermute, daß Du am Ort immer Arbeit hast, ohne Dich zu gefährden und ruhig, aber ich wundere mich, daß Du über Dich nicht mehr schreibst. Vor einigen Monaten schriebst Du, daß der Bruder von Herrn Leon damit beschäftigt ist, das Vermögen zu ordnen und unter ihnen zu verteilen, ich bin neugierig, wieviel auf Leo fällt und möchte, wie ich schon schrieb, daß Euer Bund glücklich beschleunigt wird.

Ich habe Dir eine sehr interessante Neuigkeit mitzuteilen. Es hat sich nämlich etwas für Ańdzia gefunden, es ist ein Mensch mit Konduite [Betragen), ein ehemaliger Lehrer, der in unserer Gemeinde arbeitet und zwei kleine, 4- und 5jährige Mädchen hat, Gehalt mittelmäßig.

Unsere Freunde und Verwandten, Leon Kahan und Lewinsohn, die ebenfalls dort arbeiten, können ihn gar nicht genug wegen seines Charakters, Fleißes und seiner Ehrlichkeit loben, und ebenso ist die allgemeine Beurteilung. Er kennt Ańdzia, die von allem noch nichts weiß, außer der Heiratsvermittlerin auch unser Józio deswegen, weil es hier um die Mitgift geht, durch die, wie der Herr richtig sagt, er Ańdzia versichern will. Andere Ausgaben, wie Aussteuer, Hochzeitskosten usw. übernimmt unser guter Józio. Es geht um die Mitgift und dann wäre alles erledigt, weil es unter diesen Umständen nichts zu zögern gibt.

Was die Mitgift angeht, habe ich noch am 8. d. M. an Rozia in Jassy (*eine Verwandte*) einen sehr herzlichen und drängenden Brief geschrieben, auf den ich aber keine Antwort erhielt und deswegen gestern eine Karte nachschickte. Du kannst Dir vorstellen, mit welcher Ungeduld ich auf das Ergebnis warte. –

In Deiner und Ańdzias Frage erwarte ich [eine] poste restante [Sendung], auf die Du in Deinem Brief, den ich schnell erwarte, mit unterstrichenem Datum hinweist. Inzwischen nimm, meine liebe, liebste Róziunia, herzliche und heiße väterliche Küsse und Umarmungen entgegen EL.

(27) *Von Elias Luksenburg (Postkarte mit einem Bildnis Adam Mickiewicz')*

Warschau, 7. März [1]900

Die allerherzlichsten Gratulationen und Wünsche, meine liebe Róziunia, anläßlich Deines Geburtstages am 15. d. M. sendet Dir aus der Seele und von Herzen Dein Dich liebender Vater

EL

Erwarte Antwort auf meinen Brief vom 22. l[etzten].M.

(28) *Von Elias Luksenburg*

Warschau, 11. April 1900
Warsz. 11. IV[1]900 Mittwoch

Meine liebe Ruziunia!

Sicherlich wundert es Dich, daß ich auf Deinen lange erwarteten allgemeinen Brief und auf poste restante mit [Deiner] Karte erst heute antworte. Es ist aber so, daß ich durch mein Beinleiden ständig im Bett blieb, und heute speziell aufgestanden bin, um Dir zu antworten. –

Was mein Bein betrifft so ist die Gangräne aus dem Zeh fort und jetzt heilt es schon, natürlich bin ich geschwächt und [habe] völlige[n] Appetitmangel, hinsichtlich all dessen hat Onkel Maurycy (auf Anregung von den Moszkowskis) mir eine Beihilfe bestimmt, damit ich ruhig zu Hause sitzen kann, woran Rozia D. sich beteiligen soll, was ich natürlich voller Demut annehmen mußte, was war zu tun, wenn ich schon nicht arbeiten kann, wenigstens nicht im Augenblick.

Es bleibt mir jetzt nur die Hoffnung, einen Augenblick lang den Glanz des Lebens zu haben, d. h. eure Hochzeiten.

Dein [. . .]

Von Rozia kam eine völlig ablehnende Antwort. Natan klagt in seiner Antwort sehr, sodaß ich ihm tunlichst noch etwas schicken müßte, also ist nur das geblieben, was Jozio jederzeit bereit ist, für Ańdzia zu zahlen, [d. h.] 1000 Rub[el].

Was Dich angeht, liebe Rozia, begreife ich völlig, daß Du bezüglich Ańdzia Bedenken hast, genauso wie ich, ließe es sich also nicht auf folgende Weise machen, d. h.: offen mit Leo reden, daß Du jetzt schon für Deine ältere Schwester eine bestimmte Summe brauchst, sagen wir etwa 500 Rub[el] als Mitgift, [denn] falls er redliche Absichten hat und Dich liebt, dann sollte das keinen Unterschied machen, denn das ist in der ganzen Welt üblich. Was aber das betrifft, daß sie [Leo Jogiches und sein Bruder] vom Kapital nichts anrühren dürfen, dann kann man borgen, vielleicht macht Onkel Moryc das, im übrigen wird sich schon eine Möglichkeit finden, wenn nur der gute Wille da ist.

Haben wir auf diese Weise das von Dir und Jozio zusammen in der Bank hinterlegte kleine Kapital für Ańdzias Mitgift, dann würde weder sie noch uns genieren, wenn Deine Hochzeit zuerst stattfinden sollte. Der junge Mann, nach dem du fragst, hat zwar ein kleines Einkommen in unserer Gemeinde, aber er ist sehr gut beleumundet und entsprechend, was das Alter angeht. Übrigens, Hauptsache die Summe liegt auf der Bank, dann findet sich vielleicht schon ein besserer. –

Ruziunia! Du schreibst, alles findet im Frühjahr statt, so als ob dieses Frühjahr in ein paar Jahren sein sollte, wo es doch schon da ist, und ich schon nicht mehr viele Frühjahre zur Verfügung habe. –

Liebe Ruziunia! überleg es Dir gut, mach Dich an die Sache und antworte mit dem poste restante-Zeichen, nur laß nicht lange auf Antwort warten. –

Am Sonntag haben mich Onkel Morytz und Teofila besucht, sie baten um Deine Adresse, weil Lunia (eine Tochter) Dich zu sich nach Pest einladen will. Lunia war immer gut und lieb zu uns. Was die Reise zu ihr anbetrifft, [so tu] wie Du kannst und willst, aber auf jeden Fall bitte ich Dich, zu ihr so höflich wie möglich und freundlich zu sein; denn außer, daß sie es wert ist, habe ich, wie ich Dir oben schrieb, jetzt Verpflichtungen gegenüber Maurycy und Fąmilie. –

Ich wünsche Dir frohe Festtage, die am Samstag, den 14. d. M. beginnen, und ich erwarte, daß Du mich nicht lange auf Antwort warten läßt. Es küßt Dich tausendmal Dein Dich liebender

Vater EL

Ańdzia ist vor den Feiertagen beschäftigt, aber sie läßt sich Dir auch empfehlen.

(29) *Von Elias Luksenburg*

Warschau, 20. April 1900
Warszawa 20/IV [1]900

Liebe Ruzia!

Ich habe Dir am 11. d. M. einen umfangreichen Brief in sehr wichtigen Angelegenheiten geschrieben. Als ich nicht sofort Antwort erhielt, vermutete ich, daß Du bist [gestrichen] verreist warst, wohin Dir Deine Wirtin sicherlich die Briefe nachschickt.

Sogar in diesem Fall könnte ich schon Antwort haben, und wenigstens eine Karte, daß du ausführlich schreibst, was leider bis heute nicht geschehen ist, woraus ich völlige Gleichgültigkeit sehe.

Das erinnert mich daran, was ich einmal gelesen habe: daß der Adler sich hoch erhebt, also sieht er nicht, was auf der Erde geschieht. Du bist mit sozialen Fragen befaßt, und die häuslich-familiären Angelegenheiten sind sogar vom zweiten Platz gerückt, naja, was tun! ich muß auch das annehmen, denn offensichtlich fehlte noch ein Tropfen Wermuth im Kelch. Ich kann Dich mit meiner Korrespondenz nicht mehr belasten. Bleib gesund.
Dein Dich liebender Vater EL

(30) *Von Anna Luksenburg*

Warschau, 26. September 1901
26/IX[1]901

Meine liebe Rózia!
Schon lange will ich Dir schreiben, aber immer kommt mir etwas dazwischen, und wenn das Los mir Streiche spielt, dann werde ich so unwillig und ärgerlich, daß ich zu nichts Lust habe. Ich bin schon seit 2 Wochen ohne Dienstmädchen (mit ihnen ist es eine wahre Plage bei uns), was zusammen mit anderen Stichen des Lebens mir die Laune sehr verdorben hat, aber ich habe schon ein Mädchen zum 1. Okt[ober] eingestellt, und den Rest – hol der Teufel, geschehe was will, Hauptsache, es geht irgendwie voran.

Es ist natürlich egoistisch meinerseits, Dir von meinen Schwierigkeiten zu erzählen, bei Deinem nicht rosigen Leben, aber zumindest untereinander muß man sich aussprechen: denn schließlich sagt man anderen, Gleichgültigen nicht, wie man lebt.

Was du mir über Leo hinsichtlich Mik[ołaj] *(der gemeinsame Bruder Natan)* geschrieben hast, war mir sehr unangenehm. Ich erinnere mich nicht, daß ich über ihn etwas Anderes geschrieben habe als daß er aufbrausend und wild ist, was ihn zwar nicht anziehend machen muß, aber keinen Haß weckt, doch bei Leo sieht das alles sehr danach aus. Aus Deinen Beschreibungen von Leos Charakter und seinem Brief an mich habe ich mir vorgestellt, daß wir alle in ihm einen herzlichen Verwandten haben, was ihn mir ungemein sympathisch machte.

Obwohl ich persönlich Mik[ołaj]. nicht nur eines vorzuwerfen habe, aber, ob das nun daher kommt, weil man die „Stimme des eigenen Blutes" hört, oder aus Rücksicht auf den Wunsch der Eltern, „daß wir zusammenhalten", jedenfalls verletzt es mich stark, sooft sich jemand feindlich über ihn äußert. Aus dem gleichen Grund habe ich mich unlängst heftig mit Munio gestritten. Du weißt doch, wieviel Unannehmlichkeiten ich hatte, weil dieser Verrückte [Mikołaj] ihn nicht aufnehmen wollte, und obwohl ich das, versteht sich, vor Munio verborgen habe, aber ob er doch etwas geahnt hat, oder deswegen, weil auch Du mit ihm offen über Mik[ołaj] gesprochen hast, jedenfalls ist seine Einstellung, die er ihm gegenüber verrät, alles andere als brüderlich.

Mik[ołaj] ermüdet durch seine Dummheit und Oberflächlichkeit entsetzlich, ich erinnere mich gut daran, aus der Zeit jenes Aufenthalts in London, aber er ist „einer von uns", also was soll's, und außerdem welches Glück, daß er uns eine so sympathische Frau als Schwägerin gebracht hat, und natürlich die lieben Kinder.

Eben über diese Kinder wollte ich mit Dir reden. Könntest Du es nicht so einrichten, daß Du Dich ihrer ständig annimmst[?] Sie sind naiv, aber sehr lieb und herzensgut, und ich bin sicher, daß, wenn Du Dich mit ihnen richtig befaßt, sie sich noch entwickeln würden. Auf eine große Bildung muß man verzichten; denn keine von ihnen scheint mir dazu Lust noch Fähigkeit zu haben, aber die Auffassungsgabe und edlere Charakterseiten anzusprechen, das wäre wohl bei solch kleinen Mädchen noch möglich. Du müßtest das aber so machen, daß Mik[ołaj] nichts merkt, denn er würde die ganze Arbeit durch bloße Dummheit oder eine augenblickliche Laune behindern.

Ich lege einen Brief von H[errn] Mullois bei, der aus Zeitungen ständig Sachen herausfischt, die Dich alle interessieren sollen, und mir bringt, damit ich sie Dir mitteile. Ich habe ihm geraten, daß er Dir selbst schreibt, was er auch gern getan hat. Schreib ihm zurück, vergiß es nicht, er wird sich sehr darüber freuen.

Am Jahrestag [des Begräbnisses] waren wir alle drei und Gucia auch auf dem Friedhof. *El mole rachmim* [el male rachamim, Gebet für das Seelenheil der Toten,] wurde auch in Deinem und Mik[ołajs] Namen gesprochen. Wo und wann dieses Jahr vergangen ist, kann ich mir nicht vorstellen, mir kommt es ständig so vor, als wenn alles erst vor so kurzem geschehen ist!

Was machst Du, bist Du gesund? Schreib in die Złota-Straße.

Ich umarme Dich herzlich

Deine A.

(S. 2, Zusatz auf dem linken Rand)
Dziudzia erzählt mir, daß Tante Rózia eine „gute Tante“ ist, sie hat viel mit ihr gespielt und daß es bei Dir sehr lustig war, obwohl die „Herta ordentlich gehauen“ hat. Gretchen aber war lieb und ruhig. Die Schweiz hat ihr weniger gefallen, denn dort gibt es „überhaupt keine Kinder“ und sie hat nicht gespielt.

(S. 3, Zusatz auf dem linken Rand)
An Lill schreibe ich in Kürze. Küsse sie und die Mädchen von mir.

(S. 4, Zusatz auf dem linken Rand)
An Herrn Leo herzliche Empfehlungen!

Danksagung

Mein erster und uneingeschränkter Dank gilt Krystyna Pomorska Jakobson.

Einen besonderen Dank schulde ich Feliks Tych.

Sehr herzlich bedanke ich mich bei Maja Ettinger.

Zu Dank verpflichtet bin ich Maria Chodakowska, Bert Hartry, Artur Eisenbach, Diana H. Green, Przemyslaw Ogrodziński und Tadeusz Perl.

Ich danke Halina Luxemburg-Wieckowska, Gertrud Zetkin, Konstantin Zetkin, Karl Kautsky jr., Charlotte Beradt, Rosi Frölich, Zofia Marchlewska und vielen anderen, die ungenannt bleiben möchten, daß sie mir von ihren Erinnerungen erzählt und damit überaus wertvolle Hilfe geleistet haben.

Danken möchte ich Hannah Arendt, Abraham Bick, Annette Petersen-Brandhorst, Milorad M. Drachkovitch, Janusz Durko, Shmuel Ettinger, Dawid Fajnhauz, Walter Grossmann, Harold J. Hanham, Sarah Hartry, Roman Kaufmann, Alfons Klafkowski, Paweł Korzec, Verena Stadtler-Labhart, Manfred Lachs, Jerzy Stahl, Mieczysław Maneli, Kenneth R. Manning, Marietta Nettl-Meltzer, Moshe Mishkinski, Ladislaw Mysyrowicz, Sybille Quack, Emma Rothschild, Gershom Scholem, Annette Silbert, Janna Malamud Smith, David Smith, Fritz Stern und J. L. Talmon.

Meinem Agenten Georges Borchardt sage ich besonderen Dank für seinen nie versagenden Enthusiasmus und ermutigenden Zuspruch. Besondere Anerkennung gebührt Joanne Wyckoff, meiner Lektorin im Verlag Beacon Press, Pam Pokorney, der Produktionsleiterin des Verlages, und Barbara Flanagan für ihre sorgfältige und einfallsreiche redaktionelle Arbeit.

Maria Sachs und Marilyn Henry waren mir eine große Hilfe bei der Fertigstellung des Manuskriptes.

Abkürzungen

Im Text erwähnte politische Parteien sind wie folgt abgekürzt:

KPD	Kommunistische Partei Deutschlands
PPS	Polnische Sozialistische Partei
RSDRP	Russische Sozialdemokratische Arbeiterpartei
SDKP	Sozialdemokratie des Königreichs Polen
SDKPiL	Sozialdemokratie des Königreichs Polen und Litauen (auch bezeichnet als Polnische Sozialdemokratie und Polnische Sozialdemokraten)
SPD	Sozialdemokratische Partei Deutschlands
USPD	Unabhängige Sozialdemokratische Partei Deutschlands

Anmerkungen

Vorwort

1. Rosa Luxemburg, Brief an Sonja Liebknecht v. 24. 11. 1917, in: Dies., *Gesammelte Briefe*, 5 Bde. (Berlin: Dietz 1982–1984, 1987[2]), 5:333

Kapitel 1 Zamość: Die Geburtsstadt. 1870–1873

1. Bogumiła Sawa, *Przyczynek do sytuacji prawnej Żydów zamojskich od II połowy XVI do XIX w.* (Der rechtliche Status der Juden in Zamość von der zweiten Hälfte des 16. Jahrhunderts bis zum 19. Jahrhundert), in: *Biuletyn Żydowskiego Instytutu Historycznego* 3 (99); 29 (Warschau, 1976)
2. Ebenda, 35
3. Rabbi Abraham Bick, Jerusalem, stellte mir freundlicherweise umfassende Informationen über die Vorfahren von Lina Luksenburg geb. Löwenstein zur Verfügung.

Kapitel 2 Warschau: Der drastische Wechsel. 1874–1882

1. Viele Einzelheiten aus Rosa Luxemburgs Kindheit und Jugend stützen sich auf persönliche Gespräche mit Frau Zofia Marchlewska in den Jahren 1977 bis 1979 und mit Frau Dr. Gertrud Zetkin im Jahre 1980.
2. Feliks Kon, *Narodsziny Wieku*, (Warschau: Książka i Wiedza, 1969), 12–13.
3. Rosa Luxemburg, *Briefe an Karl und Luise Kautsky*, Hg. Luise Kautsky (Berlin: E. Laub'sche Verlagsbuchhandlung GmbH, 1923), 198
4. *Czerwony Sztandar*, Warschau, Februar 1911, Nr. 180, S. 2

Kapitel 3 Warschau: Jugendliches Streben. 1882–1889

1. Adam Mickiewicz, *Dzieła*, 16 Bde. (Warschau: Czytelnik, 1955), 3:307–308
2. Mickiewicz, *Dzieła*, 12:121–122

3. Alina Witkowska, *Mickiewicz, Słowo i Czyn* (Warschau: Państwowe Wydanictwo Naukowe, 1975), 266

4. Mickiewicz, *Dzieła*, 6:18

5. Ebenda, 47

6. Jakub Szacki, *Rola Żydów w życiu economicznym Warszawy w latach 1863–1896* (Die Rolle der Juden im Wirtschaftsleben Warschaus 1863–1896), in: *Biuletyn Żydowskiego Instytutu Historycznego* 29:12–49 (Warschau, 1959)

7. A. I. Gercen, *Sochinenija v devjati tomakh*, 9 Bde. (Moskau: Goslitisdat, 1956), 5:606

8. Helene Deutsch, *Confrontations with Myself* (New York: Norton, 1972), 98

9. Persönliches Gespräch mit Zofia Marchlewska, 1978

10. Maria Zmigrodzka, *Orzeszkowa* (Warschau: Pánstwowy Instytut Wydawnicy, 1965), 54. Siehe auch Franciszek L. von Erlach, *Partyzantka w Polsce w roku 1863* (Warschau: Wydawnictwo Ministerstwa Obrony Narodowej, 1960), 148

Kapitel 4 *Wilna: Leo Jogiches, der junge Verschwörer.* 1867–1890

1. Z. Rejzin, *L. Jogiches und die Anfänge der jüdischen Arbeiterbewegung* (in jiddischer Sprache), YIWO 3:432–448 (Wilna, 1939). Ich danke Herrn Leo L. Wolfe für die Übersetzung ins Englische. (Deutsche Übersetzung nach dem englischen Text)

2. Róża Luksemburg, *Listy do Leona Jogichesa-Tyszki*, Hg. Feliks Tych, 3 Bde. (Warschau: Książka i Wiedza, 1968–1971), 1:141

3. Ebenda, 1:xxiv

4. Zitiert in: Franco Venturi, *Roots of Revolution* (New York: Grosset & Dunlap, 1966), 359

5. Zdzisław Leder (Władisław Feinstein), *Leon Jogiches-Tyszka*, in: *Archiwum Ruchu Robotniczego* (Warschau: Książka i Wiedza, 1976), 215

6. Ebenda, 207

7. Rejzin, *Jogiches*, 445–446

8. Charles Rappaport, *The Life of a Revolutionary Emigré*, in: *Yiwo Annual*, 213 (New York, 1951)

9. Luksemburg, *Listy* 1:578

10. Ebenda, 1:xxiv

11. Rappaport, „Life“, 214

Kapitel 5 *Rosa Luxemburg und Leo Jogiches.* 1889–1894

1. Róża Luksemburg, *Listy do Leona Jogichesa-Tyszki*, Hg. Feliks Tych, 3 Bde. (Warschau: Książka i Wiedza, 1968–1971), 1:7

2. Zdzisław Leder (Władisław Feinstein), *Leon Jogiches-Tyszka*, in: *Archiwum Ruchu Robotniczego* (Warschau: Książka i Wiedza, 1976), 222–227

3. G. Plechanows Brief an F. Engels, 16. Mai 1894, in: *Pod Znamenem Marksizma* Nr. 11–12:17 (Moskau, 1928)

4. Luksemburg, *Listy* 1:xxvii

5. Ebenda

6. Ebenda, 2:50

7. Ebenda, 1:360

8. Roza Luksemburg, *Wybór Pism*, Hg. Bronislaw Krauze, 2 Bde. (Warschau: Książka i Wiedza, 1959), 1:374

9. Ebenda, 2:130

10. John Mill, *Pioniere und Baumeister* (in jiddischer Sprache), (New York: Der Wecker, 1943), 167. Ich danke Herrn Prof. Moshe Mishkinski für die Übersetzung

ins Englische. (Deutsch nach dem englischen Text)

11. Zitiert in Paul Fröhlich, *Rosa Luxemburg, Gedanke und Tat* (Paris: Editions Nouvelles Internationales, 1939), 38–39

12. Feliks Tych, *Polskie Programy Socjalistyczne*, 1878–1918 (Warschau: Książka i Wiedza, 1975), 241

13. *Pod Znamenem*, 17

14. Luksemburg, *Listy* 1:3

15. Ebenda, 21

16. Ebenda, 403

17. Ebenda, 77

18. Ebenda

19. Ebenda, 2:94

20. *Pis'ma M. A. Bakunina k A. I. Gercenu i N. P. Ogarevu*, Hg. M. P. Drasgomanow (Genf: Georg & Co. Libraires Editeurs, 1896), 493

Kapitel 6 *Der Kampf bergan.* 1895–1898

1. Róża Luksemburg, *Listy do Leona Jogichesa-Tyszki*, Hg. Feliks Tych, 3 Bde. (Warschau: Książka i Wiedza, 1968–1971), 1:267

2. Ebenda, 189

3. Ebenda, 74

4. Ebenda, 2:146

5. Ebenda, 1:244

6. Ebenda, 2:101

7. Ebenda, 42–44

8. Ebenda, 1:400

9. Ebenda, 349

10. Ebenda, 2:474

11. Ebenda, 1:84

12. Ebenda, 554

13. Ebenda, 537

14. Ebenda, 485

15. Róża Luksemburg, *Nieznane listy Róży Luksemburg do działaczy SDKPiL*, Hg. Feliks Tych, in: *Archiwum Ruchu Robotniczego* (Warschau: Książka i Wiedza, 1976), 179

16. Luksemburg, *Listy*, 1:31

17. Ebenda, 2:472

18. Ebenda, 17

19. Ebenda, 1:401–402

20. Ebenda, 401

21. Ebenda, 579

22. Luksemburg, *Nieznane listy*, 177

23. Luksemburg, *Listy*, 1:31–32

24. Ebenda, 31–38

25. Ebenda, 136–140

26. Ebenda, 49

27. Ebenda, 65

28. Ebenda, 102

29. Ebenda, 47

30. Ebenda, 56–57

31. Ebenda, 55

32. Ebenda, 93
33. Ebenda, 2:501
34. Anna Luksenburg (AL), Poststempel vom 2. November 1897. Die unveröffentlichten polnischen Originale der Briefe, die Rosa Luxemburg von ihrem Vater und ihren Geschwistern aus Warschau erhielt, befinden sich bei der Hoover Institution on War, Revolution and Peace, Stanford, Calif., Folder XI
35. AL, 4. Mai und 9. Mai 1897
36. AL, 29. Juli 1897
37. AL, 30. Oktober 1897
38. Elias Luksenburg (EL), 30. Oktober 1897
39. AL, undatiert (nach dem 30. September 1897)
40. Luksemburg, *Listy*, 2:501
41. AL, Poststempel vom 2. November 1897
42. EL, 30. Oktober 1897
43. AL, undatiert (nach dem 30. September 1897)
44. Luksemburg, *Listy*, 1:93
45. Ebenda, 94
46. Ebenda, 115
47. Ebenda, 179

Kapitel 7 *Die deutschen Eroberungen.* 1898–1900

1. Róża Luksemburg, *Listy do Leona Jogichesa-Tyszki*, Hg. Feliks Tych, 3 Bde. (Warschau: Książka i Wiedza, 1968–1971), 1:150
2. Ebenda, 156–157
3. Ebenda, 167
4. Ebenda, 180, 166–167, 213
5. Ebenda, 181
6. Ebenda, 190
7. Ebenda, 197
8. Ebenda, 207, 211
9. Ebenda, 194
10. Ebenda, 213
11. Ebenda
12. Ebenda, 149
13. Ebenda, 220
14. Ebenda, 236
15. Ebenda, 217
16. Ebenda, 200
17. Ebenda, 226
18. Ebenda, 218
19. Ebenda, 173, 185
20. Arno Herzig, *Paul Singer – Heinrich Braun, zum Revisionismusstreit der deutschen Sozialdemokratie vor dem I. Weltkrieg*, in: *Jahrbuch des Instituts für Deutsche Geschichte, Beiheft 6:127* (Tel Aviv, 1983)
21. Luksemburg, *Listy*, 1:225
22. Ebenda, 218
23. Shulamit Volkov, *Social Democracy Against Anti-Semitism in Imperial Germany*, in: *Jahrbuch des Instituts für Deutsche Geschichte, Beiheft 2:70* (Tel Aviv, 1976)
24. Luise Kautsky, *Rosa Luxemburg, ein Gedenkbuch* (Berlin: E. Laub'sche

Verlagsbuchhandlung, 1929), 23–24

25. Luksemburg, *Listy*, 2:304–305
26. Ebenda, 24
27. Ebenda, 1:230
28. Ebenda, 229
29. Ebenda, 220
30. Ebenda, 287–288
31. Ebenda, 397
32. Ebenda, 446–447
33. Ebenda, 448
34. *Z Pola Walki* 1(5):69 (Warschau, 1959)
35. Luksemburg, *Listy*, 1:328
36. Werner Blumenberg, Hg., *Einige Briefe Rosa Luxemburgs und andere Dokumente*, in: *Bulletin of the International Institute of Social History* 2:16–18 (Amsterdam, 1952)
37. Luksemburg, *Listy*, 1:466, 469
38. Róża Luksemburg, *Nieznane listy Róży Luksemburg do działaczy SDKPiL*, Hg. Feliks Tych, in: *Archiwum Ruchu Robotniczego* (Warschau: Książka i Wiedza, 1976), 177
39. Luksemburg, *Listy*, 1:36
40. Ebenda, 92
41. Ebenda, 457, 369, 466
42. Ebenda, 2:24
43. Ebenda, 1:331
44. Ebenda, 2:520
45. Ebenda, 1:240
46. Ebenda, 2:42
47. Ebenda, 60
48. Ebenda, 102
49. Ebenda, 1:238
50. Ebenda, 2:53
51. Ebenda, 39–42
52. Ebenda, 49
53. Ebenda, 43
54. Ebenda, 50
55. Ebenda, 100
56. Ebenda, 50
57. Ebenda, 1:268–269
58. Ebenda, 578–579
59. Ebenda, 334

Kapitel 8 *Zusammen lieben und arbeiten.* 1900–1902

1. Róża Luksemburg, *Listy do Leona Jogichesa-Tyszki*, Hg. Feliks Tych, 3 Bde. (Warschau: Książka i Wiedza, 1968–1971), 2:102
2. Ebenda, 62
3. Ebenda, 85
4. Ebenda, 104
5. Ebenda, 51
6. Ebenda, 1:577–578
7. Ebenda, 2:72

8. Ebenda, 102–103
9. Ebenda, 78–79
10. Ebenda, 78
11. Ebenda, 46
12. Rosa Luxemburg, *Briefe an Karl und Luise Kautsky*, Hg. Luise Kautsky (Berlin: E. Laub'sche Verlagsbuchhandlung, 1923), 13–17
13. Ebenda, 18–19
14. Luksemburg, *Listy*, 1:438
15. Ebenda, 481
16. Ebenda, 434–435
17. Ebenda, 2:107
18. Ebenda, 110–111
19. Ebenda, 115
20. Rosa Luxemburg, *Briefe an Freunde*, Hg. Benedikt Kautsky (Hamburg: Europäische Verlagsanstalt, 1950), 129
21. Róża Luksemburg, *Nieznane listy Róży Luksemburg do działaczy SDKPiL*, Hg. Feliks Tych, in: *Archiwum Ruchu Robotniczego* (Warschau: Książka i Wiedza, 1976), 179
22. Elias Luksenburg (EL), 25. Januar 1900
23. EL, 2. November 1899
24. Anna Luksenburg, 9. Mai 1897
25. EL, 11. April 1900
26. EL, 20. April 1900
27. Luksemburg, *Listy*, 2:118
28. Ebenda, 1:142
29. Ebenda, 463
30. Władysław Feinstein (alias Zdzisław Leder), Jogiches' Schüler und Mitarbeiter, schrieb 1929 in Moskau die einzige existierende Jogiches-Biographie. Sie wurde erstmalig von Feliks Tych in *Archiwum Ruchu Robotniczego*, Bd. 3, veröffentlicht (Warschau: Książka i Wiedza, 1956), 193–339
31. Luksemburg, *Listy*, 2:165
32. Ebenda, 143–144
33. Ebenda, 195–196
34. Ebenda, 122
35. Ebenda, 213–214
36. Ebenda, 214, 244
37. Ebenda, 125
38. Ebenda, 191, 185
39. Ebenda, 155
40. Ebenda, 166–169
41. Ebenda, 184
42. Ebenda, 210
43. Ebenda, 135
44. Ebenda, 145
45. Ebenda, 159
46. Ebenda, 233
47. Ebenda, 130
48. Ebenda, 136
49. Ebenda, 147

Kapitel 9 *Gefängnis: Die eigentliche Weihe.* 1902–1904

1. Róża Luksemburg, *Listy do Leona Jogichesa-Tyszki*, Hg. Feliks Tych, 3 Bde. (Warschau: Książka i Wiedza, 1968–1971), 2:254
2. *Gazeta Ludowa*, Poznań, 16. Juni 1904, 1
3. Luksemburg, *Listy*, 2:266–277
4. Ebenda, 257
5. Ebenda, 267–277
6. Ebenda, 274
7. Zdzisław Leder (Władysław Feinstein), *Leon Jogiches-Tyszka*, in: *Archiwum Ruchu Robotniczego* (Warschau: Książka i Wiedza, 1976), 258
8. Ebenda, 253
9. Ebenda, 258
10. James Joll, *The Second International: 1889–1914* (London: Routledge & Kegan Paul Ltd., 1974), 100
11. Luksemburg, *Listy*, 2:297
12. Ebenda, 293–295
13. Rosa Luxemburg, *Briefe an Karl und Luise Kautsky*, Hg. Luise Kautsky (Berlin: E. Laub'sche Verlagsbuchhandlung, 1923), 60–62
14. Luksemburg, *Listy*, 2:299–300
15. Ebenda, 295
16. Ebenda, 301
17. Róża Luksemburg, *Wybór Pism*, Hg. Bronislaw Krauze, 2 Bde. (Warschau: Książka i Wiedza, 1959), 1:331
18. Ebenda, 340–347
19. Feliks Tych Hg., *Socjaldemokracja Królestwa Polskiego i Litwy, Materiały i Dokumenti*, 2 Bde. (Warschau: Książka i Wiedza, 1957–1962), 2:229
20. Feliks Tych und Horst Schumacher, *Julian Marchlewski-Karski. Eine Biographie*, (Berlin: Dietz, 1966), 108
21. Luksemburg, *Listy*, 2:495

Kapitel 10 *Wieder in Warschau.* 1905–1906

1. Róża Luksemburg, *Listy do Leona Jogichesa-Tyszki*, Hg. Feliks Tych, 3 Bde. (Warschau: Książka i Wiedza 1976), 2:60
2. Ebenda, 225–226
3. Ebenda, 312
4. Zdzisław Leder (Władysław Feinstein), *Leon Jogiches-Tyszka*, in: *Archiwum Ruchu Robotniczego* (Warschau: Książka i Wiedza, 1976), 268–281
5. Ebenda, 277–278
6. Luksemburg, *Listy*, 2:321
7. Ebenda, 325
8. Ebenda, 360
9. Ebenda, 367
10. Ebenda, 518–519
11. Ebenda, 397
12. Leder, *Leon Jogiches-Tyszka*, 269
13. *Z Pola Walki*, 11–12:173 (Moskau, 1931)
14. Luksemburg, *Listy*, 2:443–445
15. Ebenda, 459
16. Ebenda, 465
17. Ebenda, 472

18. Ebenda, 509
19. Ebenda, 464
20. Ebenda, 452
21. Ebenda, 474
22. Ebenda, 541
23. Rosa Luxemburg, *Briefe an Karl und Luise Kautsky*, Hg. Luise Kautsky (Berlin: E. Laub'sche Verlagsbuchhandlung, 1923), 86–87
24. Ebenda, 79
25. Ebenda, 81
26. Ebenda, 93
27. Ebenda, 96–97
28. Feliks Tych, *Ostatni pobyt Róży Luksemburg w Warszawie*, in: *Warszawa popowstaniowa 1864–1918* (Warschau: Państwowe Wydawnictwo Naukowe, 1968), 243. Siehe auch W. Bystrjański, *Róża Luksemburg i Leon Tyszka w obliczu carskiej sprawiedliwości*, in: *Z Pola Walki* 2:116–127 (Moskau, 1927)
29. Tych, „Ostatni pobyt", 247 (Rückübersetzung aus dem Polnischen, Original in: *Die Post*, Nr. 139 v. 26. 3. 1906, Abendausgabe)
30. Luxemburg, *Briefe Kautsky*, 102
31. Ebenda, 101–102
32. Ebenda, 99, 114
33. Rosa Luxemburg, *Briefe an Freunde*, Hg. Benedikt Kautsky (Hamburg: Europäische Verlagsanstalt GmbH, 1950), 43
34. Luxemburg, *Briefe Kautsky*, 95
35. Ebenda, 116
36. Rosa Luxemburg, *Ausgewählte Reden und Schriften*, 2 Bde. (Berlin: Dietz, 1951), 1:208
37. Luxemburg, *Briefe Kautsky*, 107
38. Ebenda, 116
39. Luxemburg, *Listy*, 3:265
40. Luxemburg, *Ausgewählte*, 1:165
41. Ebenda, 222
42. Ebenda, 212
43. Ebenda, 230

Kapitel 11 *Kostja Zetkin.* 1907–1912

1. Karl Kautsky jr., Hg., *August Bebels Briefwechsel mit Karl Kautsky* (Assen: Van Gorcum & Co., 1971), 184
2. Rosa Luxemburg, *Briefe an Freunde*, Hg. Benedikt Kautsky (Hamburg: Europäische Verlagsanstalt GmbH, 1950), 16
3. Kautsky, *Bebels Briefwechsel*, 227
4. Rosa Luxemburg, *Gesammelte Briefe*, Hg. Annelies Laschitza und Günter Radczun, 5 Bde. (Berlin: Dietz, 1982–1984), 3:229
5. Ebenda, 74
6. Ebenda, 50
7. Ebenda, 63
8. Ebenda, 2:378, 3:151
9. Ebenda, 3:53
10. Ebenda, 2:373
11. Ebenda, 4:205
12. Ebenda, 2:289

13. Die Zitate aus Rosa Luxemburgs Briefen an Konstantin Zetkin stammen aus den Papieren Konstantin Zetkins, die seine Frau Dr. Gertrud Zetkin der Autorin freundlicherweise zugänglich machte. Die Seitenzahlen beziehen sich auf die Abschrift der Autorin aus diesen Papieren. Zetkin, 4

14. Luxemburg, *Gesammelte Briefe*, 2:291

15. Róza Luksemburg, *Wybór Pism*, Hg. Bronislaw Krauze, 2 Bde. (Warschau: Książka i Wiedza, 1959), 1:589–603

16. Luxemburg, *Gesammelte Briefe*, 2:289

17. Ebenda, 2:282

18. Zetkin, 12

19. Rosa Luxemburg, *Briefe an Karl und Luise Kautsky*, Hg. Luise Kautsky (Berlin: E. Laub'sche Verlagsbuchhandlung, 1923), 121

20. Róża Luksemburg, *Listy do Leona Jogichesa-Tyszki*, Hg. Feliks Tych, 3 Bde. (Warschau: Książka i Wiedza, 1968–1971), 3:12

21. Ebenda, 72–73

22. Luxemburg, *Gesammelte Briefe*, 2:290

23. Ebenda, 284

24. Zetkin, 6

25. Zetkin, 18

26. Luxemburg, *Gesammelte Briefe*, 3:69

27. Ebenda, 88

28. Ebenda, 223

29. Luksemburg, *Listy*, 3:179–180

30. Luxemburg, *Gesammelte Briefe*, 3:151

31. Ebenda, 4:72

32. Ebenda, 3:271–272

33. Ebenda, 230

34. Luise Kautsky, *Rosa Luxemburg, ein Gedenkbuch* (Berlin: E. Laub'sche Verlagsbuchhandlung, 1929), 14

35. Luxemburg, *Gesammelte Briefe*, 4:239

36. Ebenda, 5:37, 54

37. Ebenda, 4:106, 188

38. Ebenda, 3:77

39. Ebenda, 149

40. Ebenda, 4:75

Kapitel 12 *Neue Feuer, neue Kämpfe.* 1908–1913

1. Róża Luksemburg, *Listy do Leona Jogiches-Tyszki*, Hg. Feliks Tych, 3 Bde. (Warschau: Książka i Wiedza, 1968–1971), 3:32, 66

2. Ebenda, 177

3. Persönliches Gespräch der Autorin mit Halina Luxemburg-Więckowska, 1977

4. Luksemburg, *Listy*, 3:215, 187, 174

5. Ebenda, 196–197

6. Ebenda, 156, 156(Anmerkung a)

7. Ebenda, 87–88

8. Ebenda, 50

9. Ebenda, 46–48

10. Rosa Luxemburg, *Ausgewählte Reden und Schriften*, 2 Bde. (Berlin: Dietz, 1951), 1:203

11. Rosa Luxemburg, *Gesammelte Werke*, 5 Bde. (Berlin: Dietz, 1970–1975), 2:231

12. Georg Lukács, *Geschichte und Klassenbewußtsein* (Berlin: Malik-Verlag, 1923), 5–6

13. Isaiah Berlin, *Wider das Geläufige* (Frankfurt a.M.: Europäische Verlagsanstalt, 1981), 474, 489

14. Rosa Luxemburg, *The National Question*, Hg. Horace B. Davis (New York Monthly Review Press, 1976), 135 (Übersetzung aus der englischen Vorlage)

15. Ebenda, 140

16. Ebenda, 139–140

17. Ebenda, 117

18. Ebenda, 141–143

19. Ebenda, 195

20. J. W. Stalin, *Sochinenija*, 13 Bde. (Moskau, 1946–1952), 4:31–32

21. Rosa Luxemburg, *Gesammelte Briefe*, Hg. Annelies Laschitza und Günter Radczun, 5 Bde. (Berlin: Dietz, 1982–1984), 4:197

22. Ebenda, 3:268

23. Karl Marx, *Interviews and Recollections*, Hg. David McLellan (Totowa, N.J.: Barnes & Noble Books, 1981), 153 (Übersetzung aus der englischen Vorlage)

24. Werner Blumenberg, Hg., *Einige Briefe Rosa Luxemburgs und andere Dokumente*, in: *Bulletin of the International Institute of Social History* 7:39 (Amsterdam, 1951–1952)

25. Luksemburg, *Listy*, 3:157–158

26. Victor Adler, *Briefwechsel mit August Bebel und Karl Kautsky*, Hg. Friedrich Adler (Wien: Verlag der Wiener Volksbuchhandlung, 1954), 510

27. Karl Kautsky jr., Hg., *August Bebels Briefwechsel mit Karl Kautsky* (Assen: Van Gorcum & Co., 1971), 221 Anmerkung 3, 226

28. Adler, *Briefwechsel*, 513

29. Luksemburg, *Listy*, 3:167

30. Luxemburg, *Gesammelte Briefe*, 4:139

31. Luksemburg, *Listy*, 2:406

32. Ebenda, 503, 524

33. Ebenda, 3:167, 169

34. Zdzisław Leder (Władysław Feinstein), *Leon Jogiches-Tsyzka*, in: *Archiwum Ruchu Robotniczego* (Warschau: Książka i Wiedza, 1976), 292

35. Julian Marchlewski an Feliks Dzierzinski, 8. 4. 1910, in: AZHP 9/II, Bd. 71. Zitiert nach: Feliks Tych und Horst Schumacher, *Julian Marchlewski-Karski*, Eine Biographie (Berlin: Dietz 1966), 183

36. Luksemburg, *Listy*, 3:273

37. Ebenda, 302–303, 309, 357, 369

38. Karl Radek, *Noiabr*, in: *Krasnaja Nov'* 10:150 (Moskau, 1926)

39. Luksemburg, *Listy*, 3:280

40. Ebenda, 314 Anmerkung 10

41. *Czerwony Sztandar*, Warschau, Juli 1912, Nr. 188, S. 2

42. Luxemburg, *Gesammelte Briefe*, 4:107

43. Luksemburg, *Listy*, 3:216–217

44. *Demokratyzm*, in: *Myśl Niepodległa*, Warschau, September 1910, Nr. 146, S. 1258. Siehe auch G. Haupt und P. Korzec, *Les socialistes et la campagne antisémite en Pologne en 1910: un épisode inédit*, in: *Revue du Nord* (Lille: April–Juni 1975), 185–191

45. *Koniec mistyfikacij luxemburskiej* (Das Ende der luxemburgischen Täu-

schung), in: *Myśl Niepodległa*, Nr. 148, S. 1348

46. *Zdeklasowani* (Die Deklassierten), in: *Myśl Niepodległa* Nr. 146, S. 1264–1272

47. Protokoll über die Verhandlungen des Parteitages der Sozialdemokratischen Partei vom 22.–28. September 1901 in Lübeck, 191–195

48. Luksemburg, *Listy*, 3:177

49. Ebenda, 179–180

50. *Młot*, Warschau, 22. Oktober 1910, Nr. 12, S. 6

51. Persönliches Gespräch mit Frau Rosi Frölich, 1978

52. Luksemburg, *Listy*, 3:251–253 Anmerkung 1

53. Rosa Luxemburg, *Briefe an Freunde*, Hg. Benedikt Kautsky (Hamburg, Europäische Verlagsanstalt, 1950), 105

54. *Z Pola Walki*, 1(45):165 (Warschau, 1969)

55. Luksemburg, *Listy*, 3:318–319

56. Rosa Luxemburgs *Einführung in die Nationalökonomie* sowie ihre *Antikritik* wurden posthum 1925 bzw. 1921 von Paul Levi herausgegeben. Der volle Titel der letzteren lautet *Die Akkumulation des Kapitals oder Was die Epigonen aus der Marxschen Theorie gemacht haben – Eine Antikritik.*

37. Luxemburg, *Briefe an Freunde*, 85

58. Luxemburg, *Antikritik*, Gesammelte Werke, 5:433

59. Ebenda, 444

Kapitel 13 Krieg dem Kriege. 1914

1. Róża Luksemburg, *Listy do Leona Jogichesa-Tyszki*, Hg. Feliks Tych, 3 Bde. (Warschau: Książka i Wiedza, 1968–1971), 3:141

2. Ebenda, 346

3. Ebenda, 387–390

4. Rosa Luxemburg, *Ausgewählte Reden und Schriften*, 2 Bde. (Berlin: Dietz, 1951), 2:491–504

5. Charlotte Beradt, *Paul Levi* (Frankfurt a.M.: Europäische Verlagsanstalt, 1969), 12

6. Luksemburg, *Listy*, 3:318

7. Rosa Luxemburg, *Gesammelte Briefe*, Hg. Annelies Laschitza und Günter Radczun, 5 Bde. (Berlin: Dietz, 1982–1984), 4:62

8. Luksemburg, *Listy*, 3:405

9. Luxemburg, *Gesammelte Briefe*, 3:224

10. James Joll, *The Second International: 1889–1914* (London: Routledge & Kegan Paul Ltd., 1974), 144. Der Satz Bebels wird mitgeteilt von August Winnig, in: Protokoll über die Verhandlungen des Parteitags der Sozialdemokratischen Partei Deutschlands 1913, Berlin · Bonn: J. H. W. Dietz Nachf., 1984 (Reprint): 480

11. Luxemburg, *Ausgewählte*, 1:208

12. *Krieg dem Kriege* (Berlin: Buchhandlung Vorwärts, 1912), 9

13. Luksemburg, *Listy*, 3:402

14. Rosa Luxemburg, *Briefe an Karl und Luise Kautsky*, Hg. Luise Kautsky (Berlin: E. Laub'sche Verlagsbuchhandlung, 1923), 153

15. Angelika Balabanoff, *My Life as a Rebel* (Bloomington: Indiana Universitiy Press, 1973), 114–115

16. Ebenda, 116

17. Rosa Luxemburg, *Briefe an Freunde*, Hg. Benedikt Kautsky (Hamburg: Europäische Verlagsanstalt GmbH, 1950), 115–116

18. Ebenda, 71–75
19. Victor Adler, *Briefwechsel mit August Bebel und Karl Kautsky*, Hg. Friedrich Adler (Wien: Verlag der Wiener Volksbuchhandlung, 1954), 606–607
20. Luxemburg, *Gesammelte Briefe*, 5:28–29
21. Ebenda, 18
22. Luxemburg, *Briefe an Freunde*, 67
23. Ebenda, 70
24. Ebenda, 137
25. Rosa Luxemburg, *Gesammelte Werke*, 5 Bde. (Ostberlin: Dietz, 1970–1975), 4:25

Kapitel 14 *Im Gefängnis ein und aus.* 1915–1918

1. VIIe Congrés Socialiste, Compte Rendu Analitique, Brüssel 1908, S. 123 (Übersetzung aus der englischen Vorlage)
2. Rosa Luxemburg, *Briefe an Freunde*, Hg. Benedikt Kautsky (Hamburg: Europäische Verlagsanstalt, 1950), 155
3. Mathilde Jacob, *Von Rosa Luxemburg und ihren Freunden in Krieg und Revolution 1914–1919*, Hg. und eingeleitet von Sibylle Quack und Rüdiger Zimmermann, in: IWK 24/1988, Heft 4: 435–515, 441
4. Charlotte Beradt, Hg., *Rosa Luxemburg im Gefängnis* (Frankfurt a.M.: Fischer-Verlag, 1973), 17
5. Ebenda, 32
6. Ebenda, 107, 84, 79
7. Ebenda, 22
8. Ebenda, 87
9. Ebenda, 16
10. Ebenda, 19
11. Rosa Luxemburg, *Briefe an Karl und Luise Kautsky*, Hg. Luise Kautsky (Berlin: E. Laub'sche Verlagsbuchhandlung, 1923), 155
12. Beradt, *Luxemburg im Gefängnis*, 34
13. Rosa Luxemburg, *Die Krise der Sozialdemokratie (Juniusbroschüre)*, (Berlin: Verlag Rote Fahne, 1919), 1–2
14. Ebenda, 3–4
15. Henrietta Roland Holst-van der Schalck, *Rosa Luxemburg, Ihr Leben und Wirken* (Zürich: Jean Christoph-Verlag, 1937), 221
16. Luxemburg, *Die Krise*, 98
17. Zdzisław Leder (Władisław Feinstein), *Leon Jogiches-Tyszka*, in: *Archiwum Ruchu Robotniczego* (Warschau: Książka i Wiedza, 1976), 306
18. Ebenda, 310
19. Jacob, *Luxemburg*, 483
20. Ebenda, 483 f (Anmerkung 94)
21. Beradt, *Luxemburg im Gefängnis*, 39
22. Rosa Luxemburg, *Gesammelte Briefe*, Hg. Annelies Laschitza und Günter Radczun, 5 Bde. (Berlin: Dietz, 1982–1984), 5:13
23. Beradt, *Luxemburg im Gefängnis*, 40
24. Luxemburg, *Briefe an Freunde*, 120
25. Beradt, *Luxemburg im Gefängnis*, 50
26. Ebenda, 51
27. Ebenda, 68, 62
28. Luxemburg, *Briefe Kautsky*, 203

29. Beradt, *Luxemburg im Gefängnis*, 96
30. Ebenda, 68
31. Luxemburg, *Briefe an Freunde*, 150
32. Luxemburg, *Briefe Kautsky*, 172
33. Luxemburg, *Briefe an Freunde*, 159
34. Ebenda, 76
35. Ebenda, 100
36. Ebenda, 123
37. Ebenda, 112
38. Ebenda, 113
39. Ebenda, 106
40. Ebenda
41. Ebenda, 130
42. Luxemburg, *Briefe Kautsky*, 198
43. Luxemburg, *Briefe an Freunde*, 95
44. Ebenda, 78
45. Ebenda, 114
46. Ebenda, 80
47. Ebenda, 112
48. Luxemburg, *Briefe Kautsky*, 191
49. Ebenda, 176
50. Ebenda
51. Luise Kautsky, *Rosa Luxemburg, ein Gedenkbuch* (Berlin: E. Laub'sche Verlagsbuchhandlung, 1929), 12
52. W. Blumenberg, Hg., *Einige Briefe Rosa Luxemburgs*, in: *International Review of Social History* 8:106 (Amsterdam, 1963). Siehe auch P. Nettl, *Rosa Luxemburg* (Köln-Berlin: Kiepenheuer & Witsch, 1967), 643
53. Luxemburg, *Briefe Kautsky*, 156
54. Ebenda, 226
55. Rosa Luxemburg, *Briefe aus dem Gefängnis* (Berlin: Verlag der Jugendinternationale, 1927), 59
56. Ebenda, 61, 53
57. Ebenda, 22–23
58. Ebenda, 23
59. Rosa Luxemburg, Brief an Sonja Liebknecht v. 18. 2. 1917, in: Dies., *Gesammelte Briefe*, 5:180
60. Beradt, *Luxemburg im Gefängnis*, 73
61. Ebenda, 76
62. Ebenda, 81
63. Luxemburg, *Briefe an Freunde*, 48–49
64. Ebenda, 45
65. Tadeusz Radwański, *Wspomnienzia działacza SDKPiL 1900–1905*, in: *Z Pola Walki* 1(5):99 (Warschau: Książka i Wiedza, 1959)
66. Wladimir Korolenko, *Die Geschichte meines Zeitgenossen*, Vorwort von Rosa Luxemburg, in: Dies., *Gesammelte Werke*, 5 Bde. (Berlin: Dietz, 1970–1975), 4:302–331
67. Ebenda
68. Ebenda
69. Beradt, *Luxemburg im Gefängnis*, 85–86
70. Ebenda, 97
71. Leder, *Leon Jogiches-Tyszka*, 322

72. Luxemburg, *Briefe an Freunde*, 88
73. Ebenda, 157–161
74. Luxemburg, *Briefe Kautsky*, 193
75. Ebenda, 209
76. Leder, *Leon Jogiches-Tyszka*, 319–320
77. Luxemburg, *Gesammelte Werke*, 4:386
78. Paul Levi, *Zwischen Spartakus und Sozialdemokratie*, Hg. Charlotte Beradt (Frankfurt a.M.: Europäische Verlagsanstalt, 1969), 96
79. Rosa Luxemburg, *Die Russische Revolution*, herausgegeben und eingeleitet von Paul Levi (Berlin: Verlag Gesellschaft und Erziehung GmbH, 1922), 67 ff
80. Levi, *Zwischen Spartakus*, 136–138
81. Ebenda, 96–97
82. Ebenda, 122
83. Beradt, *Luxemburg im Gefängnis*, 121
84. Ebenda, 123

Kapitel 15 *Ende und Anfang.* 1919

1. Joseph Goebbels, *Die verfluchten Hakenkreuzler* (München: Verlag Frz. Eher Nachf., 1930), 15–16
2. *Illustrierte Geschichte der deutschen Revolution* (Berlin: Internationaler Arbeiterverlag, 1929), 201
3. Hajo Holborn, *A History of Modern Germany: 1840–1945* (New York: Knopf, 1970), 514
4. *Illustrierte*, 209. Siehe auch Arnold Brecht, *Aus nächster Nähe, Lebenserinnerungen 1884–1927* (Stuttgart: Deutsche Verlagsanstalt, 1966), 188–191; Philipp Scheidemann, *Memoiren eines Sozialdemokraten* (Dresden: Carl Reissner-Verlag, 1930), Teil 2, 309–313
5. Harry Graf Kessler, *Tagebücher: 1918–1937*, Hg. Wolfgang Pfeiffer-Belli (Frankfurt a.M.: Insel-Verlag, 1961), 24
6. *Illustrierte Geschichte der deutschen Revolution*, 236
7. Ebenda, 232–233; siehe auch Brecht, *Aus nächster Nähe*, 194–195
8. Brecht, *Aus nächster Nähe*, 194
9. Mathilde Jacob, *Von Rosa Luxemburg und ihren Freunden*, 492
10. Rosa Luxemburg, *Brief an Clara Zetkin v. 18. 11. 1918*, in: *Zeitschrift für Geschichtswissenschaft*, 11/1963, 8:1476
11. Ebenda, 1477–1479
12. Jacob, *Von Rosa Luxemburg und ihren Freunden*, 493
13. Wie Anmerkung 10
14. Brecht, *Aus nächster Nähe*, 240
15. Rosa Luxemburg, *Gesammelte Werke*, 5 Bde. (Berlin: Dietz, 1970–1975), 4:445
16. *Unser Weg*, 15. Januar 1922, S. 45
17. Luxemburg, *Gesammelte Werke*, 4:504
18. Jacob, *Von Rosa Luxemburg und ihren Freunden*, 494 f
19. J. Ciszewski, „Z Warszawy do Berlina", *Z Pola Walki* 7–8:297 (Moskau, 1929)
20. Wie Anmerkung 11
21. Rosa Luxemburg, *Brief an Sonia Liebknecht*, vor dem 24. 12. 1917, in: Dies., *Gesammelte Briefe*, 5:346f
22. Jacob, *Von Rosa Luxemburg und ihren Freunden*, 494 (Anmerkung 121)

23. *Illustrierte Geschichte der deutschen Revolution*, 272

24. Rosa Luxemburg an Paul Levi, 24. März 1914. Die Autorin dankt Frau Dr. Sibylle Quack für die Überlassung der Abschrift. Siehe auch Sibylle Quack, *Geistig frei und niemandes Knecht* (Köln: Kiepenheuer & Witsch, 1983), 198

25. Charlotte Beradt, *Paul Levi* (Frankfurt a.M.: Europäische Verlagsanstalt, 1969), 22

26. Luxemburg, *Gesammelte Werke*, 4:501

27. Rosa Luxemburg, *Brief an Clara Zetkin v. 11. 1. 1918*, in: *Zeitschrift für Geschichtswissenschaft*, 11/1963, 8:1480 f

28. Ebenda

29. Luxemburg, *Gesammelte Werke*, 4:524

30. *Illustrierte Geschichte der deutschen Revolution*, 289

31. Kessler, *Tagebücher*, 105

32. Luxemburg, *Gesammelte Werke*, 4:538

33. Wladimir Korolenko, „Legende vom Florus", zitiert von Rosa Luxemburg im Vorwort zu Korolenkos *Die Geschichte meines Zeitgenossen*, in: Dies., *Gesammelte Werke*, 4:3

34. Elisabeth Hannover-Drück und Heinrich Hannover, Hg., *Der Mord an Rosa Luxemburg und Karl Liebknecht* (Frankfurt a.M.: Suhrkamp, 1967), 141, 67

35. Ebenda, 72

36. Ebenda, 86

37. Ebenda, 129

Epilog

1. Elisabeth Hannover-Drück und Heinrich Hannover, Hg., *Der Mord an Rosa Luxemburg und Karl Liebknecht* (Frankfurt a.M.: Suhrkamp, 1967), 39

2. Ebenda, 41

3. Mathilde Jacob, *Von Rosa Luxemburg und ihren Freunden*, 499

4. Ebenda, 500

5. Ebenda

6. Hannover-Drück, *Mord*, 112–119

7. Ebenda, 135

8. Ebenda, 180

9. *Der Spiegel*, 18. April 1962, S. 38. Siehe auch das *Bulletin* des Presse- und Informationsamtes der Bundesregierung, 8. Februar 1962, S. 223

10. Charlotte Beradt, *Paul Levi* (Frankfurt a.M.: Europäische Verlagsanstalt, 1969), 122

11. Ebenda, 126

12. Ebenda, 148–149

13. Gustav Noske, *Aufstieg und Niedergang der deutschen Sozialdemokratie* (Zürich: Air-Edition, 1947), 85

14. Róża Luksemburg, *Listy do Leona Jogichesa-Tyszki*, Hg. Feliks Tych, 3 Bde. (Warschau: Książka i Wiedza, 1968–1971), 1:218

Anhang

1. Róża Luksemburg, *Listy do Leona Jogichesa-Tyszki*, Hg. Feliks Tych, 3 Bde. (Warschau: Książka i Wiedza, 1968– 1971), 2:501

2. Rosa Luxemburg, *Briefe an Freunde*, Hg. Benedikt Kautsky (Hamburg: Europäische Verlagsanstalt GmbH, 1950), 129

3. Anna Luksenburg (1858–1932) heiratete 1909 im Alter von einundfünfzig Jahren.

Quellen

Veröffentlicht

Die Bibliographie der Schriften Rosa Luxemburgs ist veröffentlicht unter dem Titel: *Biblioteka pierwodruków Róży Luksemburg*, herausgegeben von Jadwiga Kaczanowska in Zusammenarbeit mit Feliks Tych, in: *Z Pola Walki* 3 (19), Warschau: Książka i Wiedza, 1962, und in: *Uzupełnienia do bibliografii prac (pierwodruków) Róży Luksemburg*, herausgegeben von Feliks Tych, in: *Z Pola Walki* 1 (53), Warschau: Książka i Wiedza, 1971.

Mathilde Jacob, *Von Rosa Luxemburg und ihren Freunden in Krieg und Revolution 1914–1919*, herausgegeben und eingeleitet von Sibylle Quack und Rüdiger Zimmermann, in: IWK – Internationale wissenschaftliche Korrespondenz zur Geschichte der deutschen Arbeiterbewegung, 24/1988, Heft 4, 435–515.

Luksemburg, Róża, *Listy do Leona Jogichesa-Tyszki*, herausgegeben von Feliks Tych, 3 Bde., Warschau: Książka i Wiedza, 1968–1971

Luxemburg, Rosa, *Briefe an Karl und Luise Kautsky*, herausgegeben von Luise Kautsky, Berlin: E. Laub'sche Verlagsbuchhandlung, 1923

Luxemburg, Rosa, *Briefe an Freunde*, herausgegeben von Benedikt Kautsky, Hamburg: Europäische Verlagsanstalt, 1950

Luxemburg, Rosa, *Ich umarme Sie in großer Sehnsucht. Briefe aus dem Gefängnis 1915 bis 1918*, herausgegeben von Narihiko Ito, Bonn: J. H. W. Dietz Nachf., 3. Auflage 1986

Luxemburg, Rosa, *Vive la lutte! Correspondance 1891–1914*, herausgegeben von Georges Haupt, Paris: François Maspero, 1975

Luxemburg, Rosa, *J'étais, je suis, je serai! Correspondance 1914–1919*, herausgegeben von Georges Haupt, Paris: François Maspero, 1977

Luxemburg, Rosa, *Gesammelte Briefe*, herausgegeben von Annelies Laschitza und Günter Radczun, 5 Bde., Berlin: Dietz 1982–1984, 1987[2]

Luksemburg, Róża, *Wybór Pism*, herausgegeben von Bronisław Krauze, 2 Bde., Warschau, Książka i Wiedza, 1959

Luxemburg, Rosa, *Ausgewählte Reden und Schriften*, 2 Bde., Berlin: Dietz, 1951

Luxemburg, Rosa, *Gesammelte Werke*, herausgegeben von Günter Radczun, 5 Bde., Berlin: Dietz, 1972–1975

Unveröffentlicht

Rosa Luxemburgs Briefe an Paul Levi, mit freundlicher Genehmigung von Dr. Sibylle Quack

Materialien Konstantin Zetkins, mit freundlicher Genehmigung von Dr. Gertrud Zetkin

Materialien von Halina Luxemburg-Więckowska, mit freundlicher Genehmigung der Besitzerin

Materialien Charlotte Beradts, mit freundlicher Genehmigung der Besitzerin

Erinnerungen der Mathilde Jacob, mit freundlicher Genehmigung der Hoover Institution on War, Revolution and Peace at Stanford University, California

Briefe des Vaters Elias Luksenburg und der Geschwister Anna, Maksymilian, Natan und Józef an Rosa Luxemburg mit freundlicher Genehmigung der Hoover Institution on War, Revolution and Peace at Stanford University, California

Briefe von Luise Kautsky an Karl Kautsky, mit freundlicher Genehmigung des Internationalen Instituts für Sozialgeschichte, Amsterdam

Materialien aus privatem Besitz

Interviews und Gespräche mit in der „Danksagung" genannten Personen sowie mit solchen, die ungenannt bleiben wollen.

Für ihre großzügige Erlaubnis, in ihren Beständen zu forschen und Quellen auswerten zu dürfen, bin ich den folgenden Archiven und Bibliotheken zu Dank verpflichtet:

Centralne Archiwum KC PZPR (jetzt AAN VI Oddział: Archiwum Lewicy Polskiej), Warszawa
Zydowski Instytut Historyczny, Warszawa
Archiwum Główne Akt Dawnych, Warszawa
Naczelna Dyrekcja Archiwów Państwowych, Warszawa
Muzeum Historyczne m. st. Warszawy, Warszawa
Urząd Stanu Cywilnego, Zamość
Archiwum w Zamościu, Zamość
Archiv J. P. Nettl, mit Erlaubnis von Marietta Nettl-Meltzer
Archiv Konstantin Zetkin, mit Erlaubnis von Dr. Gertrud Zetkin
Internationales Institut für Sozialgeschichte, Amsterdam
Archiv und Bibliothek der Arbeiterbewegung, Stockholm
Stadtarchiv, Zürich
Schweizerisches Sozialarchiv, Zürich
Staatsarchiv des Kantons Zürich
Zentralbibliothek Zürich
Universitätsarchiv Zürich
Archives de l'Etat de Genève, Genf
Archiv der sozialen Demokratie, Bonn
Archiv der Hebräischen Universität, Jerusalem
Bibliothèque National, Paris
Alliance Israélite Universelle, Paris
YIVO Institute for Jewish Research, New York
Widener Library, Harvard University, Cambridge, Mass.

Der Hoover Institution on War, Revolution and Peace at Stanford University, California, gilt mein besonderer Dank für die Erlaubnis zur Verwendung bislang unveröffentlichten Materials.

Dem Verlag MIT Press gilt mein Dank für die Abdruckerlaubnis aus *Comrade and Lover, Rosa Luxemburg's Letters to Leo Jogiches*, übersetzt und herausgegeben von Elżbieta Ettinger, Cambridge, Mass./London, 1979.

Fotos und Faksimiles werden abgedruckt mit freundlicher Genehmigung von: Centralne Archiwum KC PZPR (jetzt AAN VI Oddział: Archiwum Lewicy Polskiej), Warszawa; Archiv Dr. Peter Nettl; Archiv der sozialen Demokratie, Bonn; The Hoover Institution on War, Revolution and Peace, Stanford, California; Gertrud Zetkin; Charlotte Beradt, Halina Luxemburg-Więckowska.

Personenregister

Sachregister

Die Autorin

ELŻBIETA ETTINGER, in Polen geboren und aufgewachsen, ging Ende der sechziger Jahre in die Vereinigten Staaten, wo sie zunächst als Senior Fellow am Radcliffe-Institute arbeitete. Seit 1974 ist sie Professorin für Rhetorik am Massachusetts Institute of Technology in Cambridge, MA.

Zu ihren Veröffentlichungen zählen zwei Romane, *Kindergarten* und *Quicksand*. Sie ist Herausgeberin und Übersetzerin von *Comrade and Lover*, einer Sammlung von Briefen Rosa Luxemburgs an Leo Jogiches.